U0606502

编 委 会

主　编：

杨立新　郭明瑞

编　委（以姓名笔画排序）：

丁　文　王丽萍　文　杰　石文静　刘宏渭
孙　毅　李怡雯　李　燕　张　龙　张平华
郝丽燕　侯圣贺　徐千寻　陶　盈　戚兆岳
满洪杰　熊静文

全国科学技术名词审定委员会
China National Committee for Terminology in Science and Technology

民法典术语

Terms in Civil Code of the People's Republic of China

《民法典术语》编写组 编著

人民出版社

前　言

　　《中华人民共和国民法典》(以下简称《民法典》)于 2020 年 5 月 28 日在第十三届全国人民代表大会第三次会议审议通过,予以颁布,2021 年 1 月 1 日起正式施行,我国正式进入了民法典时代。《民法典》在我国法律体系中的地位十分重要,是一部真正属于中国人民的民法基本法,是一部适应新时代中国特色社会主义发展要求,符合我国国情和实际,体例科学、结构严谨、规范合理、内容完整的法典,是一项系统的、重大的立法工程。《民法典》坚持人文主义立场,突出人格尊严,赋予和保护自然人、法人、非法人组织的民事权利,调整民事关系,维护社会和经济秩序,促进社会不断进步。相信在《民法典》实施之后,我国在民事领域中保护民事主体的权利、规范民事义务的履行,保障人格尊严,促进社会发展,都会发挥重大作用。

　　习近平总书记指出,要"加强民法典普法工作""民法典专业术语很多,要加强解读"。全国科学技术名词审定委员会(以下简称"全国科技名词委")十分重视这项工作,迅速组织专业人员开展《民法典术语》编写工作,为民法典普法工作作出自己应做的贡献,供大家参考使用。本书编委会由中国法学会民法典编纂项目领导小组成员杨立新和郭明瑞两位专家担任主编,国内高校法学院民法专业的专家学者担任编委,共同完成了编写任务。

　　《民法典》共有 1260 个条文,分为 7 编,整部法典的体系庞大、内容复杂、规则严谨、概念繁多,科学性非常强。习近平总书记还指出,要"尽快构建体现我国社会主义性质,具有鲜明中国特色、实践特色、时代特色的民法理论体系和话语体系,为有效实施民法典、发展我国民事法律制度提供理论支撑",而构建民法理论体系和话语体系,术语是基石。民法典的庞大体系,就是建立在庞大的民法典术语之上的,可以说,民法典的概念就是民法典这座高楼最基础的建筑材料。因此,对于民法典的术语准确理解是十分重要的,也是十分基础的。可以说,正确理解民法典的术语,是学习、掌握、应用、宣传民法典的基础。

　　对于民法典术语的学习和理解,不仅是法律专业人士如法官、检察官、律师、法学教师和学生,而且也是所有关心、关注和喜欢民法典的人必须正确掌握和理解的。所以,编撰一部简明扼要的民法典术语工具书,准确阐释民法典的术语,就是一个十分重要的任务。

　　《民法典术语》依照立法、司法和理论研究的基本要求,对民法典的基本术语进行筛选,依照民法典的规范性进行解说。在具体的词条解释中,既注重学术性、科学性,也关注通俗性、平实性,避免纯粹的学术定义。《民法典术语》正文按照《民法典》的编章顺序排列,文后附带中文名称索引和英文名称索引,便于读者检索使用。"[ ]"内的字为可省略部分。

　　《民法典》的规定和理论基础博大精深。要编撰一部能够展示民法典精神风貌、时代特点、定义精准的术语工具书,是比较难的。特别是时间紧迫、水平所限,编写的内容可能存在不足。欢迎热心读者批评指正。

民法典编委会

2021 年 1 月 1 日

目　录

第一编　总　　则

1.001　中华人民共和国民法典 Civil Code of the People's Republic of China

简称"民法典"。是按照一定的体系结构将各项基本的民事法律制度加以系统编纂而形成的规范性文件,是新中国第一部真正可称之为"典"的法律,效力位阶仅次于宪法,在我国法律体系中居于基础性地位,是市场经济的基本法,是市民生活的基本行为准则,是一部真正意义上的社会生活的"百科全书",是法官裁判民商事案件的基本依据。该法于 2020 年 5 月 28 日由十三届全国人大三次会议审议通过并公布,自 2021 年 1 月 1 日生效。2015 年 3 月 20 日,《中华人民共和国民法典》(以下简称《民法典》)编纂工作正式启动。此次民法典的编纂分两步进行:第一步,起草《民法总则》;第二步,编纂民法典各分编。2017 年 10 月 1 日,《中华人民共和国民法总则》实施,该法是《民法典》第一编的基础和前身,其制定彰显了党和国家编纂民法典的坚定决心,标志着我国民法典的编纂工作已经顺利完成了第一步。2018 年 8 月,十三届全国人大常委会第五次会议对民法典各分编草案进行了初次审议,民法典编纂迈出了第二步。2020 年 5 月 28 日,十三届全国人大三次会议表决通过了《民法典》。《民法典》是我国民事法律规范体系化编纂的结果,而非汇编而成。其将原有的民事法律规范重新进行整理、修订,新增了部分民事法律规定,删除了部分陈旧的民事法律规定,具有鲜明的中国特色,其形式意义和实质意义重大。《民法典》的颁布实施结束了我国长期没有民法典的局面,正式宣布我国进入了民法的法典化时代。《民法典》共 7 编、1260 条,10 万余字,各编依次为总则、物权、合同、人格权、婚姻家庭、继承、侵权责任以及附则。

1.002　民法典的立法目的 purpose of civil code

又称"民法典的立法宗旨""民法典的立法旨意"。制定《民法典》所要达到的社会目的,具体包括 5 个方面:保护民事主体的合法权益、调整民事关系、维护社会和经济秩序、适应中国特色社会主义发展要求、弘扬社会主义核心价值观。民法是权利法,以保护私权为核心要旨,所以民法典的首要目的便是保护民事主体的合法权益,其体系构建也是以民事权益保护为中心展开。所谓民事主体是指民事关系的参与者,民事权利的享有者、民事义务的履行者和民事责任的承担者,即平等主体的自然人、法人和非法人组织。民法典是社会关系中民事关系的调节器,其通过调整民事关系进而构建和谐稳定的社会秩序。民事关系是指平等主体之间的人身关系、财产关系,民法典调整民事关系的核心是调整权利义务关系。民法典对我国经济基础的助推作用主要通过维护社会和经济秩序实现,具体表现为民法典要保护个人利益,同时还要保护集体利益、社会公共利益和国家利益。全面推进依法治国,总目标是建设中国特色社会主义法治体系,建设社会主义法治国家,因此,民法典必须先行,必须体现中国特色,适应中国特色社会主义发展要求。民法典7编制的体例安排,以民事权利为核心的制度架构、增设绿色原则的创举等均体现了中国特色,均适应了中国特色社会主义的发展要求。社会主义核心价值观的基本内容为富强、民主、文明、和谐,自由、平等、公正、法治,爱国、敬业、诚信、友善,其阐释了国家的建设目标、社会的价值追求和个人的道德指引。弘扬社会主义核心价值观是民法典德法相融的表现,也是民法典的内在价值追求。民法典与社会主义核心价值观互为依存,后者是前者的价值引领,前者是后者的载体,也是公民践行后者的法律保障。

1.003 民法典的调整范围 regulations of civil code

调整平等主体的自然人、法人和非法人组织之间的人身关系和财产关系。平等主体强调参与民法典的调整对象的界限,即民法典调整平等主体的自然人、法人和非法人组织之间的人身关系和财产关系。平等主体强调参与民事活动的所有当事人在民法上具有平等的地位和身份,即进入民事领域的任何个人和组织在民事法律地位上完全平等。这种平等具体包括法律地位平等、适用规则平等、权利保护平等和意思自治平等。自然人是指基于自然规律出生的人,是具有自然生物属性的人。法人是具有民事权利能力和民事行为能力,依法独立享有民事权利、负担民事义务、承担民事责任的组织。其不同于自然人,不具备自然属性,例如有限责任公司。非法人组织是指不具有法人资格,但是能够依法以自己的名义进行民事活动的组织,其不能独立承担民事责任,例如合伙企业。民法典调整人身关系和财产关系,人身关系是指没有直接的财产内容但有人身属性的社会关系,是基于人格和身份而产生的一系列的关系总和,具体包括人格关系和身份关系两种。人格关系是基于自然人、法人和非法人组织的人格产生的人身关系,身份关系是人们基于彼此间的身份而形成的相互关系。财产关系是指人们在产品的生产、分配、交换和消费过程中形成的具有经济内容的关系,即基于财产而形成的社会关系,具体包括财产归属关系和财产流转关系两种。《民法典》第2条规定:"民法调整平等主体的自然人、法人和非法人组织之间的人身关系和财产关系。"该条将人身关系放置于财产关系之前,凸显了民法典的人文主义色彩。

1.004 民法典的生效 coming into force of civil code

又称"民法典的施行"。《民法典》发生效力。我国民事法律规范生效的时间一般根据其性质和实际需要而定,并非统一。一般来讲,民事法律规范生效时间的确定主要有以下两种方式:第一,自该民事法律规范公布之日起生效,此类民事法律规范的施行一般不需要做提前的准备工作,所以公布即生效。我国早期出台的部分民事法律规范或者有关国家安全、外汇汇率、货币政策的法律规范一般自公布之日便生效,例如,《中华人民共和国经济合同法》于1993年9月2日公布且生效,《中华人民共和国国家安全法》于2015年7月1日公布且生效。第二,民事法律规范公布后经过一段时间再生效。此类民事法律规范涉及面广,调整的法律关系复杂,或适用空间范围广阔,往往需要经过一段准备时间后才方便实施,以便于调整对象提前做好适应和接受该法律约束的准备。例如原《中华人民共和国侵权责任法》系2009年12月26日公布,但于2010年7月1日生效。《民法典》的生效时间采用的就是上述第二种方式,即《民法典》系2020年5月28日公布,于2021年1月1日生效。民事法律规范生效之前,其不可被作为司法裁判的法律依据加以援引。

1.005 中华人民共和国民法总则 General Provisions of the Civil Law of the People's Republic of China

为了规定民事活动的基本原则和一般规定而制定的法律,是我国的民事基本法之一,2017年3月15日,由中华人民共和国第十二届全国人民代表大会第五次会议表决通过并公布,自2017年10月1日生效。共计11章,206条。2021年1月1日《民法典》生效之后,该法失效。该法是《民法典》第一编的基础和前身,其制定彰显了党和国家编纂民法典的坚定决心,标志着我国民法典的编纂工作已经顺利完成了第一步。该法确立了民法典的基本制度、框架,重申了我国民商合一的立法体例,消除了原《中华人民共和国民法通则》与诸多民事单行法之间的冲突和矛盾。该法制定之初就是为将来《民法典》的第一编做准备,其实质性地开启了民法典的编纂步伐,要求将来民法典的各分编都要与其相互协调,并且以其确立的立法目的和立法理念为编纂指引,遵循其所确立的基本原则、基本结构和基本概念,进而确保将来民法典价值的融贯、规则的统一和体系的完备。该法的主要内容是提取公因式,即将各民事单行法的共同要素加以归纳和抽象,统领民法典各分编,防止后续民法典各分编将同一问题重复规定,确保整部民法典形成一个逻辑体系。

1.006 中华人民共和国民法通则 General Principles of the Civil Law of the People's Republic of China

为了规制民事活动中的一些共同性问题所制定的法律,是我国的民事基本法之一。1986年4月12日,由中华人民共和国第六届全国人民代表大会第四次会议表决通过并公布,自1987年1月1日生效。共9章,156条。2021年1月1日《民法典》生效之后,该法失效。《中华人民共和国民法通则》是我国第三次起草民法的成果,是在我国发展社会主义商品经济和实行对外开放的时代背景下,根据当时的社会需要而制定的。其颁布的最大意义在于它在新中国民事立法史上的里程碑作用,它标志着我国以政策手段调整民事关系为主的时代基本结束,为《民法典》和将来各项民事法律制度的创新奠定了基础。《中华人民共和国民法通则》的颁行填补了我国民事基本法的立法空白,构架了我国民法的基本体系,为我国社会主义市场经济发展提供了法律秩序的基础。其在我国首次立法确立了"平等、自愿、公平、等价有偿、诚实信用"等民事活动基本原则,成为我国社会转型期的一盏明灯。《中华人民共和国民法通则》制定时,正值我国民事立法秉持"宜粗不宜细""成熟一个制定一个"的立法方针时期,所以其在性质上属于一部"小民法典"。

1.007 民事主体 parties to civil legal relations

全称"民事法律关系主体"。参加民事法律关系,享有民事权利并承担民事义务的人。《民法典》确认的民事主体有三种:自然人、法人和非法人组织。某些特殊情况下,国家也可以成为民事主体,例如国家发行国债时。通常可以将民事法律关系的主体称为民事法律关系的当事人。在一段民事法律关系中,享有权利的一方当事人为权利主体,也可称为权利人;负有义务的一方当事人为义务主体,也可称为义务人;承担责任的一方当事人为责任主体,也可称为责任人。多数民事法律关系中权利与义务并存,所以多数民事法律关系的主体是权利主体和义务主体并存,即既有权利人,也有义务人。例如,买卖合同关系中出卖人既享有权利(出卖人有权要求买受人支付货款),也负有义务(出卖人有义务向买受人交付货物),买受人也是如此(买受人享有要求出卖人交付货物的权利,同时也负有向出卖人支付货款的义务),所以二人既是权利人,也是义务人。但是在某些特殊民事法律关系中权利与义务也并非并存,可能一方当事人仅享有权利,不负有义务,另一方当事人仅负有义务,不享有权利。民事主体的称谓也会因民事法律关系的具体类型不同而有所区别,例如,在租赁合同民事法律关系中,民事主体双方可以具体称之为出租人与承租人,在委托合同民事法律关系中,民事主体双方可以具体称之为委托人和受托人。民事主体的数量并无限制,一个民事法律关系中民事主体的数量可以是一人,也可以是数人。

1.008 民事关系 civil relations

全称"民事法律关系"。是由民法规范调整的社会关系,也就是由民法确认和保护的社会关系。民事法律关系有四个基本特征:第一,民事法律关系是民法调整平等主体之间的财产关系和人身关系所形成的社会关系。民事法律关系中各方当事人之间的主体地位平等,这也是民事法律关系区别于其他法律关系(例如行政法律关系)的本质。第二,民事法律关系是基于民事法律事实而形成的社会关系。只有民事法律事实才会设立、变更或者终止民事法律关系,例如孩子出生这一民事法律事实设立了母子关系这一民事法律关系。第三,民事法律关系是以民事权利和民事义务为基本内容的社会关系。民事法律关系以权利和义务为内容,不存在无权利或者无义务的民事法律关系,只是某些民事法律关系中权利和义务表现得并不十分明显而已。例如在物权所有权关系中,所有权人对物享有所有权表现得比较明显,而义务人负有的不得侵害所有权人所有权的不作为义务则表现得不明显。第四,民事法律关系具有一定程度的任意性。民事主体参与的各种社会关系大都体现其私人利益,所以法律赋予民事主体较大的自治权,因此民事法律关系具有较强的任意性。其任意性主要表现为四个方面:一是发生上的任意性。二是变更上的任意性。三是消灭上的任意性。四是内容上的任意性。民事法律关系有三个基本要素,即主体、客体和内容。民事法律关系主体指参加民事法律关系,享有民事权利并承担民事义务的人。民事法律关系的客体是指民事法律关系中民事权利和民事义务共同指向的对象。民事主体必须通过一定的对象才能确定相互之间的权利义务,正如不存在没有交易对象的买卖合同关系一样,所以民事法律关系的客体决定了民事法律关系的内容。民事法律关系的内容是民事主体所享有的民事权利和负担的民事义务,没有民事权利和民事义务也就不存在民事法律关系。作为民事法律关系内容的民事权利和民事义务是相互对立也是相互联系的,民事权利决定了民事法律关系的性质,限定了民事义务的内容,民事义务则表现了民事权利的内容。但是民事法律关系中民事权利与民事义务的这种对应关系并非一一对应,例如在涉及形成权的民事法律关系中,权利人的形成权就没有义务与之相对应。民事法律关系在民法体系的构建中具有重要意义,其是整个民法逻辑体系展开和构建的基础,是指导理论研究人员与司法实务工作者解决实践问题的基本思维模式与思考方法。

1.009 人身关系 personal relationship

没有直接的财产内容但有人身属性的社会关系。人身关系包括人格关系和身份关系两种,人格关系是基于自然人、法人和非法人组织的人格产生的人身关系,其在民法上表现为自然人和法人的人格权,包括但不限于自然人的生命权、身体权、姓名权、肖像权、名誉权、荣誉权等权利以及法人、非法人组织的名称权、名誉权和荣誉权。此外,凡属于自然人的人身自由、人格尊严范畴的人格权益,都属于因人格而产生的人身关系。身份关系是人们基于彼此间的身份而形成的相互关系。身份是民事主体在特定的社会关系中所具有的地位,具体表现为在亲属关系中的地位和基于知识产权获得的地位两种。前者具体表现为自然人之间的身份权,例如夫妻之间、父母子女之间相互享有的身份权和因监护关系产生的监护权等;后者具体表现为自然人、法人和非法人组织通过智力创作活动取得著作权、专利权、商标权而享有的人身权等。人身关系不仅由民法调整,也由其他法律调整,只是不同法律规范调整人身关系的方法和手段不同。宪法明确保护人身权利是民法的基本任务,人身权受到侵害时,民法采用赔礼道歉、恢复名誉、赔偿损失等方式对其进行保护。

行政法和刑法也保护人身权,其主要保护方式为行政处罚和刑罚等。民法所保护的人身关系有三个基本特征:第一,民法调整的人身关系的主体具有平等的法律地位,相互之间没有隶属关系。例如亲子关系受民法调整,但是领导与下属的上下级关系不受民法调整。第二,民法所调整的人身关系与人身不可分离。离开了人身就不会存在人身关系,例如配偶一方死亡,二人的婚姻关系即终止。第三,民法所调整的人身关系以人身利益和精神利益为主要内容,但并非绝对与财产利益无关。例如基于婚姻发生的关系是人身关系,但是婚姻关系中也体现夫妻共同财产等财产利益。

1.010 财产关系 property relations

指人们在产品的生产、分配、交换和消费过程中形成的具有经济内容的关系。《民法典》第2条规定:"民法调整平等主体的自然人、法人和非法人组织之间的人身关系和财产关系。"根据主体之间地位的不同,财产关系可分为平等主体之间的财产关系与不平等主体之间的财产关系,只有平等主体之间的财产关系,才是民法所调整的对象。具体而言,财产关系又包括财产归属关系和财产流转关系,前者是指财产所有人和其他权利人因占有、使用、收益、处分财产而发生的社会关系。后者是指因财产的交换而发生的社会关系。财产归属关系往往是发生财产流转关系的前提条件,财产流转关系通常又是实现财产所有关系的方法。

1.011 民商合一 combination of civil and commercial law

不区分民法和商法,而将民事法律规范统一适用于各种民商事关系。关于民法和商法的关系,历来存在民商合一和民商分立的观点。民商合一在形式上通常是指并不制定独立的商法典,而将民事规范广泛适用于调整所有平等主体之间的法律关系;民商分立则意味着严格区分民法和商法,基于主体或者行为性质的不同,在民法典之外,还要独立制定商法典,采用和民事法律不同的行为规范。民商分立的体制最早起源于法国,到了20世纪初,瑞士制定了民法典,在民法典中规定了包括公司法、商业登记法等商法的内容,从而实现了民商合一的立法体例。民商合一的典型代表国家如瑞士、意大利等,民商分立的典型代表国家如法国、德国、日本等。民商合一体例并不一定追求法典意义上的合一,其核心在于强调以民事规则统一适用于所有的民商事关系,统辖商事特别法。我国的《民法典》坚持民商合一的体例,具体体现在以下五个方面:第一,《民法典》确认了基本原则可以普遍适用于民商事活动。第二,《民法典》没有区分商人和非商人,而是规定了统一的民事主体制度。第三,《民法典》没有采用商行为的概念,而采用了统一的民事法律行为的概念与制度。民事法律行为包括共同行为、决议行为、双方法律行为、单方法律行为,从而可以涵盖各类商行为。第四,《民法典》没有区分商事代理和民事代理,而是规定了统一的代理制度,相应的代理规范可以适用于各种法律关系。第五,《民法典》构建了统一的诉讼时效制度,并未区分民法中的时效和商法中的时效。需要注意的是,《民法典》虽采用了民商合一的立法体例,但并不意味着我国没有商事特别法,在出现商事纠纷后,首先应当适用商事特别法(例如《中华人民共和国公司法》《中华人民共和国票据法》等),如果无法适用商事特别法,则可适用《民法典》。

1.012　人身权利　personal rights

以人身所体现的利益为内容的,与权利人的人身密不可分的民事权利。依据民事权利内容和性质的不同,可将民事权利分为人身权利、财产权利和综合性权利。《民法典》第 3 条规定:"民事主体的人身权利、财产权利以及其他合法权益受法律保护,任何组织或者个人不得侵犯。"人身权利具体包括人格权和身份权,人格权是指以人格利益为内容的民事权利,其内容集中体现在《民法典》第四编"人格权"中。人格权又可分为具体人格权与一般人格权,前者是指对其权利化已经形成共识,并取得法定名称的人格权。《民法典》第 990 条第 1 款规定:"人格权是民事主体享有的生命权、身体权、健康权、姓名权、名称权、肖像权、名誉权、荣誉权、隐私权等权利。"后者是指对所有应受法律保护的人格利益的抽象概括,是一种未取得法定名称的人格权,例如前述条文第 2 款中指称的"基于人身自由、人格尊严产生的其他人格权益"。人格权的主体不仅包括自然人,也包括法人和非法人组织。《民法典》第 110 条第 2 款规定:"法人、非法人组织享有名称权、名誉权和荣誉权。"身份权,是指基于权利人的特定身份关系而产生的权利,例如亲属权、抚养权等。《民法典》第 112 条规定:"自然人因婚姻家庭关系等产生的人身权利受法律保护。"身份权的主体只能是自然人,法人和非法人组织不享有身份权。需要注意的是,身份权与人格权虽同属人身权,依据《民法典》第 1001 条的规定,部分情况下身份权也可参照适用人格权的相关规定,但这并不意味着二者完全没有区别,二者在产生前提、起始时间、性质内容等方面仍存在着很大不同。综合性权利是指由财产权和人身权结合所产生的一类权利,其特点表现为内容既包括人身利益又包括财产利益,其专属性并非十分强烈。典型的综合性权利如知识产权、社员权、继承权等。

1.013　财产权利　property rights

以财产利益为直接内容的民事权利,其主体限于现实地享有或可以取得财产的人,而不像人格权那样可以为一切人普遍地享有。财产权不具有专属性,可以由主体转让、放弃或继承。依据客体的不同,财产权可以分为物权和债权。物权是指权利人依法对特定的物享有直接支配和排他的权利。债权是指特定的债权人一方请求债务人为一定行为或者不为一定行为的权利。债权只能发生在特定的当事人之间。《民法典》第 113 条规定:"民事主体的财产权利受法律平等保护。"

1.014　民事活动　civil activities

平等主体的自然人、法人、非法人组织为了一定的目的,设立、变更、终止民事权利和民事义务的行为,是会发生民事法律效力的行为。民事活动的表现形式多种多样,例如买卖、运输、租赁、婚姻、继承等都属于民事活动。民事活动只能产生于平等主体之间,《民法典》认可的民事主体有自然人、法人和非法人组织三种,三者在从事民事活动时一定是平等的。该平等包括了三个方面的内容:第一,民事主体的法律资格平等。第二,民事主体的法律地位平等。在民事活动中,任何一方主体没有凌驾于另一方主体之上的特权,甚至是国家作为民事主体参与民事活动时,其法律地位与其他民事主体的法律地位也是平等的。第三,民事主体的民事权益平等地受法律保护。任何民事主体不得随意侵害其他民事主体的合法权益,同样,任何民事主体的合法权益遭受损害时,都会得到法律的平等保护。民事主体开展民事活动时必须遵守民法的基本原则,即遵守自愿原则、平等原则、公平原则、诚实信用原则、守法和公序良俗原则、绿色原则。

1.015　自愿原则　principle of free will

又称"意识自治原则"。民事主体依法享有在法定范围内广泛的行为自由,并可以根据自己的意志产生、变更、消灭民事法律关系。是我国民法的基本原则之一。《民法典》第5条对自愿原则进行了规定:"民事主体从事民事活动,应当遵循自愿原则,按照自己的意思设立、变更、终止民事法律关系。"自愿原则奠定了民法作为市民社会基本法的基本地位,最直接地反映了市场经济的本质需要,其内涵主要体现为以下三个方面:第一,赋予民事主体在法律规定的范围内广泛的行为自由,具体表现为民事主体有权依法从事某种民事活动和不从事某种民事活动,有权选择其行为的内容和相对人,有权选择其行为的方式,有权选择补救方式。第二,允许民事主体通过法律行为调整他们之间的关系。第三,确立了行政机关干预民事主体的行为自由的合理界限。自愿原则不代表民事主体开展民事活动不受任何的限制,其仍然要受到必要约束。民事主体的意思自治还要受到民法的公平原则、诚实信用原则等其他基本原则的约束。

1.016　[民事主体地位]平等原则　principle of equality

民事主体的法律地位平等,合法权益受到法律的平等保护。具体来讲是指民事主体享有独立、平等的人格,在具体的民事法律关系中互不隶属、地位平等,各自能够独立地表达自己的意旨,适用同一法律,其合法权益平等地受到法律保护,是我国民法的基本原则之一。《民法典》第4条规定:"民事主体在民事活动中的法律地位一律平等。"平等原则的含义有五:第一,民事主体的资格平等,即所有民事主体的民事权利能力一律平等。第二,民事主体的地位平等,任何一方不具有凌驾于或者优越于他方的法律地位。第三,民事主体平等地享有权利和负担义务。第四,民事主体平等地适用法律,即法律面前人人平等。第五,民事主体的民事权益平等地受法律保护。民法采纳平等原则的主要意义有三:第一,平等原则集中体现了民法的调整对象和调整方法的特点,以及民法的基本价值理念。第二,平等原则充分反映了市场经济的本质要求,并构建了市场经济秩序的基础。第三,平等原则体现了现代法治的基本精神,有助于建设社会主义政治文明。平等原则为自愿原则奠定了基础,既然民事主体的法律地位平等,则民事主体之间不能相互命令、强迫或干涉他人意思,自愿、意思自治才成为可能。平等原则所要求的平等,是程序意义上的平等、过程上的平等、机会上的平等,而不是实质的平等和结果的平等。

1.017 公平原则 principle of fairness

民事主体在从事民事活动时应秉持公平理念,公正、平允、合理地确定各方的权利和义务,并依法承担相应的民事责任。《民法典》第 6 条规定:"民事主体从事民事活动,应当遵循公平原则,合理确定各方的权利和义务。"任何民事活动和民事案件的裁判都要遵循公平原则。公平原则的含义有四:第一,公平原则的基本要求是对民事利益分配关系达到均衡,以实现分配正义。第二,公平原则的具体要求是民事主体依照公平观念行使权利、履行义务,以实现交换正义。即民事主体在从事民事活动时,需按照公平观念行使权利、履行义务,特别是对于双方民事法律行为,要求双方的权利和义务应当相适应,不能一方仅承担义务而另一方则仅享有权利,也不能一方享有的权利和承担的义务相差悬殊。第三,公平原则确定民事活动目的性评价标准,以实现实质正义。判断民事活动是否违背公平原则,主要是从结果上判断是否符合公平的要求,如果交易的结果导致当事人之间的利益失衡,除非当事人自愿接受,否则法律就应当作出适当调整。第四,公平原则是法官适用民法应当遵循的基本理念,以实现裁判正义。法官在适用法律裁判民事纠纷时,应当严格按照公平理念作出判断,公正无私地进行司法活动,保障裁判正义的实现。公平原则是民法的基本原则之一,其贯彻于整个民事法律制度的设计之中,在合同法、物权法、侵权法中均有具体体现。另外,民事活动具有相当的复杂性和多样性,民法不可能对所有的民事关系毫无遗漏地进行规定,当民法没有明确规定的情形出现时,可以运用公平原则作为判断标准。公平原则体现了民法促进并维护社会公平正义的价值理念,对指导并规范民事主体的行为有着重要作用。

1.018 诚实信用原则 principle of good faith

民事主体在从事民事活动、行使民事权利和履行民事义务时,应本着善意、诚实的态度,讲究信誉,恪守信用,意思表示真实,行为合法,不规避法律和曲解合同条款等,是我国民法的基本原则之一,是最低限度的道德要求在法律上的体现。该原则常被称为民法的最高指导原则或"帝王原则"。《民法典》第 7 条规定:"民事主体从事民事活动,应当遵循诚信原则,秉持诚实,恪守承诺。"诚实信用原则的作用主要有五:第一,确立行为规则。诚实信用原则是一般条款,对当事人的民事活动起着指导作用,确立了当事人以善意方式行使权利、履行义务的行为规则。这一作用有助于增进人与人之间的信赖,营造和谐的社会关系,有助于培育良好的市场信用,维护交易安全,降低交易费用,从而推动市民社会的良性运转以及市场经济的良性发展。第二,解释功能。诚实信用原则为不少民法规范提供了正当性依据,也是解释法律和民事法律行为的依据。第三,补充功能。诚实信用原则可以填补法律漏洞,当裁判机关在司法审判或仲裁实践中遇到立法当时未预见的新情况、新问题时,可直接依据诚实信用原则行使公平裁量权,调整当事人之间的权利义务关系,化解民事纠纷。第四,诚实信用原则是社会主义核心价值观在法律上的体现,对于我国全面推进经济和社会信用体系建设具有重大意义。第五,衡平功能。诚实信用原则要求平衡当事人之间的各种利益冲突和矛盾,要求当事人在从事民事活动过程中,要充分尊重他人和社会的利益,不得滥用权力,损害国家、集体和第三人的利益。

1.019　守法原则　principle of obey the law

民事主体在从事民事活动时,不得违反各种法律的强制性规定,不得违背公共秩序和善良风俗,是民法的一项重要基本原则。《民法典》第 8 条规定:"民事主体从事民事活动,不得违反法律,不得违背公序良俗。"本条中的"不得违反法律"即为守法原则。民事主体在从事民事活动时,只要法律未明文禁止,又不违背公序良俗,其便可以享有较大的自主空间,实现意思自治,即民法奉行"法无禁止即自由"。但是任何人的自由并非毫无限制,民法同样需要维护社会基本的生产、生活秩序,需要维护国家的基本价值追求,法律的强制性规定就是为了实现这一目的而制定的,因此民事主体在从事民事活动时,应当遵守法律的强制性规定。法律的强制性规定又分为两种,效力性强制性规定和管理性强制性规定,违反效力性强制性规定的民事法律行为无效。

1.020　公序良俗原则　principle of public order and good morals

国家、社会的存在及其发展所必需的一般秩序,包括国家利益、社会经济秩序和社会公共利益。民事主体开展民事活动不得违反公共秩序和善良风俗,是我国民法的基本原则之一。公序良俗包括公共秩序和善良风俗两个方面。善良风俗是指国家社会的存在及其发展所必需的一般道德,即一般道德观念或良好道德风尚,包括社会公德、商业道德和社会良好风尚。《中华人民共和国民法通则》没有明确界定公序良俗的概念,其第 7 条规定:"民事活动应当尊重社会公德,不得损害社会公共利益,破坏国家经济计划,扰乱社会经济秩序。"其中"社会公共利益"及"社会公德"在性质上和作用上与公序良俗原则相当。《民法典》第 8 条规定:"民事主体从事民事活动,不得违反法律,不得违背公序良俗。"本条中的"不得违背公序良俗"被称为民法中的公序良俗原则,为本条规范的重心。公序良俗原则的作用在于弥补强行性和禁止性规定之不足,填补法律漏洞,以禁止现行法上未作禁止规定的事项,实现对民事主体意思自治的必要限制,旨在实现外部的价值秩序与民法内部的沟通,以弘扬社会公共道德,维护社会公共秩序,实现民事主体的个体利益与社会公共利益的平衡。公序良俗原则适用于民法各领域,违背公序良俗的民事法律行为无效。需要注意的是,公序良俗原则约束的对象是民事法律行为本身,非民事法律行为如穿衣做饭行为不适用该原则。

1.021　绿色原则　principle of conserving resources and protecting environment

　　民事主体从事民事活动,应当有利于节约资源、保护生态环境。该原则规定于《民法典》第9条。《民法典·总则编》增设绿色原则,总体上对所有民事活动需要遵守的环保义务作了一个总括性的规定,为后面各分编贯彻"绿色原则"奠定了基础。所谓"资源"主要指生态环境资源,而不是泛指其他任何资源。基于此,节约资源、保护生态环境最后的落脚点都是环境保护。绿色原则为民法和环境法建立了沟通与协调的管道,是对当前人民群众对清新空气、干净饮水、安全食品、优质环境的迫切需求的积极回应,有利于我国的生态文明建设,促进人类社会的可持续发展。绿色原则的增设是我国民事立法的创新之举,这与我国对生态环境的重视和保护有直接关系。该原则传承了我国天地人和、人与自然和谐共生的优秀传统文化理念,又与我国是人口大国、需要长期处理好人与资源生态的矛盾的国情相适应。绿色原则贯彻于《民法典》之始终,例如,滥用地役权导致环境污染的供役地人可以解除地役权和侵权责任编第七章修改完善了污染环境和破坏生态环境的侵权责任等。

1.022　民事纠纷　civil disputes

　　发生在平等民事主体之间,以民事权利义务为内容的社会纠纷。民事纠纷的产生,来源于不同民事主体对同一民事权利的不同主张。随着经济社会的迅速发展,民事纠纷的发生率也急剧上升,解决民事纠纷,保持社会和谐稳定是一项重要工作。《民法典》第10条规定:"处理民事纠纷,应当依照法律;法律没有规定的,可以适用习惯,但是不得违背公序良俗。"民事纠纷的解决方式有如下三种:第一,当事人自行解决。也称"和解",是指民事纠纷的当事人之间进行协商并达成协议,从而消灭民事纠纷的活动。相较于其他解决方式,和解具有简单、灵活、成本较低等优势。第二,社会救济。是指诉讼外调解和仲裁。诉讼外调解,是指在第三方的参与下,当事人进行协商,达成和解的活动。仲裁是指当事人将民事纠纷提交给仲裁机构,由仲裁机构对该纠纷作出裁决的一种纠纷解决机制。第三,民事诉讼。是指法院在当事人的参与下,依据事实和法律审理民事案件的活动。2009年,最高人民法院在《关于建立健全诉讼与非诉讼相衔接的矛盾纠纷解决机制的若干意见》中提出,要充分发挥社会各方面力量,为人民群众提供更多可供选择的纠纷解决方式。近年来,随着《中华人民共和国人民调解法》《中华人民共和国仲裁法》和《中华人民共和国民事诉讼法》等一系列法律的出台与修正,我国民事纠纷解决机制正逐步迈向多元化、系统化的新台阶。

1.023　法源　sources of law

全称"法律渊源"。法的存在表现形式。民法的法源,是指民法的存在表现形式。法律渊源是法官作出实体裁判的直接依据,具有重要地位,因此民法的法律渊源问题是一国民法典所应解决的基本问题之一。《民法典》第 10 条中规定:"处理民事纠纷,应当依照法律;法律没有规定的,可以适用习惯,但是不得违背公序良俗。"一般来讲,我国民法的法律渊源主要包括以下七类:一是宪法。宪法是我国的根本大法,具有最高的法律效力,是制定民事法律的基础与根据,例如宪法当中关于公民的基本权利和义务的相关规定,就是制定民事法律所必须遵守的依据。二是民事法律。是指由全国人民代表大会及其常委会制定颁布的民事法律规范,不仅包括《民法典》,还包括一系列民事单行法,其效力仅次于宪法。需要注意的是,伴随着 2021 年 1 月 1 日《民法典》正式施行,我国原《中华人民共和国婚姻法》《中华人民共和国继承法》和《中华人民共和国合同法》等部分单行法将同时废止。三是行政法规。是指国家最高行政机关即国务院依据法律授权所制定的一种规范性文件,其中关于民事方面的规定,也是我国民法的渊源。行政法规的效力仅次于宪法和民事法律。四是地方性法规、自治条例、单行条例。它们是地方各级人民代表大会及其常委会、各级人民政府、自治机关所制定的规范性法律文件。虽然其使用具有地域性,但其中关于民事方面的内容,也构成我国民法的渊源,但其规定不得与宪法、民事法律、行政法规相违背。五是司法解释。是指最高人民法院对民事审判中具体应用问题所作出的解释,司法解释可以弥补法律漏洞,推动法律发展,是民法的重要渊源之一。六是习惯。我国也承认习惯的法律渊源地位,不违背公序良俗的习惯也属于我国民法的渊源之一。七是国际条约中的民事法律规范。国际条约是国际法的主要渊源,不属于我国国内法范畴。但是通过法定程序,国际条约可以具有与国内法同样的约束力,也可成为我国民法的渊源之一。

1.024　习惯　customs

已经在一定时间、一定空间内,由多数人遵守,并在多数人内心形成法律的约束或法律之确信的行为规范。交易习惯是习惯的一种,例如,《最高人民法院关于适用〈中华人民共和国合同法〉若干问题的解释(二)》第 7 条规定:"下列情形,不违反法律、行政法规强制性规定的,人民法院可以认定为合同法所称'交易习惯':(一)在交易行为当地或者某一领域、某一行业通常采用并为交易对方订立合同时所知道或者应当知道的做法;(二)当事人双方经常使用的习惯做法。对于交易习惯,由提出主张的一方当事人承担举证责任。"习惯作为一种法律渊源,其在丰富法律内容,保持法律开放性等方面发挥着重要作用。习惯的适用有三个基本要求:第一,有法律对民事纠纷作出调整时,应当适用法律。无法律时,才能适用习惯。第二,存在着调整该民事纠纷的习惯规则。第三,该习惯不得违背公序良俗与成文法律。

1.025　民事特别法　special civil law

适用于特定时间、特定空间、特定主体、特定事项的民事法律规范,如《中华人民共和国合同法》等。民事特别法与民事普通法相对,民事普通法是指适用于一切民事法律关系的民事法律,例如《中华人民共和国民法总则》。《中华人民共和国立法法》第92条规定:"同一机关制定的法律、行政法规、地方性法规、自治条例和单行条例、规章,特别规定与一般规定不一致的,适用特别规定"。该条确立了"特别法优于一般法"的法律适用规则。《民法典》也对民事特别法的适用作了相关规定,如第11条规定:"其他法律对民事关系有特别规定的,依照其规定。"这是对民事特别法适用的一般性规定。又如《民法典》第128条规定:"法律对未成年人、老年人、残疾人、妇女、消费者等的民事权利保护有特别规定的,依照其规定。"这意味着《中华人民共和国未成年人保护法》和《中华人民共和国消费者权益保护法》等法律也成为了该条指称的民事特别法。需要注意的是,民事单行法并不等同于民事特别法,单行法与法典相对,特别法与一般法相对,二者并非同一概念。在《中华人民共和国民法通则》实施后,《中华人民共和国民法通则》与其他民事单行法(例如《中华人民共和国合同法》和《中华人民共和国物权法》等)之间是一般法与特别法的关系。而《中华人民共和国民法总则》施行后,由于《中华人民共和国民法总则》属于《民法典·总则编》,因此《中华人民共和国民法总则》与其他民事单行法(即《民法典》的各分则编)之间的关系并非一般法与特别法的关系,而仅仅是同一法典内部总则与分则之间的关系。不过随着《民法典》的出台,《民法典》与其他民事单行法之间的关系又回归为一般法与特别法的关系,但不能绝对地说民事单行法就是民事特别法。

1.026　民法适用规则　rule of the application of civil law

在诉讼程序或仲裁程序中,适用民法规范解决民事纠纷时所要遵循的规则。广义的民法适用既包括法院或仲裁机构在诉讼程序或仲裁程序中依据各类民法规范解决当事人纠纷的活动,又包括自然人、法人和非法人组织等在民事活动中运用民事法律规范解决冲突、纠纷的活动。狭义的民法适用仅指前者而不包括后者。一般来讲,民法适用规则大致如下:第一,相同效力位阶的特别法优于一般法。《中华人民共和国立法法》第92条规定:"同一机关制定的法律、行政法规、地方性法规、自治条例和单行条例、规章,特别规定与一般规定不一致的,适用特别规定"。特别法是调整民事法律关系的特别性规定,更具有针对性,因此在适用上要优于一般法。《民法典》第11条也规定:"其他法律对民事关系有特别规定的,依照其规定。"第二,相同效力位阶的新法优于旧法。《中华人民共和国立法法》第 92 条规定:"新的规定与旧的规定不一致的,适用新的规定。"旧法制定在前,远远滞后于时代的发展,新法制定在后,往往更具适应性,因此新法要优先于旧法适用。第三,上位法优于下位法。《中华人民共和国立法法》在第五章中详细地规定了我国法律文件的效力体系,即宪法具有最高效力,法律次之,行政法规的效力低于宪法和法律但高于地方性法规与规章,而自治条例和单行条例的变通性规定仅在本自治地方内适用。第四,强行法优于任意法。法律规范大致可以分为强行性规范和任意性规范两类,前者是指当事人不能通过其约定加以改变的规范,后者是指当事人可以通过约定排除其适用的规范。对于同一事项,既有强行性规范又有任意性规范时,要优先适用强行性规范。若强行法和任意法分别针对不同事项作出规定时,因不存在两种规范冲突的问题,所以也不存在二者适用何者优先的问题。

1.027 自然人 natural person

指基于自然规律而出生的民事主体,具有五官百骸,区别于其他动物的人。自然人是民事主体之一,而民事主体是民事法律关系的参加人,在民事法律关系中依法享有民事权利,承担民事义务。自然人是民法观念中的规范模型。民法很多规则的具体设置都是以自然人为出发点的。我国 1986 年《中华人民共和国民法通则》制定时,使用了"公民"一词指代自然人,但公民与自然人是不同性质的概念,且分属于不同的法域。公民是公法上的概念,指具有一国国籍的人;自然人是私法上的概念。民法是私法,应弃用"公民"的表述。《民法典》直接使用"自然人",明确了自然人作为民事主体的自然属性。按照《民法典》第 12 条的规定,凡在中华人民共和国领域内的民事活动,均适用中华人民共和国法律,不再区分从事民事活动的主体是何国籍。

1.028 出生 birth

是自然人民事权利能力开始的时间。自然人的出生在民法上具有重要意义,民法上的"出生"与通常的理解有所不同。在民法上,出生应包括"出"与"生",前者指全部与母体分离,后者指脱离母体之际是活体,有生命。民法意义的出生,须满足"出"与"生"两大要素,至于其出生后生命保有多久,在所不问。

1.029 死亡 death

指自然人民事权利能力消灭的事实。自然人的死亡在民法上具有重要意义,民法上的"死亡"与通常的理解有所不同。民法上的死亡有自然死亡和宣告死亡之分。自然死亡,是指自然人生命的绝对消灭。自然死亡以呼吸、心跳、脉搏均已停止且瞳孔放大为判断标准。宣告死亡是一种法律上的推定,须满足法定的条件和程序。死亡的时间是自然人民事权利能力终止的时间。

1.030　民事权利能力　capacity for civil rights

又称"法人格""人格"。据以充当民事主体,享受民事权利和承担民事义务的法律地位或法律资格。无此法律资格,即不得作为民事主体。《民法典》第13条规定:"自然人从出生时起到死亡时止,具有民事权利能力,依法享有民事权利,承担民事义务。"民法关于民事权利能力的规定,属于强行性规定,不允许自然人依自由意思予以排除或变更,当事人既不能转让也不能放弃。任何人也不得限制或剥夺他人的民事权利能力,自然人即使受刑事处分,其一般民事权利能力仍不受影响。

1.031　胎儿的民事权利能力　fetus's capacity for civil rights

指胎儿享受民事权利和承担民事义务的法律地位或资格。胎儿是否具有民事权利能力,即胎儿是否为民事主体,是对胎儿利益予以保护的基础。自然人的民事权利能力因出生而取得,依反面解释,未出生的胎儿就不具有民事权利能力,不具备民事主体资格。但基于胎儿出生后即成为民事主体的事实,民法需要对未来的民事主体的利益提供保护。我国司法实务中也已经发生于胎儿时遭受损害的情形。《民法典》对胎儿利益保护的事项和程度,仍然以"自然人的权利能力始于出生"为原则,但在涉及《民法典》第16条的具体情形即"遗产继承"和"接受赠与"时,胎儿视为具有民事权利能力。《民法典》对胎儿利益保护的情形,除列举的事项外,法条中的"等"字给今后实践中的发展和变化提供了扩充解释的空间。

1.032　成年人与未成年人　adult and minor

成年人与未成年人互为对称,是根据年龄对自然人作的一种划分。一个自然人,或为成年人,或为未成年人。法律规定了成年年龄,达到此年龄者为成年人,未达到此年龄者为未成年人。各国对于成年年龄的确定,除考虑到自然人的生理状况、智力发育程度外,还要考虑本国的习惯和社会要求,所以各国成年年龄有所不同。我国一直以十八周岁作为法定成年年龄,因为通常情形下自然人的身体和智力发育在这个年龄已经成熟,能够对自己的行为负责。《民法典》第17条规定:"十八周岁以上的自然人为成年人。不满十八周岁的自然人为未成年人。"十八周岁是界分成年人与未成年人的唯一标准。成年人与未成年人的界分,在民法上有重要意义,成年人原则上属于完全民事行为能力人(不能辨认自己行为或不能完全辨认自己行为的成年人除外),未成年人原则上不属于完全民事行为能力人(以自己的劳动收入为主要生活来源的十六周岁以上的未成年人除外)。

1.033　民事行为能力　capacity for civil conduct

指民事主体据以独立参加民事法律关系,以自己的法律行为取得民事权利或承担民事义务的法律资格。凡有民事行为能力者,即可不依赖于他人而独立实施法律行为,参加民事法律关系,为自己取得民事权利或者设定民事义务。自然人从出生到死亡是一个自然成长的过程,其对事物的理解、识别和判断能力是渐进的(老年后又会渐衰),所以,自然人的民事行为能力的有无通常以其年龄、精神的健全与否来认定。同时,又由于自然人个体具有差异性,因人而异判断行为能力必然会导致立法上的困难,也会加大司法上进行个体判断的成本,所以民法一直以一般人发育成长的年龄为主要衡量标准,并以具体的精神发育情况作为补充,由此建立了自然人民事行为能力的以年龄为主、以精神健康状况为辅的判断标准。符合标准年龄的自然人,如果没有极端的精神不正常情况,原则上均视为同样具有完全行为能力,能够以自己的行为独立享有民事权利、承担民事义务。否则为行为能力不完全。

1.034 完全民事行为能力 full capacity for civil conduct

指自然人能以自己的行为独立享有民事权利、负担民事义务的资格。完全民事行为能力人,就是具备完全民事行为能力或资格的人。《民法典》第 18 条规定:"成年人为完全民事行为能力人,可以独立实施民事法律行为。十六周岁以上的未成年人,以自己的劳动收入为主要生活来源的,视为完全民事行为能力人。"依此规定,"视为"属于推定,并且属于不可推翻的推定,十六周岁以上的未成年人只要符合"能够以自己的劳动取得收入,并能维持当地群众一般生活水平",就与完全民事行为能力人无异。

1.035 限制民事行为能力 limited capacity for civil conduct

又称"不完全民事行为能力"。指自然人部分独立地或者在一定范围内具有民事行为能力。相应地,限制民事行为能力人即民事行为能力不完全,行为人仅在一定范围内具备民事行为能力。限制民事行为能力制度的意义在于对进入交易中的限制民事行为能力人提供优先保护,这种保护的优先性高过交易安全,以免危及限制行为能力人的财产利益。《民法典》第 19 条规定:"八周岁以上的未成年人为限制民事行为能力人,实施民事法律行为由其法定代理人代理或者经其法定代理人同意、追认;但是,可以独立实施纯获利益的民事法律行为或者与其年龄、智力相适应的民事法律行为。"第 22 条规定:"不能完全辨认自己行为的成年人为限制民事行为能力人,实施民事法律行为由其法定代理人代理或者经其法定代理人同意、追认;但是,可以独立实施纯获利益的民事法律行为或者与其智力、精神健康状况相适应的民事法律行为。"

1.036 无民事行为能力 no capacity for civil conduct

指自然人无独立从事民事活动的资格,也就是说,不具有以自己的行为取得民事权利和承担民事义务的资格。当事人自主创设法律关系须以行为主体具有相应的判断能力即民事行为能力为前提。行为人无民事行为能力,其行为就不能发生有效的法律后果。《民法典》第 20 条规定:"不满八周岁的未成年人为无民事行为能力人,由其法定代理人代理实施民事法律行为。"第 21 条第 1 款规定:"不能辨认自己行为的成年人为无民事行为能力人,由其法定代理人代理实施民事法律行为。"

1.037　监护　guardianship

是对无民事行为能力和限制民事行为能力的自然人设立监护人,以监督、管理和保护其人身、财产及其他合法权益的制度。民法设置监护制度的目的是弥补被监护人行为能力不足,有效保护其合法权益。现代监护制度源于罗马法,其最初的目的是补充被监护人的行为能力。近现代民法上的监护制度,因被监护对象的不同而分为未成年人的监护及不能辨认自己行为的成年人的监护(成年监护)。现代监护制度在强化监护人义务和职责的同时,也赋予了监护人必要的权利,确保监护人更好地履行监护职责。《民法典》专门规定了监护制度。

1.038　监护人　guardian

指依法对无民事行为能力人和限制民事行为能力人进行监督、管理和保护的人。最早的监护制度出现在罗马法。彼时,对于未成年人所设的监护人,称保护人;对于不能辨认自己行为的成年人所设的监护人,称照管人。保护人的职责旨在保护未成年人的身体;照管人的职责旨在照管被照管人的财产。监护人为保护人与照管人的总称。近现代民法监护制度,不再区分保护人和照管人,统称监护人。监护人对被监护人的合法权益保护,既包括以监护人名义直接保护和管理被监护人的财产,也包括代理被监护人进行民事活动或参加诉讼。

1.039　法定监护　legal guardianship

指有关监护人的范围、顺序、职责、监护关系的变更和终止等均由法律直接作出规定,尤其有关监护人的范围和顺序由法律直接规定。法定监护涵盖了未成年人监护和成年人监护。《民法典》第 27 条规定了未成年人的法定监护人的范围和顺序;第 28 条规定了无民事行为能力或者限制民事行为能力的成年人的法定监护人的范围和顺序;第 34 条规定了监护人的职责;第 31 条和第 36 条分别规定了监护人的变更和撤销;第 39 条规定了监护关系的终止。

1.040　指定监护　designating guardianship

指由法院或者有权指定的机关指定监护人。为保护被监护人的合法权益,《民法典》规定了指定监护人的三种情形:第一,第 29 条规定了被监护人的父母可以通过遗嘱指定监护人。第二,第 31 条规定了当出现担任监护人的争议时,无论是互相争当监护人还是互相推诿不愿担任监护人,被监护人住所地的居民委员会、村民委员会或者民政部门有权在具备监护资格的人中指定监护人;有关当事人对指定不服的,可以申请人民法院指定监护人;有关当事人也可以直接向人民法院申请指定监护人。第三,临时监护人的指定,又分为两种情况:第一种情况是第 36 条所规定的,人民法院"根据有关个人或者组织的申请"撤销监护人资格,此时,法院有权按照最有利于被监护人的原则直接指定临时监护人。第二种情况是第 31 条第 1 款所规定的指定监护人前,被监护人人身权利、财产权利以及其他合法权益处于无人保护状态的,由被监护人住所地的居民委员会、村民委员会、法律规定的有关组织或者民政部门担任,即临时监护发生在有关组织或法院依照第 31 条规定"指定监护人之前"。《民法典》第 34 条第 4 款的规定,并非为被监护人指定临时监护人,而是一种应急状态下的临时生活照料措施。

1.041 遗嘱监护 guardianship by a will

又称"遗嘱指定监护"。法定监护的一种,即父母以遗嘱的方式为自己的未成年子女或已成年但丧失或限制民事行为能力之子女指定监护人的单方民事法律行为。《民法典》第 29 条规定:"被监护人的父母担任监护人的,可以通过遗嘱指定监护人。"遗嘱监护在我国民事立法中系首创。当以遗嘱的方式指定监护人时,应符合《民法典》继承编有关遗嘱的规定。

1.042 协议确定监护 determination of guardianship by agreement

依法具有监护资格的人之间可以依协议的方式确定监护人。《民法典》第 27 条、第 28 条分别规定了未成年人和无民事行为能力或者限制民事行为能力的成年人的法定监护人的范围和顺序。对于未成年人,法律明确规定其父母为监护人。但在实践中,有资格担任监护人的人有多个,其监护能力并不一致。本着弥补被监护人行为能力、维护被监护人合法权益的原则,并充分尊重私法主体的意思自治,《民法典》第 30 条规定:"依法具有监护资格的人之间可以协议确定监护人。"同时还规定"协议确定监护人应当尊重被监护人的真实意愿"。

1.043 意定监护 designating guardianship by contract

又称"成年意定监护"。具有完全民事行为能力的成年人对其自身事务所作的事先安排。每个具有完全民事行为能力的成年人都可以与其近亲属、其他愿意担任监护人的个人或者组织签订合同,当其因年老、精神疾病或者意外事故等原因丧失或者部分丧失民事行为能力时,由自己事先选定的监护人履行监护职责。《中华人民共和国老年人权益保障法》第 26 条、《民法典》第 33 条规定了意定监护制度。意定监护系新增的一种成年人监护形式。允许有完全民事行为能力的成年人根据自己的意愿确定自己的监护人,赋予其更充分的选择权利,是对当事人的尊重和保护,也有利于维护和谐稳定的社会秩序。

1.044 宣告失踪 declaration of missing person

指经利害关系人申请,由人民法院依法定程序宣告下落不明满一定期限的自然人为失踪人的民事法律制度。《民法典》第40条规定了宣告失踪的条件和程序:"自然人下落不明满二年的,利害关系人可以向人民法院申请宣告该自然人为失踪人。"宣告失踪制度的功能在于稳定与失踪人有关的财产关系,其法律后果是为失踪人确定财产代管人。

1.045 财产代管人 property custodian

指代为管理失踪人财产的人,在民法上专指宣告失踪制度的直接法律后果。自然人被宣告失踪后,其民事主体资格仍然存在,所以不会发生与其人身有关的法律后果,如婚姻关系的解除和继承开始等,仅发生与失踪人有关的财产后果,通过为其设定财产代管人,解决与失踪人有关的财产问题。《民法典》第42条第1款规定:"失踪人的财产由其配偶、成年子女、父母或者其他愿意担任财产代管人的人代管。"指定财产代管人要遵循"有利于保护失踪人财产的原则"。

1.046 宣告死亡 declaration of death

指依照法定程序,推定失踪人为"已死亡",使之产生与自然死亡同样的法律后果。自然人长期下落不明,最直接的后果就是与其有关的人身关系和财产关系处于不稳定的状态,进而会影响到经济生活和社会秩序。宣告死亡制度的直接目的是及时了结下落不明的人与他人的人身关系和财产关系。《民法典》第46条规定了宣告死亡制度的条件和程序:须有自然人失踪的事实;失踪的状态须届满一定的期间;须由利害关系人申请;须由人民法院宣告。

1.047 宣告死亡人的重新出现 reappearance of the person declared death

被宣告死亡的自然人在宣告其死亡后仍然生存,由本人或者利害关系人申请,撤销其死亡宣告的制度。宣告死亡人的重新出现也包括确知其下落。总之推定死亡的基础已经丧失,应撤销对失踪人的死亡宣告。《民法典》第50条规定:"被宣告死亡的人重新出现,经本人或者利害关系人申请,人民法院应当撤销死亡宣告。"而撤销死亡宣告的程序,应按照《中华人民共和国民事诉讼法》及其司法解释的相关规定进行。

1.048 个体工商户 individual business

指自然人以个人财产或家庭财产作为营业资本,在法律允许的范围内依法经核准登记,从事工商业经营的家庭或个人。《民法典》第54条规定:"自然人从事工商业经营,经依法登记,为个体工商户。个体工商户可以起字号。"从立法体系上看,个体工商户仍然属于自然人的范畴,是自然人的一种特殊形式,与普通自然人的权利能力有所不同。个体工商户享有合法财产权,包括对自己所有的合法财产享有占有、使用、收益、处分的权利,以及依据法律和合同享有各种债权。个体工商户依法享有工商经营权,在法律规定和核准登记的经营范围内,充分享有自主经营权利,并经批准可以起字号、刻图章、在银行开立账户,以便开展正常的经营活动。

1.049 农村承包经营户 leaseholding farm household

指农村集体经济组织的成员,在法律允许的范围内,按照承包合同的约定,使用集体所有的土地和其他如森林、草原、荒地、滩涂、水面等生产资料,从事农业生产经营的家庭或个人。《民法典》第55条规定:"农村集体经济组织的成员,依法取得农村土地承包经营权,从事家庭承包经营的,为农村承包经营户。"从立法体系上看,农村承包经营户在主体范畴上仍然属于自然人,享有民事权利能力,是民事主体。但是由于其具有经营目的,对生产经营享有自主权,因而与一般的自然人又有所不同,其必须在法律和承包经营合同的范围内进行经营活动,全面履行各项义务,不得损害发包方合法权益,否则将依法承担民事责任。

1.050 法人 legal person

指由法律规定的具有民事权利能力和民事行为能力,依法独立享有民事权利和承担民事义务的组织。在社会生活中的权利主体不限于自然人,还有各种组织体以团体的名义从事各种民事活动。其中,由多数自然人集合而成的组织体,为人合组织体;由财产集合而成的组织体,为财合组织体。经法律规定其组织体具有民事权利能力者即为法人。法人作为一类独立的民事主体,在民事活动中与自然人、非法人组织具有同等的法律地位。《民法典》第57条是有关法人的立法定义。

1.051 法定代表人 legal representative

指依照法律规定或法人的组织章程的规定,代表法人行使职权的负责人。因为法人是一种社会组织,其自身不能为行为,要参与经济生活或社会事务,必须经由自然人代其为之。《民法典》第61条第1款、第2款规定:"依照法律或者法人章程的规定,代表法人从事民事活动的负责人,为法人的法定代表人。法定代表人以法人名义从事的民事活动,其法律后果由法人承受。"法定代表人以法人名义实施的行为即法人自身的行为,所发生的权利、义务和责任均归属于法人。

1.052　法人的合并　combination of legal persons

指两个以上的法人合并为一个新法人。法人的合并是法人组织变更的形式之一,也是法人自我调整其组织结构的主要法律手段之一。法人合并包括吸收合并和新设合并。前者是指一个法人吸收其他法人,其法人资格保留,而被吸收的法人资格消灭;后者是指两个以上的法人合并为一个新法人,原法人资格消灭。《民法典》第67条第1款规定了法人合并后的债权债务问题:"法人合并的,其权利和义务由合并后的法人享有和承担。"

1.053　法人的分立　division of a legal person

指由一个法人分为两个以上的法人。法人的分立,是法人组织变更的形式之一,也是法人自我调整其组织结构的主要法律手段之一。法人的分立包括新设分立和派生分立。前者是指原法人分成两个以上的新法人,原法人资格消灭;后者是指原法人资格不消灭,只是从中分出一个或几个新的法人。《民法典》第67条第2款规定了法人合并后的债权债务问题:"法人分立的,其权利和义务由分立后的法人享有连带债权,承担连带债务,但是债权人和债务人另有约定的除外。"

1.054　法人的破产　bankruptcy of legal person

又称"法人的破产清算"。指法人因不能清偿到期债务,其自身或者债权人向人民法院申请破产,人民法院受理后查明确实存在破产原因(不能清偿到期债务)即作出破产宣告,并进入清算程序,清理法人的债权债务,经人民法院审理与监督,强制清算其全部财产,使全体债权人公平受偿的法律程序。《中华人民共和国破产法》规定的破产程序还包括破产和解和破产重整程序。《民法典》第68条规定了破产是法人终止的原因之一,第73条规定了法人基于破产而终止。

1.055　法人的清算　liquidation of legal person

指法人终止前,依照一定的程序了结法人事务,清收债权、清偿债务,分配剩余财产,使法人人格消灭的行为过程。《民法典》第72条第1款规定:"清算期间法人存续,但是不得从事与清算无关的活动。"可见,清算是一个过程或者程序,在此过程或程序中,法人只为清算的目的存续,只能了结残务,不得进行其他一切活动。通过清算将已解散法人的法律关系进行清理后,法人归于消灭。

1.056　法人的解散　dissolution of legal person

指法人的团体性消灭。有关法人解散的具体事由,可以分为两类:自愿解散和强制解散。前者是指基于企业法人投资者或者股东的意愿解散法人,包括依章程规定解散、股东决定解散、因企业法人的合并或分立而解散;后者是指企业法人的设立或者经营活动违反法律或者行政法规的情形,主管机关依法强令其解散,包括吊销企业法人营业执照、依法撤销或关闭、命令撤销或关闭。《民法典》第69条对企业解散的事由作了具体规定。法人解散后,其人格并不消灭,须待清算终结,其人格才归于消灭。即是说,法人解散后,不能继续为新事业,只能在清算的范围内进行活动。

1.057　法人的终止　termination of legal person

又称"法人的消灭"。即法人丧失作为民事主体的资格。法人终止的意义与自然人的死亡相同。但法人为社会组织体,须有严格的法定事由出现并须经一定的法律程序,方可消灭其主体资格。《民法典》第68条对法人终止的事由和后果作了较完善的规定。法人终止事由的出现是启动法人终止程序的前提。法人的终止并非一个简单的行为,它是由一系列法律程序和法律行为构成的时间过程,必须依法定程序而为。在依法完成清算后,再办理注销登记。法人民事主体资格的最终消灭以注销登记为准。

1.058　法人的分支机构　branch offices of legal person

法人的组成部分,是法人在某一区域设置的完成法人部分职能的业务活动机构。法人的分支机构具有一定的独立性,通常有自己的名称、场所、管理机构和负责人以及从事业务活动所需要的资金和从业人员。法人的分支机构可以经法人授权并办理登记,领取独立的营业执照,因此可以成为独立的民事主体,可以在银行开立结算账户,以自己的名义对外进行各项民事活动。法人的分支机构进行民事活动所发生的债务和所承担的责任最终由法人负责。《民法典》第74条规定:"法人可以依法设立分支机构。法律、行政法规规定分支机构应当登记的,依照其规定。分支机构以自己的名义从事民事活动,产生的民事责任由法人承担;也可以先以该分支机构管理的财产承担,不足以承担的,由法人承担。"

1.059　法人的设立与成立　formation and establishment of legal person

以设立法人为目的从事的相关行为及行为过程与后果。法人设立期间,设立人要与他人进行交易,从事与法人设立相关的民事活动。法人作为一种组织体,要成为具有民事权利能力和民事行为能力的民事主体,必须具备法律规定的条件和经由法律规定的程序,始得成立。《民法典》第58条规定了法人成立须具备的条件和须履行的程序。法人的设立与成立的关系在于,法人的成立必须经由设立过程,法人设立的结果是法人的成立。设立中的法人会有对外民事活动,同时法人的设立不一定达到成立的法律效果,亦即法人虽有设立过程但不一定最终成立。这就涉及设立中的法人的法律地位问题,以及法人设立人在法人设立过程中的民事活动的后果归属等。《民法典》第75条规定了法人设立人的民事活动的法律后果归属及民事责任的承担。

1.060　营利法人　for-profit legal person

指以取得利润并分配给股东等出资人为目的成立的法人。认定营利法人要注意:一是营利法人以取得利润为目的。利润是经济学上的概念,指资本的增值,即以现金、实物、劳务等为资本而获得经济上的利益。二是营利法人以取得的利润分配给出资人为目的。营利法人的出资人设立营利法人的动机和最终目的是为自己谋取收益。三是营利法人以取得利润并分配给股东等出资人为目的成立。《民法典》第76条规定了营利法人的立法定义和分类:"以取得利润并分配给股东等出资人为目的成立的法人,为营利法人。营利法人包括有限责任公司、股份有限公司和其他企业法人等。"

1.061　有限责任公司　limited liability company

指在中国境内设立的,股东以其认缴的出资额为限对公司承担责任,公司以及全部资产为限对公司的债务承担责任的企业法人。有限责任公司是《民法典》规定的营利法人的一种。在我国,有限责任公司由1个以上50个以下股东共同出资设立。有限责任公司有其优缺点:其优点是设立程序比较简单,不必发布公告,也不必公布账目,尤其是公司的资产负债表一般不予公开,公司内部机构设置灵活;其缺点是由于不能公开发行股票,筹集资金范围和规模一般都比较小,难以适应大规模生产经营活动的需要。因此,有限责任公司这种形式一般适合于中小企业。

1.062　股份有限公司　joint stock limited company

指公司资本为股份所组成,股东以其认购的股份为限对公司承担责任的企业法人。股份有限公司是《民法典》规定的营利法人的一种。在我国,设立股份有限公司,应当有2人以上200人以下为发起人。公司的资本总额平分为金额相等的股份;公司可以向社会公开发行股票筹资,股票可以依法转让;法律对公司股东人数只有最低限度,无最高额规定;股东以其所认购股份对公司承担有限责任,公司以其全部资产对公司债务承担责任;每一股有一表决权,股东以其所认购持有的股份,享受权利,承担义务;公司应当将经注册会计师审查验证过的会计报告公开。

1.063　其他企业法人　other enterprise with status of legal person

指除有限责任公司、股份有限公司外的第三种营利法人形式,即非公司形式的法人。在我国,其他企业法人包括全民所有制企业、城镇集体所有制企业、农村集体所有制的乡镇企业,三资企业等。

1.064 营利法人的机构 organs of for-profit legal person

指根据法律、章程或条例的规定,在营利法人成立时就产生的不需要特别授权就能以法人的名义对内管理法人的事务、对外代表法人进行民事活动的集体或者个人。法人的机构是法人人格维持的必要条件。《民法典》第80条、第81条、第82条规定了营利法人的机构,包括权力机构、执行机构和监督机构。具体而言,营利法人的上述机构,在公司法人和非公司企业法人有所不同。依据《民法典》和《中华人民共和国公司法》的有关规定,公司法人的机构,有股东(大)会,为法人权力机构和意思机构;执行董事或董事会,为法人执行机构和代表机构;监事或监事会,为法人监督机构。国有独资公司法人的必设机构,仅有董事会和监事会。

其他企业法人即非公司企业法人,实行厂长(经理)负责制。依照这一企业领导体制,厂长(经理)既是法人的权力机构和意思机构,又是法人的执行机构和代表机构。在这一体制下,厂长(经理)应接受职工(代表)大会的监督,但这种权力和责任的配置以及实际运行情况,都很难实现有效的监督,所以还不能将职工(代表)大会视为法人的监督机构。

1.065 关联关系 affiliated relation

指公司控股股东、实际控制人、董事、监事、高级管理人员与其直接或者间接控制的企业之间的关系,以及可能导致公司利益转移的其他关系。国家控股的企业之间不应因为同受国家控股而具有关联关系。关联关系是关联交易的前提,法律尤其是公司法律对关联交易的调整,首先要界定的就是关联关系。利用关联关系进行关联交易,并非全部有损营利法人利益。《民法典》第84条规定:"营利法人的控股出资人、实际控制人、董事、监事、高级管理人员不得利用其关联关系损害法人的利益;利用关联关系造成法人损失的,应当承担赔偿责任。"该条重在明确利用关联关系损害法人利益的赔偿责任。

1.066 非营利法人 non-profit legal person

指为公益目的或者其他非营利目的成立,不向其成员或者设立人分配利润的法人。该表述统合了我国以往的行政法规中诸如"非营利性法人""非营利性组织""非营利性社会组织""民间非营利组织"等。非营利法人既包括面向社会大众,以满足不特定多数人的利益为目的的公益法人,也包括为其他非营利目的成立的法人。《民法典》第87条规定了非营利法人的立法定义和种类:"为公益目的或者其他非营利目的成立,不向出资人、设立人或者会员分配所取得利润的法人,为非营利法人。非营利法人包括事业单位、社会团体、基金会、社会服务机构等。"

1.067 事业单位法人 legal person of public institution

指由国家行政机关举办,受国家行政机关领导,没有生产收入、所需经费由公共财政支出、不实行经济核算,主要提供教育、科技、文化、卫生等非物质生产活动和劳务服务活动的社会公共组织。事业单位法人是《民法典》规定的非营利法人的类型之一。事业单位法人具有以下特点:第一,以从事社会公益事业为目的。第二,有必要财产和经费,既有国家财政拨款也可能有投资人的投资。第三,事业单位法人依国家法律和命令设立,无须经核准登记即取得法人资格;依行政许可设立的事业单位,只有经依法办理法人登记,方能取得法人资格。

1.068 社会团体法人 legal person of social group

指为一定目的由一定人员组成的社会组织。社会团体法人是《民法典》规定的非营利法人的类型之一。《社会团体登记管理条例》第2条第1款规定:"本条例所称社会团体,是指中国公民自愿组成,为实现会员共同意愿,按照其章程开展活动的非营利性社会组织。"社会团体法人则是指具有法人资格的社会团体,其具有以下特点:第一,社会团体自愿设立,须经法定程序成立。成立社会团体,应当经其业务主管单位审查同意,并依照规定进行登记。第二,社会团体需具备法定条件。第三,社会团体法人不得从事营利性经营活动。

1.069 基金会法人 legal person of foundation

指利用自然人、法人或者其他组织捐赠的财产,以从事公益事业为目的,按照本条例的规定成立的非营利性法人。是《民法典》规定的非营利法人的类型之一。基金会法人具有以下特点:第一,基金会的宗旨是通过资金资助推进科学研究、文化教育、社会福利和其他公益事业的发展。基金会的基金应当用于符合其宗旨的活动和事业,不得挪作他用;基金会不得经营管理企业。第二,基金会的财产来自社会捐赠。捐赠必须出于自愿,不得摊派。第三,基金会法人属财团法人,没有成员,只有工作人员。基金会工作人员的工资和办公费用,在基金利息等收入中开支。第四,基金会须经登记。《基金会管理条例》第6条第1款规定了"国务院民政部门和省、自治区、直辖市人民政府民政部门是基金会的登记管理机关"。

1.070 社会服务机构 social service organization

指自然人、法人或者其他组织为了提供社会服务,主要利用非国有资产设立的非营利性法人。社会服务机构是《民法典》规定的非营利法人的类型之一。我国社会服务机构广泛活跃在教育、卫生、科技、文化、体育、社会福利、社会工作等领域,在促进经济发展、繁荣社会事业、创新社会治理、提供公共服务等方面发挥了重要作用。《民法典》在非营利法人类型中将社会服务机构单列,充分体现了对这种类型非营利法人的法律地位的肯定。

1.071 捐助法人 donation-based legal person

指以公益为目的以捐助财产设立的基金会、社会服务机构、宗教活动场所等。在法人类型的学理划分中,根据法人设立的基础不同将法人分为社团法人与财团法人。《民法典》规定的"捐助法人"即属于财团法人,是以公益为目的,以捐助的一定财产为基础的财产集合体,故又称财产组合。财团法人也须有专人管理财产,但其财产管理人并非其社员(成员),因此有别于社团法人。捐助法人的范围广泛,除基金会、宗教活动场所外,还包括社会服务机构等,如捐资设立的学校、医院、孤儿院、养老院、图书馆、文化馆、博物馆等。

1.072 特别法人 special legal person

指现存的不同于营利法人和非营利法人,具有民事权利能力和民事行为能力,依法独立享有民事权利和承担民事义务的一种法人类型。《民法典》第96条规定:"本节规定的机关法人、农村集体经济组织法人、城镇农村的合作经济组织法人、基层群众性自治组织法人,为特别法人。"特别法人具有鲜明的中国特色。《民法典》增设特别法人的原因,是根据我国社会生活实际,具有特殊性的法人组织主要有机关法人、基层群众性自治组织和农村集体经济组织、合作经济组织,单独设立一种法人类别,有利于其更好地参与民事生活,也有利于保护其成员和与其进行民事活动的相对人的合法权益。

1.073 机关法人 legal person of official organ

指依法行使国家权力,并因行使国家权力的需要而享有相应的民事权利能力和民事行为能力的国家机关,是《民法典》规定的特别法人之一。《民法典》确立了机关主体资格,奠定了机关工作的法律基础,增加了机关工作的权威性、严肃性和规范性。机关法人的设立,能有效地解决难度大、效率低和效果不理想的问题。机关法人具有以下特点:一是机关法人只有在从事民事活动时才为法人,即此时才是民事主体。而其行使国家管理职权时,不是民法意义上的法人。二是机关法人所能从事的民事活动仅限于为履行管理职能所必须的范围,不能从事营利性活动。三是机关法人进行民事活动用以承担债务的财产来自国家各级财政的拨款,其行使职能收取的费用也须上缴财政。四是机关法人依国家法律的直接规定或者命令设立机关而成立,不需经核准登记程序。

1.074 农村集体经济组织法人 legal person of rural collective economic organization

以土地的集体所有制为基础,以乡村区域为范围,以管理土地和集体财产、组织本集体成员共同开展大规模的生产经营活动和提供其他社会经济服务的集体性经济组织。其特征有三：一是集体所有，即它是建立在家庭承包经营基础上的集体经济。二是以土地纽带，它是建立在一定范围内的土地共有基础上的经济组织。农村集体经济组织是农村集体土地的经营者和管理者，承担着农村集体土地的经营和管理职能。三是成员固定，"固定"的意思是指相对于一般经济组织而言，农村集体经济组织成员的身份取得有特别的规定和标准。根据《民法典》第99条的规定，农村集体经济组织是否取得法人资格，首先要符合《民法典》对法人成立条件的规定，即依法成立，有自己的名称、组织机构和住所，有独立的财产和经费，能独立承担民事责任。其次要符合法律法规关于农村集体经济组织取得法人资格的特别规定，如是否需要有关机关批准，是否需要向有关机关办理登记。

1.075 基层群众性自治组织法人 legal person of basic self-governing mass organization

是中国在城市和农村按居民的居住地区建立起来的居民委员会或者村民委员会，是城市居民或农村村民自我管理、自我教育、自我服务的组织。《民法典》第101条规定："居民委员会、村民委员会具有基层群众性自治组织法人资格，可以从事为履行职能所需要的民事活动。"我国《城市居民委员会组织法》第2条第1款规定："居民委员会是居民自我管理、自我教育、自我服务的基层群众性自治组织。不设区的市、市辖区的人民政府或者它的派出机关对居民委员会的工作给予指导、支持和帮助。居民委员会协助不设区的市、市辖区的人民政府或者它的派出机关开展工作。"我国《村民委员会组织法》第2条第1款规定："村民委员会是村民自我管理、自我教育、自我服务的基层群众性自治组织，实行民主选举、民主决策、民主管理、民主监督。"赋予居民委员会和村民委员会特别法人资格，定位明确，权责清晰，有利于促进和推动其自治功能的发挥。

1.076 城镇农村的合作经济组织法人 legal person of urban and rural cooperative economic organization

是广泛存在的城镇农村合作经济组织中具备法人资格的合作经济组织。合作经济组织是指个体劳动者遵循自愿、互利、合作、民主等组织原则联合组成的经济单位。合作经济组织有不同的类型划分，按合作领域划分有生产合作社、供销合作社、信用合作社、加工合作社、运输合作社等；按所有制划分有集体所有制合作经济组织、股份制合作经济组织、综合型合作经济组织等；按经营业务范围划分有综合经营型合作经济组织、专业型合作经济组织；按地区划分有地区性合作经济组织、跨地区合作经济组织等。《民法典》第100条第1款规定："城镇农村的合作经济组织依法取得法人资格。"可见，城镇农村的合作经济组织是否取得法人资格，要看其是否符合法人的基本特征。《民法典》对符合法人构成条件的合作经济组织赋予其法人资格，既有完备的理论支撑，又能够鼓励城镇农村的合作经济组织积极参与民事活动，促进城镇农村经济的可持续发展。

1.077 非法人组织 un-incorporative organization

虽不具有法人资格但可以自己的名义从事民事活动的组织体。非法人组织作为一种组织体,在社会经济生活中广泛存在并发挥着积极而重要的作用。非法人组织须具备以下条件:一是须为由多数人组成的人合组织体;二是须具有自己的目的;三是须有自己的财产;四是须设有代表人或者管理人;五是须以团体的名义为法律行为。《民法典》第102条对非法人组织的立法定义和具体类型作了规定。

1.078 合伙企业 partnership

依《中华人民共和国合伙企业法》设立的普通合伙企业与有限合伙企业,是《民法典》规定的非法人组织的类型之一。我国《合伙企业法》第2条第2款、第3款分别规定了普通合伙企业和有限合伙企业:"普通合伙企业由普通合伙人组成,合伙人对合伙企业债务承担无限连带责任。本法对普通合伙人承担责任的形式有特别规定的,从其规定。有限合伙企业由普通合伙人和有限合伙人组成,普通合伙人对合伙企业债务承担无限连带责任,有限合伙人以其认缴的出资额为限对合伙企业债务承担责任。"合伙企业的团体性建立在合伙契约的基础上,其存续不受个别合伙人入伙或退伙的影响,尤其是有限合伙,其事务由普通合伙人而非有限合伙人执行,有限合伙人多以合伙人决议等方式形成区别于个人意思的团体意思,遂成为独立的民事主体。

1.079 个人独资企业 sole proprietorship

依《中华人民共和国个人独资企业法》在中国境内设立,由一个自然人投资,财产为投资人个人所有,投资人以其个人财产对企业债务承担无限责任的经营实体,是《民法典》规定的非法人组织的类型之一。个人独资企业是企业制度序列中最初始和最古典的形态,也是民营企业主要的企业组织形式。个人独资企业的所有权、控制权、经营权、收益权高度统一,有利于保守与企业经营和发展有关的秘密,有利于业主个人创业精神的发扬。但其也存在筹措资金的局限和连续性差等缺点。

1.080 不具有法人资格的专业服务机构 professional organization without a status of legal person

是以专门知识和专门技能为客户提供有偿服务为目的,并依法承担责任的普通合伙企业,主要是指律师事务所、会计师事务所等提供专业服务的企业。不具有法人资格的专业服务机构,作为与个人独资企业、合伙企业并列的一类非法人组织,具有独立的民事主体地位,其特点主要表现在以下四个方面:一是特殊的设立要求。不具有法人资格的特殊服务机构须经过相应主管部门进行审批,并按照法定程序成立。二是特殊的业务范围。

不具有法人资格的特殊服务机构是以专业知识和专门技能为客户提供有偿服务的专业服务机构,而不是进行商业经营活动。三是特殊的责任承担方式。不具有法人资格的专业服务机构的合伙人,不承担无限连带责任,而是区别一般过失与重大过失、故意引发的债务,承担不同的责任。四是特殊的企业名称。不具有法人资格的专业服务机构作为特殊的普通合伙企业,在名称上与普通合伙企业和有限合伙企业有所区别,以体现其合伙经营性质的特殊性是合伙人以其特殊知识与能力提供服务,同时也对与合伙进行交易的债权人作出必要提示,对有关交易当事人进行必要的风险防范。

1.081 不动产 immovables

依照其物理性质不能移动或者移动将严重损害其经济价值的有体物。民法上的物以能否移动并且是否因移动而损害其用途或价值为标准,可以分为动产和不动产。不动产具体包括土地和地上定着物两种,土地是指一定范围内的地球表面,以及地面上空及地下。地上定着物是指持续密切依附于土地,不易移动,按交易惯例非为土地的构成部分,而有独立使用价值的物,我国物权法将其称之为附着物。地上定着物主要是指房屋及其他建筑物,如纪念碑、桥梁、高架道路等。需要注意的是,依附于土地但在性质上成为土地一部分的财产不属于地上定着物,而属于土地,如水井、下水道等。不动产的出产物在与不动产分离之前,二者属于同一整体,即前者是后者的一部分,所以二者都是不动产。但是在二者相互分离之后,不动产的出产物便作为动产而单独存在。如在植物的果实尚未采摘、收割之前,以及树木尚未砍伐之前,二者都是地上的定着物,属于不动产。一旦采摘、收割、砍伐下来,脱离了土地,则属于动产。法律区分不动产与动产的意义主要表现为四点:第一,诉讼管辖有所区别。因不动产发生的民事纠纷,由不动产所在地人民法院专属管辖,而动产的诉讼管辖则较为灵活,不仅限于动产所在地人民法院管辖。第二,物权变动的法定要件不同。《民法典》第 208 条规定:"不动产物权的设立、变更、转让和消灭,应当依照法律规定登记。"即不动产物权变动一般以登记为生效要件,而对于动产物权的变动,则一般以动产的交付为生效要件。第三,物权类型不同。土地承包经营权、地役权等用益物权以不动产为限,而动产质权、留置权则以动产为限。第四,所有权人限制不同。不动产中的土地、河流、森林等,只能成为国家或集体的所有权客体,任何自然人或集体组织以外的法人,都不能成为这些不动产的所有权人。

1.082 动产 movables

能够移动而不损害其价值或用途的物。此外,在法律上各种可以支配控制的自然力,在性质上也应认定为动产。某些物在性质上能够移动,但因价值较高,且在交易习惯上转让程序较为慎重,在法律上亦具有不动产的某些特征,在学理上称之为"准不动产"或"特殊动产",例如机动车、船舶和民用航空器等。相较于其他动产而言,该类动产的特殊之处在于依照法律规定,其本身需要办理产权登记,但是因为其本身还是动产,所以其物权变动还是以交付为生效要件。例如在买卖机动车的法律关系之中,除了要求出卖人向买受人交付机动车之外,还需要出卖人与买受人办理机动车所有权变更登记,即俗称的"过户"。区分动产与不动产的法律意义同不动产的释义。

1.083　物权的客体　object of real rights

又称"物权标的"。物权人所享物权的权利对象。《民法典》第115条规定:"物包括不动产和动产。法律规定权利作为物权客体的,依照其规定。"物权的客体是物。首先,这里的"物"原则上是指有体物。有体物包括不动产、动产,以及虽然不占据一定空间或具备一定形状,但是能够为人力所控制的电、气、光波、磁波等物。权利成为物权的客体,仅限于法律有明确规定的情况,例如,权利质权。再如,我国土地实行公有制,法律允许在国有土地使用权上设定担保物权。其次,物权具有对物的直接支配的性质,该性质决定了如果物权的标的物不特定化,物权人便无从对其进行直接的支配。因而,物权的客体必须为特定物,即以物单独所具有的特征加以确定的物。它可以是某个独一无二的物,也可以是特定化了的种类物。最后,物权的客体一般应是独立物,即能够单独、个别地存在的物。只有是独立物,物权人才可以对之进行直接的支配,也才能用交付、登记等形式公示物上的权利状态。

1.084　债权　creditor's rights

基于合同、侵权行为等而在特定当事人之间发生的以请求为或者不为一定行为为内容的权利义务关系。其中,享有权利的人称为债权人,承担义务的人称为债务人。物权和债权是民事权利体系的两大支柱。调整静态财产关系的物权关系和调整动态财产关系的债权关系,共同构成了财产关系的基本内容。《民法典》第118条规定:"民事主体依法享有债权。债权是因合同、侵权行为、无因管理、不当得利以及法律的其他规定,权利人请求特定义务人为或者不为一定行为的权利。"债的发生原因包括以下五种情况:第一,合同。是平等主体的自然人、法人、非法人组织之间设立、变更、终止民事权利义务关系的协议。合同之债基于当事人的合意而生,属于意定之债。第二,侵权行为。是指侵害他人民事权益而依法需要承担民事责任的行为。侵权行为之债不是侵权人所愿发生的法律后果,法律确认侵权行为之债的目的在于使侵权行为人承担因其不法行为所造成的不利后果,给被侵权人以救济,从而保护民事主体的合法民事权益。侵权之债不同于合同之债,其不以当事人意志为转移,属于法定之债。第三,无因管理。是指没有法定或者约定的义务,为避免他人利益受损失进行管理的行为。无因管理行为虽为干预他人事务,但却是以避免他人利益受损失为目的,是有利于社会的互助行为。法律为鼓励这一行为赋予了管理人请求受益人偿还因管理行为支出的必要费用的权利。因无因管理产生的债称为无因管理之债,无因管理之债并不是基于当事人的意愿,而是根据法律的规定而设立,为法定之债。第四,不当得利。是指没有法律根据,取得不当利益,造成他人损失的情形。基于不当得利而产生的债称为不当得利之债。不当得利之债既不同于合同之债,也不同于无因管理之债。不当得利之债不是当事人之间的合意,并非是当事人寻求的法律目的,也不以当事人的意志为转移,而是法律为纠正不当得利,直接赋予当事人的权利义务,也是法定之债。第五,法律的其他规定。债的发生原因并不限于合同、侵权行为、无因管理、不当得利,法律的其他规定也会引起债的发生。例如,《民法典》第1067条第1款规定:"父母不履行抚养义务的,未成年子女或者不能独立生活的成年子女,有要求父母给付抚养费的权利。"即当父母不履行抚养义务时,未成年的或不能独立生活的子女和父母之间便依据如上规定产生了债。

1.085　知识产权　intellectual property

是权利人对其智力劳动所创作的成果和经营活动中的标记、信誉所依法享有的专有权利,是国家赋予创造者对其智力成果在一定时期内享有的专有权或独占权。我国保护知识产权的法律规范主要有《中华人民共和国商标法》《中华人民共和国专利法》《中华人民共和国著作权法》和《中华人民共和国反不正当竞争法》等基础法律规范,以及《中华人民共和国植物新品种保护条例》《集成电路布图设计保护条例》《地理标志产品保护规定》等相关法律规范。知识产权作为一种以无形财产为客体的私权类型,其基本范畴一直随技术的发展而不断改变。如今的知识产权范畴,早已超越了著作权、专利权与商标权的传统限制,成为多种智力成果权与经营标记权的统称。一般来说,各国对知识产权范畴的界定,遵循的是几个主要的知识产权国际公约,并有广义与狭义之分。狭义的知识产权,即传统意义上的知识产权,应包括著作权(含邻接权)、专利权、商标权三个主要组成部分。广义的知识产权包括著作权、邻接权、商标权、商号权、商业秘密权、地理标记权、专利权、植物新品种权、集成电路布图设计权等各种权利。

1.086　作品　works

指在文学、艺术或者科学领域内具有独创性并能以某种有形形式复制的智力成果。该定义规定于《中华人民共和国著作权法实施条例》(2013年修订)第2条。作品应当是自然人运用其智慧,将文字、数字、符号、色彩、光线、音符、图形等作品构成要素按照一定的规则和顺序有机组合起来,以表达其思想、情感、观点、立场、方法等综合理念的形式。换言之,作品是由构成要素按某种规则和顺序结合起来表达某种综合理念的形式。所以,作品是综合理念与表达形式的有机结合体。如"诗"是作品,其构成要素是文字,综合理念是作者对情、景、人、物等所表达出来的情感、观点等。"独创性"和"可复制性"是一个具体对象成为著作权法所称的作品的实质条件。首先,作品必须是已经表达出来的形式。

在作者大脑中形成而没有以任何方式表达出来的东西,就不是著作权法所称的作品。其次,作品必须是文学、艺术或者科学领域内的表达形式。最后,作品必须表达出作者的综合理念。如"三个人"这个数量词,未能表达出作者的综合理念,所以,它不是著作权法所称的作品。总而言之,没有任何意义的表达形式以及常用的标语、口号等,都不是著作权法所称的作品。

1.087 发明 inventions

指对产品、方法或者其改进所提出的新的技术方案。该定义规定于《中华人民共和国专利法》(2008年修正)第2条第2款。发明主要包括产品发明和方法发明两类。产品发明是指人工制造的各种有形物品的发明,如新的机器、设备、材料、工具、用具等的发明。方法发明是指关于把一个物品或物质改变成另一个物品或物质所采用的手段的发明,如新的制造方法、化学方法、生物方法的发明等。由于发明可以产生一种全新的产品或者方法的技术方案,是科技含量和创造性都较高的一种发明创造,因此,各国专利法都将发明作为专利保护的基本对象。按照世界知识产权组织主持起草的"发展中国家发明示范法"对发明所下的定义,发明是发明人的一种思想,是利用自然规律解决实践中特定问题的技术方案。

1.088 实用新型 utility modesl

指对产品的形状、构造或者其结合所提出的适于实用的新的技术方案。该定义规定于《中华人民共和国专利法》(2008年修正)第2条第3款。按照这一定义,我国专利法所称的实用新型应具备四个特征:第一,实用新型的客体必须是一种产品。非经加工制造的自然存在的物品,以及一切有关的方法,包括产品的制造方法、使用方法、通信方法、处理方法以及将产品用于特定用途的方法等,不属于实用新型专利的保护范围。第二,实用新型是针对产品的形状、构造或其组合而言,即必须是对产品的外部形状、内部结构或者二者的结合提出的一种新的技术方案。单纯以美感为目的的产品的形状、图案、色彩或者其结合的新设计不属于实用新型的技术方案。第三,实用新型必须具有实用性。即应当是具有一定的实用价值并且在产业上能够制造。第四,实用新型必须是"新型",即具有一定的创新性,属于一种"新的技术方案"。由于实用新型必须是一项新的技术方案,其实质也是一种发明,只不过其创造性和技术水平的要求要低于发明专利而已。因此,通常将实用新型的发明称为"小发明",将取得专利的实用新型称为"小专利"。

1.089 外观设计 designs

指对产品的形状、图案或者其结合以及色彩与形状、图案的结合所作出的富有美感并适于工业应用的新设计。该定义规定于《中华人民共和国专利法》(2008年修正)第2条第4款。根据这一定义,作为专利保护的外观设计应具备四个特征:第一,外观设计的载体必须是产品。产品是指任何用工业方法生产出来的物品。不能重复生产的手工艺品、农产品、畜产品、自然物等,不能作为外观设计的载体。第二,构成外观设计的是产品的形状、图案或者其结合或者它们与色彩的结合。产品的色彩不能独立构成外观设计。可以构成外观设计的组合有产品的形状、产品的图案、产品的形状和色彩,产品的图案和色彩,产品的形状、图案和色彩。第三,该外观设计能应用于产业上并形成批量生产。第四,该外观设计是一种富有美感的新的设计方案。符合前述特征,经专利权人申请,可以授予外观设计专利权。但根据《中华人民共和国专利法》(2008年修正)第25条第1款第6项的规定,对平面印刷品的图案、色彩或者二者的结合作出的主要起标识作用的设计,不授予专利权。该设计可以通过商标、著作权等法律制度获得保护。

1.090　商标　trademark

指用以将不同的经营者所提供的商品或者服务区别开来的一种商业标志。由文字、图形、字母、数字、三维标志、声音、颜色或者其组合构成,附着于商品、商品包装、服务设施或者相关的广告宣传品上,目的是帮助消费者将一定的商品或者服务项目与其经营者联系起来,并且与其他经营者的同类商品或者服务项目相区别。《中华人民共和国商标法》(2019年修正)第8条规定:"任何能够将自然人、法人或者其他组织的商品与他人的商品区别开的标志,包括文字、图形、字母、数字、三维标志、颜色组合和声音等,以及上述要素的组合,均可以作为商标申请注册。"商标作为一种具有指代功能的标志,有三个特征:第一,商标是有形的符号。商标由文字、图形、字母、数字、三维标志、声音、颜色或者其组合构成,组成商标的要素应当是通过视觉、听觉或嗅觉可感知的。第二,商标是指示商品或者服务的标志。商标是工商业活动中用于指示商品或服务的标志,这些商品或服务构成了商标的对象。脱离了商品或服务,任何有形符号都不是商标。第三,商标是经营者用来表彰和区分来源的标志。商标依存于工商业活动,经营者使用商标的目的是通过商标将特定商品或服务与特定来源、出处及其商业信誉相联系。

1.091　地理标志　geographical indication

指标示某商品来源于某地区,该商品的特定质量、信誉或者其他特征主要由该地区的自然环境或者人文因素所决定的标志。其是知识产权的一种,例如"吐鲁番葡萄""涪陵榨菜""烟台苹果"等。带有地理标志的产品不仅表示产品来自何地,更重要的是表明产品由其产地的特殊环境所决定的特殊质量。在市场经济条件下,促进农产品走向市场、参与激烈的市场竞争,地理标志具有不可估量的作用。地理标志可以作为商标注册和使用,但应注意商标法禁止并非来源于该地理标志所标示的地区的商品使用该地理标志。在我国,目前共有三个国家部门对地理标志进行注册、登记和管理。国家工商行政管理总局商标局通过集体商标或证明商标的形式进行法律注册和管理,国家质检总局和国家农业部以登记的形式对地理标志进行保护和管理。地理标志具有四个基本特征:第一,地域性。知识产权都具有地域性,只有在一定范围内才可受到保护,但地理标志的地域性尤为明显,因为地理标志不仅存在国家对其实施保护的地域限制,而且其所有者同样受到地域的限制,只有商品来源地的生产者才能使用该地理标志。第二,集团性。地理标志可由商品来源地的所有企业、个人共同使用,只要其生产的商品达到了地理标志所代表的产品的品质,这样在同一地区使用同一地理标志的人就不止一个,这使得地理标志的所有者具有集团性。第三,独特性。地理标志作为一种标记与一定的地理区域相联系,其主要的功能就在于使消费者能区分来源于某地区的商品与来源于其他地区的同种商品,从而进行比较、挑选,以购买到自己想要的商品。第四,主要因素。自然因素和人文因素是影响地理标志的主要因素。其中,自然因素是指原产地的气候、土壤、水质、天然物种等,人文因素是指原产地特有的产品生产工艺、流程、配方等。

1.092　商业秘密　trade secret

指不为公众所知悉、具有商业价值并经权利人采取相应保密措施的技术信息、经营信息等商业信息。该定义规定于《中华人民共和国反不正当竞争法》(2019 年修正)第 9 条第 4 款。商业秘密具有权利客体的保密性、权利主体的多元性、权利保护的无期限性和权利地域的不确定性四大特征。根据《中华人民共和国反不正当竞争法》(2019 年修正)的规定,商业秘密的范围包括技术秘密和经营秘密两大类。技术秘密或技术信息亦即狭义的商业秘密,是指不为公众所知悉、具有商业价值并经权利人采取相应保密措施的技术信息。经营秘密,是指不为公众所知悉、能够为经营者带来经济利益或竞争优势并经权利人采取相应保密措施的用于经营活动的各类秘密。在信息时代的今天,情报和技术在一定意义上已成为比资金、物资更为重要的资产,谁领先一步掌握了它,谁就能在市场竞争中获胜。因此,商业秘密已成为企业生存、竞争的极其重要的资源。传统的知识产权制度要求企业必须公开技术才能受法律保护的做法已不适应信息时代经济竞争的客观要求,面对日益猖獗的经济间谍行为,为了维护公平、有序的竞争秩序,加强对商业秘密的法律保护已成为国际知识产权制度发展的必然趋势。保护商业秘密是我国政府为进一步强化知识产权保护所采取的重大步骤,具有十分重要的意义。

1.093　集成电路布图设计　integrated circuit layout design

指集成电路中至少有一个是有源元件的两个以上元件和部分或者全部互联线路的三维配置,或者为制造集成电路而准备的上述三维配置。该定义规定于《集成电路布图设计保护条例》第 2 条第 2 项。它实际上是将电子元件处理在传导材料上,以几何图形方式排列和连接用以制造集成电路。布图设计是制造集成电路产品中一个非常重要的环节。

《民法典》第 123 条将集成电路布图设计明确为知识产权的权利客体。《集成电路布图设计保护条例》对集成电路布图设计的保护也作出了专门的规定。集成电路布图设计的特点有三:第一,有固定载体。布图设计可以被固定在掩膜或磁盘上,也可以被固定在集成电路产品中,掩膜、磁盘或集成电路是它的特定物质载体,布图设计本身可能用图纸表达或者计算机软件的电子显示表达,但是受法律保护的一定是固化在半导体芯片中的电路布图方案。第二,受保护的布图设计的独创性高于作品、创造性低于专利技术。第三,允许"反向工程",即允许他人对享有集成电路布图设计专有权的产品进行分析、破解并加以制造,这一点明显不同于对专利技术的保护,即布图设计的专用权弱于专利权。

1.094　植物新品种　new plant variety

指经过人工培育的或者对发现的野生植物加以开发,具备新颖性、特异性、一致性和稳定性并有适当命名的植物品种。该定义规定于《中华人民共和国植物新品种保护条例》(2014 年修订)第 2 条。依照该定义,植物新品种有四大特性:第一,新颖性。是指申请保护的植物新品种以前不能在市场上出售或者在市场上出售不能超过规定的时限。第二,特异性。是指申请品种权的植物新品种应当明显区别于在递交申请以前已知的植物品种。第三,一致性。是指申请品种权的植物新品种经过繁殖,除可以预见的变异外,其相关的特征或者特性一致。第四,稳定性。是指申请品种权的植物新品种经过反复繁殖后或者在特定繁殖周期结束时,其相关的特征或者特性保持不变。《民法典》第 123 条将植物新品种明确为知识产权的权利客体。针对植物新品种的规范与保护,我国采取了专门法保护模式。1997 年 3 月 20 日,国务院专门颁布了《中华人民共和国植物新品种保护条例》。2013 年 1 月 31 日,国务院发布关于修改《中华人民共和国植物新品种保护条例》的决定,并于 2013 年 3 月 1 日起施行修正案,加强了植物新品种权的保护力度。2014 年 7 月 29 日,最新版的《中华人民共和国植物新品种保护条例》(2014 年修订)发布并实施。

1.095　股权　equity

指有限责任公司或者股份有限公司的股东对公司享有的人身和财产权益的一种综合性权利。股权是股东基于其股东资格而享有的,从公司获得经济利益,并参与公司经营管理的权利。股权有广义和狭义之分。广义的股权,泛指股东得以向公司主张的各种权利。狭义的股权,则仅指股东基于股东资格而享有的、从公司获得经济利益并参与公司经营管理的权利。取得股权的方式有二:第一,已经依法向公司出资或者认缴出资,且不违反法律法规强制性规定。第二,已经受让或者以其他形式继受公司股权,且不违反法律法规强制性规定。股权具体表现为:分红权,即获取公司利润分红的权利;投票权,即参与公司股东会决策,按照自己的股权比例投票表决的权利;选举权和被选举权,即选举公司的董事会成员或被选举成为公司董事会成员的权利;知情权,即股东可以向公司申请查阅会计账本的权利;公司章程规定的其他权利。股权平等原则作为公司法的一项基本原则,在《中华人民共和国公司法》中多有体现。

1.096　投资性权利　investment rights

指出资人投资于企业、其他经济组织或商业信托形成的权利,具体包括个人独资企业的投资人权益、合伙人的合伙权益、合作社成员的权益、农村集体经济组织成员的投资权益、商业信托受益人的受益权等。除个人独资企业的投资人权益外,此类权利大多具有成员权的性质。例如合伙人、合作社成员等基于其出资人身份,享有类似于公司股东的权利,具体包括但不限于利润分配请求权、剩余财产分配请求权、表决权、选举权、知情权等。《民法典》第 125 条规定:"民事主体依法享有股权和其他投资性权利。"

1.097　数据　date

事实或观察的结果,是对客观事物的逻辑归纳,是用于表示客观事物的未经加工的原始素材。数据作为现代生活的基础媒介和重要资源,其价值已被社会充分肯定,数据的法律保护也成为近年来社会关注的热点问题。要加强政策、监管、法律的统筹协调,加快法规制度建设。要制定数据资源确权、开放、流通、交易相关制度,完善数据产权保护制度。数据保护相关立法不但是对公民个人信息隐私的有力保障,也为大数据产业的蓬勃发展提供了法律支持。《全国人民代表大会常务委员会关于加强网络信息保护的决定》明确提出:"国家保护能够识别公民个人身份和涉及公民个人隐私的电子信息。"《中华人民共和国网络安全法》进一步确定法律对网络安全及个人信息的保护。《民法典》第 127 条规定:"法律对数据、网络虚拟财产的保护有规定的,依照其规定。"我国民法所保护的数据实际是一种数据财产。广义上说,某些个人信息也要通过数据来体现,但是数据财产不同于个人信息,其作为一种财产形式,要求其必须具有一定的经济价值,无效、垃圾数据并不能成为数据财产权的客体。数据可以分为基础数据和增值数据,与个人信息相对应的部分数据为基础数据,其不属于数据财产。数据财产指的是增值数据,其范围主要包括用户使用了数据处理者的应用程序或信息服务所产生的那些不足以识别特定人身份的数据以及数据挖掘分析产生的数据报告等。

1.098　[网络]虚拟财产　network virtual property

财产在网络虚拟空间的表现形式,是一种能为人所支配的具有价值的权利。广义上的网络虚拟财产是指包括电子邮件、网络账号等能为人所拥有和支配的具有财产价值的网络虚拟物。狭义的网络虚拟财产一般是指网络游戏中存在的财物,包括游戏账号的等级、游戏货币、游戏人物、游戏技能等。这些网络虚拟财产在一定条件下可以转换成现实中的财产。《民法典》第 127 条规定:"法律对数据、网络虚拟财产的保护有规定的,依照其规定。"网络虚拟财产作为一种新型财产,其不仅具有一般财产的属性,如合法性、价值性等,还具有以下四个特征:第一,依附性。即网络虚拟财产依附于虚拟经济体、网络虚拟财产发生效用依附于运营商的积极反馈。第二,人为稀缺性。如在多人在线的角色升级类网络游戏中,开发商仿照现实生活引入了虚拟经济体,人为地创造网络虚拟财产的稀缺性,网络虚拟财产的功能越强大、价值越高、数量越少,吸引的玩家就越多。第三,可转让性。网络虚拟财产由于其稀缺性,无论开发商是否将网络虚拟财产在代码上设置了不可交易的属性,玩家仍然可以通过第二市场进行交易,稀缺的网络虚拟财产完全具备可转让性。第四,无形性。网络虚拟财产是一种无形财产,不同于实物,看不见摸不着,存在于虚拟网络之中,但可以通过各种虚拟物表现出来。

1.099 民事法律行为 juridical acts

是自然人、法人和非法人组织通过意思表示设立、变更、终止民事权利和民事义务关系,能够产生当事人预期法律效果的行为。民事法律行为的特征是:其一,民事法律行为是人为的法律事实。法律事实是能够引起民事法律关系产生、变更和消灭的客观现象。民事法律行为是一种人为的法律事实,具有明确的目的性,即以发生一定的民事法律效果为目的。其二,民事法律行为是一种表意行为。在产生民事法律关系的行为中,有表意行为和非表意行为之分。表意行为的行为人具有导致一定法律效果发生的意图。非表意行为又称为事实行为,即行为人主观上并无产生法律效果的意图,仅在客观上引起了某种法律效果的发生。民事法律行为的实施,是当事人意图设立民事权利或者改变民事权利现状的行为,属于表意行为。其三,民事法律行为以意思表示为核心要素。行为人可以按照自己的意志自由地创设权利与义务,而要在现实生活中产生具体的权利义务,行为人就必须将这种意志体现出来,否则,意志存在于内心而不表示于外,则难以产生法律后果。因而,意思表示是法律行为的核心要素。根据民事法律行为的成立对意思表示的依赖为标准,民事法律行为可以分为单方民事法律行为、双方民事法律行为和多方民事法律行为。

1.100 事实行为 factual acts

行为人不具有设立、变更或消灭民事法律关系的意图,但依照法律的规定能引起民事法律后果的行为。事实行为具有四个基本特征:第一,事实行为完全不以意思表示为其必备要素。第二,事实行为依法律规定直接产生法律后果。第三,事实行为只有在行为人的客观行为符合法定构成要件时才发生法律规定的效果。第四,事实行为的构成不要求行为人具有相应的民事行为能力。事实行为具体可以分为三类:第一,不以引起法律上相关后果为目的的事实行为。如著作权的创作、物的加工、埋藏物的发现、遗失物的拾得等。第二,具有"自然的""现实的"意思的事实行为。如有意占有取得与有意占有失去。这类事实行为的行为人具有引起法律效果的"意思",但该效果属于"事实上的后果",即取得或者放弃对于物的事实管领,这一类意思可以称为"自然的""现实的"意思,但非"法律上的意思""法律行为上的意思"。第三,具有独立意思因素的事实行为。这一类事实行为中,意思因素与事实行为相互独立,且与上述第二种行为一样,行为同样旨在引起事实上的后果。如住所的设定与取消、无因管理等。

1.101 事件 event

指法律规定的,不以人的意志为转移的能够引起法律关系的产生、变更、消灭的客观情况。事件可以分为社会事件和自然事件。前者如社会革命、战争,后者如人的生老病死,地震、洪水等自然灾害。事件又可具体分为绝对事件和相对事件。绝对事件是指与人的意志没有任何关系的完全自然的现象,如人的出生、死亡及自然灾害等。相对事件是一种行为,但该行为的意志与其引起的法律后果之间没有关联,又可称为事实性行为,如劳动者在自己违规操作所造成的事故中死亡,以此引起劳动关系的消灭与继承关系的产生,该事件就属于相对事件。事件发生后,有的事件依据法律规定会直接引起法律关系的演变,如人的出生、死亡依据法律规定会直接引起抚养关系、法定继承关系。但有的事件发生后,依据法律规定并不能直接引起法律关系,如洪水发生后,引起某人损害,但若某人未与保险公司在此之前建立保险合同关系,就不可能直接引起保险赔偿关系。

1.102 依法行使权利原则 principle of exercising rights in accordance with law, the principle of exercising rights lawfully

是民事权利的行使应遵循合法、诚实信用、尊重社会公德与公共利益的精神,尊重国家、社会和他人的利益的准则。民事权利意味着权利人在意志和行为上的某种自由,但这种自由并不是绝对的或不受限制的。依法行使权利原则具体有三项基本内容:第一,坚持公民在法律面前一律平等的原则。第二,坚持权利与义务统一的原则。第三,坚持个人利益与集体利益和国家利益相结合的原则。

1.103 禁止权利滥用原则 principle of the prohibition of abuse of rights

法律禁止超过正当界限的权利行使行为的行使权利准则。《民法典》第132条规定:"民事主体不得滥用民事权利损害国家利益、社会公共利益或者他人合法权益。"禁止权利滥用原则与诚实信用原则关系密切,是诚实信用原则的具体化。禁止权利滥用原则的本质要求权利人行使权利时不仅要实现个人利益,而且还要兼顾他人利益和社会公共利益。权利人行使权利如果违反法律赋予权利的宗旨,这种权利的行使将受到法律的禁止。禁止权利滥用原则的价值是将意思自治原则限制在适当范围之内,从而达到个人利益与社会利益的平衡。在现代民法中,禁止权利滥用原则是诚实信用原则内容的延伸和发展。《中华人民共和国宪法》第51条规定:"中华人民共和国公民在行使自由和权利的时候,不得损害国家的、社会的、集体的利益和其他公民的合法的自由和权利。"这是民法规定禁止权利滥用原则的上位法依据。

1.104 权利义务相一致原则 principle of consistency of right and obligation

又称"权利义务相统一原则"。指权利和义务相互统一,二者相辅相成,没有权利就没有义务,没有义务也就没有权利。权利和义务相一致是民法调整民事法律关系所必须遵循的法定原则。从法律关系上讲,权利和义务是同时产生的,是相对应的一对范畴。从法律关系的主体来说,公民既是权利的享有者,又是义务的承担者。既没有脱离义务而单独存在的权利,也没有可以摒弃权利而单独履行的义务。社会主义制度下,公民的权利和义务是相辅相成、相互促进的关系。权利义务相一致原则主要包括两方面内容:第一,任何一个民事主体,有权利就有义务,行使权利,就要履行义务。《中华人民共和国宪法》第33条第4款规定:"任何公民享有宪法和法律规定的权利,同时必须履行宪法和法律规定的义务"。《民法典》第131条规定:"民事主体行使权利时,应当履行法律规定的和当事人约定的义务。"第二,权利的行使不是毫无限制的,必须无损国家和集体的利益,必须履行不损害其他公民合法的自由和权利的义务。权利本身是存在界限的,该界限也是一种义务,行使权利的同时也必须遵守法律划定的界限。

1.105 特殊群体的权利保护 protection of rights of special groups

在社会结构中的特殊地位及其生存状况,某些群体被界定为特殊群体,法律对其高度关注,重视其合法权利的保护。《民法典》第128条规定:"法律对未成年人、老年人、残疾人、妇女、消费者等的民事权利保护有特别规定的,依照其规定。"第1041条第3款规定:"保护妇女、未成年人、老年人、残疾人的合法权益。"此类群体的特殊之处主要表现为经济力量、政治力量、文化力量的低下,正是由于这种力量的低下使得他们在社会竞争中处于非常不利的地位,由此体现为一种特殊。其特征表现为经济利益的贫困性、生活质量的低层次性和承受力的脆弱性。针对特殊群体权利的保护,应当遵循以下五个原则:第一,以人为本的原则。在解决特殊群体问题的过程中,不仅要有物质扶助,更要有人本的关怀和感情的投资。第二,平等原则。平等是指人们在政治、经济、文化等各方面所处的地位平等,享有平等的权利。第三,特殊保护原则。包括禁止歧视原则等。第四,区别对待原则。此原则要求对特殊群体进行特殊保护应针对各个特殊群体的特殊属性而有所区别对待。第五,合理性原则。对特殊群体特殊保护应建立在公平、合理的基础上,与其自身境况相当,也就是说,差别待遇应该有理、有利、有节。

1.106 民事法律行为的有效条件 validity rules for civil juristic acts

是民事法律行为应符合法律规定,能够引起民事法律关系设立、变更或终止的法定条件。《民法典》第 143 条规定了民事法律行为生效须满足法律规定的一般有效要件：一是行为人具有相应的民事行为能力。完全民事行为能力的自然人可以实施任何除有年龄限制的身份行为之外的民事法律行为；限制民事行为能力的自然人实施的与其年龄、智力和精神健康状况相适应的民事法律行为有效；无民事行为能力人不能实施民事法律行为。法人和非法人组织实施的民事法律行为须在法律规定的能力范围内，否则也不能成立为有效的民事法律行为。二是意思表示真实。意思表示是民事法律行为的构成要素，意思表示不真实也会影响民事法律行为的效力。意思表示不真实包括意思表示不一致和意思表示不自由。首先，意思表示不一致包括无意的不一致和有意的不一致。无意的不一致包括重大误解等意思表示。有意的不一致包括真意保留、通谋虚伪等意思表示。所谓真意保留即表意人故意隐藏自己的真实意思表示，而作出与自己内心真意不一致的意思表示。一般情形下，应认为真意保留的意思表示有效，以保护相对方的信赖利益；但如果相对方明知表意人真意保留的意思仍与其达成合意，该真意保留的意思表示则无效。通谋虚伪指表意人与相对人之间通谋作出并不符合其内心真实意思的表示行为，通谋虚伪的意思表示无效。其次，意思表示不自由包括受欺诈的意思表示、受胁迫的意思表示以及显失公平环境下的意思表示等。受欺诈的意思表示指表意人因受到他人的欺诈而作出的违背自己真实意愿的意思表示。受胁迫的意思表示指表意人因受到他人的胁迫而作出的违背自己真实意愿的意思表示。显失公平环境下的意思表示指表意人在紧迫或缺乏经验的情形下作出的对自己有重大不利的意思表示。因意思表示不自由而作出的民事法律行为是可撤销的。三是不违反法律、行政法规的强制性规定，不违背公序良俗。构成法律行为的意思表示即使一致、自由，但是内容如果是违背法律的强制性规定，或是有悖于公共秩序、善良风俗的，法律行为也将无效。须注意的是，应区分效力性强制规定和管理性强制规定。违反效力性强制规定的，法律行为无效；违反管理性强制规定的，应当根据具体情形认定法律行为的效力。

1.107　单方民事法律行为　unilateral civil juristic acts

指由一方的意思表示而成立的民事法律行为。《民法典》第 134 条第 1 款规定了单方民事法律行为。单方民事法律行为的特点在于，只要一方行为人作出意思表示，民事法律行为即成立。单方民事法律行为可以根据是否存在意思表示的受领方，区分为有相对人的单方民事法律行为和无相对人的单方民事法律行为，前者如免除、追认、解除，后者如遗嘱行为等；单方民事法律行为还可以根据能否任意撤销，分为可任意撤销的民事法律行为和不可以任意撤销的民事法律行为，前者如订立遗嘱，后者如抛弃继承权等。

1.108　双方民事法律行为　bilateral civil juristic acts

指因双方当事人的意思表示一致而形成的民事法律行为。《民法典》第 134 条第 1

款规定了双方民事法律行为。这里称一方当事人的意思表示为要约,另一方当事人的意思表示为承诺。承诺与要约一致则形成契约,通常称之为"合同"。与单方民事法律行为不同,合同存在双方的意思表示;与多方民事法律行为不同,在合同中,双方当事人所追求的目的是对立的。例如,一方出卖某物以获取价金,另一方以价金获取该物。且只有当两个对立的意思表示一致时才能成立双方民事法律行为。

1.109 多方民事法律行为 multilateral civil juristic acts

指根据两个以上的民事主体的意思表示一致而成立的行为。《民法典》第134条第1款规定了多方民事法律行为。多方民事法律行为与双方民事法律行为的相同之处在于,都需要所有当事人意思表示一致才能成立。不同之处在于双方民事法律行为的当事人只有两个,而多方民事法律行为的当事人有两个以上;双方民事法律行为中当事人追求的目的是对立的,而多方法律行为中当事人追求的目的是一致的(如合伙协议、共有物的分割决定等)。与决议行为不同,多方民事法律行为成立同样要求各方当事人意思表示一致。

1.110 决议行为 acts of resolution

指法人或非法人组织基于团体意志而实施的法律行为,属于民事法律行为的一种。《民法典》第134条第2款规定了决议行为。决议行为有如下特征:一是区别于多方民事法律行为,决议行为一般并不需要所有当事人意思表示一致才能成立,而采用多数决原则,即多数人意思表示一致即可成立。二是与双方或多方民事法律行为不同,决议行为要求当事人为了同一目标而作出的方向一致的意思表示。三是决议行为一般需要依一定的程序才能设立,根据《民法典》第134条的规定,决议行为的设立应当依照法律或者章程规定的议事方式和表决程序。四是决议行为原则上仅适用于法人或者非法人组织内部的决议事项。

1.111 不要式民事法律行为 informal civil juristic acts

指法律不对其形式作特殊限定、当事人也不对其形式作特别约定的民事法律行为,具体可以表现为书面形式、口头形式或其他形式等。《民法典》第135条规定了不要式民事法律行为。现代民事法律行为以不要式民事法律行为为基本原则。当事人可以自由地选择法律行为的成立形式,这是私法自治基本原则的具体体现。口头形式指民事法律行为的成立仅须当事人之间达成口头合意,而不需要其他形式。书面形式可以表现为合同书、信件以及数据电文等。这里的"数据电文"包括电报、电传、传真、电子数据交换和电子邮件等可以有形地表现所载内容的形式。

1.112 要式民事法律行为 formal civil juristic acts

指法律规定或者当事人约定必须采取一定形式才能成立的民事法律行为。可分为法定要式民事法律行为和意定要式民事法律行为。《民法典》第135条规定了要式民事法律行为。法定要式民事法律行为指法律或行政法规规定的采用特定形式的民事法律行为,如《民法典》第685条即要求保证合同(双方法律行为)为书面形式。意定要式法律行为指行为人约定采用特定形式的民事法律行为。须注意的是,对于未采用特定形式的民事法律行为,在特定条件下并不影响该行为的效力。如《民法典》第490条第2款规定:"法律、行政法规规定或者当事人约定合同应当采用书面形式订立,当事人未采用书面形式但是一方已经履行主要义务,对方接受时,该合同成立。"这既有利于鼓励交易、维护交易安全,又能够实质性地尊重双方当事人的意思自治。

1.113　意思表示　manifestation of intention

指表意人将其达成一定民法上法律效果的内心意思通过一定方式表达于外部的行为。意思表示是法律行为的核心要素,意思表示真实是民事法律行为有效的前提条件。《民法典·总则编》第六章——民事法律行为专门用一节六个条文(《民法典》第137—142条)对意思表示进行了详细规定。通说认为,意思表示包含效果意思、表示意思和表示行为三要素。其一,意思表示的表意人具有使民事法律关系发生变动的意图,即效果意思;其二,表意人具备将效果意思表示于外的意思,即表示意思;其三,表意人具备将意思表示于外并使意思为他人感知的表示行为。意思表示可以通过明示或默示的方式作出,所谓明示,指通过语言或者文字直接说出或者写出表意人内心的意思,是表意人直白的表示行为。所谓默示,即虽然未以语言或文字方式作出,但从其行为可推知其意思表示。如登上公共汽车的行为可以被推定为行为人存在乘车的意思表示。此外,沉默在特定情形下也可以成为意思表示作出的方式。所谓沉默,指以消极不作为的方式表达行为人意思。沉默原则上不能成为意思表示的作出方式;但是,当存在法律规定、当事人约定或者符合当事人之间的交易习惯时,沉默也可以成为意思表示的方式,如根据《民法典》第145条的规定,限制民事行为能力人实施的法律行为,相对人催告法定代理人追认的,法定代理人未作表示的,视作拒绝追认。

1.114　意思表示的解释　the explaination of manifestation of intention

在表示不清楚、不明确而发生争议时,法院或者仲裁机构对意思表示进行的解释。当事人作出的意思表示,对应着该意思内容中指向的法律效果。《民法典》第142条规定了意思表示的解释。换言之,意思表示的内容决定具体权利义务的产生。如果表意人的表达不明确或者存有疑问,那么就有必要对意思表示进行解释。对意思表示进行解释时,主要可以采用以下五种解释方法:第一,根据其所使用的词句进行文义解释。第二,仅依据单独的条款可能不能全面理解表意人的真实意思,可以结合其他相关条款进行体系化解释。第三,考虑到表意人的表示行为总是与其行为目的相关,那么,在判断该意思表示的内容时,可以作出与其目的相适应的目的解释。第四,在作出意思表示的环境、场合中存在惯习的,需要通过考虑惯习以把握意思表示的内容,即依习惯的解释。第五,作为兜底性解释方式,在上述方法皆不能作出合理解释的,可以根据诚实信用原则等一般社会理念进行解释。对于有相对人的意思表示,既需要尊重表意人的内心真意,也需要考虑交易相对人的信赖利益。具体而言,首先应进行文义解释,即按照表意人所使用的词句探究其内心意思,对于所使用的词句的解释应以行业内的通用含义为准。若文义解释的方式还不足以认定表意人的意思,则应结合相关条款、行为的性质和目的、习惯等,进行体系解释或目的解释以确定意思表示的含义。若仍不能确定表意人的意思,则只能通过诚实信用原则对其意思表示进行解释以填补漏洞。对于不存在相对人的意思表示,进行解释的目的并非为了确定意思表示的客观含义,而是为了探究表意人的内心真意。故对于无相对人的意思表示的解释不能拘泥于表意人所使用的语句的文义,而应结合相关条款、行为的性质和目的、习惯以及诚信原则,确定行为人的真实意思。

1.115　无民事行为能力人　person without capacity for civil acts

完全不具有独立进行有效民事法律行为,取得民事权利和承担的义务能力的自然人。《民法典》第 20 条和第 21 条规定了两类无民事行为能力人:一类为不满八周岁的未成年人,另一类为不能辨认自己行为的成年人或八周岁以上的未成年人。民事行为能力区别于民事权利能力。民事权利能力指自然人享有权利和承担义务的能力,其始于出生,终于死亡。而民事行为能力是具有权利能力的自然人,能够以自己的行为行使权利、履行义务的能力。相应地,无民事行为能力人即不能理性地判断自己的行为、行使权利、履行义务。由于无法期待无民事行为能力人理性地行使自己的权利或承担相应的责任,《民法典》第 144 条规定:"无民事行为能力人实施的民事法律行为无效。"

1.116　限制民事行为能力人　person with limited capacity for civil acts

不具有完全民事行为能力,只能在法律限定的范围内进行有效民事法律行为并取得民事权利承担民事义务的自然人。根据《民法典》第 19 条和第 22 条,八周岁以上的未成年人和不能完全辨认自己行为的成年人为限制民事行为能力人。限制民事行为能力人对自己单独实施的民事法律行为具有一定的辨认能力,所以《民法典》第 145 条第 1 款规定:"限制民事行为能力人实施的纯获利益的民事法律行为或者与其年龄、智力、精神、健康状况相适应的民事法律行为有效。"但除此之外的其他法律行为则需要由其法定代理人代理或者经其法定代理人同意、追认后才有效。之所以界定八周岁为限制民事行为能力人年龄的起算点,是考虑到在我国现行社会发展和教育水平不断提高的背景下,未成年人的自我认知能力、适应能力等都有了较大提高,肯认未成年人自主能力,利于保护其合法权益。

1.117　纯获利益的民事法律行为　civil juristic acts of pure profit

获得利益的同时无与之对应的给付义务或者获得的利益要远大于所负担的给付义务。指单纯取得民事权利,免除义务的民事法律行为。根据《民法典》第 145 条的规定,限制民事行为能力人实施的纯获利益的民事法律行为有效。纯获利益的民事法律行为一般表现为接受奖励、赠与、报酬,债务免除,继承,遗赠等。以接受赠与为例,单独接受赠与不需要限制民事行为能力人负担义务,显然属于纯获利益的民事法律行为;但若该赠与为附条件的赠与,则须判定所附条件是否构成受赠人的负担以及负担与所获利益之间的关系,若所获利益远大于负担,则同样可以认定为纯获利益的民事法律行为。

1.118　与其年龄智力精神健康状况相适应的民事法律行为　civil juristic acts compatible with his/her age and intelligence

与其年龄智力精神健康状况相适应的民事法律行为并不存在一个客观确定的标准,须在个案中结合具体情况进行综合判定。根据《民法典》第 145 条的规定,限制民事行为能力人实施的民事法律行为有效的条件之一。这种判定既要考虑不同年龄阶段的行为人的理解能力和认知能力的差异,还要考虑到其所处的生长环境等特定因素。一般认为,八周岁以上的未成年学生购买学习用品,成年智障、精神病人购买日常生活用品等,与卖方以合理的对价达成协议,构成与其年龄、智力、精神健康状况相适应的民事法律行为。

1.119　虚假行为　pretended juristic acts

指行为人与相对人以虚假的意思表示实施的民事法律行为。《民法典》第 146 条第 1 款规定了虚假行为。表意人与相对人相互通谋完成虚假的意思表示,因为通谋者在意思表示中表达的意欲实现的法律效果并非真实,故以该虚假的意思表示实施的民事法律行为无效。需要注意的是,虚假法律行为不同于不实告知,不实告知不存在双方通谋的意思。

1.120　隐藏行为　hidden juristic acts

是行为人将其真实隐藏在虚假的意思表示之中的民事法律行为。对于以虚假的意思表示隐藏的民事法律行为的效力应依照有关法律规定处理。《民法典》第 146 条第 2 款规定了隐藏行为。以"名为买卖,实为借贷"的案件为例,《最高人民法院关于审理民间借贷案件适用法律若干问题的规定》第 24 条规定:"当事人以签订买卖合同作为民间借贷合同的担保,借款到期后借款人不能还款,出借人请求履行买卖合同的,人民法院应当按照民间借贷法律关系审理。当事人根据法庭审理情况变更诉讼请求的,人民法院应当准许。按照民间借贷法律关系审理作出的判决生效后,借款人不履行生效判决确定的金钱债务,出借人可以申请拍卖买卖合同标的物,以偿还债务。就拍卖所得的价款与应偿还借款本息之间的差额,借款人或者出借人有权主张返还或者补偿。"可见,双方当事人所隐藏的在借贷合同关系上设立的担保的真实意思是有效的。

1.121　重大误解　serious misunderstanding

是一方当事人由于自己的过错对法律行为的内容发生误解,由此实施了法律行为,该法律行为所涉及的利益对当事人而言利益重大。根据《最高人民法院关于贯彻执行〈中华人民共和国民法通则〉若干问题的意见》第 71 条的规定,行为人因对行为的性质、对方当事人、标的物的品种、质量、规格和数量等的错误认识,使行为的后果与自己的意思相悖,并造成较大损失的,可以认定为重大误解。《民法典》第 147 条规定了重大误解的民事法律行为。重大误解需具备两个构成要件:一是存在错误,二是发生错误的人因此遭受了较大损失。错误一般被区分为表示错误和动机错误。表示错误是指因错误没有作出与其意思相同的表示,譬如误写、误读等即为典型的表示错误,表示错误可能构成重大误解。动机错误指作出意思表示的内心起因发生错误,而与意思表示的内容无关。动机错误并不构成重大误解。存在重大误解的民事法律行为,可以由发生错误的当事人,向人民法院或仲裁机构申请撤销。行为一旦被撤销,则存在重大误解的法律行为将自始归于无效。

1.122　欺诈　fraud

是民事法律关系当事人一方故意实施某种欺骗行为,并使他人陷入错误而与欺诈行为人实施的民事法律行为。受欺诈的民事法律行为需要具备以下三个构成要件:一是相对人采取了欺诈手段,一般表现为故意告知虚假情况和故意隐瞒真实情况两种情形。二是表意人因相对人的故意欺骗而陷入错误认识。三是表意人基于该错误认识作出了欺诈人违背其真实意思的意思表示。这三个要件缺一不可,否则即不构成欺诈行为。《民法典》第 148 条规定了受欺诈的民事法律行为。因受欺诈而为民事法律行为的一方当事人,可以撤销其因欺诈而实施的民事法律行为。受欺诈方享有的撤销权为形成诉权,必须向人民法院或者仲裁机构提出请求方可实现。

1.123　第三人欺诈行为　fraud by a third party acts

是民事法律行为当事人以外的第三人,对一方当事人故意实施欺诈行为,致使该方当事人在违背真实意思的情况下,与对方当事人实施的民事法律行为。构成第三人欺诈行为,须满足四个要件:其一,实施欺诈行为的欺诈行为人,是民事法律行为双方当事人之外的第三人,而不是民事法律行为的双方当事人之一。其二,第三人实施欺诈行为是对民事法律行为当事人的一方进行,而不是对民事法律行为当事人的双方进行欺诈。其三,受欺诈的一方当事人由于受第三人的欺诈,在违背真实意思的情况下,与对方当事人实施了民事法律行为。其四,尽管第三人不是对受欺诈人的对方当事人实施的欺诈行为,但是对方当事人在与受欺诈一方当事人实施民事法律行为时,可能知道或者应当知道第三人的欺诈行为,但是也可能不知道这种欺诈行为。第三人欺诈行为的法律效力,分为两种类型:一是因第三人欺诈行为而实施的民事法律行为,对方当事人知道或者应当知道该欺诈行为的,该行为属于可撤销的民事法律行为,受欺诈一方当事人享有撤销权,有权请求人民法院或者仲裁机构对该民事法律行为予以撤销。二是因第三人欺诈行为而实施的民事法律行为,如果对方当事人不知道或者不应当知道欺诈行为的,该民事法律行为有效,受欺诈的一方当事人不享有撤销权,不得请求人民法院或者仲裁机构撤销该民事法律行为。如果受欺诈的一方当事人因第三人的欺诈行为,在实施该民事法律行为中受到损害的,可以请求第三人承担侵权责任,赔偿自己的损失。

1.124　胁迫　duress by the other party

指一方或第三方以身体或精神胁迫手段,使对方产生恐惧,并且对方因畏惧作出了违背其真实意思的民事法律行为。《民法典》第150条规定了受胁迫的民事法律行为。胁迫行为须满足以下两个构成要件:一是胁迫方采取了相应的胁迫手段。不论是已经实施了胁迫行为还是威胁对方将要实施,也不论是以身体威胁还是精神威胁、作为还是不作为的方式,都可以构成此处所及胁迫手段。此外,该胁迫手段须具备违法性。若胁迫方以报警等合法性方式震慑对方,则并不满足胁迫的违法性要件。二是受胁迫方因胁迫行为而产生畏惧心理,并基于恐惧作出了不符合其真实意思的意思表示。换言之,受胁迫方作出的意思表示,需要与胁迫行为之间存在因果关系。一方或者第三人以胁迫手段,使对方在违背真实意思表示的情况下实施的民事法律行为,受胁迫方有权请求人民法院或者仲裁机构予以撤销。

1.125　显失公平　obviously unfair

指双方权利义务关系明显不对等的民事法律行为。《民法典》第151条列举了两种具体情形:一是一方利用对方处于危困状态而实施的民事法律行为;二是利用对方缺乏判断能力而实施的民事法律行为。具体而言,对方可能与行为人存在行业背景差距、年龄差距等而缺失相应的判断能力,双方因此而达成明显不对等的权利义务关系,构成显失公平的民事法律行为。对因处于危困状态、缺乏判断能力等情形而实施的显失公平的民事法律行为,受损害方有权向人民法院或仲裁机构请求撤销,行为经撤销后将自始归于无效。

1.126　违反强制性规定的无效行为　invalid acts in violation of compulsory provisions

是当事人在订约目的、具体内容以及形式上都违反法律和行政法规强制性规定的民事法律行为。以是否可以被当事人的意思排除为基准,法律规定可分为强制性规定和任意性规定。《民法典》第153条规定了违反强制性规定的无效行为。强制性规定又可以分为效力性强制性规定和管理性强制性规定。《最高人民法院关于适用〈中华人民共和国合同法〉若干问题的解释(二)》第14条将无效的民事法律行为限定于违反效力性强制性规定的民事法律行为。《全国法院商事审判工作会议纪要》中指出,要慎重判断"强制性规定"的性质,特别是要在考量强制性规定所保护的法益类型、违法行为的法律后果以及交易安全保护等因素的基础上认定其性质。下列强制性规定,应当认定为"效力性强制性规定":强制性规定涉及金融安全、市场秩序、国家宏观政策等公序良俗的;交易标的禁止买卖的,如禁止人体器官、毒品、枪支等买卖;违反特许经营规定的,如场外配资合同;交易方式严重违法的,如违反招投标等竞争性缔约方式订立的合同;交易场所违法的,如在批准的交易场所之外进行期货交易。关于经营范围、交易时间、交易数量等行政管理性质的强制性规定,一般应当认定为"管理性强制性规定"。

1.127 恶意串通行为 juristic acts of malicious collusion

指双方合谋损害他人合法权益的行为。《民法典》第154条规定了恶意串通的民事法律行为。例如,企业的采购员为了获取回扣,与出卖人约定,高价购买低质量的商品。此过程中,采购员与出卖人恶意串通,损害了企业的合法财产利益。恶意串通行为与虚假行为的相同点在于,二者皆为当事人通过主观的意思联络达成合意的行为。不同之处在于,虚假行为是表意者的内心意思与外在表示不一致的行为,恶意串通行为是表意者的内心意思与外在表示一致的行为。法律规定恶意串通损害他人合法权益的法律行为无效,说明我国法律不仅将法律行为自身内容不法列入无效事由,而且将法律行为的目的不法也纳入了无效事由之中。一般认为,恶意串通损害他人合法权益的行为属于相对无效的民事法律行为,即该民事法律行为应属相对该特定第三人无效的民事法律行为。

1.128 无效的民事法律行为 invalid civil juristic acts

指当事人实施的因符合法律规定的事由而自始不发生法律效力的民事法律行为。《民法典》第144条规定的无民事行为能力人实施的民事法律行为,第146条规定的虚伪行为,第153条规定的违反效力性规定、强制性规定以及违背公序良俗的行为,第154条规定的恶意串通的民事法律行为等皆为无效的民事法律行为。无效的民事法律行为指自始、当然、确定、绝对无效。所谓自始无效,指从行为成立之时即不发生法律效力;所谓当然无效,指无须经任何程序,也无须任何人主张,民事法律行为即无效;所谓确定无效,指不会因当事人的主张或不主张而有效;所谓绝对无效,指不仅人民法院或仲裁机构可依职权主动确认无效民事法律行为,而且任何人都可主张无效民事法律行为的无效。《民法典》第156条规定:"法律行为部分无效,不影响其他部分效力的,其他部分仍然有效。"依据文义解释,法律行为部分无效的,如果除去部分无效内容后,会使剩余部分受到影响,该法律行为才因部分无效而全部无效;否则,部分无效内容仅引起法律行为的部分无效。这有利于尊重当事人的意思自治,维护交易的稳定性。

1.129 可撤销的民事法律行为 revocable civil juristic acts

指欠缺民事法律行为有效条件但又不当然无效,而由当事人自主决定是否使其归于无效的民法法律行为。《民法典》第 145 条规定的限制民事行为能力人未经法定代理人同意实施的法律行为、第 147 条规定的重大误解行为、第 150 条规定的因受胁迫而实施的民事法律行为、第 151 条规定的在危困状态或者缺乏判断能力的状态下实施的显失公平的法律行为等皆为可撤销的民事法律行为。可撤销的民事法律行为在被撤销前是有效的。只有特定的撤销权人在法定的撤销权行使期间内行使撤销权,行为被撤销后,民事法律行为才溯及至成立时消灭,产生自始、当然、确定、绝对无效的法效果。

1.130 撤销权消灭 the right of revocation is extinguished

是当事人对可撤销的民事法律行为享有的撤销权,经过一定的期限或放弃行为而不复存在。撤销权人可以向人民法院或者仲裁机构请求行使撤销权,被撤销的法律行为因此将归于无效。《民法典》第 152 条明确规定了撤销权的消灭事由:一是撤销权行使期间届满。重大误解的民事法律行为的撤销权行使期间为 90 日,时间起算点为撤销权人知道或者应该知道撤销事由存在之时。受胁迫的民事法律行为的撤销权行使期间为 1 年,时间起算点为胁迫行为终止之日。其他可撤销的民事法律行为的行使期间为 1 年,时间起算点为撤销权人知道或者应该知道撤销事由存在之时。二是撤销权人明确表示或者以自己的行为表明放弃撤销权。撤销权是撤销权人享有的一项权利,撤销权人可以选择放弃这项权利。放弃的方式可以是明示,也可以是默示。三是可撤销的民事法律行为自发生之日起已满五年。为保证民事法律关系的稳定性和可预期性,民事法律行为的效力不适宜长期处于未决状态,故法律规定了五年的最长除斥期间。

1.131 附条件的民事法律行为 juridical acts subject to conditions

指民事法律行为效力的开始或终止,取决于将来不确定事实的发生与不发生的民事法律行为。《民法典》第 158 条规定了附条件的民事法律行为。条件是指将来不确定发生的事实。由于能够作为条件的事实必须具备"将来"和"不确定发生"两个要素,因此,下面几类事实不可能成为条件:一是既成事实,指法律行为成立之时,其事实已经确定地发生或者不发生。这种情况下的事实因为缺乏将来性而不可能成为法律行为的条件。二是不法行为,以不法行为作为法律行为条件的,该法律行为无效。三是不能条件,以不可能发生的事情作为法律行为条件的,法律行为无效(作为停止条件时),或者成为无条件的法律行为(作为解除条件时)。如果作为条件的事实一旦成就(确定发生),会使附该条件的法律行为自此发生效力,那么该条件的性质属于生效条件,也称停止条件。如果作为条件的事实一旦成就(确定发生),会使附该条件的法律行为自此失效,那么该条件属于解除条件。原则上,可以自由地对法律行为附加条件。但是以下两类法律行为受到限制。一是如婚姻、收养等与身份有关的法律行为不得附有条件;二是使对方处于不安定状态的法律行为,例如抵销、解除、撤销等,只要没有对方的同意,也不得设定条件。

1.132　附期限的民事法律行为　juridical acts subject to terms

指在法律行为中附有一定的期限,并把该期限的到来作为当事人的民事权利和民事义务发生或消灭前提的民事法律行为。《民法典》第160条规定了附期限的民事法律行为。期限指让法律行为效力的发生或者消灭与将来确定发生的事实联系在一起。期限包括确定和不确定的期限。个别的民事法律行为不宜附加期限,如婚姻、收养等与身份有关的民事法律行为、对因行使形成权而产生的民事法律行为等。根据所附期限类型的不同,法律行为可以分为附始期的法律行为和附终期的法律行为。所谓附始期,即附生效期限,该法律行为自期限届至时生效。所谓附终期,即法律行为届至终止期限时失效。

1.133　代理　agency

又称"意定代理"。是基于被代理人的委托授权所发生的代理。代理人在代理权限内,以被代理人的名义实施民事法律行为,由被代理人直接承受行为法律后果的制度。《民法典》第162条规定了代理行为。代理制度可以扩大民事主体实施民事法律行为的空间,也可以补充某些民事主体资格的不足。代理行为涉及三对法律关系:一是本人和代理人之间的关系,即代理的内部关系。代理人通过法律规定或与本人的委托代理合同取得代理权限。二是代理人与相对人之间的关系,即代理的外部关系。三是本人与相对人之间的关系,即代理的效果归属关系。一般而言,代理的法效果皆归属于本人和相对人。

1.134　委托代理　agency by mandate

基于本人的意思委托代理人行使代理权的代理。《民法典》第163条规定了委托代理行为。委托代理人的代理权来自本人的委托授权,故委托代理又被称为授权代理。委托代理的代理人之所以被授权代理实施民事法律行为,是因为代理人与被代理人之间存在着一定的基础法律关系。这种基础法律关系可以是委托关系、劳动关系、合伙关系等。委托代理中的代理人只能在被本人委托授权的范围内处理事务(为法律行为),超出授权范围的法律行为,效果无法归属于本人。

1.135　法定代理　legal agency

指依据法律规定对行为能力欠缺者具有监护资格的人或者对特定的人的财产具有管

理资格的人在法律规定权限内,以被代理人的名义实施民事法律行为的代理。《民法典》第163条规定了法定代理行为:"法定代理人依照法律的规定行使代理权"。法定代理具有如下特征:其一,与基于被代理人授予的委托代理不同,法定代理人的代理权限来源于法律规定。其二,法定代理人必须具备法律规定的资格,具体表现为监护人资格、财产代管人资格等。其三,被代理人一般为欠缺民事行为能力的人,如无民事行为能力人、限制民事行为能力人等。但特殊情形下,如失踪人口的财产代管制度,则不论被代理人是否欠缺民事行为能力。

1.136　共同代理　joint agency

指代理人为数人,即数人共同享有一个代理权。《民法典》第166条规定了共同代理行为。若数个代理人分别享有代理权,则属于单独代理而不属于共同代理。就代理权的行使问题,有约定的按约定处理,未明确约定是共同代理还是单独代理时,有两种不同立法例:一是各个代理人可以单独地行使全部的代理权,即数人单独代理。二是所有的代理人必须共同地行使代理权,即数人共同代理。我国采取了第二种立法例,即数个代理人共有一个代理权,每个代理人的代理权都受有限制。如果其中一个代理人单独实施代理行为,便超越了代理权限,构成无权代理。

1.137　不法代理　illegal agency

指代理事项或代理行为违法。《民法典》第167条规定了不法代理行为。对于代理违法事项而造成的损害,如果代理人知道或应该知道代理事项内容不法,其应当拒绝代理行为,而若代理人未予拒绝并实施了代理行为,进而造成损害的,应与被代理人承担连带责任。同理,对于代理人实施的代理行为,被代理人也应负有合理的审查注意义务,如果被代理人知道或应当知道代理人的行为违法却放任其实施该行为,因此而造成损害的,被代理人应当与代理人承担连带责任。假如代理人所代理的事项内容本身不存在违法性,但是代理人如果采用了具有违法性的手段,那么,该法律行为的效力也同样被否定。如受到胁迫的相对人,可以通过举证代理人存在胁迫行为而主张撤销代理人实施的民事法律行为并要求代理人承担相应责任。如果相对人同时能够证明,本人明知代理人以违法手段实施了代理行为却不加阻止,那么其还可以请求本人与代理人承担连带责任。

1.138　自己代理　self-agency

指代理人作为本人代理人的同时,也是代理行为的相对人。《民法典》第168条第1款规定了自己代理行为。法律限制自己代理的目的在于维护被代理人的利益。尽管自己代理易损害被代理人的合法权益,但并非绝对。自己代理是否损害被代理人利益或者被代理人是否愿意承担自己代理对其造成的不利后果,应由被代理人自己决定。因此,《民法典》规定,对于自己代理,被代理人同意或者追认的,代理行为有效,对于被代理人发生效力。反之,若被代理人事先未同意且事后也未追认的,代理行为无效。

1.139 双方代理 agency of both parties

指代理人在代理本人的法律行为的同时,也是该法律行为相对人的代理人。《民法典》第168条第2款规定了双方代理行为。为保护被代理人和相对人的利益,法律禁止双方代理。但是如同自己代理一样,法律禁止双方代理也并不是基于维护公共利益,而是维护被代理人与相对人的利益,而双方代理是否不利于被代理人与相对人,或者被代理人与相对人是否愿意承受双方代理的不利后果,应由被代理人与相对人自行决定,法律无加以干涉的必要。因此,在被代理人同意或者追认的情形下,代理人可以被代理人的名义与自己同时代理的其他人实施民事法律行为。

1.140 复代理 subagency

指委托代理人为被代理人的利益将其所享有的代理权转委托于第三人而产生的代理。《民法典》第169条规定了复代理行为。复代理的特征如下:一是本人给予代理人以选任其他代理人的权限(复任权)。代理人只有在本人事前同意或者事后追认复任权,或出现紧急情况下为维护被代理人的利益时,才有权选任他人作代理人。否则代理人应该自己执行代理事务。二是代理人须为被代理人的利益而转委托。代理人是基于被代理人的授权而获取的代理权,一般情形下,代理人应在代理权限内亲自实施代理行为,但实践中可能存在代理人能力不足的情况,故出于对被代理人利益的考量而实施转委托行为是被法律允许的。三是代理人选任出来的代理人(复代理人)是本人的代理人,不是代理人的代理人。即复代理人所为代理行为的效果归本人。复代理人在实施代理行为时,对本人承担着与代理人同样的义务。四是在一定情形下,代理人对复代理人的行为承担责任。若转委托代理未经被代理人同意或者追认的,则只有当代理人对第三人的选任以及对第三人的指示存在过错时,才须承担责任。如果代理人在选任以及指示复代理人时,已经尽到了相当的注意义务,则可以免除代理人的责任。若转委托代理未经被代理人同意或者追认的,代理人应当对转委托的第三人的行为承担责任;但是,由于急病、通信联络中断等特殊原因,委托代理人自己不能办理代理事项,又不能与被代理人及时取得联系,如不及时转托他人代理,会给被代理人的利益造成损失或者扩大损失的,代理人可以不经被代理人同意或者追认而转委托代理。

1.141 职务代理 professional agency

指代理人根据所担任的职务实施代理行为的代理。《民法典》第170条规定了职务代理行为。职务代理具有委托代理的本质特点,只不过职务代理的基础关系是职务关系,所以职务代理应归属于委托代理的范畴,是委托代理的特殊形式。职务代理具有如下特征:一是职务代理的被代理人是法人或者非法人组织。二是职务代理的代理人是执行法人或者非法人组织工作任务的工作人员。三是职务代理人代理的事务限于职权范围内的事项。须注意的是,法人或者非法人组织对执行其工作任务人员职权范围的限制仅具备内部效力,而不得对抗善意第三人。四是职务代理的代理人与被代理之间的基础关系是劳动关系。

1.142 无权代理 unauthorized agency

指行为人没有代理权而以被代理人(本人)的名义实施的代理行为。《民法典》第171条规定了无权代理行为。行为人没有代理权、超越代理权授权范围、代理权消灭以后依旧实施代理行为等情形都是无权代理。代理行为的效果之所以归属本人是因为存在代理权,即存在令代理行为的效果归属于本人的意思表示。欠缺代理权的行为,其法律效果无法直接归属于本人。本人可以行使追认权,通过本人向相对人或者无权代理人发出追认的意思表示,令无权代理行为的法效果归属于本人。为了保证法律关系的稳定性,解除相对人在本人未予追认无权代理行为时所处的不安定状态,法律赋予相对人以催告权。本人须在收到通知之日起三十日内予以追认,未作表示即视为未予追认。善意的相对人还可以通过行使撤销权,向无权代理人发出撤销与其成立的法律行为的通知,使自己尽早从不安定状态中解脱出来。

1.143 表见代理 apparent agency

指行为人无代理权而以被代理人的名义为代理行为,但客观上有足以使相对人相信行为人有代理权的事实或理由,善意的相对人基于这一信赖与行为人实施了民事法律行为。《民法典》第172条规定了表见代理行为。表见代理须满足以下四个构成要件:一是代理人无代理权而以被代理人名义实施了代理行为,表见代理属于广义的无权代理的范畴。二是客观上有足以使相对人相信行为人有代理权的事实或理由。三是相对人主观善意无过失,若相对人存在主观过错,则无对其信赖利益保护之必要。四是行为人与相对人所实施的民事法律行为有效。区别于一般无权代理,表见代理行为有效,该行为后果应由被代理人承担。被代理人在承担有效代理行为所产生的责任后,可以向无权代理人追偿因其代理行为而遭受的损失。因表见代理属于无权代理,相对人也可以主张无权代理而撤销与行为人实施的民事法律行为,直接向无权代理的行为人追究民事责任。

1.144 民事义务 civil obligations

指民事义务人为满足民事权利人的利益而为一定行为或不为一定行为的约束。《民法典》第13条、第176条规定了自然人自出生到死亡都需要承担民事义务。民事义务的本质是为一定行为或者不为一定行为,其中包括积极作为义务和消极不作为义务。积极作为义务要求义务人需要积极主动地做一件事,例如成年子女负有赡养父母的义务。不作为义务要求不能去做一件事,例如禁止盗窃他人财物、禁止伤害他人身体等。民事义务产生的原因有二,即法律规定和当事人约定。法律规定的民事义务是由法律明文规定,不需要当事人约定就存在的民事义务,例如任何人都负有不得随意侵害他人生命健康权的义务。当事人约定的义务是法律无明文规定,当事人进行约定而产生的义务,例如买卖合同、租赁合同中多存当事人约定的义务。

1.145 民事责任 civil liabilities

指民事主体因违反民事义务而应当承担的于己不利的法律后果。《民法典·总则编》第 8 章专章规定了民事责任,明确民事责任有利于引导民事主体强化自觉依法履行民事义务的意识,预防和制裁违反民事义务的行为,实现民法对民事主体民事权益的保护。依据不同的标准,可以对民事责任进行不同的分类。根据责任发生根据的不同,民事责任可以分为合同责任、侵权责任与其他责任。合同责任是指因违反合同约定的义务或法律规定的义务而产生的责任。侵权责任是指因侵害他人的民事权益而依法须承担的责任。其他责任是指合同责任与侵权责任之外的其他民事责任,如因不当得利、无因管理等而产生的责任。根据民事责任是否具有财产内容,民事责任可以分为财产责任与非财产责任。财产责任是指由行为人承担财产上的不利后果,使受害人得到财产上补偿的民事责任,如损害赔偿责任。非财产责任是指为防止或消除损害后果,使受损害的非财产权利得到恢复的民事责任,如消除影响、赔礼道歉等。

1.146 按份责任 liability by share

指各个责任主体按照自己应有的份额承担责任。《民法典》第 177 条规定:"二人以上依法承担按份责任,能够确定责任大小的,各自承担相应的责任;难以确定责任大小的,平均承担责任。"确定份额的方法有两种:一是看法律规定,即法律直接规定各个责任主体的份额应该如何确定。例如法律规定责任主体责任份额的大小依据各自的过错大小来认定,过错越大,责任就越大。二是依照当事人的约定来判断,当事人约定的按份责任在合同领域比较常见。例如,在共同担保中,两个担保人和债权人约定两人以 3∶7 的比例对债务人没有履行的债务进行担保。如果法律没有规定,双方当事人也没有约定责任的大小,则责任主体平均承担责任。这样的规定也符合公平原则,既体现出对责任承担的保障,也能够均衡责任人之间的担责压力。

1.147 连带责任 joint and several liability

指依照法律规定或者当事人约定,两个或者两个以上当事人全部承担或部分承担其共同债务,并因此引起当事人之间内部债务关系的一种民事责任。连带责任中每个责任人都有义务向受害人全部承担该民事责任,只是数个连带责任人事后可以内部互相追偿。《民法典》第178条规定:"二人以上依法承担连带责任的,权利人有权请求部分或者全部连带责任人承担责任。连带责任人的责任份额根据各自责任大小确定;难以确定责任大小的,平均承担责任。实际承担责任超过自己责任份额的连带责任人,有权向其他连带责任人追偿。连带责任,由法律规定或者当事人约定。"本条主要包括以下内容:一是受害人可以向全部或者任意一个责任人主张全部责任。二是各个责任人之间存在责任份额划分。三是一人承担超出自己应当承担的责任份额后可以再向其他责任人追偿。四是连带责任的发生原因是法律规定或者当事人约定。连带责任可以分成外部责任和内部责任两方面来理解。外部责任是指数个连带责任人整体向受害人承担的责任。内部责任是指数个连带责任人内部之间责任份额的确定。任何一个责任人不得以全体责任人内部之间有责任份额的约定为由而拒绝向受害人全部赔偿。连带责任对受害人的保护最有利,加重了责任人的负担,是一种严厉的民事责任,其适用仅限于法律的明确规定或者当事人约定。

1.148　不真正连带责任　unreal joint and several liability

指各债务人基于不同的发生原因而对于同一债权人负有以同一给付为标的的数个债务,因一个债务人的履行而使全体债务均归于消灭的一种连带责任。不真正连带责任是侵权责任形态中的共同责任,因此必须是两个以上民事主体作为责任人。其责任产生的基础是该数人对同一个民事主体的民事权益负有法定义务,该法定义务不履行,造成了受害者的损害,发生侵权责任。它是基于同一个损害事实而发生的侵权责任。不同的侵权行为人对同一损害事实发生的侵权责任相互重合。在相互重合的侵权责任中只须履行一个侵权责任即可保护受害人的权利。所以不真正连带责任的受害人只能在相互重合的请求权中择一行使,该请求权行使之后,其他的请求权即行消灭。

1.149　补充责任　complementary liability

指在主责任人不能承担全部赔偿责任时,与其有特定联系的当事人依法就其不能偿付部分承担的间接责任。补充责任在我国民法中的适用较为广泛,例如法定或约定义务不履行行为与他人的侵权行为发生竞合而产生的补充责任、因监护人身份而承担的补充责任、因出具虚假验资证明而对企业债务承担的补充责任、因担保而承担的补充责任和投资人抽逃注册资金的,在抽逃资金范围内对企业债务承担的补充责任等。根据补充责任人应承担补充责任的份额,补充责任可以分为无限补充责任和有限补充责任。补充责任中的债务是由主责任人产生的,在对外责任上是先由主责任人独立承担责任,在主责任人的财产不足以承担应负的责任时,补充责任人对不足部分进行补充性清偿。补充责任人清偿后,可向主责任人追偿。这里的补充责任人承担的只是一种补充性清偿责任,并不是对债务的一种分担,所以主责任人与补充责任人之间并不存在内部责任份额的划分。在一般情况下,权利人不能直接单独要求补充责任人承担责任,而应该先要求主责任人承担责任,在主责任人的财产不足给付时,才能要求补充责任人承担补充责任。只有在主责任人不明确的情况下,权利人才能直接要求补充责任人承担补充责任。

1.150　赔偿　compensate

个体或者团体在其行为过程中,损害了他人或者集体的利益的,应当以现金、实物等物质方式给予受害一方的赔付。《民法典》第179条规定赔偿损失是承担民事责任的方式之一。赔偿的范围可由法律直接规定,例如《民法典》第1179条规定:"侵害他人造成人身损害的,应当赔偿医疗费、护理费、交通费、营养费、住院伙食补助费等为治疗和康复支出的合理费用,以及因误工减少的收入。造成残疾的,还应当赔偿辅助器具费和残疾赔偿金;造成死亡的,还应当赔偿丧葬费和死亡赔偿金。"也可由双方约定,例如《民法典》第585条第1款规定:"当事人可以约定一方违约时应当根据违约情况向对方支付一定数额的违约金,也可以约定因违约产生的损失赔偿额的计算方法。"在法律没有特别规定和当事人没有另行约定的情况下,应按完全赔偿原则,赔偿全部损失。赔偿的目的有二:第一,弥补受害人的损失。第二,惩罚加害人。民法中的赔偿重在弥补受害人损失,但是在某些特殊类型的侵权中也会出现惩罚性赔偿。惩罚性赔偿也是赔偿的一种,但是其重在惩罚加害人。例如《民法典》第1185条规定:"故意侵害他人知识产权,情节严重的,被侵权人有权请求相应的惩罚性赔偿。"

1.151　追偿　recourse

指一方主体向另一方主体承担完毕赔偿责任以后,该一方主体可依据法律规定或者约定再向第三方主体追回全部或者部分赔偿的法律制度。追偿一方主体为权利人,其享有追偿权,被追偿一方主体为义务人。基于法律规定产生的追偿权的类型多样,《民法典》第62条规定了法人的追偿权,第178条规定了连带责任人的追偿权,第222条规定了登记机构的追偿权,第307条规定了偿还债务超过自己应当承担份额的按份共有人的追偿权,第312条规定了权利人对无权处分人的追偿权,第392条规定了第三人承担担保责任后对债务人的追偿权,第519条规定了连带债务人的追偿权,第700条规定了保证人在承担保证责任后对债务人的追偿权,第973条规定了合伙人的追偿权,第1191条规定了用人单位的追偿权,等等。追偿权是一种请求权,该权利基于一定的前提基础法律关系而产生,专属于一定的民事主体。该权利是法律给予付出一定义务的人的一种经济上的请求补偿的权利,权利人可以行使也可以不行使。追偿有利于使有过错的人承担自己的责任,防止滋长危害他人利益的不良行为,有利于维护社会的公共利益,有利于实现公正。

1.152 补偿 indemnity

指一方主体因得到另一方主体的帮助（或者另一方主体为其提供便利）而受益，而另一方主体则因实施帮助行为（或者另一方主体为其提供便利）而遭受损害，受益的一方主体需要一定程度上弥补另一方主体的损失的法律制度。《民法典》第183条、第243条、第245条等都规定了补偿。民事补偿是民事赔偿的一种补充表现形式，它包含在广义的民事赔偿范畴之中，是具有中国特色的法律制度之一。在侵害事实发生过程中，受益人虽然在行为上无过错，但基于其与受害人的特定民事法律关系，根据公平原则，受益人应当承担此种民事责任。补偿一般是法律基于公平原则而作的填补性规定，目的是填补受害人的损失，对承担补偿责任的个体并不进行否定性评价。补偿的作用在于一定程度上弥补受益人给对方造成的损失，其与赔偿的本质区别在于补偿中受益人没有过错，所以补偿绝不会带有惩罚性。除民事主体之外，国家也可能承担补偿责任。例如《国有土地上房屋征收与补偿条例》第2条规定："为了公共利益的需要，征收国有土地上单位、个人的房屋，应当对被征收房屋所有权人（以下称被征收人）给予公平补偿。"国家补偿责任多为支付一定数额的金钱（在征收中被征收人可以选择货币补偿，也可以选择房屋产权调换），它基于公平原则而生，是一种例外责任，意在为因公共利益而遭受特别损失的公民、法人或非法人组织提供补救，以体现公平负担的精神，体现公平原则。补偿既可以在损害发生前，也可以在损害发生后。

1.153 不可抗力 force majeure

指不能预见、不能避免且不能克服的客观情况。不可抗力的要求是不能预见、不能避免、不能克服，其判断标准需要主客观相结合。不能预见反映了不可抗力的主观标准。每个人的预见能力不同，因此是否可预见应当以一般人的预见能力为标准。不能避免且不能克服是不可抗力的客观标准，指客观情况的发生不以人的意志为转移，超出了人力所及。不可抗力包括三类：一是地震、台风、海啸等自然灾害。二是战争、武装冲突、罢工等社会异常事件。三是国家原因，是指因为国家行使行政、司法职能而导致的不可抗力。《民法典》第180条第1款规定："因不可抗力不能履行民事义务的，不承担民事责任。法律另有规定的，依照其规定。"这里的"民事责任"既包括违约责任也包括侵权责任，也就是说不可抗力作为民法中的免责事由之一，其在整个民法体系中都可以适用。

1.154 正当防卫 self defense

指在公共利益、本人或他人的人身或其他合法权益受到现时的不法侵害时，为防止损害的发生而对不法侵害人所采取的防卫行为。《民法典》第181条规定："因正当防卫造成损害的，不承担民事责任。正当防卫超过必要的限度，造成不应有的损害的，正当防卫人应当承担适当的民事责任。"正当防卫必须具备以下四个要件：一是正当防卫须针对正在进行的不法侵害，即加害人已经着手实施侵害，该侵害尚未结束。二是正当防卫须针对不法侵害人本人。三是正当防卫须为保护合法权益而实施。四是正当防卫须在必要的限度内。正当防卫可以保护合法权益不受不法侵害，阻却违法行为的发生，其不属于不法侵害行为，正当防卫造成损害的不需要承担民事责任，同时也不能对正当防卫行为实行正当防卫。防卫过当的要承担适当的民事责任。如此制度设计不仅保护了受害人合法权利的有效实施，还限制了其权利过度滥用，体现了对加害人合法权益的一种相对保护。

1.155 紧急避险 any conduct of necessity

指为了使公共利益、本人或他人的人身和其他合法权益免受正在发生的危险，不得已而采取的损害他人一定利益的救险行为。《民法典》第182条规定："因紧急避险造成损害的，由引起险情发生的人承担民事责任。危险由自然原因引起的，紧急避险人不承担民事责任，可以给予适当补偿。紧急避险采取措施不当或者超过必要的限度，造成不应有的损害的，紧急避险人应当承担适当的民事责任。"紧急避险的本质是对合法权益的舍小保大的无奈之举，是在较小利益和较大利益之间的权衡取舍。紧急避险必须符合两个条件：第一，须合法权益遭受紧急危险。紧急避险所保护的应是合法权益，且该权益正在遭受正在发生的、现实的危险。如果因为还未发生的危险、已经发生过的危险或者假想的危险而实施避险侵害他人利益，则不构成紧急避险。第二，避险措施应是在不得已的情况下实施的，不得超过必要限度。由于紧急避险实际上伤害了另一合法权益，具有侵害性，因此，紧急避险不可随意为之，只有无其他方式可以避险时才可适用。紧急避险之所以可以牺牲一部分较小利益，是因为该行为可以保护另一较大利益。如果因避险行为造成的损害大于危险发生造成的损害，则避险行为就失去了合理性。

1.156 紧急救助行为的豁免 immunity of the civil liability of emergency assistant

因自愿实施紧急救助行为造成受助人损害的，救助人不承担民事责任。"紧急救助"是指社会成员在他人受到重大伤害、生死危难等需要帮助的情况下，施以援手的行为。"紧急救助"是作为一个法律替代词汇出现在法律体系中的，其意义与"见义勇为"可视为等同。紧急救助的构成要件有三个：第一，必须要有紧急的情况发生。此时若不实施救助，受助人可能遭受重大损害。例如救助正在遭受抢劫的人。第二，必须是行为人出于自愿而实施的救助行为，并非第三人胁迫，也不是行为人自身某种义务的规定。第三，救助行为致使被救助人遭受损害，该损害既可以是人身损害，也可以是财产损害。例如行为人在救助由于交通事故而遭受伤害的受害者时，没有顾及受害人的钱包在救助过程中可能遗失，致使受害者遭受财产损失。《民法典》第184条规定："因自愿实施紧急救助行为造成受助人损害的，救助人不承担民事责任。"这体现了法律对紧急救助行为的鼓励和保障。法律对紧急救助行为进行豁免的根本目的在于消除救助者的顾虑,鼓励民众实施救助行为,匡正社会风气。从制度情境上看,我国法律在应对陌生人救助这一问题的对策上,采取的仍是鼓励救助而非将其纳入强制救助范畴的方式,国家在民事基本法层面更为明确地表达了其鼓励民众救助的意愿,这有利于指引、预测和教育社会公众,有效地纠正路人"扶不扶"的纠结心态,消除善意救助行为人担心被受救助人"赖上"的想帮而不敢帮的心理。

1.157　见义勇为　do boldly what is righteous

指不负法定或约定义务的自然人,为保护国家、社会公共利益或他人人身、财产权益,在紧急情况下实施的预防或制止犯罪、抢险救灾、救死扶伤等防止危害、制止侵害的救助行为。见义勇为的构成要件有四个:第一,主体为自然人。法人、其他组织虽具有民事主体的地位,但见义勇为制度所倡导的是见义勇为人的高尚品质,因此应将法人、非法人组织分离出来。第二,行为主体无法定或约定义务。消防员抢险救灾、游乐项目工作人员保障游客安全,均不应认定为见义勇为。第三,行为主体具有保护国家、社会利益和或他人人身、财产安全免受侵害或损害的目的。这说明见义勇为是以利他为目的的救助,如果行为人救助他人是为了事后索取报酬,则不属于见义勇为。第四,见义勇为应发生在紧迫情况下。是否构成紧迫情况,应以一般人的认识作为判断标准,否则,以异于常人的标准判断构成危险进而进行施救,造成了不该有的损失,则不适用见义勇为条款。《民法典》第183条规定:"因保护他人民事权益使自己受到损害的,由侵权人承担民事责任,受益人可以给予适当补偿。没有侵权人、侵权人逃逸或者无力承担民事责任,受害人请求补偿的,受益人应当给予适当补偿。"该条顺应了社会主义核心价值观的要求,对鼓励民事主体伸出援手、保护救助人权益和弘扬社会主义核心价值观具有重要作用。

1.158　侵害英雄烈士等合法权益的责任　liability for infringing upon the legitimate rights and interests of a hero or a martyr

指因侵害英雄烈士等合法权益而应当承担的法律责任。"英雄烈士"指无私忘我、不畏艰险,为国家和人民作出显著成绩和特殊贡献,或者在保卫祖国和社会主义建设事业中因特定情形牺牲的,依照《烈士褒扬条例》(2019年修订)与《军人抚恤优待条例》被依法认定为烈士的自然人。《民法典》第185条规定:"侵害英雄烈士等的姓名、肖像、名誉、荣誉,损害社会公共利益的,应当承担民事责任。"本条对英雄烈士等的人格利益进行特别保护具有鲜明的政治意义,这是弘扬社会主义核心价值观的具体体现,有利于弘扬烈士精神,缅怀烈士功绩,培养公民的爱国主义精神,增强中华民族的凝聚力。侵害英雄烈士人格利益的民事责任包括四个构成要件:第一,侵害了英雄烈士等的姓名、名誉、肖像和荣誉。英雄既可以是生者,也可以是死者,而烈士只能是死者,对于生存在世的英雄完全可以通过一般的侵权制度予以解决。第二,行为人具有过错。行为人无过错的,无须承担侵权责任。第三,须有损害的发生。该损害可以是英雄烈士的姓名、肖像、名誉和荣誉遭受的损害,也可以是英雄烈士近亲属利益遭受的损害。英雄烈士体现了国家形象和民族精神,这种损害也构成了对公共利益的侵害。第四,加害行为与损害之间具备因果关系。侵害英雄烈士等合法权益的行为人承担责任的方式主要有停止侵害、消除影响、恢复名誉、赔礼道歉和赔偿损失等。

1.159 违约责任和侵权责任的竞合 concurrence of liability for breach of contract and the tort liability

因当事人一方的违约行为,损害对方人身权益、财产权益的,受损害方有权选择请求其承担违约责任或者侵权责任。该规则规定于《民法典》第186条。违约责任和侵权责任竞合时,要求权利人只能选择一个请求权要求义务人承担民事责任,实现权利的救济,而不能并求。主要原因是民法中权利救济的核心是填补不法行为所造成的损害,而不是使得权利人因祸得福,否则,受害人将可能借损害赔偿而实现财富增长,进而背离平等原则和诚实信用原则。违约责任与侵权责任的竞合包括三个条件:第一,行为人实施了一个不法行为。如果行为人实施多个不法行为,应该按照不同的责任要求分别承担相应的责任。第二,同一个不法行为既满足了违约责任的要求,又侵害了对方的人身权益、财产权益,满足了侵权责任的要求。第三,两个或者两个以上的民事责任相互冲突,受害人只能选择其中一个要求对方承担。对违约责任与侵权责任的不同的选择,会产生不同的法律后果,直接影响当事人的利益。二者的主要区别有四:第一,归责原则不同。前者主要采用无过错责任原则,特殊的适用过错责任原则。后者一般适用过错责任原则,特殊的适用无过错责任原则。第二,责任构成不同。前者是只要违约虽无损害也要承担责任,后者是无损害事实便无责任。第三,责任范围不同。前者的赔偿责任主要是财产损失,而后者还包括人身伤害和精神赔偿等。第四,诉讼管辖不同,前者一般由被告住所地、合同履行地法院管辖,或依协议选择前述两地及合同签订地、原告住所地、标的物所在地法院管辖。而后者则由侵权行为地、被告住所地法院管辖。

1.160 诉讼时效 extinctive prescription,prescriptive period

指权利人在一定期间内不行使权利,在该期间届满后,发生义务人可以拒绝履行其给付义务效果的法律制度。民法对权利的保护并非没有限度,该制度旨在督促权利人积极、及时行使权利,稳定法律秩序,维护交易安全。诉讼时效可以分为一般诉讼时效和特别诉讼时效。一般诉讼时效是指在一般情况下普遍适用的时效,这类时效不是针对某一特殊情况规定的,而是普遍适用的。例如《民法典》第188条第1款规定:"向人民法院请求保护民事权利的诉讼时效期间为三年。法律另有规定的,依照其规定。"特别诉讼时效是指法律特殊规定的时效,例如《民法典》第594条规定:"因国际货物买卖合同和技术进出口合同争议提起诉讼或者申请仲裁的时效期间为四年。"诉讼时效的要件有三:第一,须有请求权的存在。诉讼时效是对请求权的限制,没有请求权,也就无从适用诉讼时效。第二,须有怠于行使权利的事实。诉讼时效是对权利人的督促,实际上也是对义务人的保护,如果权利人怠于行使权利经过一定的期间,又没有其他事由致使诉讼时效中断或中止,则诉讼时效产生法律效果。第三,怠于行使权利的事实持续存在,致使诉讼时效期间届满。诉讼时效届满也可称为诉讼时效结束、诉讼时效完成。诉讼时效届满,权利人的胜诉权自动消灭。诉讼时效是可变期间,可以中止、中断和延长。在法律规定的诉讼时效期间内,权利人提出请求的,人民法院可强制义务人履行其所承担的义务。而在法定的诉讼时效期间届满之后,权利人行使请求权的,人民法院就不再予以保护。值得注意的是,诉讼时效届满后,义务人虽可拒绝履行其义务,权利人请求权的行使权发生障碍,但是权利本身及请求权并不消灭。当事人超过诉讼时效后起诉的,人民法院应当受理。受理后,如另一方当事人提出诉讼时效抗辩且查明无中止、中断、延长事由的,判决驳回其诉讼请求。如果另一方当事人未提出诉讼时效抗辩,则视为其自动放弃该权利,法院不得依照职权主动适用诉讼时效,应当受理支持其诉讼请求。

1.161　取得时效　positive prescription

指自主地、和平地、公然地占有他人的动产、不动产或者其他财产权的事实状态经过一定的期限后,占有人将取得该动产的所有权或者其他财产权的法律制度,也称"占有时效"。取得时效制度最早始于古罗马法的《十二铜表法》,取得时效和诉讼时效共同构成了民法中的时效制度。该制度主要是为了弥补罗马法中财产转让形式过于烦琐造成的缺陷,对于稳定社会秩序、促进交易安全起着非常重要的作用。取得时效的构成要件有三个:第一,无权占有人对他人财产取得占有。第二,其占有须为自主、和平、公然地占有。第三,该占有须为持续不间断占有并使法定期间届满。取得时效届满并非当然地发生权利取得,只有占有人援用取得时效的情况下,占有人才取得权利,原权利人才丧失权利。如果占有人不主张取得时效权利,其所有权仍不为占有人占有,人民法院也不应依职权主动援引取得时效。《民法典》没有规定取得时效制度,在司法实践中有适用取得时效的实例。

1.162　诉讼时效完成的抗辩　defense for the expiration of the prescriptive period

诉讼时效期间届满后,义务人可以向人民法院提出不履行义务的抗辩,请求人民法院驳回权利人(请求权人)的诉讼请求。《民法典》第 192 条规定:"诉讼时效期间届满的,义务人可以提出不履行义务的抗辩。诉讼时效期间届满后,义务人同意履行的,不得以诉讼时效期间届满为由抗辩;义务人已自愿履行的,不得请求返还。"诉讼时效期间届满的,义务人可以提出,也可以不提出不履行义务的抗辩。但是无论如何,权利人依然享有起诉权,其依然可以向人民法院主张其已过诉讼时效的权利,人民法院应当受理。如果义务人不提出时效完成的抗辩,人民法院将以公权力维护权利人的利益。如果义务人提出时效完成的抗辩,人民法院经审查后会依法保护义务人的抗辩权,不得强制义务人履行义务。但是,义务人行使时效完成的抗辩权不得违反诚实信用原则,否则即使诉讼时效届满,义务人也不能取得时效抗辩权。例如,在诉讼时效期间届满前,义务人通过与权利人协商,营造其将履行义务的假象,及至时效完成后,义务人立即援引时效抗辩拒绝履行义务。义务人的该种行为违反诚实信用,构成时效完成抗辩权的滥用,不受法律保护。《民法典》第 192 条第 2 款规定:"诉讼时效期间届满后,义务人同意履行的,不得以诉讼时效期间届满为由抗辩;义务人已经自愿履行的,不得请求返还。"诉讼时效期间届满后,权利人虽不能请求法律的强制性保护,但法律并不否定其权利的存在。若义务人放弃时效利益自愿履行的,权利人可以受领并保持,该受领不属于不当得利,义务人不得请求返还。诉讼时效期间届满后,义务人同意履行的,不得以诉讼时效期间届满为由抗辩。这是因为诉讼时效届满后,义务人可以处分自己的时效利益。此时义务人同意履行义务,属于对时效利益的放弃。义务人放弃时效利益的行为属于单方法律行为,并且是处分行为,自义务人放弃时效利益的意思表示到达权利人时即发生时效利益放弃的法律效果,不以权利人同意为条件。放弃的意思表示既可以是承认的明示方式,也可以是不主张时效利益的默示方式。对于义务人已经自愿履行的情况,自愿履行意味着义务人自愿解除了债务的自然债务属性,恢复了原本可以获得司法强制执行的可能性,使权利人因时效完成而转化为自然权利回升为法律权利。因此,已经自愿履行的,义务人不能再请求权利人返还。

1.163 请求权 right to claim

指法律关系的一方主体请求另一方主体为或不为一定行为的权利。根据民事权利的作用的不同,民事权利可以分为请求权、抗辩权、支配权和形成权四种,请求权的作用决定了权利人不能对权利标的进行直接支配,而只能请求义务人配合。请求权是基于基础权利而产生的(也可以说请求权是基础性权利所包含的权利),有基础权利,才能有请求权。例如债权是请求权的基础权利之一,当事人双方成立了债权债务法律关系之后,双方当事人才能各有请求权,即请求对方为或者不为一定行为的权利。民事诉讼可以分为三种,即确认之诉、给付之诉、变更之诉,这三种诉讼中给付之诉是民事诉讼的核心,而给付之诉的基础就是请求权。债权请求权是请求权的常见类型,除此之外,请求权还包括物权请求权、人格权请求权、身份权请求权、损害赔偿请求权等。请求权的意义在于为民事主体行使诉权提供实体法上的基础,是民事主体寻求司法保护的手段,是连接实体法和程序法的桥梁。

1.164 诉讼时效的中止 suspension of the prescriptive period

在诉讼时效期间的最后六个月内,因发生法定事由阻碍权利人行使请求权时,诉讼时效依法暂时停止计算,自中止时效的原因消除之日起满六个月,诉讼时效期间届满。《民法典》第194条规定:"在诉讼时效期间的最后六个月内,因下列障碍,不能行使请求权的,诉讼时效中止:(一)不可抗力;(二)无民事行为能力人或者限制民事行为能力人没有法定代理人,或者法定代理人死亡、丧失民事行为能力、丧失代理权;(三)继承开始后未确定继承人或者遗产管理人;(四)权利人被义务人或者其他人控制;(五)其他导致权利人不能行使请求权的障碍。自中止时效的原因消除之日起满六个月,诉讼时效期间届满。"诉讼时效中止是一种应对紧急突发情况的制度,法律规定中止事由只能发生在诉讼时效期间最后六个月内,这既足以保障当事人的权益,又可以避免当事人滥用诉讼时效中止制度。引发诉讼时效中止的原因有五:第一,不可抗力。第二,无民事行为能力人或者限制民事行为能力人没有法定代理人,或者法定代理人死亡、丧失民事行为能力、丧失代理权。由于无民事行为能力人和限制民事行为能力人自身存在认知缺陷和能力缺陷,民事活动绝大多数都是由法定代理人代理,否则,其无法主张自己的权利。所以对于无民事行为能力人、限制民事行为能力人而言,法定代理人缺位对他们而言属于不能行使请求权的客观障碍,应当停止计算,保护无民事行为能力人和限制民事行为能力人的起诉权。第三,继承开始后未确定继承人或者遗产管理人的。因为此时无法确定权利义务由谁继受或行使,也就不能计算诉讼时效。第四,权利人被义务人或者其他人控制的。这种情况下,权利人不行使权利并非是在权利上睡眠,为了保护权利人的合法权益,其受控制期间不应算入诉讼时效期间。第五,其他导致权利人不能行使请求权的障碍。这是一种兜底情形,即只要在诉讼时效期间最后六个月内出现了权利人不能行使请求权的障碍,诉讼时效就应当中止,而不限于以上四种情形。

1.165 诉讼时效的中断 interruption of the prescriptive period

在诉讼时效期间进行过程中,出现了权利人积极行使权利的法定事由,从而使已经经过的诉讼时效全部归于消灭,进而诉讼时效重新计算的制度。诉讼时效的目的是督促权利人行使请求权,消除权利义务关系的不稳定状态,如果当事人通过实施法律规定的某些行为,使得权利义务关系重新明确,则诉讼时效已无继续计算的意义,当然予以中断。这是诚信原则的要求,也可以最大限度地保护债权人利益。诉讼时效中断的特征有三:第一,中断的事由发生于诉讼时效期间进行中,诉讼时效尚未开始计算或者已经届满的情况下排除其适用。第二,发生了一定的法定事由导致诉讼时效存在的基础被推翻。第三,已经经过的失效期间归于消灭,诉讼时效重新计算。诉讼时效中断制度规定于《民法典》第195条:"有下列情形之一的,诉讼时效中断,从中断、有关程序终结时起,诉讼时效期间重新计算:(一)权利人向义务人提出履行请求;(二)义务人同意履行义务;(三)权利人提起诉讼或者申请仲裁;(四)与提起诉讼或者申请仲裁具有同等效力的其他情形。"

1.166 诉讼时效的延长 extension of the prescriptive period

指人民法院查明权利人在诉讼时效期间确有法律规定之外的正当理由而未行使请求权的,适当延长已完成的诉讼时效期间。有别于诉讼时效的中止和中断,法律并未规定诉讼时效延长的具体情形。诉讼时效的延长必然发生在诉讼时效届满之后,而非在诉讼时效过程中。而且能够引起诉讼时效延长的事由必须由人民法院认定,延长的期间也由人民法院依据客观情况予以掌握。社会情况的多样复杂决定了法律不可能将阻碍诉讼时效进行的情况全部加以规定,当出现了中止和中断诉讼时效的法定事由之外的事实即特殊情况,造成权利人逾期行使请求权时,法律有必要授权人民法院审查是否延长诉讼时效,以弥补法律规定的不足。

1.167 仲裁时效 time limit of arbitration

指权利人向仲裁机构请求保护其权利的法定期限,也即权利人在法定期限内没有行使权利,即丧失提请仲裁以保护其权益的权利。根据《民法典》第 198 条的规定,仲裁时效无特别规定的情形下适用诉讼时效,所以仲裁时效优先于诉讼时效,并且仲裁时效本质上是一种特殊的诉讼时效。仲裁包括民商事仲裁、劳动仲裁、农村土地承包经营纠纷仲裁三种。民商事仲裁是指民事主体请求仲裁机构裁决合同纠纷和其他财产权益纠纷。劳动仲裁是指民事主体向劳动仲裁委员会请求裁决处理劳动争议纠纷。农村土地承包经营纠纷仲裁是民事主体就农村土地承包经营纠纷,向农村土地承包仲裁委员会申请裁决。仲裁时效制度的存在使得当事人得以尽快从纠纷中抽离出来,不会长时间受法律程序的束缚。如果在时效期间内不及时行使权利,当事人申请仲裁的权利会受到一定的限制。在劳动仲裁中,即使该劳动争议已经超过仲裁时效,当事人仍可以向仲裁机构请求仲裁,但是仲裁机构在受理申请后发现不存在时效中止、中断即延长事由时,应当驳回仲裁申请。仲裁时效届满会使得义务人的束缚较之前有所减轻,义务人可以拒绝履行义务,权利人不得强制义务人履行。此时无论义务人是否同意履行义务,双方当事人的纠纷都会产生一定的结果,使得双方当事人权利义务关系得以确定下来,避免当事人之间的法律关系长期处于不稳定的状态。仲裁时效的特别规定主要有三:第一,劳动仲裁时效的特别规定。《中华人民共和国劳动争议调解仲裁法》第 27 条规定:“劳动争议申请仲裁的时效期间为一年。仲裁时效期间从当事人知道或者应当知道其权利被侵害之日起计算。……”劳动仲裁时效的特殊性主要有三:一是时效期间短,仅为一年;二是劳动仲裁时效中止的,时效自原因消除之日起继续计算,而不是按照半年计算;三是因拖欠报酬发生争议的,不受仲裁时效限制。劳动关系终止的除外。第二,《民法典·合同编》对仲裁时效的特殊规定。《民法典》第 594 条规定:“因国际货物买卖合同和技术进出口合同争议提起诉讼或者申请仲裁的时效期间为四年。”第三,《中华人民共和国农村土地承包经营纠纷调解仲裁法》

对仲裁时效的特殊规定。《中华人民共和国农村土地承包经营纠纷调解仲裁法》第18条规定："农村土地承包经营纠纷申请仲裁的时效期间为二年,自当事人知道或者应当知道其权利被侵害之日起计算。"

1.168　撤销权　right of revocation

指权利人以其单方的意思表示撤销已经成立的行为的权利,是形成权的一种。为了保护民事主体的合法权益,民法规定了一类民事法律行为叫作可撤销的民事法律行为,该类民事法律行为是指已经成立生效,但因为意思表示不真实或者其他法定原因,行为人对该类民事法律行为有撤销权,即行为人有权利撤销该类民事法律行为。例如,《民法典》第148条规定:"一方以欺诈手段,使对方在违背真实意思的情况下实施的民事法律行为,受欺诈方有权请求人民法院或者仲裁机构予以撤销。"该条之所以规定只有受欺诈方才有权撤销该民事法律行为,是因为民法是私法,尊重意思自治,所以法律行为的最终效力掌握在民事主体的手里,由其衡量是否撤销。只有其行使了撤销权,才会发生形成效力,否则尽管有可撤销的事由,法律行为依然有效。撤销权仅凭权利人单方意思表示即可行使,且撤销权的行使具有溯及既往的效力,可使得已经发生的法律关系恢复到原始状态,以此保障民事主体的合法权益。正是因为撤销权具有如此强大的形成效力,所以法律规定了除斥期间,以此从时间上约束权利人行使撤销权,进而平衡各方民事主体的利益。

1.169　解除权　right of rescission

指合同订立后尚未履行或者尚未完全履行之前,基于法定或者约定的事由,通过当事人单方意思表示即可使合同自始不发生效力的权利。解除权从其产生的基础来划分,有约定解除权和法定解除权两种,前者以当事人事先约定解除条件为前提,后者则以法律规定为必要。约定解除权即通过当事人约定于一定事由发生时,一方或双方享有解除合同的权利。约定解除权的产生是基于双方当事人的约定,而不是单方所能决定;法定解除权即指法律直接规定,当一定事由发生时,一方当事人享有解除合同的权利。法定解除权的情形有不可抗力导致合同目的不能实现、拒绝履行主要债务不能实现合同目的、迟延履行经催告在合理期间内仍不履行导致合同目的不能实现和其他情形等。但无论是约定的解除权还是法定的解除权,在性质上二者都是一种形成权。所谓形成权,是指权利人依据自己的单方意思表示,无须征得对方当事人的同意就可以使民事法律关系发生产生、变更或者消灭的法律效果的权利。行使解除权的主体应当是合同的当事人,而非合同当事人之外的第三人。

1.170　期间　time periods

从某一时刻到另一时刻所经过的一段时间,是两个时间点当中的一个时间段。任何具有法律意义的民事活动,都可以在时间的长河中标注出一段线或一个点,但是这段线如何计算长度和如何确定其起点和终点在民事主体权利义务分配以及责任的分担中十分重要。法律将期间的计算方法予以明确,以此提高法律适用的可预测性,使得民事主体权利义务的分配以及责任的承担更加明确。《民法典·总则编》第十章就其计算方法单独列出,详设规定,并于第204条明确规定:"期间的计算方法依照本法的规定,但是法律另有规定或者当事人另有约定的除外。"民法规定的期间单位是公历年、月、日、小时,但当事人也可约定其他的计量单位,如秒、季度等。期间的计算方法分历法计算法和自然计算法。历法计算法指依公历作为期间的起算点及终止点的计算方法,因月有大小,年有平闰,所以历法计算法虽较简便,但不够精确。自然计算法指按数学的方法及实际的时间计算期间的方法,月不分大小,年不分平闰,都按照1小时为60分钟,1日为24小时,1月为30日,1年为365日计算。《民法典》第200条规定:"民法所称的期间按照公历年、月、日、小时计算。"本条规定旨在明确民法上的期间按照公历的年、月、日、小时来计算,这与我国部分地区偶尔使用的农历计算方法不同。我国很多农村地区目前仍然使用农历计年,例如结婚日期、出生日期等还是用农历标注,但这只是民间的计算方法而已,法律并不认同。民法认可的期间计算方法为公历计算法,必须采用公历日期,也就是说一、三、五、七、八、十和十二月份每月有31天,二月份分平年和闰年,各自有28天和29天,其他月份每月有30天。公历计算法不使用民间俗称的"大、小年""闰月"等。民法认可公历计算法也是我国民法与世界法律接轨的表现。

1.171 除斥期间 scheduled period

指法律对某种权利所预定之存续期间,超过该期限,权利即消灭,也可以说是因时间的经过,当然使其权利消灭的期间。除斥期间是为了保护已存在的秩序,其目的在于督促权利人及时行使权利以维护社会经济秩序的稳定。《中华人民共和国合同法》第95条规定:"法律规定或者当事人约定解除权行使期限,期限届满当事人不行使的,该权利消灭。法律没有规定或者当事人没有约定解除权行使期限,经对方催告后在合理期限内不行使的,该权利消灭。"此条规定了除斥期间的两种情形:除斥期间由法律直接确定,或者由双方当事人进行约定;既没有法律规定也没有当事人约定的,经相对方催告后在合理期限内行使。《民法典》第564条第2款规定:"法律没有规定或者当事人没有约定解除权行使期限,自解除权人知道或者应当知道解除事由之日起一年内不行使,或者经对方催告后在合理期限内不行使的,该权利消灭。"该条文首次规定了解除权的一般除斥期间,弥补了合同法中既没有法律规定也没有当事人约定,同时对方也没有催告这一情形的空白。除斥期间的适用范围一般为形成权,但并非仅限于形成权,特殊情况下,除斥期间也可适用于请求权,如《民法典》第462条第2款规定:"占有人返还原物的请求权,自侵占发生之日起一年内未行使的,该请求权消灭。"另外根据《民法典》第199条的规定,除斥期间是不变期间,除法律另有规定外,不能中止、中断和延长,且权利产生之日并不当然就是除斥期间的起算时间,只有当解除权人知道或者应当知道自己享有权利时,才开始计算。除斥期间届满,实体权利本身当然消灭。

1.172 到期月 expiry month

以年、月为计量单位计算期间时,期间终止日的所在月。《民法典》第 202 条规定:"按照年、月计算期间的,到期月的对应日为期间的最后一日;没有对应日的,月末日为期间的最后一日。"在确定期间终止点时,首先需要确定整月范围,即到期月。

1.173 对应日 corresponding day

以年、月为计量单位计算期间时,与法律规定或约定期间开始之日所对应的某个日期。到期年、月的对应日为期间终止点,例如在期间为一年的情况下,2019 年 3 月 2 日的对应日为 2020 年的 3 月 2 日。对应日在很多合同或协议中被写成"对日"。《中华人民共和国民法通则》中没有关于期间结束日的规定,但是《中华人民共和国票据法》第 107 条第 2 款规定:"按月计算期限的,按到期月的对日计算;无对日的,月末日为到期日。"《中华人民共和国民法总则》第 202 条参考了《中华人民共和国票据法》的规定对期间结束日进行规定:"按照年、月计算期间的,到期月的对应日为期间的最后一日……"此条后来也被《民法典》第 202 条所采纳。无对应日,是指闰年的二月二十九日,平年时没有对应日。

1.174 月末日 last day of the expiry month

每个月的最后一日,例如 9 月的 30 日或者 8 月的 31 日等。《民法典》第 202 条规定:"按照年、月计算期间的,到期月的对应日为期间的最后一日;没有对应日的,月末日为期间的最后一日。"该条意在表明以年、月为计量单位计算期间,在到期月没有与起算日相对应的终止日时,以到期月最后一日为期间终止点。之所以以月末日作为期间终止点,是因为月有大小之分,年有平闰之分,无法保证每日在不同月份都有对应日。期间为 1 个月的情况下,期间起算点为 1 月 31 日,到期日为 2 月 28 日(平年)或 29 日(闰年);期间起算点为 8 月 31 日,到期日则为 9 月 30 日。

1.175 法定休假日 legal holiday

法律、法规规定的特别节假日。《中华人民共和国民法通则》第 154 条第 3 款规定:"期间的最后一天是星期日或者其他法定休假日的,以休假日的次日为期间的最后一天。"2017 年《中华人民共和国民法总则》第 203 条第 1 款规定:"期间的最后一日是法定休假日的,以法定休假日结束的次日为期间的最后一日。"2020 年《民法典》的规定与民法总则的规定相同。相对于《中华人民共和国民法通则》中的"星期日或者其他法定休假日",《中华人民共和国民法总则》和《民法典》直接规定为"法定休假日"。根据国务院颁布的《全国年节及纪念日放假办法》(2013年修订),法定休假日有三种类型:全体公民放假的节日(新年、春节、清明节、劳动节、端午节、中秋节、国庆节);部分公民放假的节日及纪念日(妇女节、青年节、儿童节、中国人民解放军建军纪念日);少数民族习惯的节日,由各少数民族聚居地区的地方人民政府,按照各该民族习惯,规定放假日期。全体公民放假的假日,如果适逢星期六、星期日,应当在工作日补假。部分公民放假的假日,如果适逢星期六、星期日,则不补假。

第二编 物 权

2.001 **物权** real right

权利人依法对特定的物享有直接支配和排他的权利,包括所有权、用益物权和担保物权。其中的所有权,包括国家所有权、集体所有权和私人所有权;其中的用益物权,不但包括土地承包经营权及土地经营权、建设用地使用权、宅基地使用权、居住权和地役权,而且含有海域使用权、探矿权、采矿权、取水权、养殖权、捕捞权;其中的担保物权,包括抵押权、质权和留置权。物权是民事主体依法享有的重要财产权,与同为财产权的债权相比,具有如下法律性质:其一,物权是主体可直接支配标的物的权利。所谓直接支配,是指物权人可以按照自己的意思享受物的利益,无需他人的介入;而债权的实现则往往需要债务人的积极行为予以协助。其二,物权原则上是排他性的权利。同一标的物上存在着某一物权时,便不允许互不两立的物权与其并存;而债权却可以在同一个标的物上成立数个。其三,物权的客体具有特定性。基于物权直接支配其标的物的需要,物权的客体必须是特定的,通常表现为特定物;而债权则可以存在于仅仅确定了种类和数量的物。其四,物权的权利主体特定而义务主体不特定。因物权为直接支配权,不需要他人以积极行为予以协助,属于对世权,故物权人系特定之人,义务人则为不特定的人;而债权以请求权为主要内容,属于相对权,故其当事人各方均为特定之人。

2.002 **物权法** real right law

指调整因物的归属和利用产生的民事法律关系的法律,特指《民法典·物权编》以及其他相关法律。大陆法系特有的概念,其在大陆法系民法体系中具有重要地位。物权法主要调整因物的归属和利用而产生的民事关系。所谓"物的归属",是指物归属于谁。物权法所调整的物的归属关系主要有以下几种:一是因物权的设定而产生的关系。按照物权法定原则,物权的类型、种类等都要由法律规定,当事人应当依据法律规定的各种物权类型设定各类物权。二是因物权的转让而产生的关系。物权的转让将导致所有权以及其他物权的移转,导致原物权的相对消灭和新物权的产生。三是因确认和保护物权而产生的关系。物权可能在归属上发生争议,一旦发生争议,物权法就要通过一系列的规则来确认物的归属以定分止争。所谓"物的利用",是指权利人对物的使用价值与交换价值进行支配并享受其利益。物权法所调整的物的利用关系主要有以下几种：一是物的所有权人按照该物的性质和用途使用该物；二是他物权的设定以及他物权人利用其物。物权法调整因物的归属和利用而产生的关系，彰显了物权法的两大基本功能：定分止争与物尽其用。物权法具有私法、财产法、强行法、固有法等基本属性。

2.003 中华人民共和国物权法 The Real Right Law of the People's Republic of China

《中华人民共和国物权法》是于2007年3月16日在第十届全国人民代表大会第五次会议上得以通过，并于2007年10月1日起施行。该法共分5编19章247条。第一编总则，主要规定三方面内容，即"基本原则""物权的设立、变更、转让和消灭"以及"物权的保护"；第二编所有权，内容包括"一般规定""国家所有权和集体所有权、私人所有权""业主的建筑物区分所有权""相邻关系""共有"以及"所有权取得的特别规定"；第三编用益物权，内容包括"一般规定""土地承包经营权""建设用地使用权""宅基地使用权"以及"地役权"；第四编担保物权，内容包括"一般规定""抵押权""质权"以及"留置权"；第五编占有，主要包括"有权占有法律适用""恶意占有人应承担的赔偿责任"以及"占有保护"等五个条款规定的内容。该法的立法目的是"为了维护国家基本经济制度，维护社会主义市场经济秩序，明确物的归属，发挥物的效用，保护权利人的物权"。该法的调整对象为"因物的归属和利用而产生的民事关系"。

2.004 物权法的制度基础 stytem foudation of real right law

是物权法得以建立的社会制度。经济基础决定上层建筑。中国特色社会主义物权制度是由社会主义基本经济制度决定的。作为反映我国社会主义生产关系和维护社会主义经济制度的物权制度，必须全面、准确地体现我国社会主义基本经济制度。而现阶段，我国社会主义基本经济制度是"国家坚持和完善公有制为主体、多种所有制经济共同发展，按劳分配为主体、多种分配方式并存，社会主义市场经济体制等"。中国特色社会主义基本经济制度成为《民法典》设计物权制度的灵魂和基本原则，其精神实质贯穿、体现在整个物权制度的始终，表现为物权制度的社会政治原则，市场主体的法律地位平等，保障其平等的发展权，以及对国家、集体、私人和其他类型的主体所享有物权的平等保护原则。

2.005 物权平等保护原则 the principle of equal protection of real right

指物权的主体在法律地位上是平等的，依法享有相同的权利，遵守相同的规定。其享有的物权遭受他人侵害后，应当受到法律的平等保护。物权平等保护原则具体包含以下几个方面的内容：一是主体法律地位的平等。民法是调整平等主体间的法律关系，故物权主体在法律地位上应当一律平等，受到平等对待。二是纠纷解决规则平等。在发生物权冲突的情况下，物权主体有权适用平等的规则来化解冲突，明确权利义务关系。三是物权被侵害后的法律保护平等。物权主体在其物权遭受侵害之后,有权请求法律平等保护其物权,使自己受到侵害的权利得到救济。此外,物权保护的范围和力度,也不应该因物权主体的不同而有所区别。亦即,不管是国家、集体还是私人的物权,都应当得到平等的保护和救济。物权平等保护原则是民法中的平等原则在民法典物权编中的具体体现。民法作为调整平等主体间民事权利义务关系的法律,平等原则是其应有之义。我国民法典将平等作为一项基本原则贯穿于整个民法体系,而本条中的平等保护原则也作为指导民法典物权编的基本原则体现在整编的法律规范之中。

2.006　物权法定原则　the real right legalization principle

指物权的种类、内容应由法律明确规定,而不能由法律之外的其他规范性文件确定,或由当事人通过合同任意设定。物权法定是大陆法系各国物权法所普遍承认的基本原则。它对于准确地界定物权、定分止争、确立物权设立和变动规则、建立物权的秩序都具有十分重要的意义。物权法定原则的确立依据为:物权的绝对性、物权的直接支配性、物的经济效用、保障完全的合同自由、公示的需要、交易安全与便捷的需要,以及整理旧物权以适应社会的需要。物权法定原则具有强制性,违反物权法定将导致设定与变动物权的行为无效,物权不能有效地设立与变动。

2.007　物权公示原则　the principle of public summons of real right

指物权的设立、变动必须依照法定的公示方法予以公开,使第三人能够及时了解物权的变动情况。物权公示原则确立的依据在于:由于任何当事人设立、移转物权时,都会涉及第三人利益,因而物权的设立、移转必须公开、透明,即应将物权设立、移转的事实通过一定的公示方法向社会公开,从而使第三人知道物权变动的情况,以利于保护第三人的利益,维护交易安全和秩序。物权的公示方法必须由法律明确规定,而不能由当事人随意创设:不动产物权的设立和变动应当办理登记,动产物权的设立和转让应当交付。物权公示原则的功能是:明确物权的归属、维护交易安全以及提高物的利用效率。

2.008　物权公信原则　the principle of public trust of real right

指对于通过法定的公示方法所公示出来的权利状态,相对人有合理的理由相信其为真实的权利状态,并与登记权利人进行交易,对这种信赖法律就应当予以保护。物权公信原则确立的依据在于第三人的信赖利益应当受到保护。对第三人来说,他只能相信登记而不能相信其他的证明。如果登记制度不能产生公信力,则不仅使登记制度形同虚设,也不利于交易安全的维护。物权公信原则主要表现为两方面内容:一是登记记载的权利人在法律上特定其为真正的权利人;二是凡是信赖登记所记载的权利而与权利人进行的交易,在法律上应当受到保护。

2.009　一物一权原则　the principle of "one property, one right"

包含两个方面的意义:其一,从权利的角度而言,一物一权一方面是指一个物上只能设立一个所有权而不能同时设立两个以上的所有权;另一方面也是指在一个物上不能同时设立两个或两个以上在性质上相互排斥的定限物权。其二,从物的角度而言,一物一权是指一个物权的客体必须是一个独立的特定的有体物。亦即,在物的一部分或由数个物组成的集合体(集合物)上不能成立一个所有权。由此可见,一物一权原则实际上包括物权的排他性原则与物权客体特定性原则两个方面的内容。一物一权原则确立的依据主要有三点:其一,为了确定物权人支配的标的物的范围以及使物权人支配的标的物的外部范围得以明确化。其二,避免物权关系的复杂化。其三,避免公示方法上的困难及保护交易安全。

2.010　物权变动　the change of real right

指物权的设立、变更、转让和消灭等情况。所谓物权的设立,是指当事人依据法律规定的条件,通过民事法律行为或者其他方式创设某项法定物权。物权的设立包括所有权的取得和他物权的设立。物权的变更具有广义和狭义两种含义。广义的物权变更包括物权主体、内容、客体的变化;狭义的物权变更并不包括物权主体的变化,主要是指物权内容和客体的变化。物权的转让,是指当事人基于法律和合同规定移转物权,从而使物权的主体发生变化。物权的消灭,可以区分为绝对的消灭与相对的消灭。绝对的消灭是指物权本身不存在了,即物权的标的物不仅与其主体相分离,而且他人也未取得其权利;而相对的消灭则是指原主体权利的丧失和新主体权利的取得。

2.011　物权变动的原因　the reasons of the change of real right

物权变动,作为法律关系变更的一种,必然由一定的法律事实引起。此种法律事实即为物权变动的原因。物权变动的原因可以分为基于民事法律行为的物权变动和非基于民事法律行为的物权变动。基于民事法律行为的物权变动,是市场交易的法律形式,必须采取一定的公示方法,属于物权变动的常态。一般表现为因买卖、互易、赠与等方式取得所有权,以及通过物的所有人与其他人的设定行为为他人设定地役权、抵押权等他物权;而非基于民事法律行为的物权变动,不是典型的交易形式,通常不要求公示,物权编将之作为例外规定,仅在法律有特别规定的情形下才能适用。主要有以下几种情形:一是因人民法院、仲裁机构的法律文书导致的物权变动;二是因人民政府的征收决定而发生的物权变动;三是因继承而取得物权;四是因合法建造房屋等建筑物、构筑物等事实行为而设立不动产所有权;五是因拆除等事实行为而消灭房屋等建筑物、构筑物的不动产所有权。

2.012　不动产登记　the real estate registration

指不动产登记机构依法将不动产权利归属和其他法定事项记载于不动产登记簿的行为。不动产登记的范围主要包括:(一)集体土地所有权;(二)房屋等建筑物、构筑物所有权;(三)森林、林木所有权;(四)耕地、林地、草地等土地承包经营权;(五)建设用地使用权;(六)宅基地使用权;(七)海域使用权;(八)地役权;(九)抵押权;(十)法律规定需要登记的其他不动产权利。不动产登记是不动产物权设立和变动的主要公示方法。现代各国法上的不动产登记制度,依其内容、效力等的不同为标准,主要可以区分为三种类型:契据登记制、权利登记制和托伦斯登记制,而我国现行登记制度基本介于权利登记制和托伦斯登记制之间。对于不动产物权登记的效力,现代各个国家和地区的法律规定未尽一致,多数国家和地区大都根据登记原因的不同而分别赋予登记以不同的效力:基于民事法律行为而引起的物权变动,登记原则上应为物权变动的生效要件;非基于民事法律行为而导致的物权变动,不以登记为生效要件。我国现行不动产登记制度亦采用了这一做法。

2.013　不动产登记机构　registration institute of real estate

负责办理不动产登记的机关。现代各个国家和地区对此的规定未尽一致,主要有两种形式:司法机关以及隶属于政府的专门的不动产登记机关。我国在 2007 年《物权法》出台的很长一段时期内,不动产的登记机构较多:土地管理部门、房产管理部门、农业主管部门、破产管理部门、水行政主管部门、工商行政管理部门、渔政管理部门和林业主管部门等。它们分别对基于土地、房屋、矿产资源、水资源、森林资源等而发生的物权或准物权行使登记管理权。《物权法》已对这种局面加以改正,即采取统一的登记制度。而我国《不动产登记暂行条例》规定:国务院国土资源主管部门负责指导、监督全国不动产登记工作。县级以上地方人民政府应当确定一个部门为本行政区域的不动产登记机构,负责不动产登记工作,并接受上级人民政府不动产登记主管部门的指导、监督。

2.014　不动产统一登记　uniform registration of real estate

不动产登记的法律依据、登记范围、登记机构、登记程序等原则上是一致的。不动产统一登记是相对于不动产分散登记而言的统一登记制度,改革开放以来,我国的不动产登记为分散登记,即不同类型的不动产由不同机构办理登记,例如:集体土地所有权、宅基地使用权等由国土部门登记;房屋所有权和抵押权由住建部门登记;耕地、草地承包经营权由农业部门登记等。同时,各个部门进行登记所依据的法律、法规、规章各不相同,极易造成职责不明晰、管理不当等问题,对市场经济的发展造成阻碍。为了解决分散登记产生的相关问题,《物权法》以及《民法典》规定了不动产统一登记制度。目前,《不动产登记暂行条例》等行政法规,已对不动产登记范围、登记机构以及登记程序等作了统一规定。2018

年 3 月 5 日,国土资源部办公厅印发通知要求,在全国不动产登记机构和登记窗口启用统一的不动产登记标识,标志着我国不动产统一登记体系基本形成。不动产统一登记的优点在于:一是将分散在多个部门的不动产登记职责整合由一个部门承担,理顺部门职责关系,减少办证环节,减轻群众负担;二是建立不动产物权登记信息管理基础平台,实现不动产审批、交易和登记信息在有关部门间依法依规互通共享;三是推动建立不动产物权登记信息依法公开查询系统,保证不动产交易安全,可将不动产物权的公信原则落到实处。

2.015　登记机构的职责　the duties of registration agency

指登记机构在审查申请人提起的登记申请中所承担的一种审查职责,也是一种审查义务。登记机构的审查义务,有形式审查和实质审查之分。所谓形式审查,是指登记机构仅仅对当事人所提交的材料进行形式审查。如果确定这些申请登记的材料符合形式要件,就应当认为是合格。所谓实质审查,是指登记机构不仅应当对当事人提交的申请材料进行形式要件的审查,而且应当负责审查申请材料内容的真伪,甚至在特殊情况下对法律关系的真实性也要进行审查。我国不动产登记机构实行的是形式审查与实质审查相结合的审查制度。即登记机构不仅对申请人提交的申请材料进行形式上的审查,而且对申请材料的内容甚至法律关系的真实性等进行实质上的审查。此种审查制度兼顾形式审查与实质审查的优点,既能保证登记效率,又可以确保登记公信力的实现,为不动产物权登记的真实有效性提供了有力保障。我国不动产登记机构的职责包括:一是查验申请人提供的权属证明和其他必要材料;二是就有关登记事项询问申请人;三是如实、及时登记有关事项;四是法律、行政法规规定的其他职责。此外,在申请人提交的证明材料不足以证明申请登记的不动产的有关情况时,登记机构可以要求申请人进一步补充材料,甚至可以实地查看。

2.016　合同效力与物权变动区分　the distinction of effectiveness of contract and the alteration of real right

指在基于民事法律行为发生的物权变动中,物权变动的原因与物权变动的结果作为两个法律事实,它们的成立生效应分别依据不同的法律根据,且没有作为原因行为的合同,就不会有物权变动的结果,这是二者在因果关系中的定位。故物权变动与否,不应影响原因行为的效力。合同效力与物权变动区分主要包含两层含义:一是物权变动中原因行为是否成立,应该根据该行为自身的成立要件进行判断,物权变动结果并不是原因行为成立的必要条件;二是一般情况下,物权变动以动产的交付和不动产的登记作为生效要件。合同效力与物权变动区分的意义在于:一是这种区分符合物权与债权二分、各自依其自身规律运动的基本原理;二是这种区分使原因行为大多处于有效的状态,出卖人、抵押人等义务人负有协助办理登记的义务;三是这种区分使原因行为大多处于有效的状态,买受人等债权人占有作为标的物的不动产属于有权占有,出卖人等无权请求返还该种占有。

2.017　不动产登记簿　real estate register

由不动产登记机构依照法定程序和标准制定,用于记载不动产的自然状况、权利状况和其他事项的具有法律效力的专用簿册。不动产登记簿应当采用电子介质,记载以下事项:(一)不动产的坐落、界址、空间界限、面积、用途等自然状况;(二)不动产权利的主体、类型、内容、来源、期限、权利变化等权属状况;(三)涉及不动产权利限制、提示的事项;(四)其他相关事项。不动产登记簿具有以下几个主要特点:一是统一性。统一不动产登记簿,便于不动产登记管理,也有利于降低不动产交易成本。二是长久性。在现实生活中,不动产一般是权利人的重要财产并能够长期存在。只要不动产未灭失,不动产上所承载的权利类型就需要通过不动产登记簿来反映,这就要求不动产登记簿要长期甚至永久保管。三是公开性。在市场经济中,人们常常根据不动产登记簿上记录的权利内容与不动产权利人进行交易,这就需要不动产登记簿向社会公开,允许人们查询不动产登记簿并进行复制。四是官方性。不动产登记簿只能由国家专门机构通过特定程序制定,不能由私人或社会组织制定。此外,不动产登记簿是物权归属和内容的根据,只能由登记机构管理,并建立健全相应的安全责任制度。

2.018　不动产权属证书　the realty ownership certificate

指在依法办理完登记手续后,由登记机构制作并颁发给权利人作为其享有不动产物权的证明,是不动产登记簿所记载内容的外在表现形式。不动产权属证书仅是权利人用以证明自己为该不动产物权人的一个凭证,其本身并不能代表不动产物权。在不动产交易过程中,权利人通过不动产权属证书只能初步证明自己为物权人。而买受人则需查阅不动产登记簿,了解不动产相关权利归属,不能仅凭不动产权属证书进行判断。相较于不动产权属证书,不动产登记簿具有更高的效力。当二者记载不一致时,除有证据证明不动产登记簿确有错误外,应当以不动产登记簿为准。其原因在于:一是不动产登记簿由登记机构管理,不动产权属证书由当事人管理,前者被伪造、涂改的可能性较小;二是不动产登记簿具有推定效力,推定不动产登记簿所登载的内容反映真实权利归属,故在没有证据证明不动产登记簿确实存在错误的情况下,其与不动产权属证书内容不一致时,应当推定不动产登记簿所登载内容是真实的。主张不动产登记簿登载错误的人,应当负有证明其有误的证明责任。不动产登记簿所登载的权利人和登记机构,对已经登载的内容,不负证明责任。

2.019　不动产登记资料　real estate registration information

是进行不动产登记的有关资料。不动产登记资料包括:(一)不动产登记簿等不动产登记结果;(二)不动产登记原始材料,包括不动产登记申请书、申请人身份材料、不动产权属来源、登记原因、不动产权籍调查成果等材料以及不动产登记机构审核材料。不动产登记资料由不动产登记机构管理。不动产登记机构应当建立不动产登记资料管理制度以及信息安全保密制度,建设符合不动产登记资料安全保护标准的不动产登记资料存放场所。不动产登记资料中属于归档范围的,按照相关法律、行政法规的规定进行归档管理,权利人、利害关系人可以申请查询、复制不动产登记资料,登记机构应当提供,但利害关系人不得公开、非法使用权利人的不动产登记资料。

2.020　不动产登记费用　real estate registration fee

指权利人进行不动产登记时需要缴纳一定的费用。我国设立不动产登记收费制度的目的在于填补登记机关的运作成本,保障不动产登记制度的良好运行。在对不同面积的同类不动产物权分别进行登记时,登记机构的处理程序也可能相同,若以不动产的面积、体积或价款作为收费依据,将会使多方当事人在同等运作成本下支付不同的登记费用,从而导致不动产登记收费制度丧失公平性和合理性。因此,我国不动产登记的收费标准与登记机构的运作成本有关,与不动产的面积、体积或者价款无关。《民法典》规定:"不动产登记费按件收取,不得按照不动产的面积、体积或者价款的比例收取。"为实现不动产登记费用标准规范化、统一化,2016 年国家发展改革委和财政部联合发布的《关于不动产登记收费标准等有关问题的通知》对此作出了统一的规定,住宅类不动产登记收费标准为每件 80 元,非住宅类不动产登记收费标准为每件 550 元。同时该通知明确了不动产登记计费单位,申请人以一个不动产单元提出一项不动产权利的登记申请,并完成一个登记类型登记的为一件。申请人以同一宗土地上多个抵押物办理一笔贷款,申请办理抵押权登记的,按一件收费;非同宗土地上多个抵押物办理一笔贷款,申请办理抵押权登记的,按多件收费。针对免收不动产登记费、只收取不动产权属证书工本费、减半收取不动产登记费的情形,该通知进行了列举式规定。

2.021　更正登记　registration of correction

指权利人、利害关系人认为不动产登记簿记载的事项有错误时,经其申请,由权利人书面同意更正,或者有证据证明登记确有错误的,登记机构对错误事项进行更正的登记。更正登记制度的目的在于,通过对登记簿上不正确登记的纠正,使登记所昭示的权利状态符合真实的权利状态,进而避免真实的权利人因登记公信力受到损害。更正登记主要包括以下两种情形:其一,权利人、利害关系人认为不动产登记簿记载的事项确有错误,可以申请更正登记。权利人申请更正登记的,应当提供下列材料:一是不动产权属证书;二是证实登记确有错误的材料;三是其他必要材料。利害关系人申请更正登记的,应当提交利害关系材料、证实不动产登记簿记载错误的材料以及其他必要材料。不动产权利人或者利害关系人申请更正登记,不动产登记机构认为不动产登记簿记载确有错误的,应当予以更正;但在错误登记之后已经办理了涉及不动产权利处分的登记、预告登记和查封登记的除外。不动产权属证书或者不动产登记证明填制错误以及不动产登记机构在办理更正登记中,需要更正不动产权属证书或者不动产登记证明内容的,应当书面通知权利人换发,并把换发不动产权属证书或者不动产登记证明的事项记载于登记簿。其二,如果真实的权利人及其利害关系人没有申请更正登记,登记机构发现不动产登记簿的记载有错误的,可依职权径直为更正登记。不动产登记机构发现不动产登记簿记载的事项错误,应当通知当事人在 30 个工作日内办理更正登记。当事人逾期不办理的,不动产登记机构应当在公告 15 个工作日后,依法予以更正;但在错误登记之后已经办理了涉及不动产权利处分的登记、预告登记和查封登记的除外。

2.022 异议登记 registration of objection

指当利害关系人认为不动产登记簿上所记载的事项存在错误,且权利人不同意对此进行更正时,利害关系人向登记机构申请的、旨在中止不动产登记簿公信力并阻却第三人的善意取得的一种登记。异议登记的制度目的在于,旨在使受不正确的不动产登记影响巨大的真实权利人,在不动产登记簿更正前的这段时间里,需要赋予其一种保护措施,以避免第三人基于交易行为而善意取得该不动产物权,而使其免遭权利上的不利。利害关系人申请异议登记的,应当提交下列材料:一是证实对登记的不动产权利有利害关系的材料;二是证实不动产登记簿记载的事项错误的材料;三是其他必要材料。异议登记对真实的权利人的保护是临时性的,其对不动产交易造成了一种不稳定的状态,法律应对异议登记的有效期间作出限制。《民法典》规定,申请人自异议登记之日起 15 日内不提起诉讼的,异议登记失效。异议登记的法律效果有二:一是不动产登记簿的公信力被击破,在不动产登记簿记载有异议的情况下,交易相对人不能善意取得异议指向的不动产物权;二是中止不动产登记簿的权利正确性推动的效力。异议登记不当,造成权利人损害的,权利人可以向申请人请求损害赔偿。

2.023 预告登记 advance notice registration

指当事人所期待的不动产物权变动所需要的条件缺乏或者尚未成就时,为保障以这一不动产未来发生物权变动为目的的债权请求权的实现,而向登记机构申请办理的预先登记。预告登记主要适用以下情形:(一)商品房等不动产预售的;(二)不动产买卖、抵押的;(三)以预购商品房设定抵押权的;(四)法律、行政法规规定的其他情形。申请预购商品房的预告登记,应当提交下列材料:(一)已备案的商品房预售合同;(二)当事人关于预告登记的约定;(三)其他必要材料。预售人和预购人订立商品房买卖合同后,预售人未按照约定与预购人申请预告登记,预购人可以单方申请预告登记。预购人单方申请预购商品房预告登记,预售人与预购人在商品房预售合同中对预告登记附有条件和期限的,预购人应当提交相应材料。申请预告登记的商品房已经办理在建建筑物抵押权首次登记的,当事人应当一并申请在建建筑物抵押权注销登记,并提交不动产权属转移材料、不动产登记证明。不动产登记机构应当先办理在建建筑物抵押权注销登记,再办理预告登记。申请不动产转移预告登记的,当事人应当提交下列材料:(一)不动产转让合同;(二)转让方的不动产权属证书;(三)当事人关于预告登记的约定;(四)其他必要材料。抵押不动产,申请预告登记的,当事人应当提交下列材料:(一)抵押合同与主债权合同;(二)不动产权属证书;(三)当事人关于预告登记的约定;(四)其他必要材料。预告登记主要包含以下效力:一是保障债权实现的效力;二是对抗第三人的效力;三是限制物权处分的效力;四是确定权利顺位的效力。预告登记对其保全的债权具有依附性,随着债权状态的改变而变动。当债权转让或消灭时,预告登记随之转让或消灭。债权消灭或能够进行不动产登记之日起 90 日内未申请登记的,预告登记失效。

2.024　不动产登记错误的赔偿责任　compensation liability of real estate registration mistake

指在因登记错误而使真正权利人和善意相对人遭受损失时,相关的登记申请人和登记机构应当承担的赔偿责任。不动产登记错误的赔偿责任包括以下两种责任形态:一是过错责任。即当登记错误可归责于当事人的,由当事人承担赔偿责任。二是转承责任或无过错责任。即不论登记错误是否可归责于登记机构,只要受害人请求该登记机构承担赔偿责任,该登记机构就应当承担该责任;如果该登记错误实际上归责于当事人,登记机构并无过错的,登记机构承担赔偿责任之后,有权向造成登记错误之人追偿。登记机构的赔偿责任究竟属于民事侵权责任还是国家赔偿责任,学说上存在分歧。

2.025　动产交付　the movable property delivery

指权利人将自己占有的动产移转其他人占有的行为。交付是动产物权变动的法定公示方法,有现实交付和拟制交付之分。当事人要完成物权变动,必须要依法履行交付的义务。否则,即使合同有效,动产物权也不能设立或发生变动。在动产物权中,当事人不能通过合同随意免除交付的义务,也不能擅自约定交付的方式和效力,只有"法律另有规定的除外"。而"法律另有规定"主要包括以下几种情形:一是民法典物权编第二章第二节"动产交付"中对动产物权的设立和转让的一些特殊情况;二是民法典物权编第二章第三节对主要是非依民事法律行为而发生的物权变动问题所作的规定;三是民法典物权编第四分编"担保物权"对动产抵押权和留置权的相关规定。除交付以外,占有也是动产物权的公示方法,是享有动产物权的公示方法,是动产物权存在的外衣。一般来说,占有公示的动产物权究竟属于何种类型,宜视占有人的意思而定,以所有的意思占有动产的,其公示的物权为所有权;以行使质权的意思而占有标的物的,其公示的物权为质权;以扣留返还债务人的动产以保障债权实现的意思而占有的,其公示的物权为留置权。

2.026 现实交付 realistic delivery

指动产物权的出让人将对动产的事实管领力实际移转给受让人,由受让人直接占有该动产。完成现实交付必须具备两个要件:一是标的物的实际控制发生移转,即从交付的一方移转给另一方,由另一方实际控制。对动产的事实支配力是否移转,一般应依交易观念而定。例如,将自己的自行车赠与某人而交付了自行车的钥匙,即可认为已经实施了现实交付。二是必须由受让人接受占有。直接交付行为并不一定完全由出让人亲自进行,出让人也可以假借他人之手而为现实交付。其情形主要有三:一是经由占有辅助人而为交付。例如,甲售一车给乙,由甲的司机将该车交付给乙的司机。二是通过占有媒介关系而为交付。例如,甲将一匹马寄存于乙处,出售给丙,约定由甲将该马交给驯马人丁,代为训练。乙依甲的指示将该马交付给丁时,在丁与丙之间成立占有媒介关系,丁为直接占有人,丙为间接占有人。三是经由所谓"被指令人"而为交付。例如,甲售 a 画给乙,乙转售给丙,乙请甲径直将该画交付于丙,甲同意并照办。

2.027 观念交付 ideological delivery

指在特殊情况下,法律允许当事人通过特别约定,采用一种变通的交付办法来代替实际交付。在民法典物权编中,观念交付方式之所以特殊,是因为基于法律的特别规定,即使不实际移转占有,也可以完成交付行为。法律之所以允许观念交付在一定情况下代替现实交付,是出于充分尊重当事人的意志,减少因实际交付所产生的交易费用,使交易更为便捷。依照民法典物权编的规定,观念交付包括三种方式:简易交付、指示交付、占有改定。

2.028 简易交付 simple delivery

规定的是动产物权设立或转让的一种特殊情形,即在让与人与受让人就移转动产所有权或设立动产质权达成合意之前,受让人已经事先占有该动产的情形。此时,受让人对物的事实支配和排他性权利已经提前实现,双方没有必要再行往复移转占有。在当事人之间关于物权变动的协议生效时,即视为已经完成现实交付。因此,在动产物权设立和转让前,如果权利人已经占有了该动产,就无须再进行实际交付,从民事法律行为发生效力时起直接发生物权变动的效力。简易交付必须满足下列两个要件:一是受让人须于动产物权设立和转让前先占有该动产。这里的"占有"存在多种形态。受让人可以是物的直接占有人,亦可以是物的间接占有人。二是双方达成生效协议,并有移转占有的合意。交易交付方式既符合公示原则,也符合效率原则,故民法典物权编对其进行了规定。

2.029　指示交付　indicative delivery

指当事人在动产物权设立和转让时,如果该动产已经由第三人占有,负有交付义务的人可以将其对第三人的返还请求权转让给新的权利人,以代替物的实际交付。指示交付必须具备下列要件:一是动产物权设立和转让前,第三人占有该动产。由于动产物权的让与人无法直接支配和控制其转让的动产,现实交付难以进行,因此本条规定的指示交付才有适用的余地。所谓"第三人",是指能够对动产进行直接支配和控制的一方。通常情况下,基于合同关系而产生的能够对动产进行直接支配和控制的一类人。二是转让人应对第三人享有返还请求权。在指示交付中,转让人转让的返还请求权应当是对特定的第三人的返还请求权。关于转让人所让与的返还请求权的性质,因在指示交付中,当事人双方须有所有权移转的合意,故指示交付中的"合意"具有物权合意与债权合意的双重性质,由此决定了转让人所让与的返还请求权兼有物权请求权和债权请求权的双重性质。三是双方当事人达成了转让原物请求权的协议。如果双方当事人没有达成转让原物返还请求权的协议,就无法发生指示交付的效力。

2.030　占有改定　alteration of possession

指让与人于让与动产物权后,仍继续占有该物,依照当事人之间订立的契约,使受让人因此而取得间接占有,以代交付。实际生活中较为常见的现象是,让与人在出卖动产后,基于生产、生活的需要仍需继续占有动产;或者受让人虽然取得了动产的所有权,但需要从物上获取经济利益,如收取租金。此时,若严格贯彻实际交付原则,并不符合当事人需要,甚至妨碍交易便利。由此,便有占有改定适用的余地。当事人之间无须移转直接占有,通过订立借用、租赁等合同,亦可使物权变动发生效力。根据法律规定,占有改定需满足下列要件:一是当事人之间关于所有权移转的合意须合法有效。通常情况下,受让人基于买卖或者让与担保取得动产所有权。二是具有使受让人取得间接占有的法律关系。占有改定中当事人约定的法律关系,借此使得出让人保持直接占有,受让人取得间接占有,在学理上被称为占有媒介关系。三是让与人取得对标的物的占有。这里的"占有"既可以是直接占有,也可以是间接占有。

2.031　物权确认请求权　claim of real right confirmation

指利害关系人就物权的归属、内容发生争议时,享有的请求有关机关或者法院对物权归属、权利内容予以确认的权利。物权确认请求权发挥着确认产权、定分止争的作用,是物权保护的一项重要内容。从性质上看,物权确认请求权不属于物权请求权的范畴,而是与其并列的一种物权保护方法。物权确认请求权,包括以下两个方面的内容:一是"对物权归属的确认"。所谓物权归属的确认,就是确认物权的权利主体,即确认对特定的物权享有直接支配和排他权利的权利人。二是"对物权内容的确认"。所谓物权内容的确认，是指当事人在对物权的内容发生争议时，有权请求有关机关或者法院对物权的内容加以确认。根据法律规定，物权确认请求权的权利主体仅限于"利害关系人"。所谓"利害关系人"，包括真正权利人、对物主张权利的人，以及与他们具有债权债务关系的人。之所以将物权确认请求权的主体限定为利害关系人，其原因在于：如果任何人都可以主张确认权利，那么会增加法院的诉讼负担，也将不利于财产秩序的稳定。

2.032　返还原物请求权　claim for return of property

指权利人对无权占有或侵夺其物的人，有权请求其返还占有物。该项请求权是由所有权所派生的请求权，并且是所有权效力的直接体现，只要他人无权占有或侵夺权利人的财产，权利人都可以通过行使该项请求权而恢复其物权的圆满状态。返还原物请求权的适用条件为：一是返还原物请求权的主体即请求权人应为失去对物的占有的物权人。既包括所有权人，也包括他物权人。二是须有他人无权占有或侵夺物权人的物的事实。所谓无权占有，通常是指缺乏占有的本源，换言之，是指相对人无法律和合同的依据而占有所有人的财产。所谓侵夺，是指违背物权人的意思而强行取得并占有物权人的物。三是须有无权占有物的相对人。返还原物请求权的相对人应为现实即在权利人提出请求时占有其物的人，即现在占有人，包括直接占有人和间接占有人。四是须以原物的存在为前提。因为返还原物请求权的目的就是为了保护物权的圆满状态，如果原物已经灭失，实际上物权因其客体的灭失而消灭，此时物权人只能要求无权占有人承担违约赔偿责任或侵权赔偿责任。如果原物仍然存在，但是遭受了损毁，则物权人可以请求无权占有人返还，并承担修理、恢复原状的责任，如果物权人遭受了损失，还可以要求无权占有人承担侵权赔偿责任。五是请求权人须就对标的物享有物权的事实负举证责任。亦即，应由权利人就其所享有的合法物权进行举证。如果权利人对这一点不能举证证明，则不论相对人就占有和抢夺事实有无抗辩，请求人均应受败诉的判决。

2.033　排除妨害请求权　claim for removing the impediment

指当物权的享有和行使受到占有以外的方式妨害时，物权人对妨害人享有请求其排除妨害，使自己的权利恢复圆满状态的权利。该项请求权的行使必须符合以下构成要件：一是请求权的主体为该标的物的物权人。不仅包括所有权人，还包括他物权人。二是须有妨害行为的发生。所谓"妨害"，是指以占有以外的方法，影响物权人正常行使其物权。从形态上看，妨害一般包括以下几种情况：其一，行为人非法利用他人财产致使物权人不能对其财产行使物权。其二，非法为所有权设定负担，如擅自在他人不动产上设定抵押权。其三，其他妨害行为。三是妨碍须为不法或超出了正常的容忍限度。亦即，行为人实施的"妨害"没有法律上的依据。换言之，如果行为人实施某种行为具有法律上或合同上的依据(如承租人正当使用房屋、某人紧急避险而给所有人造成妨害),则尽管对物权人构成妨害,物权人也不得请求行为人排除妨害。所谓"超出了正常的容忍限度",是指物权人应当容忍他人轻微的、正当的妨害。在他人实施了轻微的妨害的情况下,物权人不得请求予以排除。至于轻微妨害的判断,一方面要看妨害是否超出了一个合理的人能够容忍的范围;另一方面需要考虑所有人容忍此种妨害是否将使其所有权不能得到正常行使。

2.034　消除危险请求权　claim for eliminating the danger

又称"妨害防止请求权""妨害预防请求权"。指物权虽未受到现实妨害,但在面对将要发生的侵害或者有受到妨害的危险时,物权人有请求相对人为一定行为或者不为一定行为,以消除既存危险并避免侵害发生的权利。该项请求权的行使必须符合以下构成要件:一是请求权的主体为该标的物的物权人。不仅包括所有权人,还包括他物权人。二是须有"危险"行为的存在。所谓"危险",是指他人的行为或者设施可能造成自己占有物的损害。危险的判断标准为:其一,危险必须是可以合理预见的,而不是主观臆测的。例如,房屋倒塌必须是按照一般的社会观念或者工程建设领域普通技术人员的认识,其确有可能倒塌。其二,危险必须是确实存在且有对他人财产造成损害的可能。如邻人的大树有可能倾倒,砸坏自己的房屋。三是危险行为具有不法性。

2.035　物权恢复原状请求权　claim for restitution

指使用修理、重作、更换之外的其他手段恢复物原来的完好状态的行为。物权恢复原状请求权通常是在权利人的动产或者不动产造成损毁的情况下被采用的。一般来说,财产被损毁之后,在经济上可以利用,并且权利人可以继续利用,行为人应当采取措施以恢复财产的原状。但如果财产已经造成了灭失或者无法恢复原状,或者恢复原状费用过高,而权利人又不愿意修补,则权利人只能够采取损害赔偿的方式,而不能采取恢复原状的方法。在民法典编纂过程中,不少意见提出,返还原物请求权、排除妨害请求权、消除危险请求权属于物权请求权,而物权恢复原状请求权,在性质上不属于物权法律制度上的物权请求权,权利人必须"依法"行使。这里的"依法",是指依照民法典侵权责任编以及其他相关法律规范的规定。这就意味着权利人行使这种权利,需要符合这些相关法律关于请求权具体要件等方面的规定。

2.036　物权损害赔偿请求权　claim for damages of real right

指物权受到侵害,给权利人造成损害的,物权人依法享有请求侵权人进行损害赔偿的权利。在民法典编纂过程中,不少人提出,返还原物请求权、排除妨害请求权、消除危险请求权属于物权请求权,而物权损害赔偿请求权,在性质上不属于物权法律制度上的物权请求权,而应属于债权请求权。民法典物权编考虑到物权保护的全面性,在对物权法的相关条款进行适当修改完善的基础上继续保留了这一请求权规定。该种损害赔偿请求权的行使要件主要包括三点：一是须有侵害物权行为的发生。亦即，加害人已经实施了侵害物权的行为。二是须有损害事实的存在。亦即，物权遭受的损害已经发生，物权人的财产损失客观存在。三是加害人须有过错。亦即，遭受损害的物权人要主张权利就必须举证证明加害人具有过错。如不能证明加害人具有过错，则加害人不负损害赔偿责任。

2.037　所有权　ownership

指所有权人对自己的不动产或者动产依法享有占有、使用、收益、处分的权利。所有权是物权的一种最典型的法律形态，具有物权的一般特征。所有权具有以下法律特征：一是完全性。所有权人对自己的不动产或者动产，在法律允许的范围内全面地享有占有、使用、收益、处分的权利。所有权是完全物权，是他物权的基础和源泉。二是单一性。所有权人对自己的不动产或者动产的支配，不是占有、使用、收益、处分权能的简单相加，而是具有统一的、整体的支配力。所有权本身不能在时间上或者内容上进行分割。三是恒久性。所有权的存在没有期限限制。任何对所有权存续期限的约定，都是无效的。四是弹力性。由于他物权的设立，所有权的占有、使用、收益、处分权能与作为整体的所有权相分离。但这种分离是暂时的，当他物权消灭时，所有权便恢复至它的圆满状态。所有权具有以下四项权能：一是占有。占有是指对不动产或动产的实际掌握、控制。占有是对不动产或动产进行使用的前提。二是使用。使用是指对不动产或动产进行利用，以实现不动产或动产的使用价值。三是收益。收益是指收取由标的物产生出来的经济价值。四是处分。处分是指依法对不动产或动产进行处置。处分有法律上的处分与事实上的处分两种形式。法律上的处分是依照所有权人的意愿，对不动产或动产进行的处置。事实上的处分是对不动产或动产的物质形态进行变更或消灭。

2.038　所有权人设定他物权　establishment of other property rights by owner

指所有权人在自己的不动产或者动产上设立用益物权和担保物权，是所有权人行使其所有权的具体体现。所有权人的各项所有权权能可以与所有权相分离，因而可以为他人设定用益物权和担保物权。由于用益物权和担保物权都是对他人的物享有的权利，因此都称为"他物权"，与此相对应，所有权称为"自物权"。现代各个国家和地区的民法贯彻效益原则，已逐渐放弃了传统民法注重对物的实物支配、注重财产归属的做法，转而注重财产价值形态的支配和利用，故他物权的设定较为普遍。但所有权是他物权的本源和基础，用益物权与担保物权的设定，源于所有权人对其所有权的行使。用益物权人和担保物权人行使权利，必须依据法律规定或者合同约定进行，不得损害所有权人的权益。

2.039　征收　expropriation

指国家依照法律规定的权限和程序强制地将集体、组织或者个人所有的财产征归国有,并消灭既有物权的制度。在物权法律制度上,征收是物权变动的一种极为特殊的情形。征收属于政府行使行政权,不属于民事关系而属于行政关系。但由于征收是所有权丧失的一种方式,也是对所有权的限制,而同时又是国家取得所有权的一种方式,故民法典物权编对这一制度进行了规定。征收导致所有权的丧失,当然会对所有权人造成损害,故法律对征收规定了严格的限制条件:一是必须是基于公共利益的需要;二是必须符合法律规定的权限和程序;三是必须依法作出补偿。

2.040 公共利益目的 purpose of public interest

指征收必须是基于公共利益的需要。而所谓公共利益,是指有关国防、教育、科技、文化、卫生等关系国计民生的利益。为了防止政府行政权侵害集体、组织、个人的财产权,法律要求政府行使征收权必须符合公共利益的需要。因此,公共利益目的,也是行使征收权的正当性和合法性的前提。但物权法和民法典物权编并没有明确界定公共利益的范围,其原因在于:公共利益本身是一个开放的概念,在不同领域内,在不同情形下,公共利益是不同的,且随着社会的发展而不断发展,情况相当复杂。《物权法》和《民法典·物权编》难以对公共利益作出统一的具体界定,还是分别由土地管理法等单行法律规定较为切合实际。而《土地管理法》对公共利益也进行了规定,具体是指:一是军事和外交需要用地的;二是由政府组织实施的能源、交通、水利、通信、邮政等基础设施建设需要用地的;三是由政府组织实施的科技、教育、文化、卫生、体育、生态环境和资源保护、防灾减灾、文物保护、社区综合服务、社会福利、市政公用、优抚安置、英烈保护等公共事业需要用地的;四是由政府组织实施的扶贫搬迁、保障性安居工程建设需要用地的;五是在土地利用总体规划确定的城镇建设用地范围内,经省级以上人民政府批准由县级以上地方人民政府组织实施的成片开发建设需要用地的;六是法律规定为公共利益需要可以征收农民集体所有的土地的其他情形。

2.041 征收程序 procedures for expropriation

指国家进行征收时必须依照的法律规定的权限和程序。民法典物权编强调征收必须依照法定的权限和程序,其原因在于:一是出于充分保护民事主体财产权的需要;二是有利于政府机关依法行政。《土地管理法》第46条对征收集体所有的土地的权限和程序作了明确规定。征收下列土地的,由国务院批准:其一,永久基本农田;其二,永久基本农田以外的耕地超过三十五公顷的;其三,其他土地超过七十公顷的。征收上述规定以外的土地的,由省、自治区、直辖市人民政府批准。征收农用地的,应当依照规定先行办理农用地转用审批。其中,经国务院批准农用地转用的,同时办理征地审批手续,不再另行办理征地审批;经省、自治区、直辖市人民政府在征地批准权限内批准农用地转用的,同时办理征地审批手续,不再另行办理征地审批,超过征地批准权限的,应当依照规定另行办理征地审批。《国有土地上房屋征收与补偿条例》第二章对征收国有土地上的房屋的权限与程序也加以了规定。具体如下：其一，确需征收房屋的各项建设活动，应当符合国民经济和社会发展规划、土地利用总体规划、城乡规划和专项规划。保障性安居工程建设、旧城区改建，应当纳入市、县级国民经济和社会发展年度计划。其二，房屋征收部门拟定征收补偿方案，报市、县级人民政府。市、县级人民政府应当组织有关部门对征收补偿方案进行论证并予以公布，征求公众意见。征求意见期限不得少于 30 日。其三，市、县级人民政府作出房屋征收决定前，应当按照有关规定进行社会稳定风险评估；房屋征收决定涉及被征收人数量较多的，应当经政府常务会议讨论决定。作出房屋征收决定前，征收补偿费用应当足额到位、专户存储、专款专用。

2.042 征收补偿 compensation for expropriation

指国家进行征收时依照法律规定支付给被征收人的相应价款等。由于在现实生活中，存在征收土地的补偿标准过低、补偿不到位的问题，故民法典物权编就补偿原则和补偿内容作了明确规定。考虑到各地的发展不平衡，具体的补偿标准和补偿办法，由土地管理法等有关法律依照《民法典》规定的补偿原则和补偿内容，根据不同情况作出规定：一是征收集体所有的土地，依法及时足额支付土地补偿费、安置补助费以及农村村民住宅、其他地上附着物和青苗等的补偿费用，并安排被征地农民的社会保障费用，保障被征地农民的生活，维护被征地农民的合法权益。根据《土地管理法》第 48 条的规定，征收农用地的土地补偿费、安置补助费标准由省、自治区、直辖市通过制定公布区片综合地价确定。制定区片综合地价应当综合考虑土地原用途、土地资源条件、土地产值、土地区位、土地供求关系、人口以及经济社会发展水平等因素，并至少每三年调整或者重新公布一次。征收农用地以外的其他土地、地上附着物和青苗等的补偿标准，由省、自治区、直辖市制定。县级以上地方人民政府应当将被征地农民纳入相应的养老等社会保障体系。被征地农民的社会保障费用主要用于符合条件的被征地农民的养老保险等社会保险缴费补贴。被征地农民社会保障费用的筹集、管理和使用办法，由省、自治区、直辖市制定。二是征收组织、个人的房屋及其他不动产，应当依法给予征收补偿；征收个人住宅的，还应当保障被征收人的居住条件。《土地管理法》第 48 条规定，征收农村村民住宅，应当按照先补偿后搬迁、居住条件有改善的原则，尊重农村村民意愿，采取重新安排宅基地建房、提供安置房或者货币补偿等方式给予公平、合理的补偿，并对因征收造成的搬迁、临时安置等费用予以补偿，保障农村村民居住的权利和合法的住房财产权益。《国有土地上房屋征收与补偿条例》对征收国有土地上房屋的补偿范围作了具体规定：其一，被征收房屋价值的补偿；其二，因征收房屋造成的搬迁、临时安置的补偿；其三，因征收房屋造成的停产停业损失的补偿。

2.043　征用　requisition

指国家因抢险救灾、疫情防控等紧急需要而强制使用组织、个人的不动产或者动产的行为。征用与征收具有以下共性:一是行政命令;二是动用国家权力;三是相对人都必须服从;四是被征用财产的物权人永久地或暂时地失去占有、使用该财产的权能;五是补偿非讨价还价形成。征收与征用具有以下区别:其一是否移转所有权不同;其二是否为了抢险救灾、疫情防控等紧急需要不同;其三适用对象不同;其四补偿标准不同。征用在国家出现紧急情况时采用,因此其他国家和地区通常在紧急状态法中规定,但也有国家在民法中作了规定。考虑到征用和征收一样也是对所有权的限制,民法典物权编对征用作了规定。由于征用是对所有权的限制,并极有可能给所有权人造成不利的影响,故征用的采用亦有严格的条件限制:一是征用的前提条件是发生紧急情况;二是征用应符合法律规定的条件和程序;三是征用财产被使用后应及时返还给被征用人并给予补偿。

2.044　耕地保护　cultivated land protection

耕地作为人类赖以生存和利用的基础性资源,是社会永续发展的命脉。我国人多地少,耕地资源有限。国家历来重视耕地保护,实行最严格的耕地保护制度,严格控制农用地转为建设用地,这是保障我国长远发展、经济平稳、社会安定的必然要求。根据《民法典·物权编》以及《土地管理法》等法律法规的规定,对耕地特殊保护的制度如下:一是国家保护耕地,严格控制耕地转为非耕地。国家实行占用耕地补偿制度。非农业建设经批准占用耕地的,按照"占多少,垦多少"的原则,由占用耕地的单位负责开垦与所占用耕地的数量和质量相当的耕地;没有条件开垦或者开垦的耕地不符合要求的,应当按照省、自治区、直辖市的规定缴纳耕地开垦费,专款用于开垦新的耕地。省、自治区、直辖市人民政府应当制订开垦耕地计划,监督占用耕地的单位按照计划开垦耕地或者按照计划组织开垦耕地,并进行验收。二是县级以上地方人民政府可以要求占用耕地的单位将所占用耕地耕作层的土壤用于新开垦耕地、劣质地或者其他耕地的土壤改良。三是国家实行永久基本农田保护制度。下列耕地应当根据土地利用总体规划划为永久基本农田,实行严格保护:其一,经国务院农业农村主管部门或者县级以上地方人民政府批准确定的粮、棉、油、糖等重要农产品生产基地内的耕地;其二,有良好的水利与水土保持设施的耕地,正在实施改造计划以及可以改造的中、低产田和已建成的高标准农田;其三,蔬菜生产基地;其四,农业科研、教学试验田;其五,国务院规定应当划为永久基本农田的其他耕地。各省、自治区、直辖市划定的永久基本农田一般应当占本行政区域内耕地的百分之八十以上,具体比例由国务院根据各省、自治区、直辖市耕地实际情况规定。四是非农业建设必须节约使用土地,可以利用荒地的,不得占用耕地;可以利用劣地的,不得占用好地。禁止占用耕地建窑、建坟或者擅自在耕地上建房、挖砂、采石、采矿、取土等。禁止占用永久基本农田发展林果业和挖塘养鱼。五是禁止任何单位和个人闲置、荒芜耕地。已经办理审批手续的非农业建设占用耕地,一年内不用而又可以耕种并收获的,应当由原耕种该幅耕地的集体或者个人恢复耕种,也可以由用地单位组织耕种;一年以上未动工建设的,应当按照省、自治区、直辖市的规定缴纳闲置费;连续二年未使用的,经原批准机关批准,由县级以上人民政府无偿收回用地单位的土地使用权;该幅土地原为农民集体所有的,应当交由原农村集体经济组织恢复耕种。此外,征收集体所有的土地,必须符合法律规定的权限和程序。

2.045　国家所有权　state ownership

指国家对国有财产的占有、使用、收益和处分的权利,是社会主义全民所有制在法律上的表现。国家所有权包括国家土地所有权、海域所有权、矿产资源所有权、水资源所有权,建筑物、构筑物及其附属设施的所有权等,还有各种动产所有权。国家所有权具有以下特点:一是主体的特殊性。国家所有权的主体为国家,而非其他任何人。国家虽然同时是主权的享有者、政权的承担者和财产的所有人,但在以所有权人的身份为民事活动时,主权享有者、政权承担者的身份隐而不露。国有财产由国务院代表国家行使所有权。二是客体范围的广泛性。我国国家所有权客体范围相当广泛:矿藏、水流、海域、无居民海岛、城市的土地、无线电频谱资源、国防资产属于国家所有。法律规定属于国家所有的农村和城市郊区的土地、森林、山岭、草原、荒地、滩涂、野生动植物资源、文物以及铁路、公路、电力设施、电信设施和油气管道等基础设施,属于国家所有。三是取得方式的多样性。国家可以凭借其公权力通过征收、国有化、没收等方式强制性地将普通民事主体的财产收归国有;依其行政权强制性地征收税金而取得所有权。四是行使方式的多层性。国家作为非常抽象的实体,大多无法直接占有、使用其财产,得交由国家机关、国家举办的事业单位代行所有权;至于国家出资的企业,由国务院、地方人民政府依照法律、行政法规的规定分别代表国家履行出资人的职责,享有出资人的权益。

2.046　集体所有权　collective ownership

指集体组织及其全体成员对集体财产享有的占有、使用、收益和处分的权利。集体所有权是集体所有制在法律上的表现。集体所有权具有以下特点:一是所有权人的复合结构。集体所有权的主体,首先包括一些集体组织,即农村劳动群众集体和城镇劳动群众集体;集体所有权的主体还包括集体组织的全体成员。二是客体的范围受到限制。相对于国家所有权的客体的广泛性,集体所有权的客体在范围上明显地受到了限制,如不得享有河流、矿藏的所有权。三是所有权运行的民主性。集体所有权的运行,必须充分反映集体组织成员的共同意志,实现集体组织成员的权益。集体组织成员的权益主要是通过成员权来体现的。四是特殊的保护手段。对于集体所有权的法律保护,除了物权请求权、侵权损害赔偿请求权、不当得利返还请求权等方式外,还有集体成员的撤销权。

2.047 私人所有权 private ownership

指私人对其所有的财产依法享有的占有、使用、收益和处分的权利。私人所有权是私人所有制在法律上的反映。依法保护私人所有权,既是宪法的规定和党的主张,也是人民群众普遍愿望和迫切要求。《民法典·物权编》根据宪法精神,根据民法通则和物权法的相关规定,对私人所有权进行了立法确认。私人所有权具有以下特点:一是所有权的主体为"私人"。这里的"私人"是与国家、集体相对应的物权主体。不仅包括我国公民,也包括在我国取得合法财产的外国人和无国籍人;不仅包括自然人,也包括独资企业、合伙企业等。二是所有权的客体范围较为广泛。私人所有的财产包括不动产和动产。具体表现为:其一,收入。收入是指自然人在法律允许的范围内,用自己的劳动或其他方法所取得的收入。包括劳动收入、利息、租金、接受赠与的财产等。其二,房屋。房屋是指私人拥有的住宅、店铺、厂房等。房屋是私人重要的不动产。其三,生活用品。生活用品是指私人用于日常生活需要的物品。其四,生产工具、原材料。生产工具、原材料是指私人从事生产经营活动使用的各种工具、基础材料。三是所有权受平等保护。私人的合法财产受法律保护,禁止任何组织或者个人侵占、哄抢、破坏。

2.048 法人财产权 property right of legal person

指法人对其所有的财产依法享有的占有、使用、收益、处分的权利。依照《民法典·物权编》的规定,分为以下两种类型:一是营利法人的财产权。营利法人的财产权,是指营利法人对其不动产和动产依照法律、行政法规以及章程享有占有、使用、收益和处分的权利。营利法人是以取得利润并分配给股东等出资人为目的成立的法人。尽管营利法人成立时的财产是由出资人出资或认购的,但营利法人一旦成立,就具有了独立的人格,拥有了独立的财产,这是营利法人独立享有权利、履行义务的物质基础。营利法人的财产主要由两类财产构成:一类是营利法人成立时的财产;另一类是营利法人成立后取得的财产。营利法人对其拥有的财产享有占有、使用、收益和处分的权利,这也是营利法人对外独立承担民事责任、股东等出资人对营利法人的债务仅负有限责任的逻辑前提。二是营利法人以外的法人财产权。营利法人以外的法人财产权,是指营利法人以外的法人,对其不动产和动产的权利,适用有关法律、行政法规以及章程的规定。营利法人以外的法人,包括非营利法人(事业单位、社会团体、基金会、社会服务机构等)、特别法人(机关法人、农村集体经济组织法人、城镇农村的合作经济组织法人、基层群众性自治组织法人)。非营利法人和特别法人对其财产享有的使用、收益等权利,应适用有关法律、行政法规以及章程的规定。例如,《事业单位登记管理暂行条例》第15条规定:"事业单位开展活动,按照国家有关规定取得的合法收入,必须用于符合其宗旨和业务范围的活动。事业单位接受捐赠、资助,必须符合事业单位的宗旨和业务范围,必须根据与捐赠人、资助人约定的期限、方式和合法用途使用。"

2.049　业主　proprietor

指建筑物区分所有权人。根据《民法典·物权编》的相关规定,业主主要包括以下两类:第一,依法取得建筑物专有部分所有权的人。相关司法解释规定,通过登记或者依法取得建筑物专有部分所有权的人,可以取得业主身份。此种情形下的业主身份的取得主要有两种途径:一是基于民事法律行为的物权变动并依法登记;二是基于非民事法律行为的物权变动,不动产所有权的变动并不需要登记。第二,基于买卖已合法占有建筑物专有部分的人。在特殊情况下,为保护业主利益,相关司法解释规定,基于与建设单位之间的商品房买卖民事法律行为,已经合法占有建筑物专有部分,但尚未依法办理所有权登记的人,可以认定为建筑物区分所有权的业主。

2.050　建筑物区分所有权　the divisional ownership of buildings

指业主对建筑物内的住宅、经营性用房等专有部分享有所有权,对共有部分享有共有权和共同管理权的复合所有权。业主的建筑物区分所有权具有以下特征:一是复合性。业主的建筑物区分所有权由专有部分的所有权、对共有部分享有的共有权和共同管理的权利构成。二是专有部分所有权的主导性。没有专有部分的所有权,就无法产生业主对共有部分的共有权以及共同管理的权利。业主对专有部分所有权的权利范围决定了其对共有部分的共有权以及共同管理权利的范围。在业主进行权利登记时,只需要对专有部分所有权进行登记,而共有部分的共有权和共同管理的权利无须单独登记。三是整体性和不可分割性。构成业主建筑物区分所有权的三项内容是一个权利集合体,三种权利是紧密结合的整体,不可分割。业主不能对建筑物区分所有权进行分割转让、抵押或继承。四是业主身份的多样性。建筑物区分所有权的业主具有多重权利人的身份。就其为专有部分的所有权主体而言,业主为专有所有权人。就其对共有部分享有所有权而言,业主为共有权人。就其对区分所有的建筑物行使管理权而言,业主为管理权人或成员权人。

2.051　专有部分　the exclusive part

又称"专有权的客体"。指具有构造上以及使用上的独立性,并能够成为分别所有权客体的部分。专有部分主要包括建筑内的住宅、经营性用房等。构成建筑物的专有部分,应当具备三个要件:一是构造上的独立性,又称"物理上的独立性"。这意味着一个专有部分与另一个专有部分在建筑物构造上能够客观地区分其范围。二是使用上的独立性,又称"机能上的独立性"。三是能够登记成为特定业主所有权的客体。各个区分部分应当与一般独立的建筑物相同,具有能够满足一般生活目的的独立机能。专有部分的范围,即专有部分相互间或与共用部分相互间的分隔部分究竟至何处界限为止,大陆法系各国建筑物区分所有权理论上存在四种学说:中心说、空间说、最后粉刷表层说及壁心和最后粉刷表层说。壁心和最后粉刷表层说能据以澄清区分所有权人相互间以及区分所有权人与第三人间的权益,符合社会的现实情形与未来的发展需要,可资赞同。专有部分的面积,可以按照下列方法认定:一是专有部分面积,按照不动产登记簿记载的面积计算;尚未进行物权登记的,暂按测绘机构的实测面积计算;尚未进行实测的,暂按房屋买卖合同记载的面积计算;二是建筑物总面积,按照前项的统计总和计算。

2.052 共有部分 co-ownership part

又称"共有权的客体"。指建筑物内住房或经营性用房以外的业主共用部分。共有部分包括以下四种情形:一是法律、行政法规规定的共有部分;二是建筑物的基础、承重结构、外墙、屋顶等基本结构部分,通道、楼梯、大堂等公共通行部分,消防、公共照明等附属设施、设备,避难层、设备层或者设备间等结构部分;三是其他不属于业主专有部分,也不属于市政公用部分或其他权利人所有的场所及设施等;四是建筑区划内的土地,依法由业主共同享有建设用地使用权,除非属于业主专有的整栋建筑物的规划占地或城镇公共道路、绿地占地。共有部分具有以下特点:一是从属性。共有部分在法律上为附随于专有部分而存在的附属物或从物,具有一定的从属性。二是不可分性。首先是指为专有部分所必需的共有部分与专有部分不可分割;其次是指共有部分本身只能与专有部分一起抵押、转让,不得将共有部分的某些成分单独抵押、转让等。三是共有部分的客体较为广泛。

2.053 车位、车库的权属 ownership of parking spaces and garages

指住宅小区内用于可停放机动车的车位、车位的权利归属。车位,是指住宅小区内在地上或地下设置的以停放机动车辆为目的的开放式的场所;车库,是指在住宅小区内设置的以停放机动车辆为目的的具有封闭空间的场所。对于车位、车库的权属,《民法典·物权编》作了以下规定:一是建筑区划内,规划用于停放汽车的车位、车库的归属,由当事人通过出售、附赠或者出租等方式约定。这一规定的理由在于:其一遵循私法自治原则的体现。只有当事人才是自身利益的最佳判断者,法律不能越俎代庖地替当事人进行选择。对车位、车库的归属应当根据约定确定,正是体现了私法自治的要求。其二符合市场经济的内在要求。通过约定解决归属,实质上是通过市场机制解决纠纷。在市场经济条件下,将此问题交给市场来解决,通过交易,在车位、车库的归属上实现各方利益的最大化。其三有利于鼓励开发商修建车位、车库。二是占有业主共有的道路或者其他场地用于停放汽车的车位,属于业主共有。其规定的理由主要在于公共利益之考量。

2.054 业主大会 general meeting of proprietors

由全体业主组成,是管理建筑区划内建筑物及其附属设施的共有部分和共同事务的自治组织,代表和维护物业管理区域内全体业主在物业管理活动中的合法权益。业主大会具有以下特点:一是业主大会是个自治组织。业主大会是全体业主作为成员的所有权人联合体,不是国家机关,也不是事业单位,更不是营利性的机构,所以不得被居民委员会所替代,也不等同于企业法人。二是业主大会是个独立的社会组织。业主大会有自己的章程,有自己的执行机关,可以按照章程和议事规则形成自己的决定,可以自己的名义开立账户,以自己的名义享有权利和承担义务。三是业主大会是管理全体业主的共有财产和共同事务的自治组织。业主大会的职能较为专一,只是管理全体业主的共有财产和共同事务,不得作出与物业管理无关的决定,不得从事与物业管理无关的活动。业主大会的形成,其要求为:其一,物业管理区域内全体业主组成业主大会。一个物业管理区域成立一个业主大会。物业管理区域的划分应当考虑物业的共用设施设备、建筑物规模、社区建设等因素。其二,同一个物业管理区域内的业主,应当在物业所在地的区、县人民政府房地产行政主管部门或者街道办事处、乡镇人民政府的指导下成立业主大会,并选举产生业主委员会。但是,只有一个业主的,或者业主人数较少且经全体业主一致同意,决定不成立业主大会的,由业主共同履行业主大会、业主委员会职责。业主大会的职权主要表现为,业主大会依据法律、法规和管理规约的规定所享有的管理业主共同事务和共有财产的各种权利。业主大会的决定对业主具有法律约束力。

2.055　业主委员会　the proprietors' committee

业主大会的事务执行机构,受业主大会的委托来管理全体业主的共有财产和共同事务。业主委员会具有以下特点:一是业主委员会是业主大会的执行机构。业主委员会本身不能独立于业主大会而存在,其是业主大会的常设机构。在业主大会闭会期间,业主委员会要依据业主大会的授权而具体执行业主大会的各项决定。二是业主委员会是由业主依据法定程序所组成的。业主委员会成立的具体条件和程序,必须依照法律、法规的规定。三是业主委员会的主要职责是维护全体业主的权益。业主委员会作为共同行使共有财产共有权和共同事务管理权的自治组织,主要职责是基于法律法规和业主的委托,维护全体业主的共同利益。业主委员会的基本宗旨在于维护业主基本权利,管理好业主的共同财产和共同事务。其具体职权,应当由法律、行政法规、管理规约和业主大会来决定。业主委员会的决定对业主具有法律约束力。

2.056　业主共同决定事项　matters to be decided jointly by the proprietors

指住宅小区内业主行使管理权,须经业主大会讨论决定的重要事项。根据《民法典·物权编》的规定,主要有:其一,制定和修改业主大会议事规则。业主大会议事规则是业主大会组织、运作的规程,是对业主大会的宗旨、组织体制、议事方式、表决程序、业主委员会的组成、成员任期及权利义务等内容进行记载的业主自律性文件。业主大会通过业主大会议事规则建立大会的正常秩序,保证大会内业主集体意志和行为的统一。其二,制定和修改管理规约。区分所有建筑物的管理规约,是业主为谋共同利益,确保良好的生活环境,由全体业主通过业主大会而就物业的管理、使用、维护与所有关系等制定的规则。它如同公司的章程、国家的宪法,具有业主团体根本自治法规的性质,系业主团体的最高自治规则和业主基于意思自治精神而对小区物业管理所作出的自律约定。其三,选举业主委员会或者更换业主委员会成员。业主委员会由业主大会选举产生,是执行业主大会决定事项的机构。依据相关规定,有下列情况之一的,业主委员会委员资格自行终止:由于物业转让、灭失等原因不再是业主的;丧失民事行为能力的;依法被限制人身自由的;法律、法规以及管理规约规定的其他情形。其四,选聘和解聘物业服务企业或者其他管理人。物业服务企业或其他管理人是全体业主的受托人,按照物业服务合同的约定,对房屋及配套的设施设备和相关场地进行维修、养护、管理,维护物业管理区域内的环境卫生和相关秩序的活动。物业服务企业或其他管理人应当勤勉谨慎地管理共有部分和共同事务,力求结果有利于全体业主。若管理违法、违反管理规约及业主大会或业主委员会的决定、违反物业服务合同的约定,不符合共有部分和共同事务的本质要求,全体业主有权通过法定程序解聘物业服务企业或其他管理人。其五,使用建筑物及其附属设施的维修资金。建筑物及其附属设施的维修资金的使用,关系到全体业主的利益。其六,筹集建筑物及其附属设施的维修资金。建筑物及其附属设施的维修资金的募集,与每个业主息息相关。其七,改建、重建建筑物及其附属设施。对建筑物进行改建、重建,不仅需要付出有关费用,而且关系业主对建筑物及其附属设施的使用。其八,改变共有部分的用途或者利用共有部分从事经营活动。建筑物的共有部分属于全体业主共有,若需要改变该部分的用途,或者利用该部分从事经营活动,事关全体业主的切身利益。其九,有关共有和共同管理权利的其他重大事项。这是一个兜底性条款。除了上述八项事项之外,其他有关共有和共同管理权利的重大事项也需要由业主共同决定。

2.057 维修资金 maintenance fund

指专项用于住宅共用部分、共用设施设备保修期满后的维修和更新、改造等的资金。业主应当按照国家有关规定交纳专项维修资金,建筑物及其附属设施的维修资金属于业主共有。使用和筹集建筑物及其附属设施的维修资金,由业主共同决定:经参与表决专有部分面积过半数的业主且参与表决人数过半数的业主同意,维修资金可以用于电梯、屋顶、外墙、无障碍设施等共有部分的维修、更新和改造;筹集建筑物及其附属设施的维修资金,应当经参与表决专有部分面积四分之三以上的业主且参与表决人数四分之三以上的业主同意;由于建筑物及其附属设施的维修资金如何筹集和使用,事关业主的切身利益,可能影响区分所有的建筑物的使用效果甚至使用寿命,进而左右着业主的生活品质,因而接受所有权人的监督,及时听取所有权人的合理化建议,非常必要。故《民法典》规定,建筑物及其附属设施的维修资金的筹集、使用情况应当定期公布。为了解决维修基金使用难的问题,参照一些地方实践的已有做法,《民法典》规定,紧急情况下需要维修建筑物及其附属设施的,业主大会或者业主委员会可以依法申请使用建筑物及其附属设施的维修资金。这里的"紧急情况",应指发生危及房屋使用安全或公共安全等事项,不立即展开维修,则会损害业主或者社会公共的利益。这里的"依法",既包括法律,也包括行政法规、部门规章和地方性法规等。

2.058 物业管理人 property manager

指与业主签订物业服务合同,在物业服务区域内,为业主提供建筑物及其附属设施的维修养护、环境卫生和相关秩序的管理维护等物业服务的物业服务人。物业服务人包括物业服务企业和其他管理人。根据《民法典》的规定,物业服务企业等管理人在管理建筑区划内的建筑物及其附属设施的过程中一般负有如下义务:一是应当按照约定和物业的使用性质,妥善维修、养护、清洁、绿化和经营管理物业服务区域内的业主共有部分,维护物业服务区域内的基本秩序,采取合理措施保护业主的人身、财产安全。二是对物业服务区域内违反有关治安、环保、消防等法律法规的行为,物业服务人应当及时采取合理措施制止、向有关行政主管部门报告并协助处理。三是接受业主的监督。物业服务企业或者其他管理人应当定期将服务的事项、负责人员、质量要求、收费项目、收费标准、履行情况,以及维修资金使用情况、业主共有部分的经营与收益情况等以合理方式向业主公开并向业主大会、业主委员会报告。四是及时答复业主对物业服务情况提出的询问。如果业主对物业服务的有关情况提出询问的,物业服务企业或者其他管理人应及时予以答复。这样,有利于保障业主的知情权。五是执行政府依法实施的应急处置措施和其他管理措施,积极配合开展相关工作。

2.059 相邻关系 adjacent relation

指相邻近的不动产所有人或利用人之间,一方所有人或利用人的支配力与他方所有人或利用人的排他力相互冲突时,为调和其冲突以谋共同利益,而由法律直接规定的权利义务关系。相邻关系具有以下特征:一是相邻关系的主体是两个以上相邻不动产的所有人或利用人。相邻关系的主体无论是自然人还是法人、非法人组织,都必须是相邻不动产的所有权人或使用权人。二是相邻关系是由于不动产的毗邻关系而产生的。所谓毗邻,是指地理位置相邻。毗邻的不动产既包括相互连接的不动产,也包括相互邻近的不动产。三是相邻关系的客体是行使不动产权利所体现的利益。相邻各方在行使权利时,一方面可以实现自己的利益,另一方面也应为相邻方提供便利,尊重他人的合法权益。因此,相邻关系的客体不是不动产本身,而是行使不动产权利所体现的利益。四是相邻关系的主要内容是相邻一方有权要求他方提供必要的便利,他方应给予必要方便。所谓必要方便,是指不动产权利人必须获得这种方便,才能正常地行使自己的权利。相邻关系依存于不动产的所有权关系或使用权关系,其本质是相邻不动产所有权或使用权的适当扩展或限制,旨在使相邻各方为对方行使不动产所有权或使用权给予必要的便利,协调不动产的利用关系,以充分发挥不动产的使用效益。

2.060　相邻关系处理原则　principles of dealing with adjacent relation

处理相邻关系应遵循的原则。法律设立不动产相邻关系的目的是尽可能确保相邻的不动产权利人之间的和睦关系,解决相邻的两个或者多个不动产所有人或使用人因行使权利而发生的冲突,维护不动产相邻各方利益的平衡。《民法典》规定,处理相邻关系应当遵循以下原则:一是有利生产、方便生活。相邻关系是相邻各方在生产、生活中,对于毗邻的不动产行使所有权或使用权而发生的权利义务关系。因此,处理相邻关系,应以有利于生产、方便生活为原则。例如,相邻水流关系要求水源地的所有人或使用人不得垄断对水的使用权,应允许相邻各方使用。二是团结互助、公平合理。相邻各方在行使不动产所有权或使用权时,应团结互助,兼顾相邻人的利益,而不能损人利己。在相邻各方发生纠纷时,应互谅互让,采取协商的办法解决,若协商不成的,国家行政机关、人民法院在解决纠纷时应遵循公平合理的原则,妥善处理。相邻关系的处理原则,都是对长期通行社会生活实际的、公正的、行之有效的经验总结,值得赞同和遵循。

2.061　相邻关系处理依据　the treatment basis of adjacent relation

指人民法院或者其他有权调解、处理的机关在处理相邻关系纠纷时所应遵循的规定。由于法律具有国家权力保障的、全国一体遵循的强制力,故《民法典》规定:法律、法规对处理相邻关系有规定的,依照其规定。此处所谓"法律、法规",不限于《民法典》中关于相邻关系的集中规定,还应包括其他单行法及司法解释关于相邻关系的规定。例如,我国《水法》第56条规定:"不同行政区域之间发生水事纠纷的,应当协商处理;协商不成的,由上一级人民政府裁决,有关各方必须遵照执行。在水事纠纷解决前,未经各方达成协议或者共同的上一级人民政府批准,在行政区域交界线两侧一定范围内,任何一方不得修建排水、阻水、取水和截(蓄)水工程,不得单方面改变水的现状。"由于相邻关系种类繁多,随着社会经济的发展,其范围还在不断扩大,《民法典》及其相关法律只能择其主要的类型作出原则性规定。对于法律、法规没有规定的,《民法典》规定,可以按照当地习惯。民事习惯历来是世界各国法律的重要渊源之一,尤其在相邻关系领域,民事习惯更是得到许多国家和地区制定法的确认。《民法典》第10条规定:"处理民事纠纷,应当依照法律;法律没有规定的,可以适用习惯,但是不得违背公序良俗。"一般认为,习惯应当具有全面性、长期性、普遍性和抽象性,即为广大地域的社会民众普遍认知并长期遵循、接受其约束的行为方式。民事习惯是在长期的社会生活中自发形成的,只有具备较长时间性的民事习惯才会为当地人民认可并具备约束力。任何民事习惯都必须存在于一定的地域并约束着当地人们的行为。因此,在处理相邻关系纠纷中,按照当地习惯,不仅符合系争当事人的利益和愿望,而且符合社会正义和法律要求。

2.062 用水、排水相邻关系 adjacent relation of the use of water and drainage

指相邻权利人依法引取定量之水、存蓄定量之水或者排水场合,需要利用相邻他方的不动产时,相邻他方负有容忍义务甚至提供必要便利而形成的相邻关系。用水相邻关系的规则为:一是用水相邻人利用自然流水时,应当尊重自然形成的流向,从高到低、由近及远地用水。相邻各方均不得擅自堵截或独占自然流水,也不得擅自改变水的自然流向,害及相邻他方的用水。二是水流两岸的土地所有权或使用权分属不同的主体时,用水相邻人不得变更水的流向,不得拓宽水流的宽度。三是用水相邻人抽取地下水不得害及相邻他方的合法权益。四是用水相邻人依法存蓄一定量的水时,不得害及相邻他方的合法权益。五是用水相邻人需要利用相邻他方的输水设施时,相邻他方应当允许。六是用水相邻人对其引水、蓄水等设施破溃、阻塞致使相邻他方的不动产遭受损害,或有破溃、阻塞的巨大危险时,应以自己的费用进行必要的修缮、疏通和预防;在相邻他方仍有损失时,用水相邻人还要承担损害赔偿责任。排水相邻关系的规则为:一是排水相邻人正当地排水必须利用相邻他方的不动产时,相邻他方必须允许。对自然流水的排放,应当尊重自然流向。二是排水相邻人需要利用相邻他方的排水设施时,相邻他方应当允许。三是排水相邻人不得向邻地排放法律、法规明文禁止排放的污水。四是排水相邻人对其排水设施破溃、阻塞致使相邻他方的不动产遭受损害,或有破溃、阻塞的巨大危险时,应以自己的费用进行必要的修缮、疏通和预防;在相邻他方仍有损失时,排水相邻人还要承担损害赔偿责任。

2.063 通行相邻关系 adjacent relation of passage

指在相邻权利人因通行而必须利用相邻他方的不动产的情况下,该相邻他方应当容忍其通行的权利义务关系。通行相邻关系的构成,除须具备一般相邻关系的要件以外,尚需具备如下要件:一是土地与公共道路没有适宜的联络。这并不一定要求土地的四周不通公路(袋地),在土地与公路之间不能直达,或者虽有他路可通至公路,但所需费用过大甚至具有危险时,均构成"没有适宜的联络"。二是相邻权利人必须有使用邻地通行的必要。判断是否有使用邻地通行的必要,除了应考虑土地的位置、面积、形状、地势等因素之外,还应考虑土地的用途。对于土地用途的考虑,应以合法的利用为限,如将土地作违法使用,则不得主张必要通行权。例如,对于一方所有的或者使用的建筑物范围内历史形成的必经通道,所有权人或者使用权人不得堵塞。因堵塞影响他人生产、生活,他人要求排除妨碍或者恢复原状的,应当予以支持。三是相邻权利人必须使用邻地通行并非其任意行为所致。如果相邻权利人故意毁坏土地与公路之间的桥梁、道路等,致使其无适当通路的,其不得主张相邻必要通行权。

2.064 利用相邻土地关系 relation of the use of adjacent land

是不动产权利人因行使自己的权利而必须利用相邻他方土地的相邻关系。利用相邻土地涉及以下两种相邻关系:一是因建造、修缮建筑物而临时使用相邻他方的不动产所形成的相邻关系。不动产权利人因建造、修缮建筑物必须利用相邻土地、建筑物的,该土地、建筑物的权利人应当提供必要的便利。不动产权利人对相邻土地、建筑物的利用权,应具备以下条件:其一,必须在土地疆界或疆界线的附近建造、修缮建筑物;其二,必须有利用相邻土地、建筑物的必要。相邻一方因修建施工临时占用他方使用的土地,占用的一方如未按照双方约定的范围、用途和期限使用的,应当责令其及时清理现场,排除妨碍,恢复原状,赔偿损失。二是铺设电线、电缆、水管、暖气和燃气管线等必须利用相邻土地、建筑物而形成的相邻关系。不动产权利人因铺设电线、电缆、水管、暖气和燃气管线等必须利用相邻土地、建筑物的,该土地、建筑物的权利人应当提供必要的便利。此处所谓"必须利用",包括两种情况,即如果不利用相邻土地、建筑物,就不能铺设电线、电缆、水管、暖气和燃气管线等,以及如果不利用相邻土地、建筑物,铺设电线、电缆、水管、暖气和燃气管线等将付出过大的费用。不动产权利人铺设电线、电缆、水管、暖气和燃气管线等时,应选择对相邻权利人损害最小的线路和方法。

2.065 相邻通风、采光和日照关系 adjacent relation of ventilation, lighting and sunshine

是相邻各方修建房屋或其他建筑物,相互之间应保持适当距离,不得妨碍邻居的通风、采光和日照的相邻关系。建筑物的通风、采光和日照为人们保持其生活品质的必要因素,且由于城市土地价值的提升,建筑物之间的距离较以往缩小,高层建筑日益增多,使得建筑物之间通风、采光和日照的纠纷呈上升趋势。《物权法》在民法通则规定的基础上,对通风、采光和日照的问题作了进一步规定,《民法典》对此予以了承继。通风、采光和日照的相邻关系内容为:一是不动产权利人建造建筑物时,不得妨碍相邻建筑物的通风、采光和日照。不动产权利人于其建设用地或宅基地上建造建筑物时,有义务遵守相关的工程建设标准,不妨碍相邻建筑物的通风、采光和日照。建造建筑物妨碍了相邻建筑物的通风、采光和日照,相邻他方有权请求停止侵害,有损失时还可请求损害赔偿。二是不动产权利人建造建筑物时,不得违反国家有关工程建设标准。相关规范性文件对住宅的日照、天然通风、自然采光等问题均有明确要求。建造建筑物违反了国家有关工程建设标准,妨碍了相邻建筑物的通风、采光和日照,相邻他方有权请求停止侵害、恢复原状,已经遭受损失的,还有权请求建筑物者承担损害赔偿责任。

2.066 相邻不动产之间不可量物侵害 immeasurable damage between adjacent real estate

指随着社会经济的发展,各种固体废物、大气污染物、水污染物、土壤污染物、噪声、光辐射、电磁辐射等有害物质不断产生,给相邻方以及环境造成的损害。在其他国家和地区的民法典中,将大气污染物、噪声、光辐射、电磁辐射等有害物质侵入邻地造成的干扰性妨害或损害,称为"不可量物侵害"。《民法典》对于不可量物的侵入,并非整齐划一地绝对禁止,而是要求不动产权利人不得违反国家有关规定。国家调整不可量物的主要有《固体废物污染环境防治法》《大气污染防治法》《水污染防治法》《环境保护法》《环境噪声污染防治法》等法律。对不可量物的侵入,不动产权利人若没有违反上述法律规定,就无须承担法律责任;反之,则应承担法律责任。承担法律责任的方式有停止侵害、排除妨害、消除危险以及损害赔偿。

2.067 维护相邻不动产安全 the safety maintenance of adjacent real estate

指不动产权利人有权在自己具有使用权的土地范围内进行工程建设,但是要注意相邻不动产的安全,避免给相邻不动产造成不应有的损害。《民法典》规定,不动产权利人挖掘土地、建造建筑物、铺设管线以及安装设备等,不得危及相邻不动产的安全。所谓"不得危及相邻不动产的安全",主要包括以下几个方面:一是在自己的土地上开挖地基时,要注意避免使相邻土地的地基发生动摇或有动摇之危险,致使相邻土地上的建筑物受到损害。二是在相邻不动产的疆界线附近处埋设水管时,要预防土沙崩溃、水或污水渗漏到相邻不动产。三是不动产权利人在自己的土地范围内种植的竹木根枝伸延,危及另一方建筑物的安全和正常使用时,应当消除危险、恢复原状。四是不动产权利人在相邻土地上的建筑物有倒塌的危险从而可能危及自己土地及建筑物安全时,有权要求相邻不动产权利人消除危险。

2.068 共有 common ownership

指两个或两个以上的民事主体对同一不动产或者动产共同享有所有权的法律状态。共有的主体称为共有人,共有的客体称为共有物或者共有财产。共有包括按份共有和共同共有两种类型。共有具有以下特征:一是共有的主体是两个或两个以上的民事主体。共有人可以是自然人、法人或其他权利人。二是共有的客体为一项特定的同一项财产。所谓同一项财产,不一定是一个单一物,可以是一个聚合物,还可以是合成物。三是各个共有人对同一项财产享有权利、承担义务,或是按一定份额确定,或是依平等原则确定。四是共有物上的所有权只有一个,只是所有权人为复数。共有不是一种独立的所有权形式,只是相同或不同种类的所有权的联合。五是共有不同于公有。首先,共有的主体是两个以上的组织、个人,而公有的主体是单一的,在我国公有的主体为国家或集体组织。其次,基于共有而形成的共有组织不是共有财产的所有权主体,其成员才是共有财产的所有权主体,而基于公有而形成的公有组织是公有财产的所有权主体。再次,共有人的权利是平等的,其权利行使采取共同协商的原则,而公有财产的权利主体是单一的,享有独立行使所有权的权利。最后,共有不是一种独立的所有权类型,而是相同或不同种类的所有权的联合,而公有则是一种独立的所有权类型。

2.069 共有人 co-owner

共有关系的主体。共有人可以是自然人、法人或者其他人,我国《民法典》称其为"组织、个人"。根据共有类型之不同,共有人可分为按份共有人和共同共有人。共有制度对不同类型的共有人及其相互间在管理、使用、收益及处分共有财产的权利义务方面均作出了相应规定。例如,《民法典》规定,按份共有人对共有的不动产或者动产按照份额享有所有权;共同共有人对共有的不动产或者动产共同享有所有权。处分共有的不动产或者动产以及对共有的不动产或者动产作重大修缮、变更性质或者用途的,应当经占份额三分之二以上的按份共有人或者全体共同共有人同意。同时,由于每个共有人的权利及于整个共有财产,共有物在共有关系存续期间,根据约定不能分割的,只能由各共有人对共有物共同享有所有权。例如,《民法典》规定,共有人按照约定管理共有的不动产或者动产;没有约定或者约定不明确的,各共有人都有管理的权利和义务。

2.070 按份共有 several co-ownership

又称"分别共有"。指两个或两个以上的共有人,按照各自的份额,对共有财产享有权利、承担义务的共有关系。按份共有具有以下特征:一是各个共有人对于共有物按照份额享有所有权。各个共有人的份额,称为应有份,其数额在共有关系产生时共有人就应当予以明确。没有约定或者约定不明确的,视为份额相等。二是各个共有人按照各自的份额对共有物享有权利、承担义务。各个共有人对共有物持有多少份额,就对其共有物享有多少权利和承担多少义务。三是各个共有人的权利不是局限于共有财产的某一具体的部分上或就某一具体部分单独享有所有权,而是及于共有财产的全部。四是共有人有权处分自己的份额。在法律或者共有协议未作限制的情况下,按份共有人有权要求将自己的份额分出或者转让,也可以在其应有部分设立负担。按份共有人转让其应有部分时,其他共有人在同等条件下享有优先购买权。按份共有人死亡,其继承人有权继承。

2.071 共同共有 joint ownership

指两个或两个以上的民事主体基于共同关系对某项不动产或者动产不分份额地共同享有所有权的法律状态。共同共有具有以下特征:一是共同共有是不分份额的共有。在共同共有关系存续期间,共同共有人不能对共有财产确定份额。只有在共同共有关系终止,共有财产分割后,才能确定各共有人的份额。二是共同共有根据共同关系产生,必须以共同关系的存在为前提。这种共同关系,包括夫妻关系、家庭关系等等。三是各共有人对共有财产享有平等的权利,承担平等的义务。共同共有人对共有财产享有平等的占有权、使用权;对共有财产的收益,不按照比例进行分配,而是共同享有;对共有财产的处分,应征得全体共有人的同意。同时,各共有人须承担平等的义务。例如,对共有财产进行维修而支出的费用,由各共有人共同承担。在我国,共同共有的类型主要有三种:夫妻共有、家庭共有、遗产分割前的共有。

2.072　共有物处分　disposition of common property

指共有人对共有物进行转让、设定负担或者抛弃共有物等行为。共有物处分、共有物的重大修缮以及变更共有物的性质或者用途,均直接影响每个共有人的切身利益。《民法典》根据共有类型的不同,规定了以下处分规则:一是处分按份共有的不动产或者动产以及对按份共有的不动产或者动产作重大修缮、变更性质或者用途的,应当经占份额三分之二以上的按份共有人同意,但是按份共有人之间另有约定的除外。可见,我国民法典对按份共有物的处分、重大修缮、变更性质或用途,除非按份共有人另有约定,采取的是"绝对多数决"原则,即占份额三分之二以上的按份共有人同意即可。传统民法遵循按份共有物处分"一致决"原则,其实质是强调按份共有人所有权行使的平等性,但这一原则在社会生活中常常难以操作,不利于物的价值的实现,而且共有人越多,交易成本越高。而按份共有物的处分采取"绝对多数决"使得共有人更容易处分共有物,其所揭示的价值取向则在于,对于共有物的管理在符合公平原则的同时也应坚持效益原则,以更有利于物的利用。二是处分共同共有的不动产或者动产以及对共同共有的不动产或者动产作重大修缮、变更性质或者用途的,应当经全休共同共有人同意,但是共同共有人之间另有约定的除外。共同共有基于共同关系而产生,各共有人平等地享有权利和承担义务。因此,对共同共有财产的处分、重大修缮、变更性质或者用途,除非共同共有人另有约定,应当采取"一致决"的原则。

2.073　共有物分割原则　principle of division of common property

指在按份共有关系中分割共有物与否贯彻意思自治原则,但承认有例外;在共同共有关系中,分割共有物与否基本上取决于共同关系是否存续。一是按照约定分割共有的不动产或动产。按份共有人或共同共有人对共有的财产分割有约定,按照约定进行分割。共有人约定不得分割共有的不动产或者动产,以维持共有关系的,应当按照约定,但是共有人有重大理由需要分割的,可以请求分割,以达到物尽其用、方便流转的目的。这里的"重大理由",应理解为该理由合理,且重大到如不分割将对该共有人的利益产生根本性影响。二是没有约定或者约定不明确的,按份共有人可以随时请求分割,共同共有人在共有的基础丧失或者有重大理由需要分割时可以请求分割。按份共有人按照其份额对共有财产享有权利,因此,按份共有人有权请求从共有财产中分割出属于自己的份额。共同共有人对共有财产不分份额地享有权利,在共同共有的基础丧失或有重大理由需要分割时,可对共有财产进行分割。三是因分割造成其他共有人损害的,应当给予赔偿。共有财产具有自身的功能与价值,如果分割共有财产导致其功能、价值丧失的,就会损害其他共有人的利益。因此,《民法典》规定,因分割共有财产造成其他共有人损害的,应当对其他共有人进行赔偿。

2.074　共有物分割方式　the division way of common property

指对共有物进行分割的具体方法。《民法典》规定的共有物分割方式为:一是协议分割。共有人可以协商确定共有物的分割方式。协议分割有利于节省费用,提高效率。同时,协议分割体现了共有人的意思自治。因为共有人对共有物享有所有权,自然最了解共有物的功能、价值,由共有人全体同意对共有财产的分割方式,理应允许。二是法定分割。共有人之间达不成分割协议的,可采用以下三种分割方式:其一,实物分割。共有的财产可以分割且不会因分割减损价值的,应当对实物进行分割。其二,变价分割。如果共有的财产难以分割或者因分割会减损价值的,可对该共有财产通过变卖或拍卖进行变现,将价金分配给共有人。其三,折价补偿。如果共有的财产难以分割或者因分割会减损价值,且共有人中有人愿意取得共有物,可以由该人取得共有物,并对其他共有人予以补偿。

2.075　优先购买权　the right of preemption

指按份共有人在转让共有的不动产或动产的份额时,其他共有人在同等条件下,享有优先购买的权利。优先购买权的制度目的在于:其一,有利于配置资源,促进物尽其用。通过优先购买权的行使,使共有向一人所有转化。且共有人比较了解物的功能、价值情况,由共有人行使优先购买权取得物的所有权,有利于更好地发挥物的效用。其二,避免和减少共有人之间的争议。若第三人通过受让共有人的份额而加入共有关系,可能破坏原来共有人之间形成的合作关系,进而产生争议。若由其他共有人行使优先购买权,则避免和减少了共有人之间的纠纷。优先购买权具有以下特征:一是共有人优先购买权的权利主体是共有关系中特定的共有人,即除了出卖人之外的其他共有人。二是共有人优先购买权行使条件要求是"同等条件"。其他共有人只能在与第三人购买的条件同等的时候,才能存在优先购买的问题。这里的"同等条件",应当综合共有份额的转让价格、价款履行方式及期限等因素确定。三是共有人优先购买权效力是优先于第三人购买的权利,即排除他人购买的权利。

2.076　优先购买权的行使　exercise of preemption right

指优先购买权人行使优先购买权的要求。《民法典》对此作了如下规定:一是转让人负有通知义务。按份共有人转让其享有的共有的不动产或者动产份额的,应当将转让条件及时通知其他共有人。转让人的通知义务是其他共有人行使优先购买权的关键。转让人通知的内容主要是按份共有人转让其享有的共有的不动产或者动产份额的条件。转让人通知的时间可以是转让人与第三人协商达成一致意见之前的任何时间。二是其他共有人应当在合理期限内行使优先购买权。自转让人通知其他共有人转让份额时起,其他共有人应当在一定期限内行使优先购买权。对于其他共有人行使优先购买权的期限,相关司法解释作了具体规定。优先购买权的行使期间,按份共有人之间有约定的,按照约定处理;没有约定或者约定不明确的,按照下列情形确定:其一,转让人向其他按份共有人发出的包含同等条件内容的通知中载明行使期间的,以该期间为准;其二,通知中未载明行使期间,或者载明的期间短于通知送达之日起十五日的,为十五日;其三,转让人未通知的,为其他按份共有人知道或者应当知道最终确定的同等条件之日起十五日;其四,转让人未通知,且无法确定其他按份共有人知道或者应当知道最终确定的同等条件的,为共有份额权属转移之日起六个月。三是两个以上其他共有人主张行使优先购买权的,协商确定各自的购买比例;协商不成的,按照转让时各自的共有份额比例行使优先购买权。

2.077　准共有　the quasi-common ownership

指两个或两个以上的主体对于所有权之外的其他财产权的共有。准共有具有以下特征:一是准共有的标的物是所有权之外的财产权,包括用益物权、担保物权等。二是准共有关系准用法律关于共有的有关规定,究竟是准用法律关于共同共有的规定还是准用法律关于按份共有的规定,应当视其共有关系究竟属于按份共有关系还是共同共有关系而定。三是准共有准用按份共有或共同共有的规定,仍然以该财产权的法律没有特别规定的为限。如果其法律有特别规定的,则应首先适用该特别规定。

2.078　善意取得　acquisition in good faith

指无处分权人将不动产或者动产转让给受让人,受让人是善意的且付出合理的价格,依法取得该不动产或者动产的所有权。善意取得的构成要件如下:第一,受让人受让该不动产或者动产时是善意的。善意取得的标的物,可以是动产,也可以是不动产。受让人受让不动产或者动产时,不知道转让人无处分权,且无重大过失的,应当认定受让人为善意。真实权利人主张受让人不构成善意的,应当承担举证证明责任。具有下列情形之一的,应当认定不动产受让人知道转让人无处分权:一是登记簿上存在有效的异议登记;二是预告登记有效期内,未经预告登记的权利人同意;三是登记簿上已经记载司法机关或者行政机关依法裁定、决定查封或者以其他形式限制不动产权利的有关事项;四是受让人知道登记簿上记载的权利主体错误;五是受让人知道他人已经依法享有不动产物权。真实权利人有证据证明不动产受让人应当知道转让人无处分权的,应当认定受让人具有重大过失。

受让人受让动产时,交易的对象、场所或者时机等不符合交易习惯的,应当认定受让人具有重大过失。所谓"受让人受让该不动产或者动产时",是指依法完成不动产物权转移登记或者动产交付之时。第二,以合理的价格转让。此处的"合理的价格",应当根据转让标的物的性质、数量以及付款方式等具体情况,参考转让时交易地市场价格以及交易习惯等因素综合认定。第三,转让的不动产或者动产依照法律规定应当登记的已经登记,不需要登记的已经交付给受让人。善意取得的法律后果有二:一是受让人取得动产或不动产的所有权;二是原所有权人有权向无处分权人请求损害赔偿。善意取得制度不仅适用于所有权,当事人善意取得其他物权,也可以参照适用。

2.079　拾得遗失物　finding lost property

指拾得遗失物并予以占有的行为。遗失物指并非基于占有人的意思而丧失占有,现又无人占有的物。遗失物具有以下特征:一是占有人丧失占有的物。遗失物与抛弃物的根本区别就在于,遗失物不是他人抛弃的物,而是他人无抛弃的意思而丧失占有的物。二是必须无人占有。如果物已被他人占有,则不构成遗失物。三是必须是动产且非无主物。遗失物是他人不慎丢失的动产。遗失物的拾得人应履行如下法定义务:其一,返还义务。权利人认领遗失物时,拾得人应将遗失物返还给权利人,不能据为己有。拾得人将遗失物据为己有的,按照不当得利或侵权责任处理。其二,通知义务。遗失物的拾得人应当及时通知权利人领取。其三,送交义务。在遗失物的权利人不明的情形下,拾得人应将遗失物送交公安等有关部门。其四,保管义务。拾得人拾得遗失物后,负有妥善保管遗失物的义务。公安机关等有关部门在遗失物被领取前,也负有妥善保管遗失物的义务。拾得人或有关部门因故意或重大过失造成遗失物毁损、灭失的,应当对遗失物的权利人承担民事责任。

2.080　添附　accession

加工、附合和混合的统称,是指不同所有权人的物被结合、混合在一起而成为一个新物,或者利用别人之物加工成为新物的事实状态。所谓"加工",是指将他人的动产进行制作或改造,使其成为新物或具有更高价值的物。加工的构成要件如下:一是加工的标的物为动产。加工是在他人的动产上进行的改造或制作行为。二是加工的材料为他人所有。三是加工制成了新物或使原物的价值发生较大的增加。所谓"附合",是指不同所有人的两个以上的物相结合而形成新的财产。附合有以下情形:一是动产与不动产的附合。动产与不动产相结合,成为不动产的重要成分,因而发生动产所有权变动。二是动产与动产的附合。不同所有人的动产相互结合,非经毁损不能分离,或者分离在经济上不合理,称为动产与动产的附合。所谓"混合",是指不同所有人的动产相互结合,难以分开,并且形成新的财产。混合的构成要件如下:一是须为动产与动产的混合。二是动产属于不同的所有人。三是混合后不能识别或识别需要的费用过大。添附是所有权取得的一种方式,民法典规定因加工、附合、混合而产生的物的归属,按照以下规则处理:一是当事人有约定的,按照其约定。这体现了对当事人意思的尊重。二是没有约定或者约定不明确的,依照法律规定。三是法律没有规定的,按照充分发挥物的效用以及保护无过错当事人的原则确定。

2.081 先占 occupatio

指以所有的意思,先于他人占有无主的动产而取得其所有权的事实。无主物的先占取得,比较法上主要有三种立法例:一是先占自由主义。即不论动产或不动产,均一律允许自由先占取得其所有权。二是先占权主义。不动产唯国家有先占权,至于动产须待法律的许可,才能取得其所有权。三是二元主义。无主物被区分为动产无主物与不动产无主物,动产无主物适用先占自由主义,个人可依先占取得其所有权,而不动产无主物则适用国家先占主义,仅国家可以取得其所有权。这种立法例为多数国家所采。先占的法律性质,学说见解不一:一是民法法律行为说。认为法律既然要求先占需先占人以所有的意思占有标的物,而该所有的意思即指取得所有权的效果意思,故先占为一种民事法律行为。二是准民事法律行为说。认为先占属于以意思为要素的准民事法律行为中的非表现行为。三是事实行为说。认为先占中的所谓"以所有的意思",非指效果意思,而是指事实上对物有完全支配、管领的意思。基于占有无主动产的事实,法律遂赋予占有人取得其所有权的效果,故先占属于事实行为。此种学说为通说。先占的构成要件如下:一是须先占人占有的物为无主物。所谓"无主物",是指现在不属于任何人所有的物,至于以前是否为人所有,则非所问。二是须占有的物为动产。先占的标的物须为一定范围内的动产,土地及其定着物等不动产,不能依先占而取得所有权。三是须以所有的意思占有无主物。所谓"以所有的意思",是指把占有的动产归于自己管领支配的意识。

2.082 孳息 fruits

指从原物所生的物或收益。孳息分为天然孳息与法定孳息。天然孳息是指依原物的自然属性而获得的收益。天然孳息与原物分离时,罗马法采取"原物主义",即已经分离的孳息归收取权利人享有。德国、法国、瑞士、日本等国的民法均采之。我国《民法典》对天然孳息的归属,规定如下:一是由所有权人取得。既无当事人的约定,又不存在用益物权时,天然孳息由所有人取得。这一规定符合原物与孳息之间关系的原理。二是由用益物权人取得。在当事人之间未约定天然孳息由谁取得,并存在用益物权时,天然孳息由用益物权人取得。这一规定符合用益物权的目的及功能的要求,以及所有权与用益物权之间的利益划分关系。三是由当事人约定其归属。只要当事人之间存有关于天然孳息由谁取得的约定,就依其约定。这一规定体现了意思自治原则。所谓法定孳息,是指依法律规定获得的收益。我国《民法典》对法定孳息的归属,规定如下:一是由当事人约定其归属。既然法定孳息产生于法律关系之中,尤其是利息、租金之类,都是基于当事人的约定。法定孳息的归属,当事人有约定的,按照约定处理。契合法定孳息的由来和本性。二是按照交易习惯取得。没有约定或者约定不明确的,按照交易习惯取得。此处的交易习惯必须适法,且应当是当事人各方已经知道或应当知道而又没有明示排斥的。

2.083　用益物权　usufructuary rights

指对他人所有的不动产或者动产,依法享有的占有、使用和收益的权利。《民法典》第三分编规定了"用益物权"。用益物权人享有的权利包括:一是占有的权利。占有是对物的控制管领。占有不动产或者动产,是对该不动产或者动产进行使用、收益的前提。用益物权人没有占有的权利,就无法对他人所有的不动产或者动产加以使用、收益。二是使用的权利。使用是物进行实际利用,以发挥其使用价值。三是收益的权利。收益是收取、获得使用物所产生的利益。用益物权具有物权的共同特征,同时还具有自身的特点:一是用益物权是一种限制物权。用益物权人只能在一定范围内,对于他人物加以占有、使用和收益。二是用益物权是一种独立的物权。用益物权一旦设立,用益物权人便独立享有对标的物的使用、收益权。这意味着该权利是独立存在的,而不是从属于其他物权而存在的权利。三是用益物权主要以不动产为标的物。用益物权主要以土地等不动产为使用、收益的对象。

2.084　用益物权的行使　exercising usufructuary rights

指用益物权人行使占有、使用和收益的权利。《民法典》第 326 条对用益物权的行使进行了规定。一方面,用益物权的行使应当遵守法律有关保护和合理开发利用资源、保护生态环境的相关规定。土地、矿产等自然资源具有稀缺性或者不可再生性。我国《土地管理法》《矿产资源法》等法律对保护和合理开发利用土地、矿产资源等进行了具体规定。用益物权人行使权利的同时,应当遵守有关法律的规定,保护和合理开发利用资源、保护生态环境。另一方面,所有权人不得干涉用益物权人行使权利。用益物权虽然派生于所有权,但它是一种独立的物权。用益物权具有直接支配性和排他性,无益物权的行使不受第三人的侵害,也不受所有权人的干涉。当然,如果用益物权的行使违反法律的规定,未合理利用资源,或者破坏生态环境等,所有权人有权进行干涉。

2.085　用益物权的征收补偿　compensations of usufructuary right expropriated

指国家为了公共利益的需要依法强制取得用益物权人占有、使用的他人不动产或者动产,而对用益物权人给予的补偿。《民法典》第 327 条对用益物权的征收补偿进行了规定。用益物权是在他人所有的不动产或者动产上设立的一项独立的物权。若他人所有的不动产或者动产被征收,将导致该不动产或者动产所有权的消灭。此时,在该不动产、动产上设立的用益物权也将消灭。为保护用益物权人的利益,国家应依法对用益物权人进行相应补偿。即征收集体所有的土地,应当依法及时足额支付土地补偿费、安置补助费以及农村村民住宅、其他地上附着物和青苗等的补偿费用,并安排被征地农民的社会保障费用,保障被征地农民的生活,维护被征地农民的合法权益;征收组织、个人的房屋以及其他不动产,应当依法给予征收补偿,维护被征收人的合法权益,征收个人住宅的,还应当保障被征收人的居住条件;组织、个人的不动产或者动产被征用后毁损、灭失的,应当给予补偿。

2.086　海域使用权　the right to use sea areas

　　组织或者个人依法取得对国家所有的特定海域排他性使用权。《民法典》第328条对海域使用权的法律保护进行了规定。海域是指中华人民共和国内水、领海的水面、水体、海床和底土。海域属于国家所有,国务院代表国家行使海域所有权。单位和个人可以向县级以上人民政府海洋行政主管部门申请使用海域。海域使用申请经依法批准后,国务院批准用海的,由国务院海洋行政主管部门登记造册,向海域使用申请人颁发海域使用权证书;地方人民政府批准用海的,由地方人民政府登记造册,向海域使用申请人颁发海域使用权证书。海域使用申请人自领取海域使用权证书之日起,取得海域使用权。此外,海域使用权也可以通过招标或者拍卖的方式取得。国家实行海域有偿使用制度,单位和个人使用海域,应当按照国务院的规定缴纳海域使用金。但下列用海,免缴海域使用金:军事用海;公务船舶专用码头用海;非经营性的航道、锚地等交通基础设施用海;教学、科研、防灾减灾、海难搜救打捞等非经营性公益事业用海。海域使用权最高期限,按照下列用途确定:养殖用海十五年;拆船用海二十年;旅游、娱乐用海二十五年;盐业、矿业用海三十年;公益事业用海四十年;港口、修造船厂等建设工程用海五十年。海域使用权人依法使用海域并获得收益的权利受法律保护,任何单位和个人不得侵犯。海域使用权是派生于海域国家所有权而又与海域国家所有权相分离的权利,该权利的享有者以对特定海域的占有为前提,以使用、收益为目的。可见,海域使用权是一种用益物权。

2.087　特许物权　real right of special permission

　　指探矿权、采矿权、取水权、使用水域和滩涂从事养殖、捕捞权等权利。《民法典》第329条对特许物权加以了规定。我国对自然资源实行有偿使用制度。《矿产资源法》《水法》《渔业法》分别对组织和个人利用矿产资源、水资源、使用水域和滩涂从事养殖、捕捞的权利进行了规定。探矿权、采矿权、取水权、使用水域和滩涂从事养殖、捕捞的权利与一般的用益物权有所区别,这些权利是经政府主管机关许可设立,而不是通过合同设立的。由于探矿权、采矿权、取水权、使用水域和滩涂从事养殖、捕捞的权利是对国家所有自然资源的利用,权利人依法享有占有、使用和收益的权利,并需要进行公示,因此,这些权利为特许用益物权。

2.088　土地承包经营权　right to the contracted management of land

土地承包经营权人依法对其承包经营的耕地、林地、草地等享有占有、使用和收益的权利。《民法典》第331条对土地承包经营权人享有的权利进行了规定。土地承包经营权的客体包括耕地、林地、草地等农业用地。土地承包经营权的内容如下:一是依法对承包经营的土地享有占有的权利。土地承包经营权人为了实现对国家或者集体所有的土地使用、收益的权利,必须首先占有该土地。这里的占有权利是土地承包经营权人对国家或集体所有的土地直接支配和排他的权利。二是依法对承包经营的土地享有使用的权利。土地承包经营权设立的目的,就在于由承包人在国家或集体所有的土地上从事种植业、林业、畜牧业等农业生产。因此,土地承包经营权人享有对其承包的土地进行合理且有效使用的权利。土地承包经营权人可以按照土地的用途自主决定从事农业生产的种类、方式等事宜。发包人和其他任何第三人都无权进行干涉。三是依法对承包经营的土地享有收益的权利。土地承包经营权人有权获取土地所生利益的权利,即收益权。土地承包经营权人对于在承包的土地上种植、养殖的农作物、水产品等享有所有权,可以自由处置。

2.089　土地承包期　the term of a contract for land

是土地承包经营权存续的期间。《民法典》第332条对土地承包期予以了规定。耕地的承包期为三十年,草地的承包期为三十年至五十年,林地的承包期为三十年至七十年。土地承包期的长短,主要是根据农业生产经营的特点加以确定的。如果该期限太短,不利于农民对农业生产经营的长期投入和农业的稳定发展。例如,林木的生长周期长,农民对林地的开发投资大,因此,林地的承包期较长。土地承包期是法定期限,不得随意变更。若土地承包期届满,土地承包经营权人按照农村土地承包的法律规定继续承包该土地。我国《农村土地承包法》第21条规定:"耕地的承包期为三十年。草地的承包期为三十年至五十年。林地的承包期为三十年至七十年。前款规定的耕地承包期届满后再延长三十年,草地、林地承包期届满后依照前款规定相应延长。"这一规定给农民吃了个定心丸,有利于保障土地承包经营权人的权利,鼓励其加强对承包地的资金、劳力和农田基本建设等方面的投入,更好地实现农业和农村经济的发展。

2.090　土地承包经营权的设立　establishment of the right to the contracted management of land

土地承包经营权的成立。《民法典》第333条对土地承包经营权的设立加以了规定。土地承包经营权合同生效时,土地承包经营权设立。土地承包经营权合同是由土地发包方与承包方签订的协议。不动产登记机构有义务向土地承包经营权人发放土地承包经营权证、林权证等证书,并登记造册。土地承包经营权登记的效力是确认土地承包经营权。土地承包经营权的设立之所以不以登记为生效要件,是因为:其一,土地承包经营权的取得与农村集体经济组织的成员资格紧密相关。社会公众通过对农村集体经济组织成员资格的了解就可以知道某人是否享有土地承包经营权。而物权登记的主要功能在于将物权状况向社会公众进行公示。在社会公众已能够比较便捷地知道土地承包经营权主体的情况下,再将登记作为土地承包经营权的生效要件显得没有必要。其二,减少土地承包经营权设立的成本。目前在实践中土地承包经营权的设立基本上都是采取订立承包合同的方式。如果要求取得土地承包经营权必须办理登记,则无疑增加了农民取得土地承包经营权的负担,不利于实践操作。

2.091　土地承包经营权的互换　exchanging the right to the contracted management of land

权利人将自己的土地承包经营权交换给本集体经济组织的他人行使,自己行使从他人处换来的土地承包经营权。《民法典》第334条对土地承包经营权的互换进行了规定。土地承包经营权是一种用益物权,土地承包经营权人有权将土地承包经营权采取互换的方式进行流转。由于互换改变了原来的土地承包经营权主体,因此,应当向发包方备案。土地承包经营权互换具有以下特点:一是互换将导致土地承包经营权主体的变更。经过互换之后,原土地上的承包经营权人变更为新的土地承包经营权人。二是互换只能在同一集体经济组织内部进行。由于互换旨在便利承包方的耕种或者满足不同承包方的需要,因此,互换只能在同一集体经济组织的成员之间进行,而不能发生在不同的集体经济组织成员之间。

2.092　土地承包经营权的转让　transferring the right to the contracted management of land

土地承包经营权人将其享有的期限未届满的土地承包经营权转移给他人的行为。《民法典》第334条对土地承包经营权的转让进行了规定。土地承包经营权的转让具有以下特点:一是土地承包经营权的受让对象是本集体经济组织的成员。土地承包经营权人只能将土地承包经营权转让给本集体经济组织的其他农户。二是土地承包经营权人转让的对象可以是全部的土地承包经营权,也可以是部分土地承包经营权。如果转让的对象是全部的土地承包经营权,则原承包方退出土地承包经营权法律关系。如果转让的对象是部分土地承包经营权,则原承包方与发包方的土地承包经营权法律关系应予以变更。取得土地承包经营权的受让方与发包方之间确立土地承包经营权法律关系。三是土地承包经营权的转让应经发包方同意。土地承包经营权转让的后果是承包人与发包人在该转让土地上的承包关系即行终止,转让人也不再对该转让土地享有承包经营权。因为土地承包经营权的转让导致原承包关系的终止、变更和新承包关系的确立,所以,应经发包方同意。另外,土地承包经营权的转让,对农民在农村的生活保障具有重要影响。如果允许土地承包经营权人随意转让土地承包经营权,恐出现农民失去在农村的生活保障的情形,这样,不利于农民利益的保护和农村的社会稳定与经济发展。因此,土地承包经营权的转让应当经发包方同意。土地承包经营权转让后,新的权利人应按照土地的原来用途使用土地,不得改变土地的原来用途。未经依法批准,不得将承包地用于非农建设,例如,擅自在承包地上建房、挖砂、采石、取土等。

2.093 土地承包经营权的流转 the circulation of the right to the contracted management of land

土地承包经营权人采取互换、转让等方式将其享有的土地承包经营权流转给他人的行为。《民法典》第 334 条和第 335 条对土地承包经营权的流转进行了规定。互换、转让土地承包经营权的当事人应当向不动产登记机构提出申请,将土地承包经营权互换、转让的事项记载于登记簿上。土地承包经营权互换、转让登记的主要目的是将土地承包经营权互换、转让的事实向社会予以公示,使他人知晓土地承包经营权的权利人。对土地承包经营权互换、转让的登记效力采取对抗要件主义。即当事人签订土地承包经营权互换或者转让合同后,经发包方备案或者同意,该合同就产生法律效力,不强制当事人登记。采取这种规定的原因在于:从事土地承包经营权互换、转让的当事人均为同一集体经济组织的成员,农户对自己和本集体经济组织的其他农户的承包地情况比较清楚,不必强制要求当事人登记;当事人办理土地承包经营权互换、转让登记应履行法定的程序,并须缴纳一定的费用,这增加了农户的负担。同时,考虑到土地承包经营权的互换、转让未以一定方式向社会予以公示,他人可能因不知道土地承包经营权的变动而受到损害,所以,本条规定了未经登记的,不得对抗善意第三人。

2.094 土地经营权 the right to the management of land

指享有土地承包经营权的农村集体经济组织成员,保留自己的土地承包经营权,将其承包的土地流转给他人经营,在土地承包经营权上设立的用益物权。是农村土地三权分置的第三个权利。《民法典》第 339 条、第 340 条对土地经营权进行了规定。承包土地"三权分置"是对我国农村土地权利制度的一项重大改革和创新。自 2014 年 1 月 19 日中共中央、国务院颁发的《关于全面深化农村改革加快推进农业现代化的若干意见》首次正式提出"落实农村土地集体所有权""稳定农户承包权""放活土地经营权"以来,中央政策性文件多次重申和强调加快完善"三权分置"的具体办法。2016 年 10 月 30 日,中共中央办公厅、国务院办公厅专门发布了《关于完善农村土地所有权承包权经营权分置办法的意见》。我国实行农村土地"三权分置"的目的在于促进土地资源合理利用,构建新型农业经营体系,发展多种形式适度规模经营,提高土地产出率、劳动生产率和资源利用率,推动现代农业发展。土地承包经营权人可以自主决定依法采取出租、入股或者其他方式向他人流转土地经营权。其中,土地经营权出租是指在承包期内,承包方将部分或全部土地经营权,在一定期限内租赁给他人从事农业生产经营的方式。土地经营权入股是指土地承包经营权人将土地经营权量化为股权,以此入股组成股份公司、合作社或农场等并从事农业生产经营的方式。除上述方式外,土地承包经营权人也可以采取其他的方式向他人流转土地经营权。承包方有权依法自主决定土地经营权是否流转,包括流转对象、方式等,任何单位和个人不得强迫或者阻碍承包方依法流转土地经营权。承包方依法采取出租、入股或者其他方式将农村土地经营权部分或者全部流转的,承包方与发包方的承包关系不变,双方享有的权利和承担的义务不变。土地经营权流转不得改变承包土地所有权的性质及其农业用途,不得破坏农业综合生产能力和农业生态环境,流转期限不得超过承包期的剩余期限,不得损害利害关系人和农村集体经济组织的合法权益。

2.095 土地经营权的设立及登记 establishment and registration of the right to the management of land

土地经营权自土地经营权流转合同生效时设立。《民法典》第 341 条对土地经营权的设立及登记加以了规定。土地经营权流转合同的生效,除了应具备一般合同的生效要件以外,还应当符合《农村土地承包法》的相关规定。依照《农村土地承包法》第 38 条的规定,土地经营权流转应当遵循以下原则:依法、自愿、有偿,任何组织和个人不得强迫或者阻碍土地经营权流转;不得改变土地所有权的性质和土地的农业用途,不得破坏农业综合生产能力和农业生态环境;流转期限不得超过承包期的剩余期限;受让方须有农业经营能力或者资质;在同等条件下,本集体经济组织成员享有优先权。土地经营权流转符合上述要件的,土地经营权流转合同即生效。流转期限为五年以上的土地经营权,当事人可以自主决定是否向不动产登记机构申请登记。这赋予了当事人选择是否登记的自由。但土地经营权经由不动产登记簿的记载,便可明晰新型农业经营主体对于农村土地的利用关系,使得土地经营权确定化。第三人通过不动产登记簿,即可查知特定农村土地之上的权利负担,从而作出理性的商业判断。经登记的土地经营权不仅在当事人之间发生法律效力,而且还被赋予一定的支配和排他效力,可以对抗第三人。未经登记的土地经营权,不得对抗善意第三人。

2.096 其他方式承包的土地经营权的流转 the circulation of the right to the management of land contracted in other ways

以家庭承包方式以外的其他方式承包的土地承包经营权人,向他人流转土地经营权。《民法典》第 342 条对其他方式承包的土地经营权的流转进行了规定。农村土地承包采取农村集体经济组织内部的家庭承包方式,不宜采取家庭承包方式的荒山、荒沟、荒丘、荒滩等农村土地,可以采取招标、拍卖、公开协商等方式承包。可见,通过招标、拍卖、公开协商等方式承包的农村土地,是指荒山、荒沟、荒丘、荒滩等农村土地。以其他方式承包农村土地的,应当签订承包合同,承包方取得土地经营权。当事人的权利和义务、承包期限等,由双方协商确定。以招标、拍卖方式承包的,承包费通过公开竞标、竞价确定;以公开协商等方式承包的,承包费由双方议定。对于承包的"四荒"土地,必须在依法登记,取得土地承包经营权证或者林权证等权属证书的前提下才能流转。至于这类土地经营权的流转方式,可以是出租、入股、抵押,也可以是其他方式。

2.097 建设用地使用权 the right to use land for construction

在国家所有或集体所有的土地上建造建筑物、构筑物及其附属设施的权利。《民法典》第 344 条对建设用地使用权概念进行了规定。在传统民法上,与建设用地使用权相当的概念为"地上权"。为使我国用益物权的概念体系统一、和谐,并与土地承包经营权、宅基地使用权相配合,我国使用"建设用地使用权"的概念。在我国,土地依法属于国家所有和集体所有。建设用地使用权一般在国家所有的土地上设立,但也不排除在集体所有的土地上设立建设用地使用权的情形。建设用地是指建造建筑物、构筑物的土地,包括城乡住宅和公共设施用地、工矿用地、交通水利设施用地、旅游用地、军事设施用地等。建设用地使用权具有以下特征:一是建设用地使用权是以他人所有的土地为标的物而设定的物权。建设用地使用权在国家所有或集体所有的土地上设立,因而属于一种他物权。二是建设用地使用权是以在国家所有或集体所有的土地上建造建筑物、构筑物及其附属设施为目的的物权。建设用地使用权的目的在于对国家所有或集体所有的土地进行占有、使用和收益,因此其为一种用益物权。三是建设用地使用权是利用国家所有或集体所有的土地的限制物权。因建设用地使用权一旦设定,土地所有人的所有权便受到限制,所以建设用地使用权为一种限制物权。

2.098 建设用地使用权的设立 establishment of the right to use land for construction

设立建设用地使用权的方式和要求。《民法典》第 345 条、第 346 条、第 347 条对建设用地使用权的设立进行了规定。设立建设用地使用权应当节约资源、保护生态环境;遵守法律、行政法规关于土地用途的规定;应当尊重已经设立在先的用益物权人的权利,不得损害已设立的用益物权。建设用地使用权的设立方式包括出让、划拨等。所谓出让,是指土地所有者将建设用地使用权在一定年限内让与建设用地的使用者,并由建设用地的使用者支付建设用地使用权出让金的行为。以下两种情形下取得建设用地使用权,应当采取出让方式:其一,工业、商业、旅游、娱乐和商品住宅等经营性用地。其二,同一土地有两个以上意向用地者。就出让的具体形式而言,包括招标、拍卖等公开竞价的方式。所谓划拨,是指建设用地使用者通过各种方式依法无偿取得的建设用地使用权。下列建设用地,经县级以上人民政府依法批准,可以以划拨方式取得:国家机关用地和军事用地;城市基础设施用地和公益事业用地;国家重点扶持的能源、交通、水利等基础设施用地;法律、行政法规规定的其他用地。在建设用地使用权分层设立时,不同层次的建设用地使用权人均享有占有、使用和收益的权利,只不过其占用的空间范围有所不同。

2.099 建设用地使用权出让合同 contract on the transfer of the right to use land for construction

建设用地使用权的出让人与受让人订立的协议。《民法典》第348条对建设用地使用权出让合同加以了规定。以出让方式设立建设用地使用权的,无论是采取招标、拍卖等公开竞价的方式,还是采取协议的方式,出让人与受让人之间都应当订立书面的建设用地使用权出让合同。建设用地使用权出让合同一般包括以下条款:一是当事人的名称和住所。出让的土地属于国家,由市、县人民政府土地管理部门代表国家与土地使用者签订建设用地使用权出让合同。二是土地界址、面积等。建设用地使用权出让合同应对建设用地的位置、四至范围、面积等进行明确规定,一般会绘制界址图表示。三是建筑物、构筑物及其附属设施占用的空间。考虑到建设用地使用权分层出让的需要,设立建设用地使用权应对建筑物、构筑物及其附属设施占用土地的四至范围、高度、深度等进行标明。四是土地用途、规划条件。土地用途可以分为居住、工业、教育、商业等用途。在城市、镇规划区内以出让方式提供国有土地使用权的,在国有土地使用权出让前,城市、县人民政府城乡规划主管部门应当依据控制性详细规划,提出出让地块的位置、使用性质、开发强度等规划条件,作为国有土地使用权出让合同的组成部分。五是建设用地使用权期限。以出让方式设立建设用地使用权的,应明确土地的使用期限。国有土地使用权出让最高年限按下列用途确定:居住用地七十年;工业用地五十年;教育、科技、文化、卫生、体育用地五十年;商业、旅游、娱乐用地四十年;综合或者其他用地五十年。六是出让金等费用及其支付方式。以出让方式取得建设用地使用权的,建设用地使用权人应按照约定支付出让金等费用。七是解决争议的方法。当事人因建设用地使用权合同发生争议的,可以采取协商、仲裁或者诉讼方式解决。

2.100 建设用地使用权登记 registration of the right to use land for construction

登记机关将土地的权属、用途、面积等基本情况登记在登记簿上,并向建设用地使用权人颁发使用权证书。《民法典》第349条对建设用地使用权登记进行了规定。在订立建设用地使用权合同后,建设用地使用权人应当向不动产登记机构申请办理建设用地使用权登记。不动产登记机构应当向建设用地使用权人发放建设用地使用权证书。建设用地使用权自不动产登记机构登记时设立。单位和个人依法使用的国有土地,由县级以上人民政府登记造册,核发证书,确认使用权;其中,中央国家机关使用的国有土地的具体登记发证机关,由国务院确定。建设用地使用权以划拨方式取得的,不需要当事人之间签订合同,而是通过发放"国有建设用地划拨决定书"的方式,让建设用地使用权人取得土地的使用权。对于划拨建设用地使用权,也应当依法办理登记手续。

2.101 地随房走 the right to use land for construction shall be disposed of concurrently in case the buildings are circulated

建筑物、构筑物及其附属设施流转时,该建筑物、构筑物及其附属设施占用范围内的建设用地使用权一并处分。《民法典》第357条对"地随房走"进行了规定。由于建筑物、构筑物及其附属设施与其占用的土地不可分,因此,当建筑物、构筑物及其附属设施流转时,该建筑物、构筑物及其附属设施占用范围内的建设用地使用权应当一并处分。我国一直采取"地随房走"的原则,例如,《城镇国有土地使用权出让和转让暂行条例》第24条规定:"地上建筑物、其他附着物的所有人或者共有人,享有该建筑物、附着物使用范围内的土地使用权。土地使用者转让地上建筑物、其他附着物所有权时,其使用范围内的土地使用权随之转让,但地上建筑物、其他附着物作为动产转让的除外。"建筑物等占用范围内的建设用地使用权可以是一宗单独的建设用地使用权,也可以是共同享有的建设用地使用权中的份额。例如,在建筑物区分所有的情形下,业主转让建筑物内的住宅、经营性用房,其对共有部分享有的共有权利一并转让,但不可能也不应该对业主共同享有的建设用地使用权进行分割。

2.102 房随地走 the buildings shall be disposed of concurrently in case the right to use land for construction is circulated

建设用地使用权转让、互换、出资或者赠与时,附着于该土地上的建筑物、构筑物及其附属设施一并处分。《民法典》第356条对"房随地走"进行了规定。建设用地上的建筑物、构筑物及其附属设施是依附于该土地而存在的。没有土地就不可能形成建筑物、构筑物及其附属设施。基于"房地一致"的原则,为了维护建筑物等的完整性与经济价值,避免出现"空中楼阁"的尴尬局面,应当实行"房随地走"。另外,将建设用地使用权与地上的建筑物、构筑物及其附属设施的所有权主体保持一致,能够最大限度地避免发生各种产权纠纷或者权利行使上的冲突。例如,建设用地使用权人可能要求拆除地上的建筑物、构筑物及其附属设施,而建筑物、构筑物及其附属设施的所有权人又要求使用建设用地使用权人占的土地。为此,就会产生纠纷。考虑到上述原因,当建设用地使用权采取转让、互换、出资、赠与等方式流转时,附着于该建设用地上的建筑物、构筑物及其附属设施应当一并处分。

2.103 建设用地使用权的流转 the circulation of the right to use land for construction

建设用地使用权的转让、互换、出资、赠与、抵押。《民法典》第354条对建设用地使用权的流转予以了规定。建设用地使用权转让是指建设用地使用权人以买卖合同形式将建设用地使用权转移给他人的行为。建设用地使用权互换是指当事人双方以各自的建设用地使用权相互交换的行为。建设用地使用权出资是指建设用地使用权人为取得投资收益,将建设用地使用权作为出资标的的行为。例如,建设用地使用权人可以其享有的建设用地使用权出资设立公司。建设用地使用权赠与是指建设用地使用权人将其享有的建设用地使用权无偿让与他人的行为。建设用地使用权抵押是指建设用地使用权人将其享有的建设用地使用权作为抵押财产,为自己或他人的债务提供担保的行为。当债务人不履行债务时,债权人有权依法以该建设用地使用权折价或者以拍卖、变卖该建设用地使用权的价款优先受偿。建设用地使用权流转应当采用书面形式订立合同。因为建设用地使用权涉及土地这一重要资源的利用,不仅影响当事人的利益,而且对国家和社会的利益也有重要影响,采取书面形式订立建设用地使用权流转合同,有利于明确各方的权利、义务,防范交易风险,促进建设用地使用权流转的安全。以出让方式取得的建设用地使用权是一种有期限的用益物权。若建设用地使用权人超过出让合同规定的期限流转建设用地使用权,则构成对建设用地所有权人利益的侵害。因此,建设用地使用权流转后的使用期限由当事人约定,但是不得超过建设用地使用权的剩余期限。如果建设用地使用权人超过了建设用地使用权的剩余期限对其予以转让的,那么超过期限的那部分流转合同无效。建设用地使用权作为一种不动产物权,其流转需要办理变更登记,否则,该流转就无法产生法律效力。

2.104 建设用地使用权的续期 renewal of the right to use land for construction

建设用地使用权期限届满后,权利人继续享有建设用地使用权。《民法典》第 359 条对建设用地使用权的续期加以了规定。住宅建设用地使用权期限届满的,自动续期。按照自动续期规则,住宅建设用地使用权期限届满的,无需土地使用权人申请即自动续期,这既有利于降低行政成本,也可以免除权利人申请续期的繁杂手续,减轻了土地使用权人的负担。至于住宅建设用地使用权续期后是否支付土地使用费,关系到广大人民群众的切身利益,应当慎重研究。续期费用的缴纳或者减免,依照法律、行政法规的规定办理。当非住宅建设用地使用权的期限届满后,使用者很可能就没有必要再使用该建设用地了。基于此,非住宅建设用地使用权是否申请续期,由土地使用者自由决定。对于非住宅建设用地使用权期限届满后,该建设用地上的房屋及其他不动产的权属问题,有约定的,按照约定。由于建设用地使用权期限届满后土地上的房屋以及其他不动产的权属是建设用地使用权合同的重要内容,因此,通常情况下在建设用地使用权合同中就予以约定。没有约定或者约定不明确的,则依照法律、行政法规的规定办理。《城镇国有土地使用权出让和转让暂行条例》第 40 条规定:"土地使用权期满,土地使用权及其地上建筑物、其他附着物所有权由国家无偿取得。"

2.105 集体建设用地使用权 the right to use collectively-owned land for construction

在集体所有的土地上建造建筑物、构筑物及其附属设施的权利。《民法典》第 361 条对集体建设用地使用权进行了规定。土地利用总体规划、城乡规划确定为工业、商业等经营性用途，并经依法登记的集体经营性建设用地，土地所有权人可以通过出让、出租等方式交由单位或者个人使用，并应当签订书面合同，载明土地界址、面积、动工期限、使用期限、土地用途、规划条件和双方其他权利义务。集体经营性建设用地出让、出租等，应当经本集体经济组织成员的村民会议三分之二以上成员或者三分之二以上村民代表的同意。通过出让等方式取得的集体经营性建设用地使用权可以转让、互换、出资、赠与或者抵押，但法律、行政法规另有规定或者土地所有权人、土地使用权人签订的书面合同另有约定的除外。集体经营性建设用地的出租，集体建设用地使用权的出让及其最高年限、转让、互换、出资、赠与、抵押等，参照同类用途的国有建设用地执行，具体办法由国务院制定。集体建设用地的使用者应当严格按照土地利用总体规划、城乡规划确定的用途使用土地。

2.106 宅基地使用权 the right to use house sites

农民依法享有的在集体所有的土地上建造、保有住宅及其附属设施的权利。《民法典》第 362 条对宅基地使用权进行了规定。宅基地使用权人具有特定性。由于我国《土地管理法》并没有确认城镇非农业户口居民有在农村建房、对集体所有的土地享有宅基地使用权，所以，应将宅基地使用权限定为农民因建造住宅而对集体所有土地享有的占有、使用的权利。宅基地使用权的客体具有特定性。根据《土地管理法》第 9 条第 3 款的规定，宅基地属于农民集体所有。农民使用宅基地是对集体所有的土地的使用。宅基地使用权的目的具有特定性。宅基地的用途是在该土地上建造住宅及其附属设施，例如住房、车库等等。宅基地使用权的取得具有无偿性。宅基地使用权由集体成员无偿取得、无偿使用，是一种具有福利性质的权利，是农民的安身之本，对维护农村和农业的稳定具有重要的意义。宅基地使用权具有无期限性。宅基地使用权是一种无期限的用益物权。宅基地上的建筑物或其附属设施灭失的，不影响宅基地使用权的效力。宅基地使用权人有权在宅基地上重新建造房屋或其附属设施，以用于居住。

2.107 宅基地使用权的取得 the acquisition of the right to use house sites

取得宅基地使用权的方式。《民法典》第 363 条对宅基地使用权的取得进行了规定。农村村民宅基地使用权的取得是由集体经济组织依法无偿分配的。农村村民一户只能拥有一处宅基地，其宅基地的面积不得超过省、自治区、直辖市规定的标准。人均土地少、不能保障一户拥有一处宅基地的地区，县级人民政府在充分尊重农村村民意愿的基础上，可以采取措施，按照省、自治区、直辖市规定的标准保障农村村民实现户有所居。农村村民建住宅,应当符合乡(镇)土地利用总体规划、村庄规划,不得占用永久基本农地,并尽量使用原有的宅基地和村内空闲地。编制乡(镇)土地利用总体规划、村庄规划应当统筹并合理安排宅基地用地,改善农村村民居住环境和条件。

2.108　居住权　residence rights

以居住为目的,对他人的住房及其附属设施所享有的占有、使用的权利。《民法典》第366条对居住权的概念进行了规定。居住权是一个古老的法律概念,罗马法就有明确规定。在罗马法中,人役权有用益权、使用权与居住权三种。故居住权是一种人役权,即为特定人的利益而设定的役权,其最初目的是以遗赠用益权的方式,使某些有继承权的家庭成员(特别是对继承权被剥夺的寡妇或未婚女儿)有可能取得一种供养。《法国民法典》《德国民法典》《意大利民法典》《西班牙民法典》《路易斯安那民法典》等都对居住权进行了明文甚至是专章的规定。居住权具有以下特征:其一,居住权是在他人的住宅上所设立的物权。先有房屋所有权才能产生居住权,居住权的设立是房屋所有权人行使所有权的结果,也是房屋所有权在经济上得以实现的手段和途径。其二,居住权是为特定的自然人基于生活用房而设定的权利。居住权虽然具有财产属性,与此同时其还具有较强的人身属性,只能由特定的权利人所享有。居住权主要是自然人为了赡养、扶养等需要而设立的,是基于生活居住而设定的。如果为商业目的而使用他人的住房,一般只能设定租赁权而不应当设立居住权,因此,居住权只能由自然人享有,不能由法人或非法人组织享有。其三,居住权人有权占有、使用他人所有的住宅。居住权人使用住宅的面积应当按照合同的约定。居住权人既可以使用他人的全部住宅,也可以使用他人住宅的一部分,如无特别约定,原则上应当以保证居住权人正常居住、生活为限。其四,居住权具有长期性。居住权是长期权利,甚至可能是为居住权人终身所设定的。由于这一原因,权利人可以对房屋进行必要的装修改善,并且能够长期、稳定地享有这种改善利益。

2.109　居住权合同　residence rights contract

住宅所有权人与他人之间订立的为他人设立居住权的合同。《民法典》第367条对居住权合同加以了规定。以合同方式设立居住权的,当事人应当采用书面形式订立居住权合同。居住权合同的内容一般包括:一是当事人的姓名或者名称和住所。居住权合同应对双方当事人的姓名或者名称、住所进行规定。二是住宅的位置。居住权合同应对用于设立居住权的住宅所处的具体位置加以规定。三是居住的条件和要求。居住权合同应对住宅居住条件和要求进行规定。四是居住权期限。当事人在居住权合同中规定居住权的期限。居住权的存续期限对双方当事人均利益攸关,如不作约定只能推定权利人终身享有。如此,既可能给所有权人造成过重负担,又会对居住权的转让和继承产生障碍,所以应提示当事人慎重考虑。五是解决争议的方法。居住权合同中应对双方当事人发生争议时的解决方法加以规定。如果当事人之间发生争议的,可以约定向法院起诉,或者向仲裁机构提起仲裁等。

2.110 居住权的设立 the establishment of residence rights

设立居住权的条件和方式。《民法典》第 368 条对居住权的设立进行了规定。居住权的设立原则上属于一种恩惠行为,居住权人取得居住权通常都是无偿的,不需要支付对价。居住权通常都是住宅所有人为了尽特定的社会义务或者施加恩惠于他人,因此,居住权人在居住他人住宅期间不必向住宅的所有人支付费用。但是,当事人约定居住权人有偿居住他人住宅的,则居住权人应当向住宅的所有人支付费用。在有的情形下,当事人在通过合同的方式设定居住权时,本质上是在从事一种交易行为,不应当将其完全限定为无偿的情形。例如,在以房养老的情形下,老年人将房屋所有权移转给相关金融机构,由金融机构在该房屋之上为老年人设定居住权,并定期对老年人支付一定数额的金钱,如果将居住权的设立方式完全限定为无偿,则可能使得此种以房养老的模式难以运行。我国不动产物权变动采登记要件主义,居住权作为不动产物权之一种,理当以登记为权利取得条件。未经登记的居住权合同,仅产生合同法上的效果。设立居住权,还必须向不动产登记机构申请办理登记手续。不动产登记机构应当在登记簿中明确记载居住权的内容。经不动产登记机构登记后,居住权设立。

2.111 居住权的变动 change of the residence rights

居住权的出租、消灭等情形。《民法典》第 369 条、第 370 条对居住权的变动作了规定。由于居住权具有较强的人身依附属性,只能由特定的人享有,因而,居住权设立以后,不得转让、继承。那么,设立居住权的住宅可否用于出租呢? 一旦允许居住权人可将房屋租赁,就意味着该房屋不仅居住权人能居住,且他人也能居住,这显然有违居住权是为了满足相关个人居住需要,而不是为了使其从中获益的目的,所以,居住权人不得将房屋出租给他人使用,也不得将房屋用于生产经营活动,否则就违背了居住权设立的目的。但是在特殊情形下,例如,在以房养老的情形下,老年人的房屋面积较大,自己居住空间充足,应当允许当事人约定可将部分房屋进行出租,以获得经济收益。但这种例外应当局限于非基于共同生活关系而产生的居住权场合,而在基于共同生活关系中的帮扶性质的居住权中,则不宜肯定居住权人享有出租房屋权利。居住权消灭的原因主要包括:其一,居住权期限届满。居住权设立的期限届满以后,物权关系消灭,居住权当然消灭。其二,居住权人死亡。由于居住权具有特定的人身性,只能由特定的居住权人享有,不得继承、转让,因此,居住权人死亡的,居住权消灭,任何人不得再主张居住权。为维持房屋权属关系的准确,居住权消灭的,当事人应当及时向不动产登记机构办理注销登记。

2.112　地役权　easement rights

以他人不动产供自己不动产的方便和利益之用的权利。《民法典》第 372 条对地役权进行了规定。地役权的发生通常需要有两个权属不同的土地存在。为他人土地利用提供便利的土地称为供役地,而享有方便和利益的土地称为需役地。地役权具有以下特征:首先,地役权是利用他人的不动产的权利。其次,地役权是为了提高自己的不动产的效益。地役权的设立,是为了增加需役地的利用价值和提高其效益。例如,为需役地的便利而在供役地上设立的排水、通行、铺设管道等地役权;为需役地上的视野开阔而在供役地上设立的眺望地役权等。再次,地役权按照合同约定而取得。设立地役权,应当由供役地的权利人与需役地的权利人之间订立地役权合同。需役地的权利人取得地役权,成为地役权人,而供役地的权利人则负有容忍义务和不妨碍地役权人行使权利的义务。地役权的内容虽然可由当事人依意思自治原则约定,但不得违反法律的强制性规定和公序良俗。

2.113　地役权合同　easement contract

需役地的权利人与供役地的权利人之间达成的以设立地役权为目的的协议。《民法典》第 373 条对地役权合同加以了规定。设立地役权,需役地的权利人与供役地的权利人应当以书面形式订立地役权合同。地役权合同一般包括以下条款:一是当事人的姓名或者名称和住所。地役权合同的双方当事人是需役地的权利人和供役地的权利人,可以是土地所有人、建设用地使用权人、宅基地使用权人、土地承包经营权人等。二是供役地和需役地的位置。供役地与需役地之间可以相邻,也可以存在一定距离。只要利用供役地能够提高需役地的利用价值,就可以设定地役权。供役地和需役地所在的方位、"四至"、面积等,应当在地役权合同中明确记载。三是利用目的和方法。地役权人利用他人的不动产的目的可以是通行、取水、排水、铺设管道、眺望等等。地役权人利用他人的不动产的方法,则依据利用目的的不同而异。例如,设立通行地役权的,可以采取铺设新的道路的方法,也可以采取利用已有的道路的方法。四是地役权期限。地役权合同应当约定地役权的存续期限。地役权人利用他人的不动产的期限,不得超过他人享有的建设用地使用权、土地承包经营权等权利的期限。五是费用及其支付方式。地役权的设立可以是有偿的,也可以是无偿的。在地役权有偿设立的情形下,当事人应当在地役权合同中约定供役地的使用费用,以及采取分期支付还是一次支付的方式等。六是解决争议的方法。当事人之间的争议解决方法可以是和解、调解、仲裁、诉讼等途径。

2.114　地役权的设立　the creation of an easement

地役权成立的条件和方式。《民法典》第 374 条对地役权的设立进行了规定。地役权合同生效时,地役权设立。如果地役权人或者供役地权利人要求登记的,可以向不动产登记机构申请办理地役权登记。未办理地役权登记的,不得对抗善意第三人。之所以没有采取地役权登记生效主义,而是采取地役权登记对抗主义,是为了方便当事人设立地役权,减少成本。按照约定设定地役权,当事人可以持需役地和供役地的不动产权属证书、地役权合同以及其他必要文件,申请地役权首次登记。地役权登记,不动产登记机构应当将登记事项分别记载于需役地和供役地登记簿。供役地、需役地分属不同不动产登记机构管辖的,当事人应当向供役地所在地的不动产登记机构申请地役权登记。供役地所在地不动产登记机构完成登记后,应当将相关事项通知需役地所在地不动产登记机构,并由其记载于需役地登记簿。地役权设立后,办理首次登记前发生变更、转移的,当事人应当提交相关材料,就已经变更或者转移的地役权,直接申请首次登记。

2.115 地役权的从属性和不可分性 the subordination and indivisibility of easement

地役权不得单独转让、不得单独抵押,以及与供役地不得分离的权利属性。《民法典》第 380 条和第 381 条对地役权的从属性进行了规定。需役地的使用人不得保留需役地的使用权而单独转让地役权,或者保留地役权而单独将需役地的使用权转让,也不得将需役地的使用权、地役权分别转让给不同的主体。当土地承包经营权、建设用地使用权等转让时,地役权应当一并转让,除非地役权合同另有约定。地役权不得与需役地的所有权或者使用权相分离,作为其他权利的标的。因此,地役权不得单独抵押。若将地役权作为抵押权的标的,则在实现抵押权时,地役权将与需役地的所有权或者使用权相分离而发生转让。而地役权是为了提高土地利用的便利而设立的权利,脱离了需役地的所有权或者使用权,地役权也就变得没有任何意义。若土地经营权、建设用地使用权等抵押的,则在实现抵押权时,地役权随土地经营权、建设用地使用权等一并转让。

《民法典》第 382 条和第 383 条对地役权的不可分性进行了规定。地役权是为整个需役地提供便利,如果需役地以及需役地上的土地承包经营权、建设用地使用权等已经部分转让,那么,为需役地的便利而使用供役地的权利,在各个部分的需役地上仍然继续存在。但是,如果需役地以及需役地上的土地承包经营权、建设用地使用权等部分转让时,只有转让部分涉及地役权的,则地役权就仅在该转让部分上继续存在,在其他部分上将不再存在。另外,地役权是在整个供役地上的负担,而不仅仅是在部分供役地上设立的负担。供役地以及供役地上的土地承包经营权、建设用地使用权等转让的,地役权在转让后的各个部分供役地上继续存在。但是,如果供役地以及供役地上的土地承包经营权、建设用地使用权等转让,且地役权仅与某部分转让后的供役地相关时,那么,地役权就只对该转让部分的受让人具有法律约束力。

2.116 担保物权 real rights for security

以直接支配特定财产的交换价值为内容,以确保债权实现为目的而设定的物权。

《民法典》第386条对担保物权的概念进行了规定。首先,担保物权是以担保债务的清偿为目的的物权。担保物权的功能在于担保债务的清偿,因此,担保物权的设立和实现,都应当有被担保的债权存在。其次,担保物权是在债务人或者第三人的财产上设立的权利。担保物权旨在担保债务的清偿。债务人可以自己的财产,也可以第三人的财产为债权设立担保物权。用于担保的财产可以是动产、不动产,也可以是某些权利。再次,担保物权具有优先受偿的效力。在债务人不履行到期债务或者发生当事人约定的实现担保物权的情形下,债权人有权对担保财产进行折价、变卖或者拍卖,并以所获得的价款优先实现自己的债权。但需要注意的是,担保物权的优先受偿效力并不是绝对的,在法律另有规定的情形下,担保物权的优先受偿效力就会受到影响。例如,我国《海商法》第25条规定:"船舶优先权先于船舶留置权受偿,船舶抵押权后于船舶留置权受偿。"

2.117　担保物权的适用范围　application range of real rights for security

担保物权适用的民事法律关系。《民法典》第387条规定了担保物权的适用范围。债权人在借贷、买卖等民事活动中可以设立担保物权。此外,在货物运输、加工承揽等民事活动中,也可以设立担保物权。但担保物权不适用于因国家行政行为(如税款)、司法行为(如扣押产生的费用)等不平等主体之间产生的关系;不适用于因身份关系而产生的民事权利义务关系,以及不当得利之债、无因管理之债。债权人设立担保物权的法律依据是《民法典》和其他法律。例如,我国《海商法》规定了船舶抵押权、承运人的留置权等,《民用航空法》规定了民用航空器抵押权。因此,设立这些担保物权还应当依照这些法律的规定。

2.118　反担保　the countersecurity

债务人对为自己债权人提供担保的第三人提供的担保。《民法典》第387条对反担保进行了规定。反担保是相对于本担保而言的,并在本担保关系的基础上设立的。反担保的设立是为了保障债务人以外的第三人将来承担担保责任后,对债务人追偿权的实现而设定的担保。反担保与本担保的联系主要表现为:其一,反担保是以本担保的存在为前提的。反担保依附于本担保而存在。反担保合同也不能游离于担保合同而独立存在。如果第三人没有向债权人提供担保,那么第三人也就不能要求债务人向其提供反担保,债务人也不应向第三人提供反担保。在本担保与反担保关系中,本担保是反担保的前提和基础。其二,反担保中的债权人是本担保中的第三人。其三,反担保是以本担保中担保人为债务人承担担保责任为生效条件。若本担保中的担保人承担了担保责任,该担保人便享有追偿权。也就是说,只有本担保中的担保人承担了担保责任,反担保才能发生效力。而反担保与本担保的区别主要如下:其一,担保的对象不同。本担保的担保对象是债权人对债务人享有的债权。反担保的担保对象是担保人对被担保人(债务人)的追偿权。这种追偿权是在担保人承担担保责任之后才发生的,在性质上是一种新的债权。其二,当事人不同。在由债务人自己担任担保人的抵押、质押担保中,担保合同的当事人为债权人与债务人。而在由债务人之外的第三人担任担保人的抵押、质押担保中,担保合同的当事人是债权人与担保人(第三人)。在反担保中,债权人是本担保中承担了担保责任的第三人,担保人则是本担保中的债务人自己或者债务人以外的其他人。

2.119 担保合同 the security contract

通过抵押合同、质押合同和其他具有担保功能的合同设立意定担保物权的合同。《民法典》第 388 条对担保合同进行了规定。担保合同是主债权债务合同的从合同。根据担保关系的附随性,主债权债务合同无效的,担保合同也就无效,除非法律另有规定。担保合同无效的原因是多方面的,主债权债务合同无效是导致担保合同无效的原因之一,除此之外,可以是担保合同违背公序良俗,也可以是债权人与债务人恶意串通损害他人利益等等。如果担保合同被确认为无效的,就会产生相应的法律后果。债务人、担保人、债权人有过错的,应当根据自己的过错承担相应的民事责任。例如,由于债务人的欺诈行为,导致了主债权债务合同无效。那么,从属于该主债权债务合同的担保合同也因此无效。在此情形下,债务人具有完全的过错,应承担全部的民事责任。

2.120 担保范围 the security range of the real rights for security

担保物权人实现担保物权时,可以就哪些债权对担保财产行使优先受偿权,即担保物权人可以从担保财产变价中优先受偿的范围。《民法典》第 389 条对担保范围予以了规定。担保物权的担保范围包括:一是主债权及其利息。主债权是指债权人与债务人之间因债的关系所发生的债权,例如金钱债权、交付货物的债权等。利息是指主债权产生的收益,例如,金钱债权会产生利息。二是违约金。即合同双方当事人约定的,一方当事人违约时,应当向另一方当事人支付的金钱。三是损害赔偿金。即一方当事人因违约或其他行为给债权人造成了损害而应当承担的赔偿金额。四是保管担保财产的费用,即债权人在占有担保财产期间因保管该财产付出的费用。在抵押中,抵押财产由抵押人自己占有和保管,而在质押和留置担保中,质权人、留置权人占有担保财产,质权人和留置权人有保管担保财产的义务。由于债务人或者第三人将担保财产交由质权人、留置权人占有,旨在担保到期债务的履行,保管担保财产的费用不能由质权人、留置权人承担,因此,保管担保财产的费用应纳入担保物权的担保范围。五是实现担保物权的费用,即担保物权人对担保财产进行折价或者变卖、拍卖担保财产中付出的费用。这些费用包括对担保财产的评估费用、拍卖或变卖担保财产的费用等等。当然,如果当事人对担保物权的担保范围另有约定的,则按照其约定。此时,当事人的意思自治应当得到尊重。

2.121　担保物权的物上代位性　the character of subrogation of the real rights for security

担保物权的效力及于担保财产因毁损、灭失所得的赔偿金等代位物上。《民法典》第390条对担保物权的物上代位性进行了规定。担保财产的代位物包括：一是保险金。担保人为担保财产投保财产保险的，当保险事故发生而导致担保财产毁损、灭失时，担保人可以获得保险金。该保险金可以作为担保财产的代位物。二是赔偿金。担保财产由于第三人的侵权行为或者其他原因而毁损、灭失的，担保人获得的赔偿金可以作为担保财产的代位物。如果质权人、留置权人在占有担保财产期间因保管不善造成担保财产损失的，则质权人、留置权人应向出质人、留置物的权利人承担损害赔偿责任。在此情形下，赔偿金便不能成为担保财产的代位物。三是补偿金。征收组织、个人的房屋以及其他不动产，应当依法给予征收补偿，维护被征收人的合法权益；征收个人住宅的，还应当保障被征收人的居住条件。据此，担保财产被国家征收时，担保人获得的补偿金可以作为担保财产的代位物。在担保期间，若发生了担保财产毁损、灭失或者被征收等情形，担保物权人有权就担保人获得的保险金、赔偿金或者补偿金等优先受偿。若被担保的债权履行期限尚未届满，担保物权人除了可以提前就担保财产的代位物优先受偿之外，也可以将担保人获得的保险金、赔偿金或者补偿金等代位物向提存机构提存。

2.122　物的担保与人的担保之关系　the relationship of physical security and personal security

在同一债权上既有物的担保又有人的担保的，当债务人不履行到期债务或者发生当事人约定的实现担保物权的情形，债权人如何实现债权。《民法典》第392条对物的担保与人的担保的关系进行了规定：一是如果当事人对物的担保和人的担保的关系有约定时，则债权人按照约定实现债权。二是没有约定或者约定不明确，债务人自己提供物的担保的，债权人应当先就该物的担保实现债权。由于债务人是债务的承担者，保证人仅是代替债务人承担责任，因此，在保证人承担了担保责任后，仍然对债务人享有追偿权。在债务人自己提供物的担保的情况下，债权人先就该担保物实现债权，可以避免保证人日后行使追偿权带来的烦琐，有利于节约成本。三是没有约定或者约定不明确，第三人提供物的担保的，债权人可以就物的担保实现债权，也可以请求保证人承担保证责任。当第三人或者保证人代替债务人偿还到期债务后，均有权向债务人追偿。为了保障债权人的债权能得到充分实现，允许债权人选择向第三人行使担保物权，或者请求保证人承担保证责任。

2.123　担保物权的消灭事由　causes for the elimination of the real rights for security

担保物权消灭的原因。《民法典》第393条对担保物权的消灭事由加以了规定。有下列情形之一的，担保物权消灭：一是主债权消灭。担保物权具有从属性，主债权消灭的，担保物权也随之消灭。如果主债权由于清偿、提存、免除、混同等原因而全部消灭时，担保物权将无所依附,从而随之消灭。如果主债权只部分消灭,则担保物权仍然存在,担保财产仍然担保剩余的债权,直至债务全部清偿完毕。二是担保物权实现。担保财产所担保的债权已到清偿期而债务人不履行债务时,担保物权人可以通过行使担保物权,即将担保财产折价或者拍卖、变卖担保财产,以拍卖、变卖所得的价款优先受偿。担保物权的实现将使债权人设立担保物权的目的实现,担保物权消灭。如果债权人实现担保物权后,债权仍未获得全部清偿,则债权人有权要求债务人就未获得清偿的部分进行清偿。三是债权人放弃担保物权。债权人设立担保物权,旨在保障债权的实现。如果债权人放弃了担保物权,则担保物权消灭。这里的"放弃",可以是债权人以明确表示放弃担保物权,也可以是债权人以其行为表明放弃担保物权。四是法律规定担保物权消灭的其他情形。例如,留置权人对留置财产丧失占有或者留置权人接受债务人另行提供担保的,留置权消灭。

2.124　抵押权　right to mortgage

债权人对于债务人或者第三人提供的、作为履行债务的担保的财产,在债务人不履行到期债务或者发生当事人约定的实现抵押权的情形时,可以就其卖得价金优先受偿的权利。在抵押权关系中,提供担保财产的债务人或者第三人,称为"抵押人";享有抵押权的债权人称为"抵押权人";抵押人提供的担保财产称为"抵押财产"。《民法典》第394条对抵押权的概念进行了规定。抵押权具有以下特征:第一,抵押权是一种担保物权。抵押权是抵押权人就抵押财产所卖得价金优先受偿的权利,是通过支配财产的交换价值来达到担保债权的清偿的目的。第二,抵押权是在债务人或者第三人提供的财产上设立的物权。债务人或者第三人提供抵押的财产,可以是不动产、动产,也可以是权利。第三,抵押权是不转移标的物占有的物权。抵押权的设立与存续,不需要转移标的物的占有。抵押财产仍然由债务人或者第三人占有。第四,抵押权是就抵押财产卖得价金优先受偿的物权。这里的优先受偿,表现为以下情形:一是对债务人的其他普通债权人而言,就抵押财产卖得的价金,抵押权人有权优先于其他普通债权人受偿。二是对债务人的其他抵押权人而言,先顺位的抵押权优先于后顺位的抵押权就抵押财产卖得的价金受偿。同一财产向两个以上债权人抵押的,若抵押权均已登记的,按照登记的时间先后确定清偿顺序;已登记的抵押权先于未登记的抵押权受偿;抵押权均未登记的,按照债权比例清偿。如果抵押物卖得的价金不足以清偿其担保的债权,债权人有权就未受清偿的部分要求债务人以其他财产进行清偿。

2.125　抵押财产的范围　the range of the properties under mortgage

是能够设置抵押权的不动产、动产或者权利的范围。《民法典》第395条规定了抵押财产的范围。债务人或者第三人可以将其有权处分的财产设定抵押。这些财产包括以下类型:一是建筑物和其他土地附着物。建筑物包括房屋等。其他土地附着物包括房屋以外的桥梁、隧道等构筑物,以及林木、竹木等。二是建设用地使用权。由于我国土地属于国家所有和集体所有,建设用地使用权是一种用益物权。这种权利的主体享有对土地的占有、使用和收益的权利。三是海域使用权。海域使用权人有权依法使用海域,并获得收益。按照抵押财产必须具有可转让性的原则,海域使用权依法可以抵押。四是生产设备、原材料、半成品、产品。这包括企业生产使用的各种机器设备、用于生产家具的木料、尚未组装完成的车辆、轮船等等。五是正在建造的建筑物、船舶、航空器。正在建造的建筑物抵押是抵押人为取得在建工程继续建造资金的贷款,以其合法取得的土地使用权,连同在建工程的投入资产,抵押给银行作为偿还贷款的担保。正在建造的船舶、航空器也可以用于抵押。六是交通运输工具。这包括飞机、火车、汽车、轮船等特殊动产。七是法律、行政法规未禁止抵押的其他财产。只要法律、行政法规对债务人或第三人有权处分的财产设立抵押没有禁止性规定,则这些财产就可以用于设立抵押。

2.126 禁止抵押的财产范围 property range prohibited from mortgage

是否能设置抵押权的不动产、动产或权利的范围。《民法典》第399条规定了禁止抵押的财产范围。下列财产不得抵押:一是土地所有权。在我国,由于土地所有权不具有可转让性,因此,土地所有权不得作为抵押财产。如果允许土地所有权抵押,将可能使土地所有权转为个人所有,这是有违土地公有制的。二是宅基地、自留地、自留山等集体所有土地的使用权,但是法律规定可以抵押的除外。如果允许宅基地使用权抵押,一旦农民失去宅基地,将会丧失生存的基本条件,不利于社会的稳定。因此,禁止宅基地使用权抵押。另外,自留山、自留地等是农民的基本生产资料,具有社会保障的性质,因此,自留地、自留山等集体所有土地的使用权不得抵押。当然,如果法律规定集体所有土地的使用权可以抵押的,则其可以作为抵押财产。三是学校、幼儿园、医疗机构等为公益目的成立的非营利法人的教育设施、医疗卫生设施和其他公益设施。这里的"其他公益设施",包括公共图书馆、博物馆、美术馆、文化宫等。四是所有权、使用权不明或者有争议的财产。如果抵押财产的所有权、使用权不明或者有争议,将不仅会造成对真正权利人利益的侵害,而且会在实现抵押权时产生各种纠纷,影响社会经济秩序。五是依法被查封、扣押、监管的财产。依法被查封、扣押的财产是指人民法院、行政机关依法采取强制措施,就地贴上封条或者转运到别处,并不得占有、使用或者处分的财产。依法监管的财产是指行政机关依法监督、管理的财产。六是法律、行政法规规定不得抵押的其他财产。

2.127 房地一并抵押 the building and land for construction should be mortgaged together

建筑物与其占用范围内的建设用地使用权一并用于抵押。《民法典》第397条规定了房地一并抵押。土地和建筑物虽然为独立的不动产,但二者不可分离。因此,建设用地使用权与地上建筑物设立抵押时,应当采取二者一并抵押的原则。也就是以建筑物抵押的,该建筑物占用范围内的建设用地使用权一并抵押;以建设用地使用权抵押的,该土地上的建筑物一并抵押。只有这样,才能保证实现抵押权时,建筑物所有权和建设用地使用权同时转让。如果抵押人未将建筑物与建设用地使用权一并抵押的,仅单独抵押了建筑物或者建设用地使用权,则未抵押的财产视为一并抵押。

2.128 浮动抵押 floating mortgage

民事主体以现有的和将有的财产提供抵押,当债务人不履行到期债务或者发生当事人约定的实现抵押权的情形,债权人有权就约定实现抵押权的财产优先受偿。《民法典》第396条规定了浮动抵押。浮动抵押具有如下特点:第一,抵押人是企业、个体工商户、农业生产经营者。第二,抵押财产包括现有的以及将有的生产设备、原材料、半成品、产品。其他财产不得用于设立浮动抵押。例如,不动产、应收账款、知识产权等均不得作为浮动抵押的标的物。第三,设立浮动抵押应当订立书面的抵押协议。该协议应当对担保的债权种类和数额、抵押财产的范围、抵押权的实现等问题进行约定。当发生债务人不履行到期债务或者当事人约定的实现抵押权的情形,债权人有权就实现抵押权时的动产优先受偿。浮动抵押财产在确定之前属于不特定物,抵押人将来取得的动产属于浮动抵押标的物,抵押人已有的动产也可以自行转让,因此,实现浮动抵押权必须对抵押财产进行特定化,以确定抵押权效力所及的财产范围。如果出现了债务履行期届满、当事人约定的实现抵押权的情形等,浮动抵押财产范围就应当确定。在浮动抵押财产确定之前,浮动抵押权人对未特定化的标的物没有控制力和支配力。抵押人对抵押财产享有自由处分权,买受人仍可通过正常经营活动取得浮动抵押财产的所有权。在浮动抵押财产确定之后,浮动抵押权转化为固定标的物的普通抵押权。

2.129 抵押合同 mortgage contract

抵押人与抵押权人之间为设立抵押权订立的协议。《民法典》第400条规定了抵押合同。抵押权法律关系比较复杂,在实现抵押权时,往往涉及第三人的利益,因此,设立抵押权,当事人应当采用书面形式订立抵押合同。抵押合同一般包括以下条款:一是被担保债权的种类和数额。只有在借贷、买卖、货物运输、加工承揽等经济活动中,债权人需要以抵押方式保障其债权实现的,才可以设定抵押。因此,"被担保债权"就是指被担保的合同产生的债权,即合同之债。被担保债权的种类,是指抵押担保的债务究竟为哪一个合同,且应将该合同与其他合同相区别。被担保债权的数额,是指主债权的标的额。二是债务人履行债务的期限。所谓债务人履行债务的期限,是指债务人应履行债务或者债权人请求债务人履行债务的期限。在债务履行期限到来之前,债权人不得请求债务人履行债务。三是抵押财产的名称、数量等情况。抵押权是在特定的抵押财产上设立的物权,因此,在抵押权合同中,应明确抵押财产的名称、数量、质量、状况、所有权权属或者使用权权属等情况。四是担保的范围。抵押财产担保的范围,是指抵押财产拍卖、变卖之后抵押权人可以优先受偿的范围。抵押财产担保的范围包括被担保的主债权及利息、违约金、损害赔偿金、实现抵押权的费用等。当事人可以在抵押合同中约定上述范围中的一项或几项,也可以对上述各项都承担担保责任。

2.130 不动产抵押登记 real estate mortgage registration

不动产抵押登记的财产范围以及登记的效力。《民法典》第402条对不动产抵押登记进行了规定。需要进行抵押登记的财产为:一是建筑物和其他土地附着物;二是建设用地使用权;三是海域使用权;四是正在建造的建筑物、船舶、航空器。以这些财产设立抵押的,应当办理抵押登记,抵押权自登记时设立。抵押登记,有利于保护债权人利益和第三人利益。债权人可以知道抵押财产的权属关系以及抵押权的顺位,以决定是否接受该财产设立抵押。第三人与抵押人进行交易时,则可以作出合理的判断,以免遭受损害。若以上述财产设立抵押,未办理抵押登记,则抵押权未设立。

2.131 动产抵押的效力 effect of chattel mortgage

以动产设立抵押的,抵押权何时设立并发生效力。《民法典》第403条对动产抵押的效力进行了规定。当事人以动产抵押的,可以办理抵押登记,也可以不办理抵押登记,抵押权自抵押合同生效时设立。如果以动产设立抵押,未办理抵押登记的,则不得对抗善意第三人。善意是指不知道,即根本不知晓某项财产上已设立了抵押。如果某人明知某项财产上已设立了抵押权而仍与抵押人订立买卖合同,则属于恶意。之所以对动产抵押没有采取与不动产抵押同样的登记要求,一方面是为了维持交易的便捷,另一方面是使当事人斟酌具体情况,决定是否申请登记,以保障自己的权益。

2.132 抵押财产的处分 disposition of mortgaged property

抵押期间抵押人对抵押财产权属的转让。《民法典》第406条对抵押财产的处分进行了规定。在抵押期间,抵押人对抵押财产仍然享有所有权或者处分权。因此,抵押人可以转让抵押财产。如果抵押人与抵押权人在抵押合同中约定,抵押财产不得转让的,则抵押人不得转让抵押财产。抵押人转让抵押财产的,抵押权人的抵押权不受影响,依然存在。抵押人转让抵押财产的,应当及时通知抵押权人。也就是说,抵押人转让抵押财产,只要及时通知抵押权人即可,并不需要征得抵押权人的同意。然而,我国社会目前正处于转型时期,信用体系尚不健全,实践中一些抵押人在设定抵押权后擅自转让抵押财产,从而使得抵押权人的债权失去保障,影响抵押权制度担保功能的发挥。例如,抵押人转让抵押财产的价款显著低于市场价值,就有可能损害抵押权人的利益。为了保护抵押权人的利益,抵押权人能够证明抵押财产转让可能损害抵押权的,可以请求抵押人将转让所得的价款向抵押权人提前清偿债务或者提存。如果抵押财产转让的价款超过债权数额的,该超过的部分价款归抵押人所有。如果抵押财产转让的价款低于债权数额的,不足的部分数额则由债务人清偿。

2.133　抵押权及其顺位的处分　disposition of mortgage and its sequence

抵押权人放弃抵押权、抵押权的顺位,以及抵押权人与抵押人协议变更抵押权的顺位。《民法典》第409条规定了抵押权及其顺位的处分。抵押权是抵押权人的一项权利。抵押权人可以放弃抵押权。抵押权人放弃抵押权,不需要经过抵押人的同意。如果抵押权人放弃了抵押权,则抵押权消灭,债权人不得就抵押人提供抵押的财产优先受偿。抵押权的顺位,是指抵押权人优先受偿的顺序。对同一财产向两个以上债权人抵押的,不同抵押权人的受偿顺位不同。抵押权的顺位是抵押权人享有的一项利益,抵押权人可以放弃其顺位。如果抵押权人放弃了抵押权的顺位,则放弃人处于最后顺位,所有后顺位的抵押权人的顺位依次递进。抵押权人与抵押人可以协议变更抵押权顺位以及被担保的债权数额等内容。但是,抵押权的变更,未经其他抵押权人书面同意,不得对其他抵押权人产生不利影响。债务人以自己的财产设定抵押,抵押权人放弃该抵押权、抵押权顺位或者变更抵押权的,其他担保人在抵押权人丧失优先受偿权益的范围内免除担保责任,但是其他担保人承诺仍然提供担保的除外。这里的"其他担保人",包括为债务人的债务提供担保的保证人、提供抵押或者质押的第三人。

2.134　抵押权的实现　realization of mortgage

债务人不履行到期债务或者发生当事人约定的实现抵押权的情形,抵押权人可以与抵押人协议以抵押财产折价或者以变卖、拍卖该抵押财产所得的价款优先受偿。《民法典》第410条对抵押权的实现加以了规定。抵押权实现的条件是:其一,债务履行期届满,债务人不履行到期债务。其二,发生了抵押人与抵押权人约定的实现抵押权的情形。例如,可以约定当抵押人的行为造成抵押财产减少或者抵押人分离抵押财产、转让抵押财产时,抵押权人有权实现抵押权;也可以约定当债务人有违约行为时(如停止支付利息),抵押权人有权实现抵押权。抵押权的实现方式有以下三种:一是折价。即抵押人与抵押权人达成协议,将抵押财产折价用于清偿债务,并使抵押权人取得抵押财产的所有权。二是拍卖。拍卖是指在特定的时间和场合,在拍卖人的主持下,竞买人进行竞价购买,提出价格最高者将购得抵押财产。三是变卖。变卖是指抵押权人通过买卖或者以招标转让等方式将抵押财产出卖。抵押权人变卖抵押财产,应当参照市场价格。如果抵押权人与抵押人未就抵押权的实现方式达成协议的,抵押权人可以请求人民法院拍卖、变卖抵押财产。

2.135　浮动抵押财产的确定　determination of floating mortgage property

发生法定的情形时,浮动抵押财产即转化为固定财产。《民法典》第411条对浮动抵押财产的确定进行了规定。在浮动抵押设定时,抵押人以现有的和将来的财产设定抵押。在浮动抵押设定时,抵押财产时不确定的。但是抵押权实现时,抵押财产必须确定,只有抵押财产确定,抵押权人才能将抵押财产折价或者拍卖、变卖,以实现抵押权。用于设立浮动抵押的财产只有在发生法定的情形下才能确定。这些情形包括以下四种:一是债务履行期限届满,债权未实现。在这种情形下,抵押财产应确定,自债务履行期限届满之日起,抵押人不得再处分抵押财产。二是抵押人被宣告破产或者解散。由于在这种情形下,抵押财产不再发生变动,抵押权人应对抵押财产享有优先受偿的权利。三是当事人约定的实现抵押权的情形。抵押人与抵押权人可以约定实现抵押权的条件。如果抵押人与抵押权人之间约定的实现抵押权的情形出现,则抵押权人可以实现抵押权。四是严重影响债权实现的其他情形。如果发生了严重影响债权实现的其他情形,例如,抵押人为逃避债务隐匿财产、转移财产,或者以不正常的低价出卖财产等等,则抵押权人有权要求确定抵押财产,实现抵押权,以保护自己的利益。

2.136　数个抵押权的清偿顺序　discharg sequence of mortgages

同一财产向两个以上债权人抵押的,数个抵押权清偿的顺序。《民法典》第 414 条规定了数个抵押权的清偿顺序。在抵押财产的价值大于所担保的债权数额时,抵押人可以就同一抵押财产向其他的债权人再次抵押,而且向数个债权人抵押担保的债权总额不得超出该抵押财产的价值。同一财产向两个以上债权人抵押的,拍卖、变卖抵押财产所得的价款依照下列原则清偿:一是如果数个抵押权均已登记的,按照登记的时间先后确定清偿顺序。前一顺位的抵押权实现后,处于后一顺位的抵押权,只能就抵押财产剩下的部分受偿。如果抵押权登记的时间相同的,则不同的抵押权处于同一顺位,按照各自担保的债权的比例来受偿。二是抵押权已经登记的先于未登记的受偿。对不动产抵押而言,由于《民法典》规定以不动产设立抵押的,抵押权应当办理登记才能发生效力,所以,不会出现"抵押权已登记的先于未登记的受偿"这种情形。对动产抵押而言,若有的抵押权已经办理抵押登记,有的抵押权未办理抵押登记,则抵押权已经登记的优先于未登记的受偿。三是抵押权未登记的,按照债权比例清偿。对不动产抵押而言,未办理抵押权登记的,该抵押权不产生效力。对动产抵押而言,若抵押权未登记的,不影响抵押权的成立,拍卖、变卖抵押财产所得的价款则按照各个债权占债权总额的比例来清偿。

2.137　动产购买价款抵押担保的优先权　priority of mortgage on movable property purchase price

为了担保债务人买入动产时对出卖人或者贷款人支付价款的债务的履行,在买入的该动产上为出卖人或者贷款人设立的,经依法登记取得法律规定的优先受偿权的抵押权。

《民法典》第416条对动产购买价款抵押担保的优先权进行了规定。动产购买价款抵押担保的优先权的设立,应符合以下条件:一是动产购买价款抵押权担保的主债权是抵押财产的价款。二是动产购买价款抵押权的客体是买受的动产。三是动产购买价款抵押权的标的物所有权必须转移给买受人。四是动产购买价款抵押权必须办理抵押登记。动产购买价款抵押权的登记必须在标的物交付后十日办理。动产购买价款抵押担保的优先权效力,不仅表现为优先于在其登记之后该动产上设立的担保物权,而且优先于该动产上在先设立的担保物权,但是留置权除外。由于留置权是法定担保物权,其直接依据法律规定而产生,而抵押权属于意定担保物权,法定担保物权优先于意定担保物权是公认的物权法原则。

2.138　抵押权存续期间　duration of mortgage

抵押权存在的期限。《民法典》第419条规定了抵押权存续期间。抵押权为担保物权,在主债权消灭、抵押权实现、债权人放弃担保物权或者法律规定抵押权消灭的其他情形下,抵押权消灭。如果没有发生上述情形的,抵押权是否有存续期间呢?抵押权人应当在主债权诉讼时效期间行使抵押权,未行使的,人民法院将不予保护。这是为了促进抵押权人及时行使权利,避免出现抵押权人怠于行使权利,影响抵押财产经济价值发挥的现象。

2.139　最高额抵押权　right to mortgage at maximum amount

为担保债务的履行,债务人或者第三人对一定期间内将要连续发生的债权提供抵押担保,债务人不履行到期债务或者发生当事人约定的实现抵押权的情形的,抵押权人有权在最高债权额限度内就该担保财产优先受偿。《民法典》第420条对最高额抵押权进行了规定。最高额抵押权具有以下特征:一是最高额抵押权是为将来发生的债权提供担保。最高额抵押权的设定,不以债权已经存在为前提,而是对将来发生的债权提供担保。二是最高额抵押权担保的债权最高限额确定,但实际发生的债权数额不确定。最高额抵押权担保的债权最高限额是确定的,在此限额内对债权提供担保。最高额抵押所担保的将来债权则是不确定的,即将来债权是否发生,其数额是多少,均处于不确定的状态。三是最高额抵押权是对一定期限内连续发生的债权提供担保。对于长期贷款合同、批发商与零售商之间的继续性交易合同等,若每次交易都设定一个一般抵押权,则程序烦琐,给当事人带来诸多不便。最高额抵押有利于简化手续,方便当事人,促进资金融通,更好地发挥抵押担保的功能。

2.140　动产质权　pledge of movable properties

债务人或者第三人将其动产转移给债权人占有作为债权的担保,当债务人不履行到期债务或者当事人约定的实现质权的情形出现时,债权人享有以该动产折价或者就拍卖、变卖该动产的价款优先受偿的权利。《民法典》第425条对动产质权进行了规定。动产质权具有以下特征:一是动产质权以他人的动产为标的物。动产质权的标的物为动产,其他的财产不能成为动产质权的标的物。此外,动产质权的标的物是他人所有的动产。二是动产质权为占有债务人或者第三人移交的动产的担保物权。动产质权的设定与存在,必须以质权人占有由债务人或第三人交付的动产。三是动产质权是就动产卖得的价金优先受偿的权利。动产质权为担保债权的实现而存在,因此在债权已届清偿期而未获得清偿时或者发生当事人约定的实现质权的情形时,质权人可以变卖动产,并以卖得的价金优先受偿。四是动产质权是担保物权。债务人或第三人将动产交由债权人占有,是为了担保债权的实现。质权人通常只能占有动产,不得使用和收益。

2.141 质押合同 contract on pledge

出质人与质权人订立的设立质权的合同。《民法典》第427条对质押合同加以了规定。质押合同是一种要式民事法律行为,其成立除了出质人与质权人之间意思表示一致以外,还必须采取书面形式。质押合同的内容一般包括:一是被担保债权的种类和数额。被担保债权的种类是指被担保的债权是金钱之债、种类物给付之债、特定物给付之债或是以作为或不作为为标的的债权等。被担保债权的数额是指能够量化并以计算单位计算出来的债权的数额。二是债务人履行债务的期限。债务人履行债务的期限是质权得以实行的期限。三是质押财产的名称、数量等情况。四是担保的范围。质押担保的范围包括主债权及利息、违约金、损害赔偿金、质物保管费用和实现质权的费用。出质人和质权人可以对质押担保的范围进行约定。五是质押财产交付的时间、方式。质押财产交付的时间是质押合同订立后,出质人将质物交付给质权人占有的时间。由于质权自出质人交付质押财产时设立,因此,在质押合同中明确了质押财产交付的时间,就可明确质权设立的时间。质押财产交付的方式可以是出质人将动产现实交付给质权人,也可以是出质人采取指示交付的方式将动产交付给质权人。如果出质人与质权人约定,出质人以占有改定的方式代替交付,由出质人直接占有质押财产,此种方式能否作为质押财产交付的方式呢?在占有改定的情况下,质押财产从外观上仍由出质人占有,从而使质权的设立没有完成应有的公示方法,所以,占有改定的方式不适用于质权的设定。

2.142 流质 prohibition of liquidity pledge

是设立动产质权时或在债务清偿期届满前,出质人与质权人订立的债务履行期届满而债权未获得清偿,质押财产的所有权归质权人所有的约款的合同。《民法典》第428条对流质条款的效力进行了规定。各国民法一般都禁止出质人与质权人以"流质合同"处分质押财产。由于质权人可能趁债务人某种急迫需要或陷于穷困的情势,迫使债务人与其签订合同,以价值过高的质押物担保较小的债权额,并在债务人不能履行到期债务时取得质押物的所有权。在这种情形下,就有必要禁止流质合同,以保护出质人的利益。然而,当事人之间订立流质条款时,存在为债权进行担保的意思表示,如果否定该质权的效力就会使债权人的债权变成完全无担保的普通债权。为此,当事人订立流质条款的,当债务履行期限届满时,不发生质押财产所有权转移的效力,而是应当按照法定的实现质权的方式,就质押财产优先受偿。

2.143 动产质权设立 establishment of pledge of movable properties

动产质权成立的时间。《民法典》第 429 条规定了动产质权的设立。动产质权以动产为标的,而动产具有易于转移的特征。因此,为了保障动产质权的实现,动产质权应当自出质人交付质押财产时设立。这意味着尽管出质人与质权人之间订立了动产质押合同,但只要出质人未将质押财产交付给质权人,那么动产质权便不能设立。

2.144 质押财产保全 preservation of pledged property

因不可归责于质权人的事由可能使质押财产毁损或者价值明显减少,足以危害质权人权利的,质权人采取的保全质押财产的行为。《民法典》第 433 条规定了质押财产的保全。质押财产是质权的标的物,它之所以能够担保债权的实现,是因为其具有交换价值。如果质权设立后,因不可归责于质权人的事由,质押财产有损毁或价值明显减少的可能,并足以危害质权人的权利的,质权人可以要求出质人提供相应的担保。所谓"相应的担保",是指质权人要求出质人提供的担保的价值与质押财产损毁或减少部分的价值相当。在出质人拒绝提供担保的情况下,质权人有权拍卖或变卖质押财产。拍卖或变卖所得的价款是质押财产的替代物,质权的效力应当及于该替代物上。质权人可以与出质人通过协议将拍卖、变卖所得的价款提前清偿债务或者提存。如果质押财产拍卖或变卖所得的价款超过所担保的债权数额的,该超过部分归出质人所有。将质押财产拍卖、变卖所得的价款提存后,只有在债务清偿期届至时,质权人才得以提存的价款清偿债务。

2.145 转质权 right of repledge

是质权人在质权存续期间,为了对自己的债务提供担保,而将质物移转占有给第三人,从而在该质物上设定新的质权的行为称为转质,所成立的质权。《民法典》第 434 条对转质权进行了规定。根据是否经过出质人同意而转质,转质分为承诺转质与责任转质。承诺转质是指质权人取得出质人的同意,为担保自己债务的履行,而将质物转移占有给第三人,并在质物上设立新的质权的行为。在承诺转质的情形下,新设立的质权(转质权)与原质权及其被担保的债权是不同的,转质权不受原质权的限制。质权人仅对因转质人的过错而发生的损失承担责任,对质物转质后非因转质人的过错而发生的损失,质权人不承担责任。责任转质是指在质权存续期间,质权人未经出质人同意,而将质物转质给第三人,从而设立新的质权的行为。一方面,质权人因质权的设定而占有质押财产,妨碍了质押财产的使用价值的发挥。若质权人能通过转质而充分利用质押财产的交换价值,可以弥补质押财产的使用价值不能充分发挥的缺陷,有利于实现"物尽其用、物有所值"的理念。另一方面,质押财产的所有权仍归属于出质人。出于对出质人的质押财产的安全性考虑,转质未经出质人同意,造成质押财产毁损、灭失的,质权人应当承担赔偿责任。在责任转质情形下,转质人一旦实行责任转质,就应对质物因此所发生的全部损害承担赔偿责任。转质人不仅对其因过错而造成的损害负责赔偿,而且也应承担质物因不可抗力所造成的损毁灭失的风险。

2.146　质权实现　realization of pledge right

质权人在债权已届清偿期而债务人不履行债务或者发生当事人约定的实现质权的情形时,处分占有的质押财产并优先受偿的行为。《民法典》第436条对质权的实现加以了规定。债务人不履行到期债务或者发生当事人约定的实现质权的情形,质权人有权实现质权。质权人实现质权的方式有三种:一是折价方式。质权人与出质人订立协议,由质权人出价购买该质押财产。质押财产折价的,应当参照市场价格。二是拍卖方式。即以公开竞价的方式将质押财产卖给出价最高的人。拍卖质押财产所得的价款应当优先用于清偿债务,清偿债务后有余额的,应当返还给出质人,不足以清偿债务的应由债务人补足。三是变卖方式。即将质押财产出卖给他人,以其价款清偿债务。质权人变卖质押财产的,应当参照市场价格。变卖质押财产用于清偿债务后有余额的,应当返还给出质人,不足以清偿债务的应由债务人补足。

2.147　最高额质权　the right of pledge of maximum amount

质权人与出质人达成协议,在约定的一定债权限额内,以质押财产对一定期限内连续发生的债权提供担保。《民法典》第439条对最高额质权进行了规定。最高额质权具有以下特征:一是最高额质权的质押财产必须转移占有。这是最高额质押与最高额抵押的区别所在。二是最高额质权是对将来发生债权提供担保。在一般的质权中,被担保的债权数额是确定的,仅为既存的债权。但在最高额质权中,被担保的债权则为一定期限内连续发生的债权。直到决算期届至时,实际发生的债权数额才得以确定。三是最高额质权所担保的债权有最高限额。预定的债权最高限额并非担保的实际债权数额,实际的债权数额在最高额质权存续期间不断发生变化。最高额质押有利于简化质押担保的手续,为当事人提供交易的便利,能更好地发挥质押担保的功能。

2.148　权利质权　pledge of rights

债务人或者第三人以所有权之外的可转让的财产权为标的而设立的质权。《民法典》第440条对权利质权进行了规定。权利质权是与动产质权相并立的另一类质权,二者均以取得标的(物)的交换价值为目的。只不过前者以一定的权利为标的,因此称为权利质权。可作为权利质权的标的的权利,应具备以下条件:一是须为财产权。人格权、身份权等权利,不具有经济价值,无法为债权实现提供担保,不得成为权利质权的标的。二是须为可转让的财产权。由于在债务人不履行到期债务或者发生当事人约定实现质权的情形时,质权人有权就用于出质的权利优先受偿,因此,作为权利质权标的的权利,应当具有可转让性。三是法律规定适于出质的财产权。权利作为质权标的必须适合于出质。只有法律规定的可以出质的权利才能成为质权标的。不动产用益物权(例如,建设用地使用权、土地承包经营权、地役权)不得成为质权的客体。下列权利可以出质:汇票、本票、支票;债券、存款单;仓单、提单;可以转让的基金份额、股权;可以转让的注册商标专用权、专利权、著作权等知识产权中的财产权;现有的以及将有的应收账款;法律、行政法规规定可以出质的其他财产权利。

2.149　留置权　lien

债务人不履行到期债务时,债权人对其占有的债务人的动产予以留置,并以该动产折价或者以拍卖、变卖该动产的价款优先受偿的权利。《民法典》第447条对留置权进行了规定。留置权具有以下特征:一是留置权是一种担保物权。只要债权人合法占有了债务人的动产,且债务人不履行到期债务,债权人对占有的债务人的动产便当然取得了留置权。二是债权受清偿之前,债权人有权留置他人的动产。所谓留置,就是扣留并占有他人的动产。法律之所以赋予债权人在自己的债权受清偿之前留置他人的动产的权利,目的在于对债务人形成压力,促使其及时清偿债务。三是债权人留置他人的动产应当具备一定的条件。债权人留置他人的动产应具备债权已到清偿期;债权的发生与该动产处于同一法律关系,但企业之间留置的除外。

2.150　留置权实现　realization of lien

留置权的实现条件和方式。《民法典》第453条规定了留置权的实现。留置权的实现条件如下:一是通知债务人在宽限期内履行义务。留置权人在拍卖、变卖留置财产清偿其债权之前,应当通知债务人履行债务。留置权人与债务人应当约定留置财产后的债务履行期限;没有约定或者约定不明确的,留置权人应当给债务人六十日以上履行债务的期限,但是鲜活易腐等不易保管的动产除外。二是债务人在宽限期内仍不履行债务。如果债务人在宽限期内履行了债务,则留置权归于消灭。当债务人在宽限期内仍不履行债务时,留置权人可以实现留置权。留置权实现的方式有以下三种:其一,折价。折价是由留置权人与债务人协商确定留置财产的价值,由留置权人取得留置财产的所有权,从而使债的关系归于消灭。其二,拍卖。拍卖是依拍卖程序,在特定场所以公开竞价的方式出卖留置财产。留置权人以拍卖留置财产所得的价款优先受偿。其三,变卖。变卖是留置权人将留置财产出卖给他人。留置权人有权就变卖留置财产所得的价款优先受偿。无论留置财产是折价或者变卖,都应当参照市场价格,不能随意降低该留置财产的价格。留置财产折价或变卖、拍卖后,其价值超过债权的部分,归债务人所有。值得注意的是,留置权人拍卖、变卖留置财产,不需要与留置财产的所有权人协商,只要实现留置权的条件具备,留置权人就有权采取拍卖、变卖留置财产,留置财产的所有权人也不得妨碍留置权人行使留置权。

2.151　留置权消灭　perishment of lien

在某些情形下,留置权归于消灭。《民法典》第457条规定了留置权的消灭。留置权可由于留置标的物的灭失、被征收等原因而消灭。在如下两种特殊情形下,留置权消灭:一是留置权人对留置财产丧失占有。占有留置财产是留置权成立和存续的要件。因此,留置权人丧失对留置财产的占有,就成为留置权消灭的原因。留置权人对留置财产占有的丧失,可分为两种情形:一种情形是留置权人将留置财产返还给财产所有人;另一种情形是留置财产被他人非法占有。在前一种情形下,留置权人主动、自愿放弃了对留置财产的占有,留置权人对该留置财产不再享有优先受偿权。在后一种情形下,例如,留置财产被他人抢夺或非法侵占时,留置权人有权请求抢夺人或非法侵占人返还留置财产。留置财产返还后,留置权继续存在。如果留置权人不能行使占有返还请求权恢复对留置财产的占有,留置权应消灭。此外,如果留置权人将留置财产出租、出借、委托第三人保管,均视为留置权人间接占有留置财产,留置权并不消灭。但如果未经留置财产所有权人同意,对由此给留置财产造成损失的,留置权人应承担赔偿责任。二是留置权人接受债务人另行提供担保。留置权的目的在于通过留置权人合法占有债务人的动产,促使其及时履行债务,以保护债权人的利益。债务人另行担保的,债权人的债权受偿就有了充分的保障,原留置财产上的留置权应归于消灭。

2.152　占有　possession

对物的一种事实上的控制与支配。《民法典》第二十章对占有进行了规定。占有的标的以物为限,物之外的财产权,不能成立占有。占有可因对物享有所有权、用益物权、担保物权、债权或其他权利而发生,也可因某种缺乏权利依据的行为以及单纯的自然事实而发生。占有在性质上是一种事实而不是权利。将占有认定为事实,则占有人只需证明占有的存在,而不需要证明自己是否有权占有,即可受到占有制度的保护。占有制度有利于保护现实存在的占有关系,维护社会经济秩序,还有利于维护交易安全。除非有相反的证据证明,动产占有人在法律上推定为权利人,占有人与他人就其占有的动产进行交易,他人基于对动产占有的信赖而完成了交易,该交易应受到保护。

2.153 有权占有 entitled possession

基于法律的规定或者合同的约定而对某项不动产或者动产进行的占有。《民法典》第458条规定了有权占有。在有权占有中,对某项动产或者不动产进行占有的权利,称为本权。本权主要包括依法律规定取得的所有权、用益物权、担保物权等,以及依合同取得的债权等。基于合同关系等产生的占有,有关不动产或者动产的使用、收益、违约责任等,按照合同约定;合同没有约定或者约定不明确的,依照有关法律规定。

2.154 无权占有 unentitled possession

无本权的占有。无权占有主要发生在占有人对不动产或者动产的占有无正当的法律关系,或者原法律关系终止时。例如,拾得人对于遗失物的占有;占有人将他人的物误认为己有,或借用他人的物到期不予以归还等。根据占有人的主观状态,无权占有可以分为善意占有和恶意占有。在无权占有的情形下,有关不动产或者动产的使用、收益、损害赔偿责任等,《民法典》第459—461条作了具体规定。

2.155 恶意占有 malicious possession

占有人明知其无占有的权利或者因重大过失不知自己为无权占有而仍然进行的占有。例如,对于盗赃物,买受人明知出卖人无所有权而仍然购买并占有。《民法典》第459条和第461条对恶意占有进行了规定。为保护物的权利人的权益,当恶意占有人因使用其占有的不动产或者动产,致使该不动产或者动产受到损害的,恶意占有人应承担赔偿责任。恶意占有人的占有不仅缺乏法律上的正当依据,而且在道德上也具有可谴责性,因此,各国立法均对恶意占有人苛以较重的责任。若占有的不动产或动产毁损、灭失,恶意占有人应当将因此取得的保险金、赔偿金或补偿金等返还给权利人。若保险金、赔偿金或补偿金等未能足够弥补权利人的损害,恶意占有人还应当赔偿权利人的损失。

2.156 善意占有 bone fide possession

占有人不知道或者不应当知道其不具有占有的权利而仍然进行的占有。《民法典》第460条对善意占有进行了规定。善意占有人使用占有物时,被推定为物的权利人,因此,善意占有人使用占有物受到损害的,各国一般都规定无须承担责任。不动产或者动产被占有人占有的,权利人可以请求返还原物及其孳息;但是,占有人返还原物及其孳息后,善意占有人对其因维护该不动产或动产而支出的必要费用,有权请求权利人支付。如果善意占有人占有的不动产或者动产毁损、灭失,该不动产或者动产的权利人请求赔偿的,善意占有人应将因此取得的保险金、赔偿金或者补偿金等返还给权利人。

2.157 占有保护请求权 claim for possession protection

占有人对于他方侵占或妨害自己占有的行为,请求返还原物、排除妨害、消除危险等请求权。《民法典》第462条对占有保护请求权进行了规定。占有物返还请求权,是指占有人的占有被侵占的,占有人有权请求侵占人及其承继人返还占有物的权利。占有被侵占,是指占有人完全丧失或部分丧失对物的占有。例如,占有的动产被盗窃、被抢夺等均属于占有被侵占。如果占有人基于自己的意思转移对物的占有,则无权行使占有物返还请求权。排除妨害请求权,是指占有人在其占有受到他人妨害时,有权请求他人除去妨害。妨害是指采用侵占以外的方法而妨碍占有人对占有物的管领和控制。例如,占有人所占的房屋的一部分被邻居用来堆放杂物,就属于对占有的妨害。消除危险请求权,是指占有人的占有可能遭受他人的妨害时,占有人请求他人采取一定的措施以防止发生妨害占有的后果。至于是否存在妨害的可能或者妨害的危险,应根据一般的社会观念和当时的周围环境加以判断。例如,在他人的房屋旁边挖洞,确有可能危及房屋安全的,房屋的占有人可行使消除危险请求权。占有虽然不属于一种权利,但为法律所保护的财产利益,因此,任何人不得侵害占有。因侵占或者妨害造成损害的,占有人有权请求损害赔偿。

第三编 合 同

3.001 债法总则 general rules of obligation law

对债权法共同规则的抽象,债权法通用规则。《民法典》中债产生的原因包括合同、侵权、不当得利和无因管理。因此,债法总则是从合同法、侵权法、不当得利法和无因管理法中抽象出的共同规则,比如损害赔偿范围、多数人之债规则、债的消灭原因等。《民法典》立法过程中,各方对是否应当设债法总则编有激烈争议,最后立法者没有设立单独债法总则。为了弥补这一缺失,只能将本应当由债法总则规定的内容规定在合同通则中。债法总则的功能在一定程度上由合同通则承担,法条在措辞上经常使用"债权债务"替代"合同权利义务"。一般认为,这一处理模式可以有效简化法律规则,有利于法律适用的便利,也有利于保护合同法总则的完整性,实现统摄债之规则的功能。

3.002 合同通则 general principles of contract law

《民法典·合同编》的通用规定,是合同编的第一分编。合同通则统领合同分则各典型合同。鉴于我国《民法典》不设债法总则,合同通则在一定程度上发挥债法总则的功能,因此法条在措辞上经常使用"债权债务"替代"合同权利义务"。本来属于债法总则的内容也被规定在合同通则中,比如多数人之债、债的履行、债的消灭等。合同通则部分共132条,包括一般规定、合同的订立、合同的效力、合同的履行、合同的保全、合同的变更和转让、合同的权利义务终止、违约责任。相比《合同法》的总则部分及其司法解释,合同通则在内容上有新变化,对社会发展过程中出现的新问题予以回应,比如规定了电子合同问题;比如规定了对理论中发展成熟的制度立法化,比如规定了情事变更制度;等等。

3.003 债 obligation

是特定的人与特定的人之间所发生的权利义务关系,享有权利的一方是债权人,负担义务的一方为债务人。在债之关系中,债权人有要求债务人作为或不作为的请求权,债务人有向债权人履行债务的义务。债务人不履行义务的,要承担违约责任。因此,债产生的是请求权,是相对权,债权人是否实现债权取决于债务人的行为。与债权不同的是物权,它是人对物的关系,是支配权,不需要他人配合。《民法典》中的债之关系主要规定在合同编和侵权责任编,合同编规定了合同之债、准合同之债(不当得利、无因管理),侵权责任编规定了侵权之债。《民法典》的其他编也有债之关系。从债的形成原因的视角看,合同之债是意定之债,准合同之债(不当得利、无因管理)和侵权之债是法定之债。因为我国《民法典》没有债法编,只能将不当得利和无因管理界定为准合同之债。不仅《民法典》调整债之关系,其他单行法也有调整债之关系的功能,比如《消费者权益保护法》《公司法》等。

3.004 债务 debt

债务人对债权人的应为给付。债务人的债务区分为第一层义务和第二层义务,第一层义务包括给付义务和保护义务。债务人的给付义务对应的是债权人的请求权,换言之,在债之关系中,债权人请求债务人作为或者不作为,从债务人的视角看,就是他的给付义务。给付义务又区别为主给付义务和从属给付义务。主给付义务由具体的债确定,它是债的主要标志。比如在买卖合同中,出卖人的主给付义务是向买受人转让无瑕疵的物之所有权并交付标的物,买受人的主给付义务是支付买卖价款。在不当得利之债中,债务人的主给付义务是交出无法律原因而取得的利益。其他的独立的可诉的义务是从属给付义务,从属给付义务是为了保障债务人履行主给付义务,比如出卖人向买受人交付使用说明书的义务。从属给付义务既可以通过约定产生,也可以是法定义务。保护义务是指债之关系中一方负担的使对方权利、法益等不受侵害的义务。保护义务本身不具有可诉性,它又有利于对方的利益完整性。无论给付义务还是保护义务,都是债务人的第一层义务。与之对应的是债务人的第二层义务,它并非直接源于债之关系,而是债务人违反第一层义务的法律后果。比如,债务人迟延支付价款,要支付迟延履行金。与债务不同的是"非真正债务",它是债务人"对自己的义务",违反非真正债务不会产生损害赔偿等第二层义务。

3.005 债的发生原因 reasons of obligation

是债产生的原因。债可以通过法律行为产生,也可以依法律规定产生。产生债的法律行为主要是合同,少数情况下通过单方法律行为产生。产生债的合同有双务合同,即相互交换合同,在此类合同中,一方之所以对另一方有给付义务,恰好是因为另一方对一方也有给付义务。且给付和对待给付是相当的,比如买卖合同、交换合同、租赁合同等。部分产生债的合同是不完全双务合同,即只有一方当事人负担给付义务,另一方当事人是否负担义务具有偶然性。比如,无偿委托合同中,受委托人负担义务,委托人仅在受委托人为委托事务支出费用时负担补偿义务。在单务合同中,只有一方负担义务,比如担保合同。债也可基于单方法律行为发生,比如悬赏广告。债可以直接通过法律规定发生,比如侵权之债、不当得利之债、无因管理之债;缔约过失之债也属于法定之债。合同之债和法定之债可能重合,此时存在请求权竞合或者请求权基础竞合。

3.006　合同　contract

是民事主体之间设立、变更、终止民事法律关系的协议。多数合同由两个相对一致的意思表示构成,这两个意思表示被称为要约和承诺。部分合同由当事人共同一致的意思表示构成,比如合伙合同。合同多以财产关系为主要内容,区分为债权合同和物权合同。《民法典·合同编》规定了 19 种典型合同,既有民事合同,也有商事合同,很好地体现了民法典民商合一的特点。典型的商事合同比如融资租赁合同、保理合同、仓储合同、行纪合同等;典型的民事合同比如赠与合同、无偿保管合同、无偿委托合同等。债权让与合同是准物权合同,也规定在合同编。建设用地使用权合同、抵押权合同等物权合同规定在民法典物权编中。《民法典·婚姻家庭编》《民法典·继承编》规定了与身份相关的合同。在《民法典》规定的合同之外,还存在其他有名合同或者非典型合同,前者比如保险合同、信托合同等,后者比如演艺合同等。

3.007　有偿合同　onerous contract

是一方当事人要求获得合同约定的给付,须向对方当事人支付相应对待给付的合同。在有偿合同中,一方当事人给付的目的是为了获得对方的对待给付的合同,和无偿合同是一组对立的术语。首先,给付和对待给付在法律上彼此关联;其次,给付和对待给付原则上具有等价性。给付和对待给付不限于财产给付,还包括劳务等。《民法典·合同编》规定的 19 种典型合同中买卖合同、供用水电热力合同、租赁合同、融资租赁合同、保理合同、借款合同、承揽合同、建设工程合同、运输合同、技术合同、仓储合同、物业服务合同、行纪合同、中介合同通常是有偿合同。部分合同既可能是有偿合同,也可能是无偿合同,具体取决于当事人约定。比如委托合同在有特别约定的情况下也可以是有偿合同,即委托人向受托人支付报酬,以交换受托人完成特定事务。保管合同的当事人有约定时,也可能是有偿合同;保证合同也可以是有偿保证。

3.008　无偿合同　gratuitous contract

是一方当事人为给付,而另一方当事人无须为对待给付,或者另一方当事人的对待给付与给付之间不具有对价性的合同,与有偿合同对立的合同类型。典型的无偿合同是赠与合同、借用合同,在当事人没有特别约定报酬、利息的情况下,委托合同、借贷合同、保管合同是无偿合同。与有偿合同相比,无偿合同的债务人的注意义务较低。比如《民法典》第 658 条规定:"赠与人在赠与财产的权利转移之前可以撤销赠与。"《民法典》第 897 条规定:"保管期间,因保管人保管不善造成保管物毁损、灭失的,保管人应当承担赔偿责任。但是,无偿保管人证明自己没有故意或者重大过失的,不承担赔偿责任。"《民法典》

第 929 条规定:"有偿的委托合同,因受托人的过错造成委托人损失的,委托人可以请求赔偿损失。无偿的委托合同,因受托人的故意或者重大过失造成委托人损失的,委托人可以请求赔偿损失。"

3.009　单务合同　unilateral contract

只有一方当事人负担义务的合同。典型的单务合同是赠与合同,其他的比如无偿担保合同、无偿保管合同、无偿委托合同等。一方负担主给付义务,另一方虽然负担义务,但是与一方的主给付义务不具有对价性的合同,也应当是单务合同。比如借用合同,出借人负担将出借物交给对方使用之义务,借用人负担返还义务,这两个义务之间没有对价性,虽然双方当事人都负担义务,但仍然是单务合同。有的合同既可以是单务合同也可以是双务合同,比如委托合同,可以是无偿委托合同,也可以是有偿委托合同,前者是单务合同,后者是双务合同,具体情况视当事人之间的约定而定。受托人为委托事务支付必要费用时,则是不完全双方负担义务合同。相同情况还包括保管合同等。同时履行抗辩权、先履行抗辩权、不安抗辩权等对单务合同不适用。

3.010　双务合同　reciprocal contract

又称"有牵连性的交换合同"。在双务合同中,合同一方当事人之所以对另一方当事人有给付义务,恰好是因为另一方对其也有给付义务,且给付和对待给付之间有相当性。比如,买卖合同中,出卖人负担转让无瑕疵之标的物的义务,买受人负担支付价款之义务;在租赁合同中,出租人负担将租赁物交给承租人使用之义务,承租人负担支付租金之义务;汽车维修合同(承揽合同)中,承揽人负担维修汽车的义务,委托人负担支付维修金之义务。双务合同的特点是,给付和对待给付之间相互依赖。一方当事人不履行他的主要义务的,另一方当事人可以拒绝履行己方主要义务,即双务合同的当事人有同时履行抗辩权。双务合同中的同时履行抗辩权规定在《民法典》第 525 条中。先履行抗辩权适用的也是双务合同,规定在《民法典》第 526 条。与双务合同不同的是,不完全双方负担合同,在此类合同中,一方当事人负担义务,另一方当事人是否负担义务具有偶然性。比如无偿委托合同中,负担义务的是受委托人,委托人在受委托人支出必要费用时,才负担赔偿义务。

3.011　一时性合同　discontinuous contracts

一般指一次性给付合同,是合同债务人只要实施一次给付即可完成合同债务履行的合同。在一时性合同中,时间不会对给付范围产生影响。典型的一次性合同包括买卖合同、赠与合同、承揽合同。合同当事人负担的债务按其性质可以一次性给付,但是当事人却分多次给付,这不能改变一时性合同的本质,比如分期付款买卖。在分期付款买卖合同中,买受人的主要义务是支付价款,按该债务性质,买受人一次性支付价款即可履行债务。虽然债务人选择分期支付价款,但并不能改变分期付款买卖是一次性合同的本质。因为在分期付款买卖中,价款数额自始就确定,时间对给付的内容和范围没有任何影响。相同的情况还包括分批次给付合同,比如,在买卖合同中,买受人购买 1000 公斤大米,但是分 4 次给付,也是一时性合同。

3.012 继续性合同　continuous contracts

是内容非一次给付可完结,而是继续地实现的合同。继续性合同的特点是,给付范围并没有自始确定,时间影响给付的范围。首次使用"继续性之债"这一概念的学者是德国学者奥尔特曼,基尔克于 1914 年发表了《论继续性债务》一文。典型的继续性合同是租赁合同,出租人将租赁物给予承租人使用的时间越长,出租人的给付越多,承租人的租金给付也越多。仓储合同、保管合同、借款合同、供用水电合同等都是继续性合同。《民法典》之外也有继续性合同,比如,劳动合同、保险合同等。连续供货合同是特殊的继续性合同,比如供货商长期向饭店供应货物,因为给付数额并非从一开始就确定,而是随着时间的经过逐渐增加。比如,继续性合同与分批交付合同不同,分批供货合同的给付内容和范围自始是确定的,只是当债务人将确定的给付分次向债权人提供。比如,某人购买 1 万斤蔬菜,供货人分 4 次供货,每月供货 2500 斤。这不是继续性合同,而是分批交付合同。在比较法上,继续性合同解除被称为"终止",《民法典》第 563 条第 2 款使用"解除"。

3.013 合同相对性原则　privity of contract

是合同所具有的只对合同当事人发生拘束力。对合同以外的人不发生法律拘束力的合同法原则。基于合同成立的法律关系是债之关系,债的重要特性之一是它的相对性,一般只约束合同的当事人,对第三人不发生约束力。有约束力的既包括履行,也包括责任。与之对应的是物权,物权对任何人均发生效力。故曰,债权(包括合同)有相对性,物权有绝对性。根据合同相对性,负担履行义务的是合同当事人,债务人履行的相对人也是合同当事人。只有在对第三人有利的情况下,合同相对性才可以被突破,履行的时候要将第三人加入到合同关系中。比如在利益第三人合同中,可以向第三人履行;在第三人对履行有利益时,合同义务可以由第三人履行。在责任方面,《民法典》第 593 条对合同的相对性作出明确规定:"当事人一方因第三人的原因造成违约的,应当依法向对方承担违约责任。当事人一方和第三人之间的纠纷,依照法律规定或者按照约定处理。"准此,即使因第三人原因导致合同当事人违约,承担责任的仍然是合同当事人,而不是第三人。即使在允许向第三人履行的情况下,责任也不约束第三人,比如,在《民法典》第 522 条的利他合同中,债务人不向第三人履行或者履行债务不符合约定的,违约责任依然发生在债权人和债务人之间;再比如,依《民法典》第 523 条之规定:"当事人约定由第三人向债权人履行债务,第三人不履行债务或者履行债务不符合约定的,债务人应当向债权人承担违约责任。"

3.014 合同相对性效力的突破 exceptions of doctrine of privity

是在法律另有规定的情况下,可以打破合同相对性原则,使合同的效力约束到第三人的合同法规则。合同原则上在合同当事人之间发生效力,此为合同相对性原则。然而,在对第三人有利的情况下,合同的相对性可以被突破,使第三人加入到合同中。合同相对性的突破多发生在合同履行阶段。亦即,合同当事人可以约定,向第三人履行债务,此时存在"利益第三人合同"。利益第三人合同规定在《民法典》第522条,区分为"真正的利益第三人合同"和"不真正的利益第三人合同"。真正的利益第三人合同是指,第三人直接对债务人有履行请求权的合同。不真正的利益第三人合同是指,虽然债务人可以向第三人履行,但是第三人对债务人没有履行请求权。《民法典》第524条规定了第三人代为履行合同,也是合同相对性的突破。即对履行有合法利益的第三人有权向债权人履行,且第三人代为履行不需要经债权人同意;第三人代为履行的另一个条件是,债务履行并非只能由债务人个人履行。《民法典》第523条规定:"当事人约定由第三人向债权人履行债务,第三人不履行债务或者履行债务不符合约定的,债务人应当向债权人承担违约责任。"然而,任何人不得为他人设立负担。因此,仅由债权人和债务人之间约定,由第三人履行合同义务的,该约定不能约束第三人,第三人没有履行义务,应当由合同当事人本人承担违约责任。债权人的代位权、撤销权、"买卖不破租赁"等也都是合同相对性效力的突破。

3.015 合同解释 interpretation of contract

合同当事人对合同中约定的条款含义存在争议时,法律或仲裁机构要对该条款进行解释,确定当事人双方的真意。《民法典》第466条规定了合同解释,根据该规定,合同的解释规则依照《民法典》第142条第1款,即有相对人的意思表示的解释规则进行解释。解释合同条款时,不能简单地仅从字面上理解合同条款的意思,要根据诚实信用原则,以所使用词句为基础,探寻意思表示的含义。当事人订立合同时,合同文本可以用不同语言表达,此时不同语言的合同含义相同。各语言文本使用的词句的含义有歧义的,应当以合同条款为基础,结合该条款的性质、目的,依据诚实信用原则解释该条款的含义。合同解释的方法包括主观解释方法、客观解释方法、体系解释方法等。一个条款有不同解释时,如果一种解释条款有效,另一种解释条款无效,那么一般要取使条款有效的解释。对不清楚的合同条款,应作不利于起草者或提供条款当事人的解释。

3.016 合同订立 conclusion of contract

当事人通过意思表示成立合同的过程和状态。合同订立回答的是,合同以什么方式产生,是当事人缔约进程的一种展现。与合同订立容易混淆的是合同成立。合同成立回答的是,合同是否已经存在。合同成立是当事人为订立合同而相互磋商的一种结果。合同订立是合同成立的必然过程,但是合同订立并不一定有合同成立的结果。合同订立的方式可以由当事人约定。除了约定之外,《民法典》第 471 条规定,当事人可以采取要约、承诺或其他方式订立。合同还可以采取合同书订立,或者采取格式条款订立。除此之外,合同还可以通过意思实现、交错要约或者法律规定的方式订立。当事人对合同订立方式有明确约定的,不符合约定,合同通常不成立。合同订立规则,是确定合同是否成立的依据之一。

3.017　合同形式　form of contract

是当事人合意的表现形式、合同的外部表现,是合同内容的载体。合同形式规定在《民法典》第 469 条。合同的形式包括口头形式、书面形式或其他形式。通常情况下,合同是形式自由的,即当事人口头达成合意,合同成立。合同书面形式由当事人约定,或者法律规定。合同要求书面形式的,通常当事人要制作合同文书,即要将合同的内容用文字表达在文书上。通过往来信件可以确定当事人已经达成合意,并满足当事人在同一文书上签字或盖章要求的,仍然属于书面合同。根据《民法典》第 469 条第 2 款,合同书、信件、电报、电传、传真只要可以承载合同内容,且当事人在同一份文书上签字、盖章或者按手印的,即满足《民法典》规定的书面合同要求。根据《民法典》第 469 条第 3 款,数据电文可被拟制为书面形式。当事人可以通过电子数据交换、电子邮件等方式订立书面合同。以数据电文订立的书面合同必须经当事人签名。根据《电子签名法》第 14 条:"可靠的电子签名和手写签名或者盖章具有同等的法律效力";《电子签名法》第 16 条规定:"电子签名需要第三方认证的,由依法设立的电子认证服务提供者提供认证服务"。

3.018　合同条款　terms of contract

是固定当事人各方权利和义务,成为法律关系意义上的合同内容的条款。《民法典》第 470 条列举了 8 项合同条款:(一)当事人的姓名或者名称和住所:合同的成立必须有当事人,姓名(或名称)和住所是确定当事人的一般方式。(二)标的:这里所称"标的"实际指给付。根据合同类型,给付也不相同,比如买卖合同的标的可能是物,也可能是具体的给付义务。(三)数量:数量属于给付内容,一般是核心要素,没有数量则合同无法履行,发生争议时,法官也无法做出裁判。(四)质量:标的物的质量是指物的状态。给付本身也可以用质量评价,比如服务有衡量其好坏的标准。(五)价款或报酬:价款或报酬本身是双务合同的对待给付,原则上是合同的核心要素。(六)履行期限、地点和方式。合同没有约定履行期限、地点的,根据《民法典》第 510 条和第 511 条的规定处理。(七)违约责任:当事人在合同中约定违约责任的,属于约定惩罚,比如定金、违约金等。违约责任不是合同要素,当事人没有约定违约责任的,适用法定违约责任。(八)争议的解决方法: 争议解决的方法包括和解、调解、诉讼和仲裁。

3.019　要约　offer

　　在订立合同的单方的需受领的意思表示,由要约人向受要约人做出。《民法典》第 472 条规定了要约的定义和要求。要约的第一个条件是,要有具体确定的内容,或者内容 具有可确定性。这里的内容确定或可确定的意思是,有效力的要约必须包括交易的核心 要素。要约是否足够具体确定,与合同的类型有关。比如买卖合同的要约通常只要包括 买卖标的物(包括数量)、价格和当事人,内容就足够确定。其他未包含的内容,可以通过 法律规定或者通过解释合同确定。要约的第二个条件是,要约人必须有受约束的意思。 要约人应当在要约中对外表示,如果受要约人接受要约,则要约人将受合同约束。如果要 约人没有受法律约束之意思,则不存在法律意义上的要约,而是要约邀请。商事交易中当 事人一般会明确表示,该表示不具有约束力,比如,表示人特别注明"不具有约束力""供 货以库存量为限"。根据《民法典》第 473 条,商业广告和宣传的内容符合要约条件的,构 成要约。

3.020　要约邀请　invitation to offer

　　希望他人向自己发出要约的意思表示。《民法典》第 473 条列举了几个常见的要约 邀请:拍卖公告、招标公告、招股办法书、债券募集办法、基金招募说明书、商业广告和宣 传、寄送的价目表。这些表示的共同特点是公开向不特定多数人做出,表示人并没有受法 律约束的意思。表示人作出上述表示的目的是,希望有兴趣的人发出要约。一般的拍卖 公告是要约邀请,竞买人出价为要约,该要约在出现更高竞价要约时失效;一般拍卖人以 击锤拍定为承诺,也可以通过其他方式表示买定。招标公告是采取公开招标方式必须实 施的缔约行为。是招标人为了邀请不特定人投标,故是要约邀请。债券募集办法、基金招 募说明书的目的在于,希望投资者购买债券或基金,是要约邀请。商业广告一般不具有内 容上的确定性,而且是向不特定多数人发出,广告主通常没有受法律约束之意思。商业宣 传同样是向不特定多数人做出的,目的是为了扩大影响力,促使他人发出要约,商业广告 实际也是宣传,通常是要约邀请。如果商业广告和宣传的内容足够具体确定,并且可以得 出广告主有受约束的意思的,商业广告和宣传是要约。《商品房买卖合同解释》第 3 条规 定:"商品房的销售广告和宣传资料为要约邀请,但是出卖人就商品房开发规划范围内的 房屋及相关设施所作的说明和允诺具体确定,并对商品房买卖合同的订立及房屋价格的 确定有重大影响的,应当视为要约。"

3.021　要约撤回　withdrawal of the offer

　　要约被发出后但未生效之前,要约人收回要约,从而使要约不发生效力的行为。《民法典》第 475 条规定,要约可以撤回。有效的撤回通知应当在要约到达相对人之前,或者最晚与要约同时到达相对人。如果撤回通知在要约到达相对人之后才到达,则撤回不产生法律效力。以口头形式作出的要约实际不可能被撤回,因为此时要约的发出与到达同时发生,没有撤回的空间。决定要约是否能撤回的关键是两个意思表示到达的时间点,与相对人是否实际知悉无关。要约到达后不得撤回。因为在我国民法中,意思表示的受约束性始于其到达。其他国家法律有不同规定,比如在英国法中,要约只要没有被接受就可以撤回。法国司法裁判认为,要约在接受前可以撤回,但如果撤回要约被评价为滥用权利,则要约人要承担损害赔偿责任。撤回要约的形式不必与要约形式相同,比如要约是以书面形式发出,可以通过电话口头撤回要约。

3.022　要约撤销　revocation of the offer

在要约发生法律效力之后,受领人承诺之前,要约人使要约再次失去法律效力的意思表示。《民法典》第 476 条规定了要约的撤销。要约的撤销与要约的撤回不同:撤回在要约生效前,撤销在生效后;撤回是为了阻止要约生效,撤销是为了使生效要约重新失去效力;撤回产生法律效力的时间和撤销产生效力的时间不同。《民法典》第 476 条还规定了要约不得撤销的情况:(一)要约附承诺期限,即要约人做出要约时附有效期限,在此期限内不能通过意思表示使要约失去效力。该规定属于法定禁止撤销的情况。(二)受要约人有值得保护的信赖,即受要约人有合理原因信赖要约不会被撤销,并且基于该信赖为履行合同做了准备。根据《民法典》第 477 条:"撤销要约的意思表示以对话方式作出的,该意思表示的内容应当在受要约人作出承诺之前为受要约人所知道;撤销要约的意思表示以非对话方式作出的,应当在受要约人作出承诺之前到达受要约人。"

3.023　要约失效　ineffectiveness of the offer

要约失去法律约束力,要约人不再受要约的约束。要约失效发生在要约产生法律效力后,相对人没有承诺之前。《民法典》第 478 条规定了要约失效的四种情形。要约被受领人拒绝是要约失效的原因之一,即受要约人表示不接受要约或不同意以要约内容订立合同。要约相对人既可以明确表示拒绝要约,比如,表示"不接受该要约"或者"不同意订立合同";也可以推定表示拒绝要约,比如,出卖人的要约的单价是 1000 元,受领人表示"同意以单价 900 元购买"。要约人根据《民法典》第 476 条、第 477 条撤销要约的,该要约失去效力。要约人在要约中附承诺期限,但是承诺期限届满,受要约人没有作出承诺,要约失效。要约人未设置承诺期限的,受要约人没有在合理期间内表示承诺的,要约也失效。受要约人对要约内容作出实质变更的,原要约失效。

3.024　新要约　new offer

受要约人收到要约后,向要约人发出的新的旨在订立合同的意思表示。受要约人收到要约后,如果要作出承诺,应当在承诺期限内作出完全接受要约的意思表示。换言之,承诺至少满足两个前提:主要内容与要约一致;承诺没有迟到。受要约人的承诺对要约内容作出实质性变更的,是新要约。《民法典》第488条对此予以规定。有关合同标的、数量、质量、价款或者报酬、履行期限、履行地点和方式、违约责任和解决争议方法等的变更,是对要约内容的实质性变更。受要约人超过承诺期限发出承诺,或者在承诺期限内发出承诺,按照通常情形不能及时到达要约人的,该意思表示不发生承诺的效力,而是新要约。《民法典》第486条对此予以规定,但是如果要约人及时通知受要约人该承诺有效的,该意思表示仍然是承诺。

3.025 反要约 counter offer

是新要约中的一类,指受要约人对要约条款不满意而提出的新要约。新要约是反要约的上位概念。有效力的承诺应当与要约内容一致,合同才可能成立,如果受要约人的承诺对要约在内容上进行扩张、限制或者其他实质性变更,都不是合同法意义上的承诺。受要约人的这种变更包含两层意思,首先拒绝原要约,进而对要约人发出新要约,该要约也被称为反要约。有关合同标的、数量、质量、价款或者报酬、履行期限、履行地点和方式、违约责任和解决争议方法等的变更,是对要约内容的实质性变更。变更后的意思表示必须符合要约的条件,特别是内容确定性的要求,才是反要约,否则不能视为要约。比如受要约人的"价格过高,降低才可接受"等表达不是反要约。

3.026 承诺 acceptance

受要约人向要约人做出的同意接受要约内容的意思表示,即同意以要约内容订立合同的意思表示。承诺的定义规定在《民法典》第479条。承诺是单方的、需受领的意思表示,承诺一般由受要约人向要约人作出。仅在个别情况下,承诺无须对方当事人受领。在法律没有特别规定,或者当事人没有约定的情况下,承诺不需要形式。承诺在内容上与要约内容一致,即承诺意味着受要约人完全接受要约,对要约内容作出实质改变的,是拒绝要约,并发出新要约。受要约人通常明确表示承诺,简单的"同意"等表达足以。也可以默示作出承诺,比如日常现货交易中卖方将标的物交给买方,或者酒店入住者将酒店房间内标明具体价格的饮料打开。承诺到达要约人后生效。

3.027 承诺期限 time limit for acceptance

承诺到达要约人的时间限制。《民法典》第481条规定了两种承诺到达的期限。要约中确定承诺期限的,承诺应当在该期限内到达要约人。要约人通常明确确定承诺期限。确定承诺期限对要约人利弊参半:有利的是,承诺期限内受要约人不接受要约的,要约失去效力;不利的是,承诺期限内要约不得撤销。要约中没有确定承诺期限的,如果要约以对话方式作出,受要约人应当即时作出承诺;如果要约以非对话方式作出,承诺应当在合理期限内到达要约人。合理期限是指在具体情况中可以预期承诺到达的期限。确定"合理期限"时要考虑到一切与交易相关的因素。《民法典》第482条规定了承诺期限起算:要约以信件或者电报作出的,承诺期限自信件载明的日期或者电报交发之日开始计算。信件未载明日期的,自投寄该信件的邮戳日期开始计算。要约以电话、传真、电子邮件等快速通信方式作出的,承诺期限自要约到达受要约人时开始计算。

3.028　承诺生效　become effective of the acceptance

是承诺符合法律规定的要求而发生效力。承诺生效对合同的意义重大,根据《民法典》第483条,在法律没有特别规定或者当事人没有特别约定的情况下,承诺生效时合同成立。《民法典》第484条规定了承诺生效的时间。承诺的生效时间取决于承诺是以通知的方式作出,还是通过行为默示作出。受要约人以通知方式作出承诺的,区分以下情况:通知是以对话方式作出,要约人知道承诺内容时生效;通知以非对话方式作出,到达要约人时生效;受要约人用数据电文形式作出的承诺,要约人指定特定系统接收电文的,生效时间是承诺进入该特定系统时,要约人未指定特定接收系统的,要约人知道或者应当知道承诺进入其系统时生效。承诺不需要通知的,根据交易习惯或者要约的要求作出承诺的行为时生效。比如在邮寄买卖中,根据交易习惯,卖方不需要做出承诺通知,他只要做出履行行为,通常是将商品打包交给快递公司,承诺即生效。

3.029　承诺迟到　late acceptance

是承诺在承诺期限届满后到达要约人,或者在合理期限经过后到达要约人。承诺迟到区分为必然迟到和偶然迟到。根据《民法典》第486条,受要约人超过承诺期限发出承诺,或者在承诺期限内发出承诺,按照通常情形不能及时到达要约人的,为必然迟到。根据《民法典》第487条,受要约人在承诺期限内发出承诺,按照通常情形能够及时到达要约人,但是因其他原因致使承诺到达要约人时超过承诺期限的,为偶然迟到。承诺发生必然迟到的,其后果是该"承诺"不生效力,到达要约人不能使合同成立,它是新要约,但是要约人及时通知受要约人该承诺有效的,仍为承诺,其生效时合同成立。承诺发生偶然迟到的,原则上承诺有效,但是要约人及时通知受要约人因承诺超过期限不接受该承诺的除外。

3.030　默示承诺　implied acceptance

指受要约人通过行为作出承诺。根据《民法典》第480条,交易习惯或者要约表明可以通过行为作出承诺的,受要约人可以作出默示承诺。受要约人可以通过特定行为表示承诺,前提条件是,该行为根据人们对社会典型行为的理解,足以被认为是接受要约。受要约人开始为履行合同做准备就属于典型的通过行为作出承诺。比如某人向零售商书面作出购买货物的要约,该零售商将货物包装好交给快递公司;或者该零售商将随要约一起寄来的支票交给银行提现。

3.031　意思实现　acceptance without notice

是民事主体作出特定的行为以代替相应的意思表示。译自德语"willensbestaetigung",是与承诺平行的概念,由受要约人作出。《德国民法典》第151条规定意思实现,受其影响,《日本民法典》第526条也有类似规定,其相应的文献,将此规定称为"意思实现"。我国《民法典》对意思实现没有明确规定,但是《民法典》第480条和第484条为"意思实现"提供了依据。准此,意思实现要满足以下条件:根据交易习惯或根据要约人预先声明,承诺无须通知;意思实现不需要要约人受领,受要约人作出承诺的行为即生效,合同成立。意思实现与默示承诺很容易混淆,意思实现属于广义上的默示承诺,狭义默示承诺与意思实现有区别:默示承诺须要约人受领,即到达要约人方才生效,合同成立;意思实现无须要约人受领,受要约人作出承诺的行为即生效,合同成立。

3.032　合同成立　conclusion of the contract

合同订立的积极结果。根据《民法典》第483条,法律未另作规定或者当事人未另作约定的情况下,承诺生效时合同成立。合同成立意味着双方当事人订立合同的意思达成一致。根据《民法典》第483条,我国合同成立的基本模式是"合意主义"。但是,法律可以规定合同成立的时间并非承诺生效之时。《民法典》第490条规定:"当事人采用合同书形式订立合同的,自当事人均签名、盖章或者按指印时合同成立。"《民法典》第491条第1款规定:"当事人采用信件、数据电文等形式订立合同要求签订确认书的,签订确认书时合同成立。"在上述两种情况中,合同成立采取"形式主义"合同成立模式。为了适应互联网交易,《民法典》第491条第2款规定:"当事人一方通过互联网等信息网络发布的商品或者服务信息符合要约条件的,对方选择该商品或者服务并提交订单成功时合同成立。"《民法典》第465条规定:"依法成立的合同,受法律保护。"

3.033　强制缔约　compulsory contracting

指法人或其他组织依据国家下达的指令性任务或国家订货任务订立合同,是合同自由原则的例外。《民法典》第494条第1款对强制缔约作出规定。强制缔约主要发生在垄断性行业或者特殊时期。比如因为抢险救灾或疫情防控等特殊需要的,或者民事主体对市场上提供商品或者服务拥有市场绝对控制地位的,相关民事主体拒绝与他人订立合同,将引起严重不利后果。民法典规定了国家在特殊情况中下达国家订货任务和指令性任务时,相关民事主体的订约义务,目的是为了公共利益而限制合同自由。强制缔约区分为指令性任务和国家订货任务。指令性任务是指国家相关部门为了执行国家某项计划，或为保证国家重点建设任务的完成和满足人民群众基本物质文化生活的需要，强制要求民事主体完成的生产或销售任务。国家订货任务是由国家委托有关部门、单位，或者组织用户直接向生产企业采购。

3.034　强制要约　compulsory offer

根据法律规定，特定主体有发出订立合同的要约的义务。《民法典》第494条第2款规定了强制要约。强制要约是对合同自由的突破。强制要约只能由法律或行政法规规定，否则任何人不得强制他人作出要约。现行法规定强制要约的主要是《机动车交通事故责任保险条例》和《政府采购法》。《机动车交通事故责任保险条例》第2条第1款规定："在中华人民共和国境内道路上行驶的机动车的所有人或者管理人，应当依照《中华人民共和国道路交通安全法》的规定投保机动车交通事故责任强制保险"。准此，机动车的所有人或管理人必须向保险公司发出投保的要约。《政府采购法》第18条规定："采购人采购纳入集中采购目录的政府采购项目，必须委托集中采购机构代理采购"。准此，有采购意向的采购人应当向代理采购机构发出委托要约。法律或行政法规规定有要约义务的主体，应当及时发出要约。

3.035　强制承诺　compulsory acceptance

根据法律规定，特定主体有接受相对人的要约的义务。《民法典》第494条第3款规定了强制承诺。强制承诺是对合同自由原则的突破，因此，强制承诺只能由法律和行政法规规定，否则任何人不得强制他人作出承诺。有缔约义务的主体，在收到要约后，无正当理由不得拒绝缔约。《民法典》第494条第3款规定的是直接强制承诺，主要是公共事业部门的强制承诺，比如邮政、电信、电力、燃气、自来水、铁路等与公众利益关系密切的主体。《邮政法》第15条第1款、《电信条例》第5条、《电力法》第26条第1款、《水法》第21条第1款等均规定了直接强制承诺。医疗合同领域、保险合同领域等也对强制承诺有规定，如《执业医师法》第24条、《机动车交通事故责任保险条例》第10条。间接承诺强制是指，法律并未规定强制承诺，但是主体基于市场独占地位、诚实信用原则有缔约义务。

3.036　预约　pre-contract

当事人约定在将来一定期限内订立本约的协议，规定在《民法典》第495条。预约是合同，其内容是将来订立某特定合同，即订立本约。预约可能表现为认购书、订购书、预订书等。然而，当事人之间的认购书等是否是预约，要根据合同成立的要件判断。特别是要满足内容确定、当事人有受约束的意思这两个条件。预约合同的内容仅指向将来订立某特定合同，不要求包括本约合同中的必要因素，一旦合意中包含本约合同的必要因素，则本约成立。预约对双方当事人有约束力。期限届满时或者条件成就时,当事人不按预约内容订立本约的,属于违约。一方当事人违反预约,不订立合同的,另一方预约当事人有"预约完结权",换言之,一方当事人基于预约发出订立本约的要约时,若对方当事人对要约不主动承诺,只要要约人有完结预约的意思表示,本约合同即成立。因当事人违反预约,给对方当事人造成损失的,损失方还可以主张损失赔偿责任。

3.037　本约　contract

为履行预约而订立的合同,本约与预约对应,是为履行预约的约定而订立的合同。订立本约是当事人订立预约的目的。根据《民法典》第495条,预约是当事人约定在将来一定期限内订立合同,这个将来订立的合同就是本约。订立本约是预约合同双方当事人的义务。订立本约的条件成就后,当事人通过订立本约来履行预约合同;如果一方当事人不按预约订立本约,另一方当事人可以通过诉讼要求法院判决对方作出订立本约的意思表示。本约自判决生效时成立。或者通过"预约完结权"成立本约,即一方当事人发出订立本约的意思表示,不以对方承诺为必要,即可成立本约。该规定的基础理念是继续履行原则,只要订立本约不存在履行不能的情况,当事人应当订立本约。本约的成立需要满足其他要件的,比如本约根据法律规定是要式合同,那么其他要件成就时本约成立。

3.038　电子商务合同　e-commerce contract

是电子商务当事人通过数据电文订立的书面合同。具体表现为利用互联网等信息网络生成、发送、接收或者储存的关于销售商品或者提供服务信息的合同。电子商务合同中至少有一方当事人是商务经营者。电子商务合同的成立和生效适用《民法典》,一般情况下通过自动信息系统订立。电子商务合同采用书面形式,应当有合同当事人的电子签名。有效的电子签名要符合《电子签名法》的规定。电子商务合同的标的不能是提供金融类产品和服务,也不能是利用信息网络提供新闻信息、音视频节目、出版以及文化产品等内容方面的服务。

3.039　格式条款　standard clauses

又称"标准条款"。是由一方当事人为了反复使用而预先制定的,由不特定他人接受,且在订立时无须与对方协商的条款或合同。格式条款和格式合同是19世纪工业化的产物,在现代交易中扮演重要角色。格式条款规定在《民法典》第496条。格式条款应当满足以下积极条件:该条款涉及合同内容;由一方当事人提出;预先拟定。格式条款的消极要件是,条款的内容不得在具体情况中与对方进行协商。政府公共事业部门制定的供水合同、供电合同等有关公共供给合同也是格式合同。婚姻、收养、继承关系不适用格式条款。交易平台等第三方拟定的交易规则不是格式条款。双方当事人对某项内容进行过协商,然后确定,或者当合同内容是基于当事人自由决定而确定的,也不是格式条款。提出人拟定格式条款内容时应当遵守诚实信用原则,不得不合理地对另一方当事人不利。拟定格式条款的当事人只有向对方当事人明确提示格式条款内容,格式条款才能订入合同,即成为合同的组成部分。拟定格式条款方对涉及对方当事人重要权利义务的内容,有特别提示义务和说明义务。

3.040　格式条款效力　effectiveness of standard clauses

格式条款法律上的约束力。格式条款是合同的组成部分,适用意思表示效力和合同效力的规定,故格式条款发生意思表示无效情形或者合同无效情形时,该条款无效。另外,格式条款拟定方应当依诚实信用原则确定双方的权利义务,无论是减轻、排除己方责任,还是不合理地加重对方责任,都将导致权利和义务之间不成比例。这些情况都与诚实信用原则不一致,因此该格式条款无效。格式条款排除对方主要权利的,则合同的目的将无法实现,同样违反诚实信用原则,也违反合同的给付和对待给付之间应当具有相当性的要求,因此无效。格式条款提供人没有尽到特别提示义务和说明义务的,则格式条款部分或者全部不能成为合同的组成部分,也没有效力。格式条款中部分内容无效,不影响其他部分效力的,其他部分原则上有效;格式条款整体无效,不影响合同效力的,无效的格式条款视为不存在。

3.041　悬赏广告　reward advertisement

悬赏人公开声明对他人完成特定行为支付报酬。《民法典》在第499条规定了悬赏广告。悬赏广告是单方允诺。悬赏广告产生效力的时间并不是悬赏人作出悬赏允诺之时,而是对外公开其允诺之时。比如悬赏人将悬赏广告交与报纸编辑部时,悬赏广告未生效力,随着报纸的出版发行才产生效力。悬赏人支付报酬的条件是,请求报酬人实施特定行为,或者引起特定结果。行为必须是人的行为,不受悬赏相对人影响的偶然事件不是悬赏对象。如果悬赏的目的是为了排除积极行为,此时被悬赏行为是不作为。部分完成行为的,仅在例外情况下可以要求支付报酬,且报酬要减少。悬赏广告可以将特定人排除在外,比如寻找失物的悬赏广告,其报酬受领人不能是该物偷盗者。多人实施特定行为的,由首先完成的人取得报酬请求权;多人同时实施特定行为的,应当平均分配报酬;多人协作完成特定行为的,应当兼顾贡献程度合理分配报酬。

3.042　缔约过失责任　culpa in contrahendo

在合同订立过程中,一方因违反其根据诚实信用原则产生的义务,致另一方信赖利益受损,对此应承担的损害赔偿责任。订立合同阶段,当事人有义务注意另一方当事人的权利、法益或者利益。这些义务也被称作前合同义务。一方当事人违反前合同义务,且使对方当事人有损失的,应当承担损害赔偿责任,即缔约过失责任。缔约上过失由德国法学家耶林于1861年提出,被誉为法学上重大发现之一。《民法典》将缔约过失责任规定在第500条。缔约过失责任产生的条件之一是,双方应当处于"缔约"阶段,即为了订立合同彼此有联系。满足缔约联系的情况包括双方已经为订立合同进行磋商,或者为订立合同作准备。在该阶段产生前合同关系,这种关系随着磋商失败或者合同订立而终止。《民法典》规定了三种承担缔约过失责任的情形:假借订立合同,恶意进行磋商;故意隐瞒与订立合同有关的重要事实或者提供虚假情况;有其他违背诚信原则的行为。虽然在术语上称缔约"过失"责任,但在《民法典》中,其归责原则并不是一般意义上的过错归责原则,而是要求违反前合同义务的当事人有故意。承担缔约过失责任者,责任内容主要是信赖利益损失赔偿,即赔偿对方基于信赖支出的花费或者放弃的交易机会,通过赔偿,对方利益恢复至双方没有进入缔约阶段之前。在缔约阶段,一方当事人违反保护义务,造成对方人身或财产损失的,在我国民法中要根据侵权责任法承担侵权责任。

3.043　合同生效　effectiveness of contract

指合同发生约束力,即当事人受合同约束。与之相区别的是合同产生相应的法律后果,通常所说的"合同附生效条件"或"合同附生效期限",是指合同的法律后果附产生条件或者附产生期限,其实合同已经有约束力,即合同已经生效。《民法典》第502条规定了合同生效时间。在满足行为人具有相应的民事行为能力、意思表示真实、不违反法律、行政法规的强制性规定、不违反公序良俗的基本条件时,通常合同成立即生效。但是法律可以规定合同生效的条件,当事人也可以约定合同生效的条件。限制行为能力人订立的合同对限制行为能力人仅带来法律上之利益,合同成立即生效。合同对限制行为能力人并非仅有法律上之利益的,其效力取决于其法定代理人是否以及何时同意。法定代理人提前同意的,合同成立即生效;法定代理人事后追认的,自追认时生效;法定代理人不追认的,合同不生效力。意思表示不真实对合同效力的影响也不同。虚假意思表示导致合同自始无效,其他意思不真实的后果是合同可以撤销,亦即合同自成立时生效力,只有被撤销后才导致自始不生效力。依照法律、行政法规的规定,合同应当办理批准等手续的,批准后合同生效。

3.044　合同不生效　ineffectiveness of contract

合同对当事人不产生法律约束力。《民法典》第507条和第157条将无效的合同或法律行为区分为不生效、无效、被撤销或终止。由此可见,狭义的合同不生效是指效力待定的合同最终无效。合同不生效属于广义的合同无效的下位概念。合同无效是指合同对当事人没有约束力。广义的合同不生效可以区分为三种情况:合同虽成立但最终未生效;因被撤销而溯及既往地自始无效;效力待定的合同最终确定无效。《民法典》第507条和

第 157 条中的不生效是指第三种合同无效的情况。合同成立最终无效的情况,比如合同违反法律或行政法规的强行性规定、合同违反公序良俗、行为人恶意串通损害他人利益、合同当事人有虚假意思表示。合同因撤销而溯及既往地无效的情况,比如发生欺诈、重大误解、胁迫、显失公平,合同被撤销,原本生效的合同被撤销后自始无效。效力待定的合同最终确定无效的情况,比如限制行为能力人订立的合同,对限制行为能力人并非只有法律上之利益,此时合同效力待定,其法定代理人追认的,合同最终确定有效;其法定代理人不追认的,合同最终确定不生效。经批准生效的合同,合同未批准前效力待定,经批准后,合同生效力。

3.045　免责条款　exoneration clause

合同中事先约定的,旨在限制或免除当事人未来责任的条款。当事人在合同中可以约定免责情况,也可以根据不同的标准确定免责情况。当事人在合同中约定免责情况,属于私人自治的范畴,原则上有效力。但是在某些情况下,通过约定免除责任违反诚实信用原则或者公序良俗,不应当允许此类约定有效。《民法典》第 506 条规定了两类无效的免责条款:造成对方人身损害免责和因故意或重大过失造成对方财产损失免责。人身属于重大法益之一,在合同中提前约定造成对方人身伤害免责的,明显不符合诚实信用原则和公序良俗。故意或严重过失造成对方财产损失免责同理。造成对方人身损害的,无论是故意为之,还是重大过失,抑或轻过失,都不得在合同条款中约定免除责任。财产损失免责无效的约定仅限于因故意和重大过失造成的财产损失。

3.046　合同履行　performance of contract

债务人或第三人实施债务内容的给付,并因此使债权目的达到而债务归于消灭。履行在民法典中具有重要地位,仅合同通则就出现了逾百次,甚至《民法典·合同编》第四章以"合同的履行"为标题。对于履行而言,关键的不是债务人方面作出给付行为,而是产生给付效果。履行的基点是依合同义务,即债务人根据合同应作出的特定行为。合同履行的主体是合同当事人,包括他的代理人、履行辅助人。除当事人有约定或者依合同性质不得由第三人履行的合同之外,合同履行可以由第三人完成。当事人约定由第三人履行的,属于为第三人设立负担,对第三人没有约束,根据《民法典》第 523 条,第三人不履行或履行不符合约定的,承担违约责任的是合同债务人。根据《民法典》第 524 条,债务人不履行债务,对履行有利益的第三人有权向债权人代为履行。履行的标的是债务的内容。完全履行后,合同关系消灭。合同当事人不履行合同或者履行不符合约定的,成立违约,要承担违约责任;违约达到一定程度,对方当事人还可以解除合同。

3.047　合同履行原则　principles of performance of contract

指导当事人正确履行合同的规则。《民法典》第 509 条规定了合同履行的基本原则:

依约全面履行原则、诚实信用原则、绿色原则。当事人的履行应当符合合同约定,且应当全面履行。履行不符合约定的,当事人要承担违约责任。当事人履行合同过程中要履行通知义务。债务人履行需要债权人配合的,债权人有配合义务。双方当事人在履行过程中不得向外界透露对方的商业性秘密、技术性秘密等。履行过程中要遵守绿色原则,即尽量避免浪费资源,不得污染环境,不得破坏生态。该规定是《民法典》第9条在合同编中的具体化,既传承了天地人和、人与自然和谐共生的优秀传统文化理念,又体现了党的十八大以来的新发展理念。我国是人口大国,需要长期处理好人与资源生态的矛盾,合同履行也要受绿色原则的约束。

3.048　合同履行地　place of performance

又称"清偿地"。是债务人应当作出履行的地点。债务人不在履行地履行,给付不能产生清偿效力。合同履行地被规定在《民法典》第510条和第511条第3项。合同履行地首先由合同当事人约定,没有约定或者约定不明确的情况下,可以协议补充;不能达成补充协议的,按照合同相关条款或者交易习惯确定。仍然不能确定的,给付货币的,在接收货币一方所在地履行;交付不动产的,在不动产所在地履行;其他标的,在履行义务一方所在地履行。《最高人民法院关于适用〈中华人民共和国民事诉讼法〉的解释》对履行地确立以下规则:合同对履行地点没有约定或者约定不明确,争议标的为给付货币的,接收货币一方所在地为合同履行地;交付不动产的,不动产所在地为合同履行地;其他标的,履行义务一方所在地为合同履行地。即时结清的合同,交易行为地为合同履行地。合同没有实际履行,当事人双方住所地都不在合同约定的履行地的,由被告住所地人民法院管辖。财产租赁合同、融资租赁合同以租赁物使用地为合同履行地。以信息网络方式订立的买卖合同,通过信息网络交付标的的,以买受人住所地为合同履行地;通过其他方式交付标的的,收货地为合同履行地。合同履行地在法律上有重要意义,比如履行费用分配与履行地相关;履行地点是交付地点的,履行地与风险转移相关;履行地是诉讼管辖地准据之一。

3.049　合同履行期限　time limit for performance

债务人应该履行合同的时间。合同履行期限被规定在《民法典》第510条和第511条第4项。合同履行期限首先由合同当事人约定,没有约定或者约定不明确的情况下,可以协议补充;协商不成,应当根据合同性质、合同目的、交易习惯等确定履行期限。根据交易习惯等仍然不能确定履行期限的,债务人可以随时履行,债权人也可以随时请求履行,但是应当给对方必要的准备时间,即债权人要进行催告。履行期限有时候由法律规定,比如《民法典》第674条规定了借款利息支付期限。履行期限通常是日历日或者可以根据日历日具体确定的日期。履行期限届满而债务人没有履行的,发生履行迟延,债务人要承担违约责任。责任形式表现为继续履行和承担损害赔偿责任;迟延履行时的损害赔偿主要包括迟延履行利息、迟延履行时间内的可得利益等。

3.050　金钱之债　debt of money

又称"货币之债"。指以给付一定数额金钱为标的债务。金钱既是给付和商品的价值标准,也是法定支付手段。金钱之债的数额,一般在债成立时就确定或者可以确定,履行时货币价值变化,通常是贬值,也不影响其数额。金钱之债不是种类之债,不存在具体化问题。金钱之债不发生履行不能,无支付能力不是法律意义上的履行不能。迟延履行金钱之债,要支付迟延利息。金钱之债可以通过现金支付,此时适用占有即所有规则,也可以通过转账的形式支付,此时转账的债务人向债权人转让了他对银行的债权请求权。当事人可以约定金钱之债的履行地,没有约定的,依《民法典》第511条第3项,金钱之债的履行地是接收货币一方所在地。《民法典》第514条规定:"以支付金钱为内容的债,除法律另有规定或者当事人另有约定外,债权人可以请求债务人以实际履行地的法定货币履行。"金钱之债多附利息。

3.051　非金钱之债　non-monetary debt

指为债的标的是除了支付一定数额金钱之外的其他给付,包括交付标的物,提供服务等。非金钱之债有可能发生履行不能,根据《民法典》第580条,此时债权人不得要求债务人继续履行。换言之,债务人对非金钱之债履行不能时,履行义务消灭或者产生拒绝履行抗辩权,债权人只能主张替代履行的损失赔偿或者解除合同。非金钱之债与金钱之债都具有可转让性,但是当事人约定非金钱之债不得转让的,不得对抗善意第三人,约定金钱之债不得转让的,不得对抗第三人。非金钱之债迟延履行时,损失赔偿主要是可得利益损失,或者使用利益损失。

3.052　选择之债　optional debt

标的有多项而债务人只需选择履行其中的一项的债务。选择之债规定在《民法典》第515条和第516条。在选择之债中债务人仅负担履行一项给付之义务,债权人也只能请求债务人提供一项给付。选择之债既可以是依法产生,也可以依当事人约定产生。选择性债务涉及的是一个请求权,只不过给付内容可以选择,一旦权利人向对方表示了自己的选择,该意思表示就产生特别的约束效果:被选择的给付被视为自始应当履行的给付。选择之债的给付既可以是不同的标的物,也可以在不同的履行行为之间进行选择,还可以在不同的履行方式之间选择。选择之债选择权人原则上是债务人,法律可以规定选择权人是债权人。选择之债的选择权人在约定期限内或者履行期限届满未作选择,经催告后在合理期限内仍不进行选择,选择权转移给对方。选择权的转移是为了债权人的利益,因为选择权人不在可选择的给付之间作出选择,债务就无法履行。选择权人行使选择权应当及时通知对方,通知到达对方时,标的确定,债权人和债务人之间的法律关系也因为选择而得以确定,原则上不得变更。但是经对方同意的,可以变更。选择权人不得选择履行不能的给付,否则债权人只能主张损害赔偿。如果履行不能是选择权的对方引起的,要区别对待:选择权归债务人的,因债权人的原因致供选择的给付中有履行不能的,债务人可以选择履行不能的给付,免于给付;选择权归债权人,因债务人原因致供选择的给付中有履行不能的,债权人可以选择履行不能的给付,债务人免于履行,债权人可以请求债务人为损害赔偿。

3.053　简单之债　simple debt

又称"不可选择之债"。指债的标的是单一的,当事人没有选择的空间,只能就该标的履行的债。除了标的,当事人在履行时间、履行地点、履行方式方面也没有选择空间。简单之债既可能基于法律规定发生,也可以基于当事人约定发生。简单之债是债的常态,即实践中的债多为简单之债,在履行方面的关系比较简单明确,一般不容易发生争议。只要当事人约定的债的标的不能实施,就发生履行不能。

3.054　可分之债　divisible debt

标的可分的债权或债务。"可分"的含义是,给付标的物或者给付在不改变其本质和价值的情况下,特别是在整体价值不降低的情况下,可以分成多个性状相同的部分。每一部分与整体本质相同,每一部分价值由该部分占整体的比例决定。金钱之债是最重要的可分之债。如果债的给付标的是根据计量单位计量的多数可替代物,则通常是可分的,比如 100 升油、100 头猪。如果债的标的物是 1 只活的动物,则不可分;但是如果多个人是一辆车的共同所有权人,共同所有权人转让自己的份额时,转让的所有权份额是可分之债。服务也可能是可分之债,比如合同内容是修整花园,当事人分几天完成。由此可知,"可分之债"这一表达并不严谨,可以分的,并不是债,而是给付标的。可分之债是成立按份之债的前提,但是并非所有的可分之债都是按份之债。

3.055　不可分之债　indivisible debt

指债的标的物或给付或者不能分割,或者分割将导致其本质发生变化,或者分割将损害其经济用途、减少其经济价值或变更其性质。债的标的物或给付不可分的,多数债务人或债权人通常有连带债务或连带债权。故不可分之债在债权人为多数或者债务人为多数的情况下,要区分不可分之债的对内效力和对外效力。不可分之债的对外效力主要是指,各债权人可以为全体债权人请求履行,各债务人也可以为全体债务人履行。对内效力是指,没有法律规定或约定时,各债权人平均分享债权,各债务人平均分担债务。

3.056 按份之债 shared obligation, shared creditor's right

多数人之债中的一种情形,区分为按份债务和按份债权。按份债务是指,债务人为二人以上,标的可分按照确定的份额分担债务。按份债权是指,债权人为二人以上,按照确定的份额分享债权。按份债务和按份债权都以给付或者给付标的可分、且来源统一为前提。虽然并非所有的给付或者给付标的可分的债都是按份之债,但从《民法典》第 517 条的规定看,给付或给付标的物可分的,可以推定认为多个债权人是按份债权人,多个债务人是按份债务人。每个债权人或者债务人分享或分担的份额通常依约定。无法确定每个债权人或者债务人所占份额的比例的,推定每个主体所占份额相同,即"人头原则"。无法确定是指,即使通过解释法律、解释意思表示仍然得不出每个债权人或债务人所占比例的。

3.057 连带之债 joint and several obligation

多数人之债的情形之一,区分为连带债权和连带债务。《民法典》第 518 条、第 519 条、第 520 条和第 521 条对连带之债作出了规定。连带债权要满足以下要件:连带债权的债权人是多个;每一个债权人均可以要求债务人履行全部债务;债务人对整体债务仅负担一次履行义务。债权人请求债务人履行的,债务人在尚未履行的债务范围内应当履行,他的义务是对整体债务进行一次履行。只要他向一个或几个债权人按约定或按法律规定履行整体债务,则债务消灭。连带债务也要满足三个要件:负担履行义务的债务人是多个;每个债务人都有义务履行整体债务;一个债务人或者几个债务人对债务整体只需要履行一次。在连带债务中,每个债务人都有义务履行全部债务,请求哪个债务人履行属于债权人的自由选择。被请求履行的债务人不履行或者未全部履行,债权人可以向其他债务人请求履行。连带债务人之间的份额首先依当事人约定或法律规定,难以确定份额的,视为份额相同。实际承担债务超过自己份额的连带债务人,有权就超出部分在其他连带债务人未履行的份额范围内向其追偿,并相应地享有债权人的权利,但是不得损害债权人的利益。其他连带债务人对债权人的抗辩,可以向该债务人主张。连带债权人之间的份额难以确定的,视为份额相同。实际受领债权的连带债权人,应当按比例向其他连带债权人返还。

3.058 由第三人履行之债 obligation to be performed by a third party

当事人约定由第三人向债权人履行债务。《民法典》第 523 条规定了由第三人履行之债。这类合同在瑞士被称为第三人负担合同,实际是担保第三人履行合同,即合同标的是担保第三人履行的行为。但是《民法典》第 523 条规定的由第三人履行合同不具有担保属性。然而,根据合同法基本原则,任何人不得为他人设立负担,因此合同当事人之间约定由第三人履行合同义务,该约定不能约束第三人。换言之,第三人没有履行义务,也不存在由第三人承担的违约责任问题。第三人不履行或者履行不符合约定的,属于债务人违约,应当由债务人本人承担违约责任。经第三人同意的由第三人履行合同,实际存在三方协议,此时第三人不履行或履行不符合约定的,直接对债权人承担违约责任。债务人与第三人达成代为履行协议,在此情况中,第三人不履行的,也应当对债务人承担违约责任。《民法典》第524条规定了另一种由第三人履行之债,即债务人不履行债务,第三人对履行该债务具有合法利益的,第三人有权向债权人代为履行。这种情况下,因为第三人对履行有利益,因此第三人代为履行不需要经债权人同意。

3.059　利益第三人之债　*third-party-beneficiary contract*

又称"利他之债"。指合同之外的第三人享有债之利益的债。在罗马法中,合同仅在当事人之间发生效力,缔约当事人既不得使第三人遭受损害,也不得使第三人享有利益。现代合同法承认利他合同。利他合同改变了利益方向,使第三人享有利益,从而突破了合同的相对性。利益第三人合同理论于19世纪形成,是经济发展的需要,尤其在生命保险合同领域利益第三人合同得到广泛应用。《民法典》第522条规定了利益第三人合同。利益第三人之债区分为"真正的利他合同"和"不真正的利他合同"。真正的利他合同是指,第三人直接对债务人有履行请求权的合同。不真正利他合同是指,虽然债务人可以向第三人履行,但是第三人对债务人没有履行请求权。利益第三人合同不是一种三方当事人合同,虽然第三人享有利益,但他不是合同当事人。利他合同的功能常在于简化债务履行进程,减少三方履行的成本。

3.060　向第三人履行之债　*obligation performed to a third party*

又称"为第三人之债"。指合同当事人约定,债务人直接向第三人履行债务,规定在《民法典》第522条。向第三人履行之债区分为真正的利益第三人之债和不真正的利益第三人之债。真正的利益第三人之债是指,第三人直接对债务人有履行请求权的合同。在此情况中,第三人是基于与债权人之间的法律关系取得对债务人的请求权,他本人与债务人没有直接联系,因此法律允许第三人在合理期间内拒绝债务人向自己履行。如果第三人没有在合理期间内拒绝,则债务人有履行义务。债务人不履行或者履行不符合约定,应当直接对第三人承担违约责任。债权人是否同时也有履行请求权,由当事人约定。不真正的利益第三人之债是指,虽然债务人可以向第三人履行,但是第三人对债务人没有履行请求权。不真正的利益第三人之债约束的是债权人和债务人,不直接约束第三人,债务人不向第三人履行或者履行合同不符合约定的,由债务人向债权人承担违约责任。

3.061 同时履行抗辩权 exception of simultaneous performance

在双务合同中,没有特别约定哪一方应当先履行,一方当事人请求履行,对方可以要求同时履行,否则拒绝履行的权利。同时履行抗辩权,规定在《民法典》第525条,其理念基础是"一手交钱,一手交货",是双务合同给付和对待给付牵连性的体现,它的主要功能是保障双方履行债务,增进双方合作。同时履行抗辩权要满足以下构成要件:存在有效的双务合同,包括不完全双务合同;任何一方当事人都没有先履行义务,如果当事人约定某一方有先履行义务,则该先履行义务排除同时履行抗辩权;行使同时履行抗辩权的债务人的对待给付应当到期,对待给付经过诉讼时效对同时履行抗辩权没有影响。在满足上述条件情况下,应当履行债务的合同当事人可以主张同时履行抗辩权,即要求双方同时履行债务,对方不履行则己方也不履行。

3.062 后履行抗辩权 exception of follow-up performance

又称"先履行抗辩权"。双务合同的双方当事人履行有先后顺序的,后履行义务方有后履行抗辩权,即应当先履行债务一方未履行的,后履行一方有权拒绝其履行请求。规定在《民法典》第526条。后履行抗辩权的成立要件如下:存在有效的双务合同,包括不完全双务合同;当事人履行有先后顺序,这是先履行抗辩权与同时履行抗辩权的核心区别,履行的先后顺序既可以由当事人约定,也可以由法律规定,或者由合同类型决定;先履行义务方的债务到期;有先履行义务的当事人不履行或者有先履行义务的当事人履行不符合约定。在法律后果上,先履行义务人不履行的,后履行义务人可以拒绝履行。先履行不符合约定的,后履行义务人可以拒绝相应的履行,该后果通常对部分履行有较大意义。先履行义务人提供部分履行,后履行义务人也应当提供相应部分对待给付,而不能完全拒绝履行。

3.063 不安抗辩权 right of plea against the advance performance

双务合同的双方当事人履行有先后顺序的,先履行义务方的债权可能受到威胁时,他可以主张不安抗辩权,从而中止先履行。不安抗辩权由先履行义务人享有,规定在《民法典》第527条和第528条。双务合同的双方当事人约定或者法律规定有履行先后顺序,先履行义务人在证明后履行义务人发生以下情况时可以中止先履行:经营状况严重恶化;转移财产、抽逃资金,以逃避债务;丧失商业信誉;有丧失或者可能丧失履行债务能力的其他情形。上述情况表示,后履行方丧失履行能力,将威胁到先履行义务人债权实现,他可以以此为由中止履行。先履行义务人行使不安抗辩权时要证明上述情况,不能证明却中止履行的,属于违约,应承担违约责任。先履行义务人中止履行后,应当及时通知后履行方。后履行方提供适当担保的,先履行义务人应当恢复履行。中止履行后,后履行义务方在合理期限内未恢复履行能力且未提供适当担保的,视为以自己的行为表明不履行主要债务,先履行义务方可以解除合同并可以请求对方承担违约责任。

3.064　情事变更原则　clausula rebus sic stantibus

指合同成立后,合同的基础条件发生了当事人在订立合同时无法预见的、不属于商业风险的重大变化,继续履行合同对于当事人一方明显不公平的,允许变更合同或者解除合同的规则。是以诚实信用原则为基础而构建。情事变更原则发端于中世纪的教会法,20世纪初期得以快速发展。在我国,情事变更原则先由《合同法司法解释(二)》第26条确立,《民法典》第533条将情事变更立法化。情事变更原则实际是对契约严守原则的突破,因此其适用具有补充性。"情事"即订立合同的交易基础,它应当包括以下要素:它是订立合同时的客观因素;不属于合同的内容,即当事人在合同中对此并没有约定;至少从一方当事人视角看这些因素对订立合同是重要的,即交易意思以这些因素为基础,如果当事人知道它们的变化,将不会订立合同或者订立不同内容的合同;不属于商业风险。情事变更原则适用的另一个条件是,交易基础发生重大变化,以至于按原合同履行将违反诚实信用原则,对另一方明显不公平。根据《民法典》第533条,情事变更的法律后果是,受不利一方当事人应当要求与对方协商,即当事人有重新协商义务;在合理期限内协商不成的,当事人可以请求人民法院或者仲裁机构变更或者解除合同。

3.065　合同保全　contract preservation

为防止因债务人财产不当减少致债权实现困难,法律允许债权人行使撤销权或代位权,以保护其债权的法律制度。没有担保的债是否能实现,最终将取决于债务人的责任财产是否充足。在责任财产不充足的情况下,责任财产减少直接关系到债权人利益。如果债务人的责任财产不充足,仍然任由他自由地利用或者处分财产,将损害债权人的利益。故法律允许债权人在特定情况下干预债务人对其财产的自由处分,实际是对债务人责任财产的保全。《民法典·合同编》第五章用8个条款对合同的保全作出规定。合同保全是对合同相对性的突破,其目的是通过保全债务人责任财产从而保障债权人债权的实现。合同保全制度包括债权人代位权和债权人撤销权。债权人代位权是为了防止债务人消极主张自己对他人之债权而导致债权人债权无法实现,债权人撤销权是为了防止债务人积极减少自己的责任财产而导致债权人的债权无法实现。合同的保全是保障合同债权实现的制度体系的组成部分。

3.066　债权人代位权　creditor's right of subrogation

为了防止债务人财产不当减少而导致债权人债权无法实现,法律赋予债权人替代债务人向他的债务人(次债务人)行使债权的权利。债权人代位权制度是为了解决"三角债"问题,即债务人不积极对次债务人主张债权,债务人的债权人的债权就实现不了,这样会导致交易链上的参与人交易能力受阻。因此允许债权人突破债的相对性,直接对次债务人主张权利。《民法典》第535条规定了债权人代位权。债权人代位权要满足以下要件:债权人和债务人之间债之关系有效;债务人对债权人必须陷入履行迟延;债务人对次债务人的债权有效、到期、可实现;债务人怠于行使债权,且影响到债权人债权实现。代位权由债权人行使;债务人的保证人承担保证责任后,取得债权人地位,可以行使代位权。在紧急情况下,即使债权没有到期,债权人也可以行使代位权。《民法典》第536条规定了两种紧急情况:债务人对次债务人的债权即将诉讼时效届满;在法院受理次债务人的破产申请后,次债务人的债权人没有在规定期间内申报债权。债权人应当通过诉讼的方式行使代位权。债权人以次债务人为被告提起诉讼,债务人是第三人。诉讼的管辖地是被告所在地人民法院。债权人代位行使的债权应当与自己的债权价值相当。债务人对次债务人的债权超过本债权的,如果债务人的债权是可分之债,债权人应当代位行使自己的债权范围内的部分;债务人的债权不能分割的,才可以代位行使整体债权。

3.067 债权人代位权的效力 effect of creditor's right of subrogation

债权人向人民法院提起代位权诉讼并且得到法院支持后,产生的法律后果。对此存在"入库规则"和"效率规则"之争。根据"入库规则",债权人行使代位权后,取得的财产应当先归入债务人财产,作为全体债权人债权的担保。债权人只能根据债务清偿的实体法和程序法进行清偿。根据"效率原则",次债务人直接向债权人清偿,债权人接受履行后,债权人与债务人、债务人与次债务人在相应的范围内债务关系消灭。《民法典》第537条按效率原则规定债权人代位权的效力。债权人向法院起诉主张代位权后,对于被代位的权利,债务人的处分权能受到限制。对于超过债权人代位请求数额的债权部分,债务人仍可以处分。债权人提起代位权诉讼,既导致债权人债权的诉讼时效中断,也导致债务人债权的诉讼时效中断。

3.068 债权人撤销权 creditor's cancellation right

为了防止债务人财产不当减少而导致债权人债权无法实现,法律赋予债权人在特定条件下撤销债务人实施的使其财产减少的法律行为。《民法典》第538条、第539条规定了债权人撤销权。债权人撤销权产生的条件区分为两种情况:债务人无偿处分财产和债务人低价处分财产。债务人放弃其债权、放弃债权担保、无偿转让财产等方式无偿处分财产权益、恶意延长其到期债权的履行期限,且导致债权人的债权无法实现时,债权人可以行使撤销权。这几种情况是债务人无偿减少责任财产,债权人行使撤销权的条件不要求债务人有主观过错。债务人以明显不合理的低价转让财产、以明显不合理的高价受让他人财产或者为他人的债务提供担保,影响债权人的债权实现的,只有在债务人的相对人知道或者应当知道该情形的,才产生债权人撤销权。

3.069 债权人撤销权的行使 exercise of creditor's cancellation right

债权人应当通过诉讼行使撤销权,即要求法院撤销债务人实施的使其财产减少的行为。《民法典》第 538 条和第 539 条都规定了债权人行使撤销权的方式。债权人应当以自己的名义提起诉讼,被告为债务人,第三人原则上应当以无独立请求权的第三人身份参加诉讼。有多个债权人,他们可以同时行使撤销权,也可以单独行使撤销权。两个或两个以上债权人对同一个债务人行使撤销权,且标的相同的,人民法院可以合并审理。《民法典》第 540 条规定了债权人撤销权行使范围。债权人行使撤销权是为了保全自己的债权,因此应当在自己的债权范围内行使撤销权。债务人处分行为导致减少的财产超过债权人债权的,如果债务人处分的财产具有可分性,债权人只能撤销自己债权范围内的部分;债务人处分的财产不能分割的,债权人必须撤销整体处分行为。债权人行使撤销权的必要费用由债务人承担,包括律师代理费、差旅费、法院诉讼费等。

3.070 债权人撤销权的效力 effect of creditor's cancellation right

债权人向人民法院提起撤销权诉讼并且得到法院支持后,产生的法律后果。规定在《民法典》第 542 条。法院或仲裁机构裁判撤销的判决一生效,债务人实施的法律行为自始没有效力,法律状态应当恢复至没有发生处分财产行为之时。债务人实施了低价转让财产或者无偿转让财产的法律行为的,财产的所有权或其他财产性权利直接回归至债务人处,作为全体债权人债权的担保。债权人只能根据债务清偿的实体法和程序法进行清偿。动产的受让人需要向债务人返还原物,其依据是物权的返还原物请求权和不当得利返还请求权。不动产如果已经进行变更登记的,需要进行更正登记。返还不可能的,要赔偿客观价值;受让人在占有标的物期间收取收益的,收益一并返还。如果债务人不受领返还的财产,或者意欲继续处分的,则由行使撤销权之债权人代为受领。如果债务人放弃到期债权的,该放弃没有效力,次债务人仍然要向债务人履行。债务人放弃担保的,放弃无效,保证合同恢复,其他担保物权也恢复效力。债务人延长到期债权的,金钱债权自到期时开始计算迟延利息。债务人为他人提供担保的,该担保无效。

3.071 债权人撤销权的行使期限 time limit for exercise of creditor's cancellation right

债权人向人民法院提起撤销权诉讼的时间限制。撤销权是形成权,不适用诉讼时效期间。但是债权人迟迟不决定是否撤销债务人的处分行为,会使法律关系的状态不确定,这对债务人和第三人都不利,因此,有撤销权的债权人行使其撤销权的时间应当有限制。债权人行使撤销权的期限规定在《民法典》第 541 条。根据该规定,从债权人知道或者应当知道撤销事由起,一年不行使撤销权,撤销权消灭;债权人不知道撤销事由的,自债务人处分行为发生之日起,五年后撤销权消灭。前者是撤销权行使的相对期限,该期限与债权人的主观相关联;后者是撤销权行使的相对期限,即债权人不知道撤销事由的,撤销权行使期间只与债务人的行为相关联。债权人撤销权的行使期限是除斥期间,它是不可变期间,不发生中断、中止和延长的情况。

3.072　合同变更　alteration of contract

合同在未失同一性的前提下发生的内容变化,主要包括标的物变更,如数量、质量等的变更;合同的履行变更,包括履行期限、履行地点、履行方式等;生效条件或解除条件变更;违约责任变更;争议解决内容变更等。合同变更这个概念在比较法上使用的比较少,但是我国合同法领域普遍任何合同变更这一概念,自 1982 年的经济合同法以来,与合同有关的立法一直对合同变更予以规定。合同变更发生在合同有效成立后,全部履行完毕前。合同变更可以通过法律规定而变更,也可以通过法院或仲裁机构的裁判行为而变更,还可以通过当事人的合意而变更。《民法典》第 543 条规定了通过当事人合意变更合同,此时要求当事人对合同变更达成有效的合意。《民法典》第 533 条规定了情事变更时通过法院或者仲裁机构的裁判而变更合同。法定变更多发生在履行障碍时,比如履行不能时原始给付义务消灭,但在没有免责事由的情况下要承担损害赔偿责任。合同变更仅对未履行部分发生效力,对已经履行的部分没有溯及效力。

3.073　合同变更禁止推定规则　presumption rule of alteration prohibit of contract

合同当事人通过协议变更合同的,如果对合同变更的内容约定不明确的,推定未变更。该规则规定在《民法典》第 544 条。合同变更涉及当事人权利义务,故变更内容要具有明确性,即变更后合同内容不能有歧义。变更后合同的内容经过解释后,仍然不明确的,推定为未变更。双方当事人受原合同约束。

3.074　债权让与　assignment of credit

债权由原债权人转让给新债权人,债权让与是债权人变更。现代大多数法律体系认为债权主要体现了其财产属性,具有可让与性。1985 年的《涉外经济合同法》将债权主体更替称为"合同转让",1999 年的《合同法》第 79 条也表述为"将合同的权利转让给第三人"。《民法典》第 545 条规定了债权让与,即将"债权的全部或者部分转让给第三人"。债权让与通过原债权人(转让人)和新债权人(受让人)之间的合意完成,是处分行为。债权让与和债权让与的原因要予以区别,常见的债权让与的原因是买卖合同、赠与合同等。因为债权让与只需要转让人和受让人之间达成转让债权和合意,不需要登记等特别的形式,在外在形式上无法区别原因合同和债权让与本身,通常是一个行为包括两个合同。债权让与要满足以下条件:原债权人和新债权人之间达成有效的债权让与合意;被让与的债权本身有效存在;债权具有可让与性;被让与的债权确定或者可以确定。依其性质不得转让或者法律规定不得转让的债权,绝对不可转让。如果债权人和债务人约定不得转让,但是债权人将该债权转让给第三人的,转让是否有效区分为金钱债权和非金钱债权:对金钱债权而言,转让有效;非金钱债权,第三人是善意的,转让有效。债权让与的法律后果是,债权由原债权人转让给新债权人,从属权利也随之转让。

3.075　债权让与的通知　notice of assignment of creditor's rights

指将债权转让的事实告知债务人。债权让与通过债权人(转让人)和第三人(新债权人)之间的合意即可发生债权转让的效力,不需要债务人参与。然而,债权毕竟需要债务人履行,他不可能置身事外。债权让与必须要解决的问题是,债务人不知道债权转让的事实,向原债权人履行的后果。为了保护债务人,债权让与中不可或缺的是债权让与通知。《民法典》第546条规定,债权让与未通知债务人的,该转让对债务人不发生效力。债务人未收到债权让与通知的,可以拒绝向新债权人履行;未收到债权让与通知的债务人已经向原债权人履行的,仍然发生清偿效力,债务人的债务消灭。新债权人只能向转让人主张权利。通知应当由转让债权的债权人作出,它需受领的单方意思表示。债务人收到通知时债权让与对他发生效力,从此刻开始债务人只有向受让人履行,才发生清偿的法律后果。债权转让的通知不得撤销,但是经受让人同意的除外。《民法典》第548条规定,债务人接到债权转让通知后,债务人对让与人的抗辩,可以向受让人主张。

3.076　债权禁止让与的特约　special agreement of assignment-prohibition of creditor's rights

债权人和债务人之间,不得转让债权的特别规定。禁止债权转让的约定及其效力规定在《民法典》第545条。禁止转让的特约是债权人和债务人之间的内部约定,对当事人有效力,即债权人有义务遵守约定不转让债权。然而,禁止债权转让的特别约定并没有完全的对外效力。尽管债权人和债务人约定不得转让债权,但债权人仍然可与第三人订立债权转让合同。如果债权是金钱债权的,债权让与有效,换言之,禁止金钱债权转让的特别约定完全没有对外效力。如果债权是非金钱债权人,第三人(即受让人)知道或者应当知道债权人和债务人之间的禁止转让约定的,债权让与无效,换言之,第三人是善意的,债权让与仍然有效。债权让与有效,第三人取得债权,债务人收到让与通知后,必须向第三人履行。但是因为转让人(即原债权人)违反了禁止债权转让约定,要承担违约责任。

3.077　债务承担　assignment of debt

指在不改变债务同一性的前提下更换债务人,包括免责的债务承担和并存的债务承担。在前一种情形中,原债务人不再承担债务,债务完全由新债务人承担,因此属于债务人替换。在后一种情况中,原债务人与新债务人共同承担债务。《合同法》第84条承认的债务承担以免责的债务承担为主,《民法典》既规定了免责的债务承担,也规定了并存的债务承担。主债务转让的,原则上从属债务也应当随着主债务转让给新债务人。比如违约债务、定金债务等,都属于债务的内容,必然随债务转让给新债务人。债务转让的,转让人还应当将与债务相关的文件交付给受让人,比如单据、账簿等,这属于转让人的从给付义务范围。债务有保证担保,或由第三人提供物权担保的,债务转让没有取得保证人或者物权担保人同意的,保证责任或者担保物权消灭。专属于转让人自身的从属债务,不具有可转让性。

3.078 免责的债务承担 assignment of debt on exemption from liability

指债务人替换,即债务人将债务转让后,退出债权债务关系,债务完全由新债务人承担。《民法典》将免责的债务承担规定在第551条。债务转让是处分行为,既可以通过债务人和第三人(新债务人)之间的合意完成,也可以通过债权人和第三人之间的合意完成。《民法典》第551条规定的是通过债务人和第三人之间的合意转让债务的情况。此时为了保护债权人,债务转让要取得债权人同意,且债权人同意是债务转让的生效条件,换言之,不经债权人同意,不发生债务转让的效力。债务人或者第三人催告债权人在合理期限内予以同意的,为了债权人之利益,如果债权人未作表示,视为不同意。在免责的债务承担中,债务人取得的债务内容应当与原债务内容一致。新债务人可以主张原债务人对债权人的抗辩。必须由债务人自己履行的债务,不得转让给他人。

3.079 并存的债务承担 assignment of debt on exist side by side

又称"债务加入"。即原债务人与新债务人共同承担债务。《民法典》第552条规定了并存的债务承担。并存的债务承担有两个途径完成:一是通过第三人和债务人之间有效的债务加入合同并通知债权人,且债权人未拒绝;二是通过第三人向债权人作出愿意加入债务的意思表示,且债权人未拒绝。债权人如果不想让第三人与债务人共同承担债务,应当在合理期间内明确拒绝。债权人拒绝第三人加入债务的,表明谁是债务人对债权人而言并非无关紧要。合理期间经过后,债务人未明确表示拒绝第三人共同承担债务的,债务承担发生效力。债务加入对债权人的债权有担保功能,对债权人并无不利,故不需要债务人同意。债务加入不是处分行为,只为加入债务的第三人设立负担,并没有改变债权人对原债务人的债权。其法律后果是,债务人和第三人成为连带的共同债务人,并不免除原债务人的责任。必须由债务人自己履行的债务,第三人不得共同承担债务。

3.080 债权债务的概括转移 general transfer of creditor's rights and debts

又称"合同权利义务的概括转让"。一方当事人将自己基于合同取得的权利和负担的义务一并转让给第三人。转让后转让人退出合同关系,第三人取得转让方的法律地位,成为合同当事人,取得合同关系中所有的权利和义务。《民法典》第 555 条规定的合同转让,除了要求转让人和第三人之间成立有效的转让合同,还需要取得合同对方当事人的同意。法律禁止转让、当事人约定禁止转让、依合同性质不能转让的合同不得转让。合同权利义务的概括转让还可以通过遗嘱发生,或者依法律规定发生,法人或其他组织合并和分立时合同权利义务依法转让。《中华人民共和国房地产管理法》第 41 条规定,房地产转让时,土地使用权出让合同载明的权利、义务随之转移。这也属于法定的合同权利义务的概括转移。

3.081 合同终止 termination of a contract

合同关系基于约定事由或者法定事由而消灭。《民法典·合同编》第七章以"合同的权利义务终止"为标题,既规定单个债权债务的终止,也规定合同权利义务的终止。履行、抵销、提存、免除、混同是单个债的终止原因,在《合同法》中曾经也被表达为合同权利义务终止的原因,《民法典》予以修正。合同关系中的债权和债务均终止的,合同消灭,在我国民法中也称为合同终止。一时性合同被解除的,原合同权利义务终止,但并不是当事人之间所有的法律关系都消灭,合同履行或者部分履行的,解除的后果是产生清算关系。而大陆法中所称的继续性合同的终止仅向未来发生效力,无清算问题。但是在我国民法中,继续性合同向未来消灭也使用解除这一术语,而没有使用终止这一术语。

3.082 后契约义务 post-contract obligations

又称"后合同义务""后续效力的忠诚义务"。在双方履行合同后的一段时间内,当事人之间相互负担的忠实义务。后契约义务可以通过约定产生,但本条规定了法定后契约义务,该义务由诚实信用原则得出。《民法典》第 558 条规定了后契约义务。后契约义务具体表现由合同类型决定。常见的后契约义务包括通知义务、协助义务、保密义务、旧物回收义务、说明义务等,但不限于此,也包括在履行后的过渡时间内,不得实施危害对方实现合同目的之行为,特别是不能实施剥夺或减少对方当事人获取利益的行为。后契约义务属于保护义务,当事人违反后契约义务,成立"契约终止后过失",给对方造成损失的,义务人应当承担损害赔偿责任。

3.083 清偿 liquidation

通过履行使债务消灭,它是债务正常消灭的主要原因之一。《民法典》没有使用"清偿"这一术语,第 557 条第 1 项"债务已经履行"即是指清偿。债务人实施的给付行为发生效果的,才构成清偿。比如在运送之债中债务人负担的义务是将标的物交给运送人,此时尚不构成清偿,在债权人取得标的物后才构成清偿。只有债务人或者有履行权的第三人事实的给付行为才能构成清偿,比如《民法典》第 524 条规定的有履行利益的第三人,当事人也可以约定由第三人给付。依债务性质必须由债务人本人履行的,第三人履行不发生清偿的法律后果。只有向债权人以及债权人的代理人或者辅助人为给付的,并发生给付效果的,才导致债务消灭。某些情况下债权人失去受领权限,比如债权被扣押时对债权人清偿不发生清偿效力。无行为能力人和限制行为能力人也没有受领权限。清偿的性质理论界存在合同说、事实给付效果说、目的给付效果说、法律行为新说之争。

3.084　清偿抵充　offsetting of liquidation

债务人对债权人负担多个种类相同债务,且都到期,而债务人的给付不足以清偿全部债务,确定给付是为了清偿哪个或者哪些具体债务。清偿抵充规定在《民法典》第 560 条。清偿抵充的顺序有约定的依约定,没有约定的由债务人指定抵充顺序。这两项抵充方式被称为意定抵充,前者是约定抵充,后者是指定抵充。约定抵充完全按照当事人的约定发生抵充的效果,不受限制。当事人既未约定清偿抵充,债务人也没有指定清偿抵充的,则适用法定清偿抵充,即优先履行已经到期的债务;数项债务均到期的,优先履行对债权人缺乏担保或者担保最少的债务;均无担保或者担保相等的,优先履行债务人负担较重的债务;负担相同的,按照债务到期的先后顺序履行;到期时间相同的,按照债务比例履行。在指定抵充和法定抵充时,债务人在履行主债务外还应当支付利息和实现债权的有关费用,应当首先抵充债务的清偿费用,然后抵充债务的利息,最后抵充主债务。

3.085　代物清偿　datio in solutum

指债权人受领他种给付,以替代合同约定的给付,使债之关系消灭。有效的代物清偿以债务人或第三人与债权人之间成立有效的代物清偿合意为前提条件。实践中认为,代物清偿是要物合同,债务人或第三人实际提供他种给付是代物清偿合同成立要件。因为债务人提供的给付并非他所负担的给付,故只有债权人接受他种给付的,才发生清偿之效力。代物清偿的物或者权利有瑕疵的,债务人承担瑕疵担保责任,责任内容根据原合同确定。要将代物清偿与替代权相区别。替代权发生在任意之债中,债权人或债务人有权以他种给付替代原定给付,不需要另行达成合意。对于代物清偿的法律属性,存在清偿合同说、合同变更说、有偿契约说之争。代物清偿成立后,债务消灭。

3.086　间接清偿　indirect liquidation

又称“为清偿之给付”。指债权人受领某一不符合债之本旨之给付,通过债权人和债务人之间的合意,由债权人取得该给付之变价,进而消灭债务。在间接清偿中,债权人和债务人之间原债之关系并没有变更,而是继续存在。债权人通过将他接受的给付进行变价,从变价中获得清偿,然后债才消灭。债权人和债务人之间属于信托关系,债权人被授权以自己的名义或以债务人的名义将间接给付之标的物变价。变价所得超过债务的,债权人应当将超出部分返还给债务人;变价不足清偿债务的,不足部分仍由债务人清偿。要将间接清偿与代物清偿区别开。在代物清偿中,债权人接受他物本身就导致债消灭。债权人接受不符合债之本旨的给付,是间接清偿还是代物清偿,要通过解释当事人的意思表示确定。债权人接受原给付之外的其他给付的,如果根据债权人和债务人之间的合意,原债之关系随着给付接受立即消灭的,是代物清偿;如果原债之关系不会随着新接受的给付立即消灭,而是需要通过变价,进而消灭原债之关系,则为间接清偿。

3.087 债的更新 novation of obligation

又称"债的更改""债的更替"。变更债务的要素成立新债务而使旧债务消灭。因为债产生的原因多为合同,故债的更新有时也被称为合同更新。我国《民法典》没有规定债的更新,在比较法上,《法国民法典》《日本民法典》《瑞士债务法》等对债的更新有明确规定。债的更新区分为因债权人变更而成立的更新、因债务人变更而成立的更新、因债的内容变更而成立的更新。债的更新构成要件是:旧债存在、新债产生、新债与旧债的基本条款不同、当事人有更新意图。因债权人变更而成立的更新是指,旧的债权人与债务人达成终止原债权债务关系,并由债务人向第三人承担新的债务而由此形成新债。因债务人的变更而成立的更新是指,新债务人与债权人达成消灭债权人与原债务人之间的债权债务关系并成立新的债权债务关系的协议而成立的更新。因债的内容变更而成立的更新是指,债的当事人不变而债之内容变更而导致旧债消灭、新债产生的债的更新。

3.088 合同解除 rescission of contract

合同有效成立后,通过当事人单方意思表示或者通过双方当事人合意,使原合同关系终止。我国民法不区分一时性合同的解除和继续性合同的终止,统一称为合同解除。《民法典》在第 562 条至第 566 条中规定了合同解除。合同解除区分为合意解除、约定解除和法定解除。合意解除是通过双方当事人的意思一致而终止合同,属于当事人私人自治范围。约定解除和法定解除是指,解除原因由当事人约定,或者由法律规定。解除原因直接产生解除权,但是解除权的产生不会自动导致合同解除,需要解除权人行使解除权。解除权的行使都是通过解除权人的单方意思表示完成。约定解除和法定解除是发生履行障碍时债权人的救济手段之一。特别是法定解除,是对契约严守原则的突破,因此合同的法定解除要求履行障碍达到一定的严重程度。现代民法中法定解除制度区分为重大违约解除和宽限期解除。传统观点认为,合同解除制度对双务合同适用,晚近亦有观点支持单务合同也可适用合同解除制度。合同解除后,未履行的不必继续履行,已经履行的发生清算关系。根据合同解除的效力是针对全部给付义务还是针对部分给付义务,合同解除还区分为全部解除和部分解除。《民法典》第631条、第632条、第633条就规定了合同的部分解除。

3.089 协议解除 rescission by agreement

合同当事人通过协商一致解除合同。《民法典》第562条第1款规定了协议解除。协议解除合同与民法中所称的"解除权"有本质的区别。解除权是一项形成权,约定的解除原因或者法定解除原因产生解除权;而协议解除合同属于当事人私人自治范围,不要求有特别的解除原因,只要求当事人就解除合同达成合意。解除合同的协议本身也是合同,基于双方一致的意思表示而成立,因此协议解除要求,当事人之间解除合同的合意满足合同有效成立的要件,比如当事人有民事行为能力、意思表示真实等。解除合同的合意原则上是非要式的,当事人可以口头达成解除合同的合意。

3.090 约定解除 right of rescission by agreement

合同解除原因由当事人约定。《民法典》第562条第2款规定了约定解除。即使不存在法定解除事由,只要约定的解除原因成就,解除权人就可以解除合同。约定解除权是合同当事人重要的救济手段之一。约定解除原因发生后,解除权产生,但不会自动导致合同解除。解除权人对是否行使解除权自主决定。由于解除权是形成权,根据《民法典》第563条,解除权人通过向相对人发出通知行使解除权。解除通知是单方的须受领的意思表示。

3.091 法定解除 legal right of rescission

合同解除原因由法律规定。法定解除权是违约时非违约方重要的救济手段之一。由于合同法遵循契约严守原则,因此并非只要一发生违约,就产生解除权。只有违约达到特定的严重程度,才产生法定解除权。《民法典》第563条第1款规定了法定解除权产生的原因:因不可抗力致使不能实现合同目的;在履行期限届满前,当事人一方明确表示或者以自己的行为表明不履行主要债务;当事人一方迟延履行主要债务,经催告后在合理期限内仍未履行;当事人一方迟延履行债务或者有其他违约行为致使不能实现合同目的;法律规定的其他情形。《民法典》和特别法中也会规定其他的法定合同解除原因,比如《保险法》规定了保险合同的解除。继续性合同的当事人有预告解除权,规定在《民法典》第563条第2款,即当事人只要在合理期限内通知相对人即可解除合同,不需要特别的解除原因。法定解除权产生后,不会自动导致合同解除,需要解除权人行使解除权,解除权人对是否行使解除权自主决定。根据《民法典》第563条,解除权人是通过向相对人发出通知行使解除权。法定解除权的解除权人是非违约方,实践中承认违约方在特定条件下享有解除权。

3.092　单方解除　one-sided rescission

解除原因依法或者依合同当事人约定产生后,解除权人通过单方意思表示解除合同。解除权是形成权,解除权产生后不会自动发生解除合同的效果。对于是否行使解除权,解除权人可以自己决定。《民法典》第565条规定了单方解除合同时解除权的行使规则。解除权人行使解除权的,应当通知相对人。"通知"是单方须受领的意思表示,合同自通知到达相对人时解除,不需要相对人的配合。法律不要求在通知中正确说明解除原因,立法机关建议解除权人通知解除时同时说明解除原因。解除权产生后,是否立即行使解除权属于解除权人对自己权利的处分。解除权人当然可以不立即行使解除权,而是给予违约方补救履行的机会。因此解除通知载明债务人在一定期限内不履行债务则合同自动解除,债务人在该期限内未履行债务的,合同自通知载明的期限届满时解除。解除权人可以不通知对方当事人解除合同,而是直接向法院或者仲裁机构起诉解除合同。解除权人直接通过诉讼解除合同的,大多数情况下提起的是以合同解除为前提条件的给付之诉,或者解除权人单独提起解除合同之诉。法院确定合同解除的,解除时间是合同自起诉状副本或者仲裁申请书副本送达对方时。

3.093　解除权行使期限　time limit of exercise of rescission right

又称"解除权的除斥期间"。解除权人作出解除合同的意思表示的时间限制。解除权人迟迟不决定是否解除合同,会使合同状态不确定,这对债务人不利,也会徒增违约方之经济负担。因此《民法典》第564条规定了解除权行使期限。除斥期间区分为法定除斥期间和约定除斥期间。约定除斥期间的长度由当事人决定,其长度应当合理。一般的法定合同解除权除斥期间与解除权人的主观认知关联,从解除权人知道或者应当知道解除事由起1年内不行使解除权,解除权消灭。债务人有催告的权利,经债务人催告,解除权人在合理期间内仍不解除合同的,解除权也消灭。我国个别部门法对解除权的除斥期间作出规范,比如《保险法》第16条第3款规定,保险人自知道解除事由起30日内不解除合同的,解除权消灭;自保险合同成立之日起,超过2年的,保险人不得解除合同。解除权的行使期限是不可变期间,不发生中断、中止的情况。期间的起算点是权利人知道或应当知道解除事出之时。

3.094　合同解除的效力　effect of rescission of contract

合同被解除后产生的法律后果。《民法典》第566条规定了合同解除的效力。解除权人行使解除权后,原合同中第一性的权利义务关系终止,双方当事人对原合同中的原始债务没有履行义务。已经履行或者部分履行的,则产生恢复原状、采取补救措施的法律后果。解除合同的效力不能用"溯及既往"和"不溯及既往"这一对概念来表达,而是产生新的法律关系,即清算关系。根据合同性质,当事人提供的给付可以恢复至未履行前状态的,对方当事人要恢复原状;不能恢复原状的,通常补偿其价值。交付的标的因为使用而价值减少,受领方要补偿减少的使用价值。合同因违约被解除的,违约方仍承担损害赔偿责任。损害赔偿是对履行利益的赔偿。主合同解除后,担保人对债务人应当承担的民事责任仍应当承担担保责任,双方当事人可以有不同约定。

3.095 合同僵局 impasse of contract

债务人履行不能或者失去支付能力,但有解除权的债权人却不解除合同时的合同状态,这种情况多发生在租赁合同等继续性合同中。"僵局"并不是法律术语,合同法实践中偶尔使用"合同僵局"这一表达。最高人民法院《第九次全国法院民商事审判工作会议纪要》第48条使用了"合同僵局"一词,同时规定在满足特定条件的情况下,违约方可以通过起诉请求法院解除合同。事实上,即使债务人履行不能,债权人不解除合同的,也不会发生合同僵局。此时债务人的自然履行义务消灭,或者有拒绝履行的抗辩权。债权人不解除合同的,可以主张替代原始给付的损害赔偿,但他的对待给付义务不消灭,这对狭义的交换合同意义重大,因为债权人可以基于合同提供合同约定的对待给付。债务人违约时,债权人有防止损害扩大的义务,他不能无限制地主张损失赔偿。债务人的利益还可以通过除斥期间等制度得到保障。

3.096 抵销 offset

指将两个相对债权通过需受领的意思表示互为清偿,债权因此消灭,它是履行替代形式,也是债消灭的原因之一。通过抵销可以避免相互给付,抵销者不必担心他的债务人不履行。抵销区别为法定抵销和约定抵销,分别规定在《民法典》第568条和第569条。抵销要件成立,且不存在不得抵销的情况时抵销适状,抵销人通过向相对人做出抵销的单方意思表示来抵销债务。抵销是需受领的意思表示,到达相对人时生效,发生抵销效力。抵销产生消灭债权的法律后果,双方债权在抵销范围内消灭。虽然抵销在抵销的意思表示到达对方时即发生效力,但债权消灭时间点不是抵销的意思表示发生效力时,而是溯及至抵销适状的时间点。抵销不得附条件或者附期限,否则将使当事人的法律状态不确定。抵销后,债在抵销范围内消灭。抵销实际是抵销权人的处分行为。当事人约定不得抵销的,或者法律规定不得抵销的,或者依债之性质不得抵销的,当事人不得抵销。

3.097 法定抵销 statutory setoff

不需要经过当事人合意,只要满足法定条件,即产生法定抵销权。抵销权人可以向对方主张抵销。法定抵销是债消灭的原因之一。法定抵销规定在《民法典》第568条。法定抵销权产生的积极要件是:债务人和债权人必须互为彼此的债权人和债务人;主债权

(被动债权)和相对债权(主动债权)的给付标的必须种类、品质相同;两个债权必须都有效存在,主债权不需要具有可强制执行性,但相对债权要具有可强制执行性,且不附抗辩;相对债权必须到期,主债权不需要到期,但要具有可实现性。法定抵销权的消极条件是,没有不得抵销的情况。法定抵销权由相对债权人享有,因此相对债权被称为主动债权。抵销的积极要件满足,且不存在不得抵销的情况时,此时抵销适状,抵销人通过向相对人做出抵销的意思表示来抵销债务。抵销是需受领的意思表示,到达相对人时生效,发生抵销效力。抵销产生消灭债权的法律后果,双方债权在抵销范围内消灭。抵销不得附条件或者附期限。

3.098 协议抵销 setoff by agreement

主债权和相对债权种类、品质不一致的,虽然不满足《民法典》第 568 条规定的法定抵销的条件,但是当事人可以通过协议而产生抵销权。协议抵销规定在《民法典》第 569 条。协议抵销属于当事人私人自治的范畴。协议抵销只要求债权人和债务人互有债权,且都有效。不要求其他法定抵销的要件,比如债的种类可以不同,双方债权或者一方债权未到期,仍可以通过协议抵销。协议抵销是通过当事人的抵销合同完成,它是主债权人和相对债权人以消灭互负的债务为目的而订立的合同,是诺成合同以及非要式合同。抵销合同不能有效力瑕疵。抵销合同生效力且产生相应的法律效果时,双方当事人的债权在抵销范围内消灭。

3.099 提存 disposit

债务人以清偿为目的,将给付物提交提存机关保存,使债务归于消灭的行为。《民法典》在第 570 条至第 574 条规定了提存制度。提存需要满足两个要件:有提存原因;标的物适宜提存。提存原因包括:债权人无正当理由拒绝受领,在此要满足债权人受领迟延的要件;债权人下落不明;债权人死亡未确定继承人、遗产管理人,或者债权人丧失民事行为能力未确定监护人。适宜提存的物包括钱、有价证券、票据、提单、权利证书、物品等。体积过大的物、不易保管的物、易腐烂的物、动物等属于不适宜提存的物。提存程序在我国是行政程序,由《提存公证规则》详细规定。提存部门是债务履行地的公证部门。债务人即提存人。物不适宜提存的,债务人应当拍卖或者变卖标的物,然后将所得价款提存。自价款提存开始之日起,债务清偿。标的物提存后,发生清偿债务的效力。债务人有义务将提存通知债权人;债权人死亡的,应当通知他的继承人和遗产管理人;债权人失去行为能力的,应当通知监护人或财产代管人。标的物提存后,债务自提存之日起视为清偿,债务人从债务关系中解放出来。

3.100 债务免除 debt relief

债权人免除债务人部分或在全部债务的行为。债务免除是债消灭的原因之一,《民法典》第575条规定了债务免除。免除需要通过债权人和债务人的合意完成,故免除是废止债务的合同。债务人的沉默被拟制为默示的承诺,因为债务免除对债务人只有利益,并无不利。债务人如果不想债务被免除的,应当在合理期间内拒绝债权人免除的要约。免除是处分性法律行为。债权人免除债权的原因法律行为通常是赠与。免除是否有效与债权人和债务人之间的赠与合同无关,其效力仅取决于免除合同的效力。但是原因法律行为无效的,债权人有不当得利返还请求权。有效的免除合同要求满足合同有效的全部要件。限制行为能力的债务人接受免除不需要法定代理人同意或追认,因为免除对债务人而言只有法律上之利益。债权人可以将一个债务全部免除,也可以免除部分,但是对于不可分之债,只能免除全部债务。免除合意达成后,在免除的范围内,债权债务关系消灭。主债务被免除的,其从属债务也随之消灭。

3.101 债的混同 confusion of debt

同一个合同中的债权和债务归于同一人,债之关系因此消灭的事实。债的混同是法律事实,不是法律行为。《民法典》第576条规定了债的混同。债权和债务是一组对立概念,债权人拥有债权,相对应地,债务人拥有债务。债权和债务归于同一人的,不存在自己对自己履行的情况,债权债务消灭。比如债权人死亡,债务人恰好是债权人的继承人,债权债务归于同一个人,没有存在的必要。混同的效力是使债权债务绝对地消灭,从属权利也随着消灭,但是消灭损害第三人利益的,不能消灭。比如债权人将对债务人的债权质押给第三人,之后发生债权债务混同,如果债权人对债务人的债权消灭,将损害质权人利益,故该债权不消灭。

3.102 违约责任 liability for breach of contract

全称"违反合同义务的民事责任"。合同当事人不履行合同或者履行合同不符合约定,应当承担的民事责任。合同关系产生债权,是请求权,债权人是否能实现债权取决于债务人是否履行。债务人不履行的,法律必须赋予债权人救济手段。违约责任是从债务人的视角表达违约后果,从债权人视角表达,则是债权人的救济手段,或者是债权人对债务人的请求权。《民法典·合同编》第八章规定了违约责任。违约责任由违约行为引起,是民事财产责任,法定责任方式包括继续履行、采取补救措施、损失赔偿。继续履行以履行具有可能性为前提,发生履行不能的,根据《民法典》第580条,债权人不能要求继续履行。《民法典》第582条第2句列举了修理、重作、更换等补救措施。减少价款或报酬也是法定违约补救措施。损失赔偿包括替代履行的损失赔偿和与履行并存的损失赔偿。违约责任方式还包括违约金、定金等约定责任方式。合同义务是当事人第一层义务,只有当事人不履行合同义务时,才产生违约责任。因此可以认为,违约责任是合同义务的转化形态,或者是原合同义务的变形或延伸。

3.103　违约行为　breach of contract

指合同当事人不履行合同义务或者履行合同义务不符合约定。违约行为包括拒绝履行、迟延履行和瑕疵履行。拒绝履行是债务人不想履行的违约行为,通常情况是,债务到期后,债务人明确表示不提供给付。迟延履行是指不按时履行,即债务人在履行期限届满之时没有提供给付。"履行不符合约定"的意思是,债务人虽提供给付,但是给付与债务人所负之义务不相一致。既可以是主合同义务的履行不符合约定,也可以是合同的从属义务的履行不符合约定。具体的履行不符合约定的情况有履行有质量瑕疵(包括物之瑕疵和权利瑕疵)、部分履行(即数量瑕疵)、履行地点不符合约定、包装不符合约定等。违约行为仅强调债务人的履行结果是否与合同约定一致,与债务人是否有过错无关,也不强调违约的原因。过错和原因影响的是违约责任,不影响是否有违约行为。

3.104　履行不能　impossibility of performance

履行遭受持续的不可克服的障碍等状况。履行不能适用的是非金钱之债,对金钱之债不适用。《民法典》第580条将履行不能区分为法律上不能、事实上不能和经济不能。法律上不能是指债务人履行行为是法律禁止的,比如履行本身是犯罪行为,或者其他法律上的原因阻碍了履行。事实上不能是指根据自然规律债务人不可能提供给付,比如古董花瓶打碎了,不可能再制造出完全相同的替代物。事实上不能又区分为主观不能和客观不能。主观不能是指履行对第三人而言是可能的,但是对债务人而言不可能。比如在特定物买卖中,出卖人在交付标的物之前,该标的物被小偷偷走。在理论上小偷可以履行,但是在未找到标的物之前出卖人履行不能。客观不能是指对任何人而言都存在履行不能。比如买卖标的物是古董花瓶,但是该花瓶被砸碎,此时存在客观履行不能。经济不能是指理论上可能排除障碍履行,但是鉴于债权债务关系的内容以及诚实信用原则,债务人为此付出的代价或费用与债权人获得的利益之间形成一种不对等的关系,此时债务人有拒绝履行的权利。债务人履行不能,原始履行义务消灭,即债务人没有义务提供合同约定的给付义务。债权人取得解除合同权。发生履行费用过高的,债务人有抗辩权,诉讼中法院将驳回债权人继续履行的诉讼请求。

3.105　根本违约　fundamental breach of contract

又称"重大违约"。这一概念起源于英国合同法的根本不履行。美国合同法在英国合同法的基础上发展出了"重大违约"和"轻微违约"的概念。《联合国国际货物销售合同公约》受《美国统一商法典》影响,创设了"根本违约"这一概念。根本违约是英美合同法、联合国国际货物销售合同公约、欧洲合同法通则的法定合同解除权产生原因。我国《合同法》和《民法典》都没有明确使用根本违约或重大违约的概念,但是,从《民法典》第563

条第 1 款第 4 项兜底条款的"其他违约行为致使不能实现合同目的"看，《民法典》实际是将根本违约作为合同法定解除权产生的原因。这与合同法中的契约严守和继续履行原则相一致，即并非只要一方当事人违反合同义务，另一方当事人就取得解除权，法定解除权的产生要求违约达到一定严重程度。《民法典》第 563 条第 1 款前 4 项规定的情况都属于根本违约。

3.106 预期违约 anticipatory breach of contract

又称"期前违约"。指在履行期限届满之前，当事人一方明确表示或者以自己的行为表明不履行主要债务。预期违约是一种特殊的违约，规定在《民法典》第 563 条第 1 款第 2 项。债务人拒绝履行时，合同没有存在的必要，因此产生解除权。一般认为，债务人必须明确无误地表达出他不准备给付，债权人基于他的这种表达不再对给付有所期待。换言之，债务人拒绝给付的表达从第三人视角看是债务人最终表达，债权人没有理由再期盼债务人改变拒绝履行的决定。如果是通过语言拒绝履行，要求债务人"严肃地""确定地"拒绝履行，这实际也是要求拒绝给付的意思表示没有歧义，清楚明确。除了语言上明确地、严肃地拒绝履行，还包括债务人以自己的行为表明不履行债务的情况，对于这类情况，要求通过解释能够确定债务人的行为所表达的拒绝给付的意思明确无疑。

3.107 实际履行 specific performance

又称"继续履行""强制履行"。指违约发生后，债权人主张继续履行合同的，在不发生履行不能的情况下，债务人应当实际履行，不得以损害赔偿替代义务的履行。实际履行是大陆法系合同法中契约严守原则的表现形式。《民法典》第 577 条规定了继续履行作为违约责任的形式。债务人继续履行义务的前提条件是履行具有可能性，且在合理期限内主张继续履行。根据《民法典》第 580 条，债权人在如下情况下不得主张继续履行：（一）法律上或者事实上不能履行；（二）债务的标的不适于强制履行或者履行费用过高；（三）债权人在合理期限内未请求履行。实际履行包括不履行时的狭义的继续履行和履行不符合约定时的补救履行。

3.108 违约损害赔偿 compensation for damages by breach of contract

债务人不履行合同义务或不按约履行合同义务，给对方造成损失的，应当承担的损失赔偿责任。违约损害赔偿是违约责任方式之一，规定在《民法典》第 577 条。违约损害赔偿区分为替代履行的损害赔偿和与履行并存的损害赔偿。合同因违约被解除的，也产生损害赔偿责任。《民法典》第 584 条规定了违约损害赔偿责任的赔偿范围，主要包括实际损失、可得利益损失，且以当事人在订立合同时可以预见为边界。通过损害赔偿债权人的利益状态应当达到合同完全履行时的利益状态，特别是违约人也要赔偿债权人从交易中应当获得的营利。故违约损害赔偿赔偿的是履行利益。违约也产生精神损害赔偿。损害赔偿责任成立应当满足的要件是:债权人有损失;违约行为与损失之间有因果关系。违约损失赔偿责任的归责原则是采无过错原则还是过错推定原则有争议。从我国合同法的传统和国际合同法发展趋势看,违约损害赔偿的归责原则宜以过错推定为原则,在法律有明确规定的情况下采一般过错原则,在(瑕疵)担保责任或风险责任中采无过错责任。损失由不可抗力引起的,损失赔偿责任部分或全部免除。对方当事人与有过错的,损失赔偿责任相应减少。债权人没有采取适当措施避免损坏扩大的,债务人对扩大的损失不承担损失赔偿责任。

3.109 履行利益 performance interest

又称"积极利益"。在合同法中,债务人按合同约定履行合同的,债权人由此应获得的利益。通常指损害赔偿范围。履行利益损害赔偿要求通过债务人的损害赔偿,使债权人的利益状态应当达到合同完全履行时的利益状态。包括实际损失和可得利益。履行利益损失赔偿的具体范围要根据违约类型确定。履行不能时债务人赔偿的债权人的积极利益包括给付的市场价值、取得替代给付多支付的花费、可得利益损失。迟延履行的损害赔偿包括迟延履行利息、迟延履行时间内的可得利益。瑕疵履行时,损失赔偿范围依债权人选择的救济途径有所差异。瑕疵履行不足以解除合同的,债权人可以要求修理,瑕疵消除后仍然有损失的,这部分损失在损失赔偿范围内,包括可得利益损失,也包括标的物价值减少损失。这部分损失被称为"小损失赔偿"。瑕疵无法消除的,债权人可以主张替代全部履行的损失赔偿,即大损失赔偿,如果在此外还有其他损失的,违约人也要赔偿。履行瑕疵引起瑕疵结果损失(加害给付)的,比如购买的微波炉有质量瑕疵,爆炸后导致其他财产有损失,损失赔偿范围包括该部分损失。

3.110 可得利益损失 attainable interest

又称"所失利益"。是违约行为所阻碍的将来财产的增加。常见的可得利益损失是利润损失。可得利益的具体范围根据交易的性质、合同的目的等因素,可得利益损失主要分为生产利润损失、经营利润损失和转售利润损失等类型。《民法典》没有规定确定可得利益损失的标准。可得利益是未发生之利益,当事人要证明损失的可得利益在不违约时根据通常事物发展规律极有可能发生。在损失计算方面,传统私法中区分为具体计算和抽象计算。"具体计算"是以非违约方,即债权人的个人法律关系为计算基础的计算方法,债权人需要就各个具体计算基础进行陈述并证明。抽象计算方法仅适用于商人,对个人和国库则不得适用,因为抽象计算的基础是两个推定:假定债权人能够以市场价进行填补交易;假定非违约方从原合同中可以获得一般性盈利。这两种假定通常在商事领域才成立。可得利益损失赔偿范围以违约方在订立合同时可以预见的额度为边界。

3.111 可预见性规则 rule of predictability

在违约损失赔偿中,应当予以赔偿的损失限于违约一方在订立合同时预见或者应当预见的违约可能造成的损失的范围,不可预见的损失不予以赔偿。通常认为,1854 年的哈德利诉巴克森代尔(hadley vs. baxendale)案是英国法院在可得利益损失赔偿中引入“可预见规则”的第一个判决。实际上在该案之前,美国法院在相关的裁判中就已经要求予以赔偿的可得利益损失应当具有“可预见性”。我国《民法典》将可预见性规则规定在第584 条“但书”中。违约损害赔偿法引入“可预见性规则”是对完全赔偿责任的限制。可预见的对象是“损失额度”。预见或者应当预见的视角明确规定为“违反合同一方”,且是客观违约方视角判断损失是否可以预见,即一个通常第三人站在违约当事人的视角审查,损失是否可以预见。“可预见性”作为判断可得利益损失是否应该予以赔偿的标准,其作用体现在两个方面:一方面在过错责任的立法例中,可以把一般过失违约引起的可得利益损失赔偿与故意和重大过失违约引起的可得利益的赔偿区别对待;另一方面是可以限制或缩减应当赔偿的可得利益损失的范围,减轻违约人的负担。

3.112 减少损失义务 obligation to mitigation

又称“减损规则”。合同当事人一方违约后,对方应当采取适当措施防止损失扩大;没有采取适当措施致使损失扩大的,不得就扩大的损失请求赔偿。《民法典》第 591 条规定减少损失义务。减损规则基础理念是诚实信用原则。诚实信用原则要求权利人行使权利的方式具有保护性,即要保护对方当事人的利益。从该视角看,发生违约行为时,相对人有义务将损失降至最低。对方当事人可以采取措施避免损失扩大而未采取措施的,导致损失扩大,如果扩大的损失仍然由违约方承担责任,有违诚实信用原则。减损义务作为对方当事人的不真正义务,违反不真正义务不产生损害赔偿责任,而是失去对扩大部分的损失的主张权。在损失还没有发生的情况下,当事人应当采取措施避免损失发生。在损失已经发生的情况下,对方当事人应当采取措施尽量降低损失。对方当事人采取的措施应当是“适当”的。适当性是指措施对对方当事人而言具有可承受性或合理性,即根据一般生活经验,一个正常的理性的当事人应当采取的措施。

3.113 与有过失 contributory negligence

又称“与有过错”。合同当事人一方违约造成对方损失,对方对损失的发生有过错的,可以减少相应的损失赔偿额。《民法典》第 592 条第 2 款规定了与有过失规则。“过失”这一术语并不准确,因为“过失”单纯指当事人的主观方面,而引起损失的是有过错的行为。与有过失原则的理论基础除了诚实信用、公平公正,还包括自己责任,即任何人都要为自己的行为负责任。受损失人与有过失实际是“对自己的过错承担责任”。我们可以把"与有过失"定义为,债权人没有尽到一个理性人应当避免自己损失的谨慎。从《民法典》第592条第2款的表达看,要求受损失当事人主观有过错,即受损失方基于故意或过失不尽谨慎义务。受损失人对损失产生与有过失的,违约方损害赔偿额度减少,至于减少多少,要在具体情况中确定。通常情况是,双方当事人分担损失,在极其例外的情况下,受损失人的过错可能完全排除违约人的损害赔偿责任。与有过失适用的是损害赔偿责任,对履行请求权(包括继续履行和补救履行)不适用。除了违约引起的损害赔偿请求权,还包括缔约过失引起的损害赔偿,无因管理引起的损害赔偿。与有过失规则有以下两个特点:第一,法官要依职权主动适用;第二,在法律后果上与有过错导致相应的损害赔偿请求权消灭。这两个特点决定了与有过失规则是抗辩。

3.114　违约金　fine for breach of contract

合同双方当事人约定一方当事人不履行合同或者不依约定履行合同的,要向另一方当事人支付一定数额的金钱或其他给付的私人制裁。违约金的主要功能是预防违约功能与赔偿功能。违约金约定是债权人和债务人之间的附生效条件的给付允诺,其条件是一方当事人违约。条件成就时,债务人有给付违约金的义务。违约金条款既可以包含在主合同中,也可以在合同订立后补充约定。违约金区分为赔偿性违约金和惩罚性违约金。赔偿性违约金是对损害赔偿的预估;惩罚性违约金是当事人约定或者法律规定,对违约行为的一种惩罚,又称违约罚。合同法中的违约金以"赔偿为主,惩罚为辅",因此,《民法典》中规定的违约金是赔偿性违约金。当事人还可以约定损失赔偿计算方法。违约金产生的条件是合同当事人违约,主张违约金的对方当事人不需要证明实际发生损失。约定的违约金低于实际损失,债权人的利益仅靠约定违约金不能得到保障,可以申请法院增加违约金,此时债权人要证明实际损失。约定的违约金过高,即超过实际损失30%的,违约人可以申请法院酌定减少违约金,此时违约人要证明对方的实际损失。

3.115　定金　earnest money

指合同当事人约定,一方向另一方交付一定数额金钱或其他给付,用来担保债权的履行。民法典中规定的是违约定金。定金具有从属性,即定金是否有效依赖于主合同债务的有效存在。有效的定金约定除了要求当事人之间存在有效的定金合同,还要求一方当事人向另一方当事人实际交付定金,因为定金合同是要物合同,交付定金是定金约定成立要件。定金数额由当事人在定金合同中具体约定,但是不能超过合同标的额20%。约定的定金超过合同标的20%的,不会导致定金约定无效,其后果是超出部分不产生定金效力,而是预付款。实际交付的定金数额多于或者少于约定数额的,视为变更约定的定金数额。债务人按合同约定履行债务的,定金的目的达到。在此情况下,有两个途径处理定金,抵作价款或者返还给交付定金当事人。合同当事人重大违约的,定金罚则效力生成:

交付定金方违约的,不得主张返还定金;接收定金方违约的,双倍返还定金。

3.116 法定免责事由 legal reasons for exemption

法律规定的可以使债务人免于承担违约责任的原因。《民法典》第590条规定了不可抗力作为免责事由。不可抗力是"不能预见、不能避免且不能克服的客观情况",包括以下因素:外来性、非正常性、不可预见性、无法避免性。自然灾害是最重要的不可抗力,比如洪水、台风、地震、火山喷发、泥石流、旱灾、蝗灾等。社会异常事件也可能是不可抗力,比如战争、武装冲突、恐怖袭击、军事行动、封锁禁运、罢工、骚乱、传染性疾病等。国家行为比如立法、司法、政策、行政行为等,只要符合外来性、非正常性、不可预见性、无法避免性这些特征的,就是不可抗力。只有当不能履行或者迟延履行无法通过其他途径避免时,不可抗力才成立免责事由。不可抗力减免的只是损失赔偿责任,包括违约金和定金请求权。债务人主张最终不能继续履行的,应当适用履行不能规则。损失完全由不可抗力引起的,违约方责任免除;损失由不可抗力和可归责于违约方的原因共同引起的,部分免除责任。债务人迟延履行在先,之后发生不可抗力,不可抗力原则上不再是免责事由。不能履行或者不能按期履行的当事人要在合理期限内向对方当事人提供证据。除了不可抗力,当违约是由债权人原因引起的,债务人也可以免责。

3.117 典型合同 nominate contract

又称"有名合同"。法律规范将实践中典型的交易形式类型化,并赋予一定名称的合同。我国《民法典》规定了19种典型合同,除《民法典》规定的这19种典型合同外,其他法律或者《民法典》的其他部分所规定的合同类型也属于有名合同,如建设用地使用权出让合同、居住权合同、旅游合同等。法律适用时,有名合同首先适用民法典型合同或者其他编或者其他法律关于各种有名合同的具体规范。在各种典型合同中,买卖合同规范对于有偿合同、赠与合同规范对于无偿合同、承揽合同规范对于各种服务类型合同等又具有准用性。

3.118 非典型合同 innominate contract

又称"无名合同"。法律没有特别规定,也没有赋予一定名称的合同。《合同法》奉行合同自由原则,民事主体在具体的交易实践中创设的许多合同类型并不能简单归入某一具体的典型合同,构成所谓的非典型合同,或称无名合同,这些非典型合同只要不违反法律、行政法规的强制性规定,不违反公序良俗原则,按照《民法典》第465条的规定,同样受法律保护。并且随着社会的发展,实践中总会不断出现大量的非典型合同。有关非典型合同的法律适用,一方面,可以类推适用有关典型合同的规范;另一方面,在无可供类推适用的典型合同类型时,则适用合同法通则、民法总则的有关规范。

3.119　混合合同　mixed contract

指由数个典型(或非典型)合同的部分而构成的合同。混合合同在性质上属于一个合同,与契约联立有别。混合合同有四种类型。第一种类型是典型合同附其他种类的从给付。是指双方当事人所提出的给付符合典型合同,但一方当事人尚附带有其他种类的从给付义务。第二种类型是类型结合合同。是指一方当事人所负的数个给付义务属于不同的合同类型,彼此间居于同值的地位,而对方当事人仅负单一的对待给付或不负任何对待给付的合同。第三种类型是二重典型合同。是指双方当事人互负的给付分属于不同的合同类型的合同。第四种类型是类型融合合同。是指一个合同中所含构成部分同时属于不同的合同类型的合同。

3.120　买卖合同　sales contract

关于买卖合同,立法例上有广义和狭义之分。广义的买卖合同是指出卖人移转财产权利于买受人,买受人支付价款的合同。在这里,出卖人移转的不限于财产所有权,还包括所有权以外的其他财产权利,合同的标的也不限于有体物,还包括无体物,如债权、股权、知识产权等。如,日本民法第555条,法国民法关于债权与其他无形权利的转让,则以特别章节形式规定在"买卖"编第八章之下。而狭义的买卖合同,是指出卖人移转标的物的所有权于买受人,买受人支付价款的合同。狭义买卖合同的标的物为有体物,包括动产和不动产。如德国民法第433条的规定,美国统一商法典将买卖的货物定义为"所有(包括特定的生产货物)买卖合同成立时可以移动的物,不包括支付的价金和投资的证券"。由此可见,美国法上,买卖合同的标的物限于有体动产。

我国《民法典》第595条沿袭了1999年《合同法》第130条的规定,采用狭义的买卖合同概念,将买卖合同的标的物限定在有体物范围内,至于如债权、股权、知识产权等无体财产等,则以权利转让或让与称之,如债权让与、股权转让、著作权转让等,而适用特别法的规定,特别法没有规定的,可以依据《民法典》第646条参照适用买卖合同的规定。

买卖合同具有有偿性、双务性、诺成性等特征,与其他有偿合同相比,买卖合同具有基础性、一般性。

3.121　出卖人的义务　the seller's obligations

指出卖人依据买卖合同对买受人所承担的各种明示或者默示义务。移转标的物所有权和交付标的物(或者交付提取标的物的单证)构成出卖人的主给付义务,这两项义务中,移转标的物所有权义务为核心义务,其与买受人支付价款的义务相结合决定了买卖合同的类型,而交付标的物的义务,即将标的物的直接占有移转给买受人,并非买卖所特有,即如租赁、运输、融资租赁等均须交付相应的标的物。出卖人除负担主给付义务外,依据法律规定、合同约定或者买卖的性质、交易习惯、诚信原则等,出卖人还负担有标的物瑕疵担保义务、从给付义务、附随义务等。标的物瑕疵担保义务包括权利瑕疵担保义务和物的瑕疵担保义务;从给付义务如《民法典》第599条规定的交付提取标的物单证以外的其他单证和资料,如原产地证明、重量证书、鉴定证书、使用说明书、商业发票等;附随义务如通知、协助、照顾、保密、包装物或产品回收义务等。

3.122 出卖人瑕疵担保责任 guarantee liability about blemish for the seller

指出卖人对所出卖之物存在权利瑕疵或者物的瑕疵所应承担的民事责任,包括权利瑕疵担保责任和物的瑕疵担保责任。立法例上,德国民法、日本民法等认为,出卖人瑕疵担保责任为法定的无过失责任,与采用过错责任或过错推定原则的债务不履行责任相区别,而作为一个独立的责任规定于买卖合同部分。由于我国民法上,债务人违约责任的归责原则采用严格责任原则,出卖人违反瑕疵担保义务的行为,只作为违约行为的一种,并无于违约责任之外有瑕疵担保责任独立存在的余地。因此,我国民法在买卖合同制度中只规定出卖人的瑕疵担保义务,出卖人违反该义务的责任承担,则统一于违约责任来解决。

出卖人瑕疵担保责任区分为权利瑕疵担保责任和物的瑕疵担保责任。权利瑕疵担保责任是指出卖人违反权利瑕疵担保义务所承担的权利民事责任,权利瑕疵担保义务是指出卖人负有保证出卖的标的物上没有任何第三人的任何权利的义务(《民法典》第612—614条)。权利瑕疵包括权利存在的瑕疵和权利无缺的瑕疵,前者适用于标的物为无体物的情形,后者适用于有体物买卖。我国民法买卖以有体物为标的物,因此,所谓权利瑕疵一般是指买卖合同成立时标的物存在权利无缺的瑕疵。物的瑕疵担保责任,是指出卖人出卖的标的物不符合法律规定和合同约定的质量要求所应承担的民事责任(《民法典》第615—618条)。所谓物的瑕疵是指物的风险转移时标的物存在价值、效用和品质方面的瑕疵。

3.123 标的物毁损灭失风险负担 risk burden of subject matter damage and loss

又称"危险负担"。因不可归责于双方当事人的事由,标的物毁损、灭失的风险由谁承担的制度。《民法典》第604—611条规定了标的物风险负担的原则和制度。

在实践中,标的物风险负担的类型较为复杂,具体来说,标的物风险负担问题有几种典型情形:第一,标的物在交付以前意外灭失。例如,购买房屋时房屋在交付前,因为火灾发生重大毁损。第二,合同订立后,标的物交付前意外灭失的,价金如何处理。第三,合同履行过程中,一方违约造成交付迟延的,在此期间标的物发生毁损灭失,相应损失由谁来承担。

关于风险的范围,既包括物的毁损、灭失的风险,也包括价金风险。关于标的物风险负担的移转时点的问题:危险负担应于何时由出卖人移转于买书人,形成不同的立法例,有规定买卖合同订立时,危险转由买受人负担,即所谓的"合同成立主义";有规定所有权移转时,危险负担发生转移,可以称之为"移权主义";有规定在标的物交付时发生转移的,即所谓的"交付主义"原则。《民法典》采取"交付主义"原则(《民法典》第604条)。

3.124 标的物检验义务 liability aboutinspection of subject matter

指买受人对出卖人交付的标的物数量、质量等加以查验的义务。《民法典》第620条规定:"买受人收到标的物时应当在约定的检验期限内检验。没有约定检验期限的,应当及时检验。"这即所谓买受人的标的物检验义务。在性质上,买受人的此项义务属于不真正义务,即这种义务的违反,往往不需要买受人承担违约责任,而是使其丧失提出数量、质量异议的权利。买受人应当按照约定的检验期限检验标的物。所谓在约定的检验期限内检验,是指买卖合同约定了检验的期限,该检验期限一般应自买受人收到标的物之日起计算。如果合同没有约定检验期限的,则买受人应当及时检验。所谓及时,应当按照交易的性质或交易习惯毫不迟延地检验标的物,具体时间多长,则根据具体交易情形确定。买受人收到标的物后,只有经过检验后,加以接受的,出卖人标的物的交付义务方才完成。如果经过检验后,买受人对标的物的数量或者质量有异议的,买受人应当在约定的检验期限内将标的物的数量或者质量不符合约定的情形通知出卖人。没有约定检验期限的,买受人应当在发现或者应当发现标的物的数量或者质量不符合约定的合理期限内通知出卖人。买受人在约定的检验期限内怠于通知或者在合理期限内未通知或者自收到标的物之日起二年内未通知出卖人的,视为标的物的数量或者质量符合约定;但是,对标的物有质量保证期的,适用质量保证期,不适用该二年的规定。如果出卖人在交付标的物时知道或者应当知道标的物不符合约定的,说明出卖人有恶意或者疏忽,则买受人通知义务履行的期限不受约定的检验期限或前述的合理期限或者最长二年期限的限制。

3.125 买受人的义务 the buyer's obligations

指依据法律规定和买卖合同约定,买受人承担的所有明示或默示义务。买卖中,价金支付义务构成买受人的主给付义务,该义务与出卖人的所有权移转义务构成给付与对待给付,两者相结合构成买卖合同的典型特征,价金支付义务要求买受人按照买卖合同约定的金额、时间、方式等支付标的物的价金。买受人对于出卖人交付的标的物有检验和受领义务,这两项义务通常认为属于不真正义务,买受人在约定或法定的检验期限内不履行检验义务的,通常视为其承认标的物。根据诚信原则,买受人也负担协助、保密、通知等附随义务。

3.126 路货买卖 subject matter in transit

又称"在途货物买卖"。指作为买卖标的物的货物已经在运输途中,出卖人寻找到买受人,将该运输途中的货物出卖给买受人而成立的买卖。路货买卖通常发生在国际海上货物运输中,买卖合同订立时,货物处于运输途中,货物是否毁损、灭失,买卖双方都无法得知,而且也无法确定货物的毁损、灭失发生在运输过程中的哪一个阶段。并且相对于一般买卖,路货买卖中货物的交付时间和地点处于不确定状态,双方不可能在合同中对交货的时间和地点做出约定。因此,《民法典》第 606 条规定,路货买卖货物毁损、灭失的风险从买卖合同成立时起即转由买受人承担。但此条规定也并非强制性规定,如果当事人在合同中对于货物毁损灭失的危险负担做了特别约定的,则应当依据当事人的约定来确定危险负担的移转时间。

《联合国国际货物销售合同公约》对于路货买卖做了规定,该公约第 68 条规定:"对于在运输途中销售的货物,从订立合同时起,风险就移转到买方承担。但是,如果情况表明有此需要,从货物交付给签发载有运输合同单据的承运人时起,风险就由买方承担。尽管如此,如果卖方在订立合同时已知道或理应知道货物已经遗失或损坏,而他又不将这一事实告之买方,则这种遗失或损坏应由卖方负责。"对比该条的规定,《民法典》第 606 条关于路货买卖货物毁损、灭失风险转移的规定还是有所不同的。在司法实践中,法院吸收了《联合国国际货物销售合同公约》的规定,规定在合同成立时出卖人知道或者应当知道标的物已经毁损、灭失却未告知买受人,买受人可以主张出卖人承担标的物毁损、灭失的风险。

3.127 分期付款买卖 sales by installment payment

相对于一般买卖的特种买卖,是指双方当事人在合同中约定,由出卖人先交付标的物、买受人分次支付合同总价款的一种特种买卖。与普通买卖相比,分期付款买卖有下列几个方面的特征:其一,它采取分期支付价金的方式,而普通买卖的价款一般是一次性支付的。一般说来,多数国家和地区规定,在出卖人交付标的物后,剩余价款分两次或两次以上支付可构成分期支付。我国司法实践中,掌握的标准是买受人将应付的总价款在一定期间内至少分三次向出卖人支付所成立的买卖,就属于分期付款买卖。其二,它常与所有权保留结合在一起使用。普通买卖中,虽然可以因当事人约定出卖人附条件地保留所有权,而成为所有权保留买卖这样一种特种买卖,这里的附条件不必然是价款的支付,但是,多数情况下,分期付款买卖会约定在买受人付清总价款之前,出卖人保留出卖物的所有权。其三,在合同解除条件方面,分期付款买卖除具有一般买卖所共同的法定解除事由外,买受人迟延支付任何一期价款都构成迟延支付,并且迟延支付金额达到总价款的一定比例(《民法典》第 634 条规定为总价款的五分之一),经催告后仍未在合理期限内支付的,则出卖人有权解除合同。如果出卖人解除合同的,则买受人应当向出卖人返还标的物,出卖人应当向买受人返还已经支付的价款,但可以请求买受人支付标的物交付以后的标的物的使用费。使用费的标准有约定的,则依照约定;没有约定或者约定不明确的,则一般参照当地同类标的物的租金标准确定。

3.128 所有权保留的买卖 sales by the ownership of the subject matter retained bythe seller

双方在买卖合同中约定,买受人未履行支付价款或者其他义务,标的物的所有权不发生转移,仍属于出卖人而成立的买卖。《民法典》第641条、第642条、第643条是有关所有权保留买卖的规定。所有权保留的买卖为一项古老的制度,亦为现代世界各国民法或买卖法所承认,而作为特种买卖之一种形式而存在。我国民法在买卖合同部分也不例外,规定了所有权保留的买卖。与一般买卖相比较,所有权保留的买卖有下列几个方面的特点:其一,它仅适用于动产,并且只能是已经现实存在的动产。本条虽然没有限制所有权保留仅限于动产买卖,但综观各主要国家和地区民法关于所有权保留的规定,多数规定适用于动产买卖。我国民法也应作此解释,并且动产限于现实存在的动产之上才可成立所有权保留的买卖。其二,它是一种附条件的法律行为,在所附条件成就前,标的物虽经交付,但不发生所有权移转。所有权保留条款是所有权保留买卖中的必备条款。通过这样的条款的约定,在当事人之间创造了一种以交付移转动产所有权的例外。其三,它是一种非典型担保。所谓非典型担保,是指法律上所确认的担保形式以外的担保。虽然在我国民法上,所有权保留并没有以担保制度加以规定,但实际上,该制度起着担保价款债权或其他债权实现的功能,它属于一种非典型担保形式。

3.129 试验买卖 sales by trial

又称"试用买卖"。合同成立时出卖人将标的物交付给买受人试用,买受人在试用期内试用后同意购买并支付价款的合同。《民法典》第637条、第638条、第639条、第640条对试验买卖做了规定。与一般买卖不同,试用买卖订有标的物试用条款,并以买受人承认标的物为停止条件。也就是说,试验买卖虽因双方意思表示一致而成立,但其生效取决于买受人试用标的物后是否同意购买,如其同意购买,则买卖合同生效,如其不同意购买,则买卖合同不生效。因此,与一般买卖相比较,试验买卖有下列必要之点。

其一,试用。试用或称试验,是买受人决定是否购买之手段,也是促成买受人做出意思决定的前提,因此,双方必得就试用达成合意。买受人试用标的物,需要以出卖人交付标的物为前提,因此,出卖人交付标的物为其义务,这里的交付即便在动产买卖中也不是以移转所有权为目的之交付,可见,这里的交付就是移转标的物的直接占有,以满足买受人的试用目的。出卖人不交付标的物的,买受人可以请求其交付,并可诉请强制执行。

其二,买受人享有同意购买或者拒绝购买的选择权。买受人享有同意购买或者拒绝购买的选择权,此项内容必在合同中规定,买卖合同方可认定为试用买卖。如果合同中做出如下约定的,则买受人主张为试用买卖,往往可能不为法院所支持:(一)约定标的物经过试用或者检验符合一定要求时,买受人应当购买标的物;(二)约定第三人经试验对标的物认可时,买受人应当购买标的物;(三)约定买受人在一定期间内可以调换标的物;(四)约定买受人在一定期间内可以退还标的物。

其三,标的物毁损、灭失风险负担。试用期间,标的物虽已交付,但此交付非为买卖之交付,而为试用之交付,不发生所有权移转的效果,标的物在此期间因不可归责于双方之事由毁损、灭失的风险也不发生转移,而依然由出卖人承担。至买受人于试用期间同意购买或者视作同意购买之意思表示生效时起,风险负担始移转于买受人。

3.130 凭样品的买卖 sales by sample

又称"货样买卖"。双方当事人约定出卖人交付的标的物应当符合样品所表示之品质和属性而成立之买卖合同。有关凭样品的买卖规定在《民法典》第 635 条、第 636 条。所谓样品,也称货样,是指由当事人选定的用来决定标的物的品质、型号、特征、构成乃至功能的物品。所谓"凭样品",是指出卖人应当向买受人交付与样品品质和属性相同的标的物。凭样品的买卖是一种特种买卖,与普通买卖相比较,它具有以下几方面的特征:一是凭样品确定标的物的品质和属性等。在一般买卖中,当事人往往需要对标的物的质量要求等做出详尽的规定,但在凭样品的买卖中,样品及其说明所表示的品质和属性在订立合同之前已经作为合同的主要内容而存在,即使当事人在订立合同时,未对标的物的品质和属性做详尽的说明,但未来所交付标的物的品质和属性已经因样品的提供和说明而确定下来了。二是基于对样品的信赖而订约。在一般买卖中,并不存在样品问题,交付的标的物的质量、属性等要求依据约定和法律规定标准来确定,但在凭样品的买卖中,由于有样品的存在,而且买受人是基于对样品所表示出来的品质和属性的信赖订约的。因此,有关所交付标的物与样品和说明所表示的品质合同属性明示或默示地一致是双方合意的基础,也是合同的主要条款之一。三是样品是确定出卖人履行交货义务是否符合要求的标准。

可见,凭样品的买卖合同的成立除具备一般买卖的成立条件之外,尚需双方就交付与样品同一品质和属性之标的物的明示或默示的合意,方可成立凭样品的买卖。但需注意的是,凭样品的买卖仍属于诺成性契约,双方如无特约,样品的提供或者交付并非此类买卖合同成立的要件。

3.131 招投标买卖 sales by tender

不同于一般买卖的一种竞争性买卖,合同订立采取招投标这种竞争方式订立。包括招标和投标两个过程。所谓招标,是指招标人以招标公告或者招标邀请的方式,向不特定人或者向特定的多个人发出的,以吸引或者要求相对方向自己发出要约为目的的意思表示。所谓投标,是指投标人按照招标人提出的要求,在规定的期限内各自秘密地制作投标文件向招标人发出的以订立合同为目的、包含合同全部条款的意思表示。《民法典》第

644 条原则性规定了招投标买卖。招投标具有下列几个方面的特征：一是订约程序的特殊性。经由招投标而成立的买卖合同,通常经由招标—投标—中标等程序,买卖合同方才成立。二是订立合同具有公开性、竞争性。招投标的典型方式是向不特定的多数人发送招标公告,吸引潜在的交易相对人投标,通过开标—评标—定标—中标等程序的运行,可以让招标人享受到质优价廉的商品或者寻求到交易条件最好的相对人。三是合同的订立须采取书面形式。中标后,招标人向投标人发送中标通知书,双方应当在中标通知书确定的日期内订立书面的买卖合同。四是法律适用的特殊性。有关招投标买卖的程序等需要适用特别法的规定,如《招投标法》及其实施条例、《政府采购法》。

3.132 拍卖 sales by auction

以公开竞价的方式,将特定物品或者财产权利转让给最高应价者的买卖。《民法典》第 645 条原则性规定了拍卖。拍卖是一种公卖形式,所谓公卖,是指非由当事人私下就交易条件进行协商,而是将买卖的物品、时间、地点以及相关事项予以公告,其所面向的是不特定的第三人。拍卖具有以下几个法律特征:一是订约的竞争性。与招投标买卖一样,拍卖也是以竞争的方式订立买卖合同的,只是招投标不仅适用于买卖,还适用于工程建设等领域,范围较拍卖更广。二是公开性。拍卖人通过发布拍卖公告等将有关拍卖的物品、时间、地点以及有关拍卖的其他信息向社会公开,以吸引更多的竞买人参与竞买。有时还会在拍卖前组织意向竞买人参观拍卖的物品。三是拍卖是选择出价最高的应买人成立买卖之竞争买卖。导致最高价之方法通常有二:其一,由竞买人竞相出价,至无人再出价时,以最后所出之价为最高价;其二,由拍卖人先行出价,无人应买时,依次减价,直到有人愿买时,即以该价为最高价。实践中,以前者为普遍。四是法律适用具有特殊性。由于拍卖作为一种公卖方式,基于其缔约方式的特殊性,国家多通过特别立法做出规定,因此,有关拍卖程序《拍卖法》《政府采购法》《企业国有资产法》等均对此做了规定和要求。

3.133 互易 barter transaction

又称"以物易物"。人类社会最原始的经济行为或交易形态。《民法典》第 647 条规定了互易。如买卖一样,因交易标的不同,互易在立法例上有广义和狭义之分。广义的互易,是指当事人相互约定移转金钱以外之财产权的契约。狭义的互易,是指当事人相互约定移转金钱以外之所有权的契约。广义上的互易,当事人之间相互移转的不仅是金钱以外的财产所有权,还包括限制物权、无体财产权、债权等,因此,互易之标的就不限于有体物,也包括无体物。而狭义上的互易,则仅指相互移转金钱以外之财产所有权,其标的物限于有体物,包括动产与不动产。我国民法关于互易之规定,也应采狭义之概念。互易的有关内容准用买卖合同的规定,但互易不是买卖合同的一个特殊形式,而是独立的有名合同。合同中当事人的权利与义务具有相似性,如相互负各自向对方交付标的物并移转标的物所有权的义务、各自向对方承担瑕疵担保义务、有关标的物的风险负担的转移规则对双方均适用等。当然,当事人的这些权利义务都可以参照买卖合同的规定确定。

3.134 供用电合同 power supply contract

指供电人向用电人供电,用电人支付电费的合同。该合同具有下列几个方面的特征:第一,主体方面的要求。供电人是依法成立的提供电能的企业或者非法人组织。在我国,电力由国家规定的特定的部门统一供应,其他任何单位和个人都不得未经批准向社会供电。供电企业在批准的供电营业区内向用户供电。第二,标的物为电力,且其价格实行统一定价原则。电力虽是有体物,但没有特殊的技术手段,我们不能看见它的存在,只有通过连续使用,方才感知到它的存在。电力的价格,按照《中华人民共和国电力法》第 35 条规定:"电价实行统一政策,统一定价原则,分级管理。"第三,合同成立上,一是需要按照法律规定的程序缔约。有关缔约的程序、内容、供电用电规则等需要在营业场所公告。二是,供电人负有强制缔约义务。如《电力法》第 26 条第 1 款规定了供电企业的强制缔约义务,《民法典》第 648 条第 2 款,规定了供电人的强制缔约义务。供电人违反强制缔约义务的,除承担行政责任外,应当强制供电人与用电人签订供用电合同,因供电人拒绝供电给用电人造成损失的,供电人还应当赔偿用电人的损失。第四,供用电合同是继续性供用合同,是格式合同,具有双务性、有偿性、诺成性等特征。

3.135 供电人的义务 obligations of the power supplier

指供电人根据法律规定和合同约定所承担的义务。供电人承担的第一项义务是安全、连续供电义务,按照国家规定的供电质量标准和约定安全、连续供电,是供电人的主给付义务,从法律规定要求来看,也是供电人的法定义务。供电人承担的第二项义务是供电人因故中断供电的通知义务。供电人承担的第三项义务是因自然灾害等原因断电时,供电人有及时抢修的义务。除了上述义务外,供电人还承担依据诚信原则等产生的附随义务。供电人违反上述义务,造成用电人损失的,应当承担赔偿责任。

3.136 用电人的义务 obligations of the power consumer

指用电人依据法律规定和合同约定所承担的义务。用电人承担的主要义务包括支付电费的义务,安全、节约和计划用电的义务。支付电费的义务构成用电人的主给付义务,供电人的连续、安全供电义务与用电人支付电费的义务构成供电合同的典型特征。用电人应当按照国家规定和当事人的约定及时支付电费。如用电人逾期不支付电费的,供电人有权要求用电人支付违约金,或中止供电。

3.137 供用电合同的参照适用 the provisions on power supplycontracts shall apply mutatis mutandis to acontract for the supply of water,gas or heat

供用水、供用气、共用热力合同的订立、履行、当事人的权利义务等参照适用民法典有关供用电合同的规定。因供用水、供用气、供用热力合同与供用电合同具有相似性,这几类合同一并规定在《民法典·合同编》第十章,从立法的简明和适用的明确性上看,只就供用电合同为规定,其他的合同准用供用电合同的规定。

3.138 赠与合同 gift contract

赠与人将自己的财产无偿给予受赠人,受赠人表示接受赠与的合同。给予财产的一方为赠与人,接受财产的一方为受赠人。

其一,赠与合同的标的物必须为财产。财产,指一切有经济价值的可以转让的财产和财产性权利,包括有体物(包括自然力,如电力、热力、气等)和无体物。有体物通常分为动产与不动产,通常金钱亦为特殊的物;无体物,或称无体财产,包括用益物权、担保物权、债权、股权、有价证券、知识产权中的财产权以及其他的财产利益。财产可以是现存之财产,也可以是未来可以取得的财产。

其二,赠与合同具有无偿性。无偿给予财产是赠与的要件。所谓无偿,是指受赠人对所受的赠与并不付出对价。赠与人负有给付义务,受赠人并不负对待给付的义务,是为无偿;在附义务的赠与中,虽然于赠与人给付前或给付后,受赠人需要负担一定的义务,但此义务并非对待给付义务,此时,仍属无偿。赠与合同的无偿性决定了赠与合同中赠与人的注意义务、给付义务、瑕疵担保义务的承担等都较有偿的买卖合同减轻甚至免除,还有些制度的设计也缘于赠与合同的无偿性,如赠与人的任意撤销权、法定撤销权、穷困抗辩权等。

其三,赠与合同具有单务性。赠与合同为单务合同,是指赠与合同中仅赠与人负给付义务,受赠人不负对待给付义务之谓。在附义务的赠与中,虽然受赠人附义务,但该义务并非赠与人履行给付义务的对价,或者说赠与人的给付义务与所附的受赠人的义务不构成对待给付关系,因此,即使是附义务的赠与,亦是单务合同。因赠与合同的单务性,因此,双务合同中有关标的物毁损、灭失的风险负担问题,在赠与合同中也不适用。

其四,赠与合同具有诺成性和不要式性。赠与合同是诺成性合同,还是实践性合同?学理上有不同发认识,通说认为,赠与合同是诺成性合同。赠与合同也是不要式合同,除法律特别规定的赠与类型外,如捐赠,赠与合同的成立和生效并无特定形式的要求。当事人就赠与事项达成一致,赠与合同就成立。

3.139 特殊赠与 contract for special gift

指经过公证的赠与、公益赠与和履行道德义务的赠与等三种形式的赠与。一般赠与中,由于赠与合同的无偿性、单务性,因此,赠与人不交付赠与财产的,法律上不宜强制其履行,而且即使交付了,在赠与财产的权利移转之前,赠与人还享有任意撤销权。但在经过公证的赠与、具有救灾、扶贫、助残等公益、道德义务性质的赠与中,这几类赠与与一般的赠与不同,属于特殊形式的赠与,它们事关社会公共利益、公序良俗及法律秩序的稳定,尤其在实践中,对于公益性的捐赠而言,赠与人已经公开表示认捐,如果许其反悔,会违反诚信原则、欺骗社会公众的现象发生。因此,对这几种特殊赠与合同,法律上施以了特别的规定,表现在:第一,不承认赠与人的任意撤销权;第二,赠与人负有交付赠与财产的义务,并且其不交付的,受赠人可以请求其交付,包括以诉的方式为请求,如果应当交付的赠与财产因赠与人的故意或者重大过失毁损、灭失的,赠与人应当承担赔偿责任。

3.140 附义务赠与 gift be conditional on anobligation

又称"附负担赠与"。这种赠与已非纯粹意义上的施惠行为,因为,受赠人获取赠与财产也需要履行一定的义务。但此处所附义务并非赠与人给予赠与财产的对价,与赠与人的给付义务不形成对待给付关系。所附的受赠人的义务既可以是作为的义务,也可以是不作为的义务;既可以是财产性的义务,也可以是其他非财产性的义务,只要不违反法律的强制性规定,不违反公序良俗,均无不可。但所附义务不能成为赠与人给付义务的对价,否则,就不成其为赠与了。附义务与附条件也不同,附条件的赠与是因条件的成就,赠与合同生效或者解除,而附义务无关合同的成立、生效或者解除,所附义务也是合同内容的一部分。受赠人应当按照合同的约定履行,由于所附义务并非赠与人给付义务的对价,因此,如果没有履行或者履行不符合约定的,赠与人不需要向受赠人承担违约责任,赠与人的救济就在于可以行使撤销权。在赠与物有瑕疵时,附义务的赠与中,赠与人在附义务的限度内承担与出卖人相同的责任。

3.141 公益捐赠 gift contract in the nature of public interest

依照《公益事业捐赠法》第 2 条的规定,捐赠人自愿无偿向依法成立的公益性社会团体和公益性非营利的事业单位捐赠财产,用于公益事业的行为。公益事业是具有救灾、扶贫、助残等公益性目的的事业,公益性的首要特征在于非营利性,其次是受益人的不特定性,如果是向特定的有疾病的人等捐赠,仍然属于合同法上的一般赠与。关于公益事业的具体范围,根据《公益事业捐赠法》第 3 条的规定。公益事业主要指:(一)救助灾害、救济贫困、扶助残疾人等困难的社会群体和个人的活动;(二)教育、科学、文化、卫生、体育事业;(三)环境保护、社会公共设施建设;(四)促进社会发展和进步的其他社会公共和福利事业。

由于公益性捐赠的公益性,还有捐赠人可能因为捐赠而享受了国家的税收优惠,因此,公益性赠与中赠与人不享有任意撤销权。

3.142　赠与人的任意撤销权　the right of revocation of the gift at the donor's will

指在赠与财产的权利移转之前,赠与人享有的可以无条件撤销赠与合同的权利。赠与并非如买卖那样遵循的是市场中互利的伦理,而是一种无偿奉献的利他主义,因此,赠与合同的立法应在于缓和赠与人的责任义务,保护赠与人的利益。赋予赠与人任意撤销权即是表现。按照《民法典》第658条的规定,赠与人任意撤销权行使的条件主要有:一是赠与合同已经成立。二是必须在赠与财产的权利移转之前。三是必须是非经过公证的赠与、非公益性赠与和非为履行道德义务的赠与。

3.143　赠与人的法定撤销权　the right of revocation of the gift by statute

指在具备法律规定的事由时,赠与人或者其他依法享有撤销权的人享有的依法撤销赠与的权利。撤销权在性质上与赠与人的任意撤销权一样,都属于形成权。但法定撤销权与任意撤销权有着明显的区别。

第一,适用范围不同。任意撤销权适用于一般赠与,而对特殊赠与不适用;但法定撤销的对象或者范围则无此限制,无论是一般赠与还是特殊赠与只要具有本条规定的情形的,赠与人均可行使撤销权。

第二,适用的条件不同。任意撤销权须在赠与的财产权利移转之前,方可行使,如果赠与的财产权利已经移转了,则赠与人不得撤销,赠与人行使任意撤销权,并不需要特别的理由,也不必向受赠人说明撤销的理由;但法定撤销权的行使虽然不管是赠与财产的权利移转之前还是之后,只要具备法定事由,均可行使,但由于在移转之前,赠与人可得行使任意撤销权,因此,法定撤销权通常是在赠与财产的权利移转之后行使,因为此时赠与人已不可能行使任意撤销权。法定撤销权行使,须具备《民法典》第663条或者法律规定的事由,不具备这些事由的,不得行使。赠与人形式法定撤销权的事由包括:(一)严重侵害赠与人或者赠与人近亲属的合法权益;(二)对赠与人有扶养义务而不履行;(三)不履行赠与合同约定的义务。

第三,受赠人是否承担责任不同。任意撤销权行使后,受赠人通常并不需要承担什么责任。但法定撤销权的行使是因受赠人忘恩负义或者不履行法定义务的行为导致的,受赠人通常具有过错,因此,赠与人往往可以请求受赠人承担相关的法律责任。

第四,是否具有溯及力不同。任意撤销权的行使不具有溯及力,已经给付的,不再返还,未给付的,不再履行;但法定撤销权的行使具有溯及力,溯及赠与合同成立时起,赠与人已为的给付,可以请求返还;未给付的,不再履行。

第五,撤销权是否受除斥期间的限制不同。任意撤销权实际无除斥期间的限制,因为该撤销权的行使不需要理由,只要是在赠与财产的权利移转之前,一般赠与的赠与人均可行使;但法定撤销权的行使受除斥期间的限制,自赠与人知道或者应当知道撤销事由之日起1年内行使。

3.144　赠与人的穷困抗辩权　the donor's right of defense against poverty

指在赠与合同成立后,因赠与人的经济状况严重恶化,如果继续履行赠与合同将使赠与人生产经营或家庭生活受到严重的影响,赠与人因此享有的不履行赠与义务的权利。关于赠与人经济状况显著恶化,如何保护赠与人,减轻或者免除其义务,立法例上有所谓抗辩权主义和撤销权主义之分。揆诸《民法典》第666条规定,我国民法显然采取抗辩权主义。抗辩权是对抗或者阻止请求权的,因此,只有在受赠人有请求权,并且请求赠与人为给付时,方可行使抗辩权。但如《民法典》第660条规定的那样,在一般赠与中,受赠人在赠与财产未为交付前,虽可请求赠与人交付,但不受强制执行,况且,赠与人得于赠与财产的权利移转之前任意撤销赠与。由此观之,穷困抗辩权应多发生于特殊的赠与之中,因于这些赠与中,受赠人可以请求赠与人交付赠与物。

3.145　借款合同　contract for loan of money

借款人向贷款人借款,到期返还借款并支付利息的合同。出借款项的人为贷款人,收取款项的人为借款人。借款合同属于金钱消费借贷,主要有以下特征。

一是借款合同之主体。在我国,贷款人为银行或非银行类金融机构与借款人所订立的合同属于借款合同,而贷款人为银行和非银行金融机构以外的人所为的借贷行为,则成立民间借贷。

二是借款合同的标的物是货币,是流通中充当支付手段的货币,或称金钱。退出流通的货币属于一般物品,不能作为借款合同的标的。货币可以是本国货币,也可以是外国货币。

三是贷款人移转货币的所有权给借款人。货币为特殊的种类物,为确保其流通,使用中遵循"占有即所有"的原则,即货币一旦交付,其所有权即发生转移。借款期届满,借款人返还同种类、数额的货币即可。

四是借款合同是借款人到期后返还同种类同金额金钱并支付利息的合同。借款到期后,借款人向贷款人返还同种类货币,如人民币借款合同,借款人返还人民币;外币借款合同,返还同种类的外国货币,确实不能返还同种类的外国货币的,可以按照返还时外汇牌价返还人民币。借款人返还借款时,还需要依照约定或法律规定支付利息。

五是借款合同是有偿合同、双务合同、诺成合同。借款合同通常约定有利息,利息为借款人获取借款所支付之对价,因此,借款合同以有偿为原则。借款合同是双务合同,贷款人将约定的款项交付借款人,属给付义务,借款人到期偿还借款,甚至利息,亦属给付义务,所以,借款合同为双务合同。借款合同为诺成合同,双方就借款还款及利息支付等必要事项意思表示一致,合同即成立,此为借款合同之常态,于自然人之间成立之民间借贷,虽以出借人出借款项为合同成立之要件,通说认为属于实践性合同之外,其他民间借贷亦属于诺成合同,所以,借款合同为诺成合同。

3.146 民间借贷 folk debit

指自然人、法人和非法人组织之间进行资金融通的行为。经金融监管部门批准设立的从事贷款业务的金融机构及其分支机构,因发放贷款等相关金融业务不属于民间借贷。民间借贷是相对于银行等金融机构从事的借贷行为而言,两者区分的意义主要在于:第一,银行借款合同通常为有偿合同;民间借款合同可以是有偿合同,也可以是无偿合同。第二,合同成立的要求不同。一般说来,银行借款合同属于诺成性合同;而民间借款合同中的自然人之间的借款合同,通说认为属于实践性合同。第三,法律适用上,银行借款合同多受监管机构监管,因此,其在贷款的对象、贷款的发放、利率标准、合同形式等方面都有较严格的要求。而民间借贷合同只要不违反法律、行政法规的强制性规定,不违反公序良俗,其内容多由当事人约定,形式更加自由。第四,民间借贷的利率通常比银行借款的利率高,如《最高人民法院关于审理民间借贷案件适用法律若干问题的规定》第 26 条规定:"出借人请求借款人按照合同约定利率支付利息的,人民法院应予支持,但是双方约定的利率超过合同成立时一年期贷款市场报价利率四倍的除外。"

3.147 自然人之间的借款合同 contract for loan of money concluded between the natural persons

指贷款人、借款人双方都是自然人而订立的借款合同,属于民间借贷的一种。自然人之间的借贷,多数情况下发生在熟人之间,如亲属之间、朋友之间等,金额通常比较小,具有无偿性、不要式性等特征。因此,这一类合同在传统上通常作为实践性合同予以规定,《民法典》第 679 条亦不例外,规定自然人之间的借款合同,自贷款人提供借款时成立。

3.148 借款利息 interest for loan of money

借款本金的收益,指借款人向贷款人支付的借款的孳息,借款利息在性质上属于借款本金的法定孳息。利息之债具有附从性。当事人通常在借款合同中约定借款利息。如果借款合同对支付利息没有约定的,则视为没有利息。借款合同对支付利息约定不明确,当事人不能达成补充协议的,按照当地或者当事人的交易方式、交易习惯、市场利率等因素确定利息;自然人之间借款的,视为没有利息。关于利息的约定,主要有以下几个方面:一是计算标准,可以规定利率,通常约定年利率,如前述,银行借款合同中利率参照人民银行每月公布的贷款市场报价利率(lpr)确定,民间借款利率由当事人约定,但年利率不得超过 4 倍的 lpr。计算标准也可以约定支付一个固定的金额等。二是支付的方式是先付息后还本,或者每次等额还本付息,还是最后一次性利随本清等。三是利息支付的时间,也就是结息的时间,有月结、季结、年结还是最后一次结等。如果合同对利息支付的期限没有约定或者约定不明确,首先由当事人协议补充,协议不成的,根据合同目的、交易习惯等通过合同解释确定,仍然确定不了的,借款期限不满 1 年的,应当在返还借款时一并返还,借款期限 1 年以上的,应当在每届满 1 年时支付,剩余期限不满 1 年的,应当在返还借款时一并支付。借款人未按照约定的期限返还借款的,应当按照约定或者依照国家有关规定支付逾期利息。借款人提前偿还借款的,除当事人另有约定外,应当按照实际借款的期间计算利息。

3.149 借款期限 time limit for the loan

指根据合同约定借款人偿还借款的期限。在有息借款合同中,借款期限的长短往往与利率的高低相关。借款期限可以是一个还款的时间点,如 2020 年 12 月 31 日;也可以约定借款的开始日,然后约定借款期限,如自 2020 年 10 月 1 日起 6 个月(或者 180 天);还可以是一个区间,如 2020 年 10 月 1 日到 2020 年 12 月 31 日。不管哪种方式,借款期限届满后,借款人即应按照借款合同约定偿还借款。在借款期限届满前,借款人偿还借款的,除非当事人另有约定,应当按照借款的实际使用期限计算利息。

3.150 贷款展期 the extension ofthe loan term

指借款期限届满后,贷款人与借款人协商一致,延长借款返还期限的行为。《民法典》第 678 条规定:"借款人可以在还款期限届满前向贷款人申请展期;贷款人同意的,可以展期。"金钱债务不存在客观履行不能的问题,因此,债务人不能以此为由而当然的延长还款期限,而必须由借款人提出延长的要求,经贷款人同意后方可延长,这实际上是双方形成延长还款期限的合意。第一,借款人在还款期限届满前提出展期申请,即在还款期限届满前向贷款人提出延长还款期限的要约。第二,贷款人受到借款人的申请后,同意的,即为承诺,形成展期的合意,返还期限延长;不同意的,则还款期限不得延长。按照中国人民银行《贷款通则》规定,贷款展期的,短期贷款展期期限累计不得超过原贷款期限;中期贷款展期期限累计不得超过原贷款期限的一半;长期贷款展期期限累计不得超过 3 年。国家另有规定者除外。借款人未申请展期或申请展期未得到批准,其贷款从到期日次日起,转入逾期贷款账户。贷款的展期期限加上原期限达到新的利率期限档次时,从展期之日起,贷款利息按新的期限档次利率计收。

3.151 高利放贷 usury

指借款利率超过法定最高利率的借贷行为。这主要发生在民间借贷之中,根据《最高人民法院关于修改〈关于审理民间借贷案件适用法律若干问题的规定〉的决定》（法释〔2020〕6 号）第 26 条的规定,当事人约定的利率不得超过合同成立时 1 年期贷款市场报价利率 4 倍。因此,借款利率超过合同成立时 1 年期贷款市场报价利率 4 倍的借贷行为属于高利放贷,这里的利率是贷款人实际取得利息所计算的利率,既包括明确约定的利率取得的利息,也包括以"违约金""中介费""佣金""手续费""红利"等各种名目取得的利息。高利放贷中,超过法定最高利率部分已经取得或约定取得的利息,法律不予保护,构成犯罪的,还需要承担刑事责任。

3.152　单利　simple interest

指只以借款本金计算的利息。单利是利息计算的常态。与复利相对。

3.153　复利　compound interest

俗称"利滚利""驴打滚"。指将一个计息周期内的利息计入本金,并以此为基数再次计算所生的利息,与单利相对。金融机构的借款,合同法并未禁止计收复利,人民银行也允许计收复利,因此,应当允许借款合同约定复利,即在一个计息周期(如 1 年)届满后,可以将上一期的利息计入本期的本金中计算本期的利息。对于民间借贷,我国原则上也禁止计收复利,《最高人民法院关于修改〈关于审理民间借贷案件适用法律若干问题的规定〉的决定》(法释〔2020〕6 号)第 28 条规定:"借贷双方对前期借款本息结算后将利息计入后期借款本金并重新出具债权凭证,如果前期利率没有超过合同成立时一年期贷款市场报价利率四倍,重新出具的债权凭证载明的金额可认定为后期借款本金。超过部分的利息,不应认定为后期借款本金。按前款计算,借款人在借款期间届满后应当支付的本息之和,超过最初借款本金与以最初借款本金为基数、以合同成立时一年期贷款市场报价利率四倍计算的整个借款期间的利息之和的,人民法院不予支持。"

3.154　保证合同　contract of suretyship

指为保障债权的实现,保证人和债权人约定,当债务人不履行到期债务或者发生当事人约定的情形时,由保证人履行债务或者承担责任的合同。由定义可以看出,第一,保证合同是保障债权的实现,保证人的财产与债务人的财产一起作为债权清偿的责任财产,无疑会增大债权实现的可能性。第二,保证合同的主体是债权人和保证人,也就是说保证合同成立于债权人和保证人之间,因此有关保证合同的成立和生效上关于主体及主体的行为能力、意思表示等均以债权人、保证人订立保证合同时为考察。债权人与债务人之间成立的债权债务关系是保证合同的主法律关系。第三,保证人与债务人之间,可能成立委托关系或其他的法律关系,如无因管理等。可见,保证合同之成立,在债权人、债务人、保证人之间形成三角关系,债权人与债务人这条边是主债权债务关系,系保证担保的对象;债权人与保证人这条边是保证合同关系;债务人与保证人这条边是委托关系或其他的关系,如无因管理关系。

3.155 保证人 surety

指提供保证担保的自然人、法人以及非法人组织。保证人与债权人一起成为保证合同的主体。保证是一种人的担保,也是以法律行为而成立。因此,有关法律行为成立、生效的主体方面的条件和要求于保证均应适用。在保证中,因涉及保证责任的承担,即在债务人到期不履行债务时,由保证人代为履行或者代为承担不履行债务的责任。因此,在担保法中,关于保证人资格问题,还有是否需要保证人有代偿能力。关于这一问题有不同立法例,法国民法典认为保证人必须有代为清偿的资产;而德国民法典并不要求保证人有代偿能力。我国《担保法》第 7 条规定,具有代为清偿债务能力的人,可以充当保证人,对保证人的代为清偿能力做了要求。《民法典》将原《担保法》第 7 条的规定删除,不再要求保证成立需要保证人有代偿能力。虽然不抽象地对保证人的代偿能力做规定,但是在法人或非法人组织担任保证人时,还是要受到其目的事业范围的限制。因此,第一,机关法人不得为保证人。第二,以公益为目的的非营利法人、非法人组织不得为保证人。

3.156 保证的从属性 subordination of suretyship

指保证从属于所担保的主债权债务,保证合同是主债权债务合同的从属合同。从属性原则是保证合同的典型特征,保证合同的从属性表现在以下方面。

一是成立上的从属性。保证合同以主债权债务合同的成立为前提,主合同不成立,保证合同也不成立。

二是效力上的从属性。保证合同在效力上从属于主合同,主合同无效、可撤销,则保证合同也失去效力。关于独立保证,根据《民法典》第 682 条第 1 款,独立保证只能法律规定,当事人不得自由约定。

三是范围上的从属性。保证人的保证责任的范围取决于主合同债务,并应当从属于主债务的范围。保证人保证责任的范围不应超过或者重于主债务人承担的主债务范围。

四是转移上的从属性。保证期间,主债权转移的,保证随之转移,保证人在原保证担保的范围内继续承担保证责任。保证依附于主债权,不能与主债权分离而单独转移。考虑到保证具有人身信任性,因此,如果保证人在保证成立时明确只对特定的债权人提供担保,或者约定债权不得转让的,未经保证人的同意,则保证人不再承担保证责任。债务转移的,须得保证人书面同意,否则,保证人不再承担保证责任。

五是消灭上的从属性。主债务消灭的,保证债务亦消灭。

3.157 一般保证 ordinary suretyship

指当事人在保证合同中约定,债务人不能履行债务时,由保证人承担保证责任的保证方式。与连带责任保证相对,一般保证中,保证人享有先诉抗辩权。其与连带责任保证的区别见词条"连带责任保证"

3.158 先诉抗辩权 *the general warrantor's right of plea for preference claims*

又称"检索抗辩权""顺序利益抗辩"。指保证人在债权人未就主债务人的财产依法强制执行仍不能履行债务前,拒绝承担保证责任的权利。

先诉抗辩权的行使方式。先诉抗辩权保证人既可于诉讼中行使,也可在诉讼外行使。诉讼中行使的,仅得当事人主张时,方可援用,在当事人未为主张时,法官不得直接依职权援用先诉抗辩权而做出债权人败诉的判决。在诉讼外行使的,保证人以意思表示行使即可。

先诉抗辩权行使的效果仅在于暂时阻止债权人请求权效力的发生,它并不是对债权人请求权的否认。因此,在债权人向保证人为请求时,法院不得径行以保证人享有先诉抗辩权为由驳回债权人的请求,而可类用同时履行抗辩权,对原告(债权人)为限制性胜诉判决。

先诉抗辩权的消灭。先诉抗辩权可因保证人放弃而消灭,也可因客观上无法行使而消灭,还可因法律上与强制执行程序同效果之程序的开始而消灭。根据《民法典》第687条规定,先诉抗辩权因下列原因而消灭:(一)债务人下落不明,且无财产可供执行;(二)人民法院受理债务人破产案件;(三)债权人有证据证明债务人的财产不足以履行全部债务或者丧失履行债务能力;(四)保证人书面放弃本款规定的权利。

3.159 连带责任保证 *joint and several suretyship*

指当事人在保证合同中约定保证人和债务人对债务承担连带责任所成立的保证。与一般保证相对,连带责任保证与一般保证有以下区别。

第一,承担保证责任的条件不同。一般保证中,保证人享有先诉抗辩权。连带责任保证中,保证债务虽是从债务,但保证人无先诉抗辩权。

第二,保证期间的适用不同。一般保证中,债权人须在保证期间内对债务人提起诉讼或者申请仲裁,否则,保证人不再承担保证责任。而连带责任保证中,债权人须在保证期间内对保证人主张承担保证责任,否则,保证人不再承担保证责任。

第三,一般保证债务与连带责任保证债务的诉讼时效的起算不同。一般保证中,债权人在保证期间届满前对债务人提起诉讼或者申请仲裁的,自保证人拒绝承担保证责任的权利消灭之日起,开始计算保证债务的诉讼时效。连带责任保证中,债权人在保证期间届满前请求保证人承担保证责任的,从债权人请求保证人承担保证责任之日起,开始计算保证债务的诉讼时效。

第四,一般保证的保证人在主债务履行期限届满后,向债权人提供债务人可供执行财产的真实情况,债权人放弃或者怠于行使权利致使该财产不能被执行的,保证人在其提供可供执行财产的价值范围内不再承担保证责任。连带责任保证人不享有此权利。

第五,一般保证为保证的一般形态,而连带责任保证为保证的特殊形态;一般保证为原则,连带责任保证为例外。因此,当事人采取连带责任保证的,须特别约定。如果没有约定或者约定不明确的,则按照一般保证承担保证责任。

3.160 最高额保证 maximum-amount suretyship

指保证人与债权人约定以保证人在最高债权额限度内就一定期间连续发生的债权提供保证而订立的合同。如甲建筑公司向乙混凝土公司购买混凝土,约定供应日期为2019年3月1日到2019年10月31日,供应方式为按照甲公司的通知送货到指定的工程所在地;结算方式为:供货期结束后30日内,双方进行结算,并在结算完毕后的10日内付清货款。丙公司为乙公司所供混凝土的货款提供最高不超过3000万元的担保。如果丙提供的是财产抵押或质押,则成立最高额抵押(质押)。最高额保证属于特殊保证,最高额保证有下列特征:

其一,最高额保证是为将来一定期限内连续发生的债权提供担保。

其二,保证所担保的债权有最高限额。

其三,最高额保证债权的确定。最高额保证中,由于债权在保证成立时未确定,因此,债权的确定是最高额保证中关键性的要求。根据《民法典》第690条规定,最高额保证债权参照最高额抵押权的有关规定确定,根据《民法典》第423条规定,抵押权人的债权可以因下列情形而确定:

一是约定的债权确定期间届满。

二是没有约定债权确定期间或者约定不明确,债权人或者保证人自最高额保证设立之日起满二年后请求确定债权。

三是新的债权不可能发生。

四是抵押权人知道或者应当知道抵押财产被查封、扣押。

五是债务人、保证人被宣告破产或者解散清算。

六是法律规定债权确定的其他情形。

最高额保证除了上列这些特殊规定外,在其他方面如保证的方式、承担保证责任等方面与普通的保证并没有什么不同。

3.161 保证责任 suretyship liability

指在债务人不履行债务时,保证人依据保证合同而应承担的责任。保证责任主要有两个方面的内容:一是代为履行的责任,即主债务人不履行债务时,保证人代债务人履行债务;二是代为承担债务不履行的责任,即主债务人不履行债务时,按照约定或法律规定应承担责任。在合同之债中,通常为违约责任。不管是代为履行的责任还是代为承担债务不履行的责任,都需要对具体的保证范围加以明确。一般来说,保证担保的范围通常由当事人在保证合同中约定,但当事人约定的保证范围原则上不应当超过法律所规定的范围。如果当事人有约定的,则按照当事人的约定确定保证的范围,保证人在约定的保证范围内承担保证责任。如果保证合同对保证范围没有约定,则保证的范围包括主债权及其利息、违约金、损害赔偿金和实现债权的费用。

3.162　保证期间　time limit for surety

指保证人承担保证责任的期间,它是保证人保证责任存续的期间。保证期间具有以下特点:

一是保证期间是保证责任的存续期间,该期间是债权人主张保证人承担保证责任的期间。它与主债务的履行期间不同,主债务的履行期间是债务人履行债务的期间,逾期不履行或不完全履行,构成迟延履行,债务人只是承担迟延履行的责任,不会导致主债务消灭。主债务履行期限届满,债务人不履行债务的,通常也是保证人开始承担保证责任的条件。而保证期间经过后,债权人未向保证人主张的,则保证责任解除。

二是保证期间性质上为除斥期间,不发生中止、中断、延长。这与保证债务的诉讼时效不同,两者无论从期限的性质、期限经过后的效力、期间是否可变、期间的起算等方面都有不同。

三是保证期间由当事人约定,无约定或者约定不明时,依法定。法定属于补充性规定,这点与诉讼时效也是不一样的,诉讼时效只能法定,具有强行法的性质。

保证期间届满前债权人未向主债务人或者保证人主张权利的,则发生保证人的保证责任消灭的法律后果。根据《民法典》第693条规定:"一般保证的债权人未在保证期间对债务人提起诉讼或者申请仲裁的,保证人不再承担保证责任。连带责任保证的债权人未在保证期间请求保证人承担保证责任的,保证人不再承担保证责任。"

3.163　保证债务诉讼时效期间起算　the commencement of the extinctive prescription for the suretyship obligation

指保证债务诉讼时效期间开始计算,其起算因一般保证和连带责任保证而有不同。一般保证的债权人在保证期间届满前对债务人提起诉讼或者申请仲裁的,从保证人拒绝承担保证责任的权利消灭之日起,开始计算保证债务的诉讼时效。首先,债权人须在保证期间内对主债务人提起诉讼或者申请仲裁,如果未在保证期间内对主债务人提起诉讼或申请仲裁,则保证人不再承担保证责任。其次,保证人的先诉抗辩权消灭,如果保证人仍享有先诉抗辩权,则债权人对保证人的请求权受到保证人抗辩权的阻止而处于停止状态,只有待先诉抗辩权消灭,债权人能够行使其请求权时,才应开始诉讼时效期间的计算。

连带责任保证的债权人在保证期间届满前请求保证人承担保证责任的,从债权人请求保证人承担保证责任之日起,开始计算保证债务的诉讼时效。连带责任保证中,由于保证人不享有先诉抗辩权,在债务履行期限届满后,债权人在保证期间届满前可以直接请求保证人承担保证责任,从请求之日起,保证人即应承担保证责任,履行保证债务,如果保证人不履行保证债务,则从这一日起,债权人的权利即受到侵害,诉讼时效也应从这一日起开始计算。

3.164 债的转移对保证责任的影响 the influence on surety liability by transfer of obligation

指债权让与、债务承担或者债权债务的概括转移对于保证人保证责任的影响。债权人将全部或者部分债权转让给第三人,通知保证人后,保证人对受让人承担相应的保证责任。未通知保证人,该转让对保证人不发生效力。但保证人与债权人约定仅对特定的债权人承担保证责任或者禁止债权转让,债权人未经保证人书面同意转让全部或者部分债权的,保证人就受让人的债权不再承担保证责任。对于债务承担,债权人未经保证人书面同意,允许债务人转移全部或者部分债务,保证人对未经其同意转移的债务不再承担保证责任,除非债权人和保证人另有约定。第三人加入债务的,保证人的保证责任不受影响。

3.165 共同保证 united guarantee

指两个或两个以上的保证人为同一债务提供保证。共同保证的保证人为多人,但担保的是同一项债务,如果数个保证人虽同为一债务人提供保证,但各自担保的是债务人的不同债务,则不能成立共同担保。共同保证,不仅有保证人与债权人,保证人与债务人之间的所谓外部关系,还存在各保证人之间的担保份额分担、追偿权的行使等内部关系,显然,比普通保证较为复杂,属于特殊保证。

共同保证的成立。共同保证是数个保证人就同一债务进行保证,其成立不限于同一保证合同,也可依数个保证合同而成立,数个保证合同同时或先后成立均可,并且不以数人之间有意思联络为必要。

共同保证有按份共同保证与连带共同保证之分。

3.166 保证人的抗辩权 the surety's right of defense

因保证存在多层法律关系,保证人的权利,相较于其他合同当事人的权利更为复杂。保证人权利有如下方面:第一,基于保证合同的从属性,保证人享有主张主债务人权利的权利,主债务人对债权人享有的权利包括抵销权、抗辩权等,其中抗辩权包括权利未发生的抗辩、权利消灭的抗辩和拒绝给付的抗辩。对于主债务人的这些抗辩,保证人均可主张,即使主债务人放弃的,保证人仍有权向债权人主张,如主债权罹于诉讼时效,如果主债务人不抗辩或者放弃抗辩的,保证人仍然可以抗辩,拒绝债权人的给付请求。第二,基于保证合同本身特性,保证人可主张的权利,如先诉抗辩权、求偿权、代位权、保证责任全部或部分免除或消灭的抗辩等。第三,基于一般债的关系,保证人基于一般债务人的地位可主张的权利,如保证债务诉讼时效的抗辩等。

3.167 保证人的追偿权 the surety's right to reimbursement

又称"求偿权"。指保证人承担保证责任后,有向主债务人请求偿还的权利。追偿权的行使,应当具备下列条件:一是保证人承担了保证责任。二是主债务人因保证人承担保证责任而全部或者部分免责。三是保证人未放弃追偿权。四是追偿权的范围不超过保证人承担保证责任的范围。

保证人承担保证责任,对债权人而言,清偿的是自己的债务,但对债务人而言,保证人是代主债务人清偿债务,因此,保证人在承担保证责任后,对于主债务人享有追偿权和代位权。

追偿权行使的方式,既可以通过诉讼的方式行使,也可以直接向债务人主张。通常情况下,保证人在承担保证责任后,才可以向债务人追偿。但是如果债务人已经进入破产程序,则追偿权可以预先行使。《破产法》第51条规定:"债务人的保证人或者其他连带债务人已经代替债务人清偿债务的,以其对债务人的求偿权申报债权。债务人的保证人或者其他连带债务人尚未代替债务人清偿债务的,以其对债务人的将来求偿权申报债权。但是,债权人已经向管理人申报全部债权的除外。"

3.168 保证人的代位权 the surety's right of subrogation

指保证人向债权人承担保证责任后,承受债权人对于主债务人的债权,而对主债务人行使原债权人权利的权利。保证人向债权人为清偿行为,而在其清偿范围内取得债权人对债务人之债权,性质上,属于债权的法定承受或转移,其与依法律行为所发生之债权转让并无不同。依照《民法典》第547条,不只债权本身,即如依附于债权之从权利,如抵押权、质权、留置权或保证,以及其他从属权利及瑕疵,如利息、违约金、主债务人对债权人的抗辩等,一并转移给保证人。

保证人的代位权须具备下列三个方面的条件:

第一,须保证人已对债权人进行清偿。清偿是以消灭债务为日的的行为,不仅指任意清偿、强制执行即参与破产财产分配等,而且还包括代物清偿、提存、抵销等其他足以消灭债务的行为。

第二,须保证人对主债务人有追偿权。保证人代位权是为保障追偿权而设,因此,必须保证人对主债务人有追偿权,才有代位权,且代位的范围不得超过追偿权的范围。

第三,须不得损害债权人的利益。代位权是因保证人对债权人为清偿后而承受债权人对债务人的债权,因此,如果保证人没有全部清偿,虽然就已清偿之部分取得对债务人之代位权,但是在债权人全部受偿完毕前,不得主张与债权人的债权平均受偿,以免损害债权人的利益。

代位权与追偿权之关系。主债务履行期限届满,保证人代为清偿或实施其他消灭主债务的行为后,主债务人在保证人代偿范围内免责,而发生保证人的追偿权和代位权。由此可知,追偿权为保证人承担保证责任后对主债务人的权利,属于新成立的权利;而代位权是保证人承受债权人对主债务人的债权,是债权人原有的权利,并非新成立的权利。因追偿权系新成立的权利,原权利上的从权利及担保等并不从属于追偿权,而代位权为原权利。因此,原权利上的从权利及担保等随债权而转移。追偿权为新成立的权利,因此,其诉讼时效应当重新计算;而代位权的诉讼时效,仍应按照原债权的时效计算。从目的上看,代位权是为确保追偿权的实现而设,因此,保证人承担保证责任后,可以向主债务人行使追偿权,亦可行使代位权即行使受让原债权人的债权,两权利也可一并行使。两权利中因一权利行使而达目的者,另一权利即归消灭。

3.169　租赁合同　leasing contract

指一方将物交付他方使用、收益,他方支付租金而成立的合同。提供物的一方成为出租人,另一方为承租人,供作他方使用收益之物,为租赁物。租赁合同有下列特征:

一是租赁合同的标的物,即租赁物,供作租赁之物范围非常广泛,第一,从类型上看,既可以是动产,也可以是不动产。第二,从性质上看,须为有体物、不可消耗物。第三,租赁物也可为物之一部分,如将房屋之特定部分——外墙出租于他人做广告。第四,租赁物也可为将来之物,因此,租赁可以附条件、期限,也可成立租赁预约。第五,租赁物具有合法性,不得是法律禁止出租之物。

二是租赁合同为承租人支付租金的合同。承租人通过租赁合同取得租赁物的使用收益权,须以支付租金作为报偿,租金是出租人让渡租赁物的占有、使用和收益而取得的对价。因此,租金为租赁合同的要素。租金通常以金钱支付,但也可以其他物或租赁物的孳息为给付,如交付土地出产的谷物充作租金。

三是租赁合同为有偿合同、双务合同、诺成合同、不要式合同。

四是租赁合同为债权合同。租赁合同使出租人对于承租人负有交付租赁物及维持租赁物使用、收益状态的义务,其成立不以出租人享有租赁物的所有权或处分权为必要。

五是租赁合同为继续性合同。租赁期间,出租人负有维持租赁物合于使用、收益状态的义务,承租人持续按期支付租金,与一次性交付及支付即履行完毕的一时性合同不同。继续性合同相比于一时性合同,更重当事人之间的信任关系,也更易有情势变更原则的适用,并且解除时,继续性合同没有溯及力等。

3.170　不定期租赁　indeterminate-term lease

指没有固定期限的租赁。《民法典》规定了三种情形成立不定期租赁,一是第707条规定,租期六个月以上的租赁未采用书面形式致租期不能确定的,视为不定期租赁。二是根据第730条规定,租期没有约定或者约定不明确,又不能通过协议或者合同解释补充当事人意思的,视为不定期租赁。三是第734条规定,租期届满后,租赁合同期限法定更新后的租赁,为不定期租赁。

不定期租赁与定期租赁有所不同,一般而言,不定期租赁有上列三种情形,这三种情形皆因法律拟制而发生;在合同解除上,虽因租赁合同的继续性特征,定期租赁合同的当事人可以解除,但无解除权而解除的,须承担违约责任;但在不定期租赁中,当事人可以随时解除合同,只需在合理期限之前发生解除通知即可,而无须承担违约责任。

3.171　租赁物　leased property

指租赁合同的标的物。供作租赁之物范围非常广泛,第一,从类型上看,既可以是动产,也可以是不动产。第二,从性质上看,须为有体物、不可消耗物。因为出租人须将租赁物的占有权转移给承租人,因此租赁物须为有体物。租赁物须为不可消耗物,承租人以取得租赁期内租赁物的使用收益为目的,如为消耗物,其使用以消费的方法,则成立消费借贷。特殊情况下,虽是消费物,但非以消费方法使用,可成立租赁,如租他人的名酒陈列展示,此时该名酒已经被特定化,其使用的目的不是消费。第三,租赁物可为物之一部分,如将房屋之特定部分——外墙出租于他人做广告。第四,租赁物可为将来之物,因此,租赁可以附条件、期限,可成立租赁预约。第五,租赁物具有合法性,不得是法律禁止出租之物。如出租违法建设的房屋的,租赁合同无效;出租违法的临时建筑,租赁合同无效。

3.172　租金　rent

指承租人因使用收益租赁物须向出租人支付的对价。租金支付义务是承租人的主给付义务,与出租人交付租赁物的使用收益互为给付与对待给付关系。租金通常以金钱支付,但也可以其他物或租赁物的孳息为给付,如交付土地出产的谷物充作租金。这与买卖合同不同,买卖合同中,买受人支付的价金,限于金钱,若非金钱,则可能构成互易。但租金不可以劳务为支付,如提供劳务的,至于成立何种合同可能有分歧,但肯定不成立租赁合同。

3.173　租赁期限　lease term

指承租人承租租赁物的期限,即承租人依据租赁合同的约定占有、使用、收益租赁物的期限。通常租赁合同都约定了租赁期限,如果没有约定或者约定不明的,又不能通过合同解释等方法补充确定租赁期限的,则视为不定期租赁。根据《民法典》第705条规定,租赁期限最长不得超过20年,超过20年的,超过部分无效。又根据第707条,租赁期限6个月以上的,应当采用书面形式。当事人未采用书面形式,无法确定租赁期限的,视为不定期租赁。履行期限届满后,承租人应当返还租赁物;如果承租人继续使用租赁物,出租人又没有提出异议的,则租赁合同继续有效,但租赁期限为不定期。

3.174 出租人维持租赁物的义务　the lessor's obligation of maintaining the lease property

指租赁期间,出租人负有保持租赁物符合约定用途的义务。承租人在租赁期内对租赁物的使用和收益,以租赁物符合约定用途为条件,这是其支付租金所要实现的合同目的。从出租人角度看,为满足承租人对租赁物的使用收益,就负有维持租赁物满足这一要求的义务。因此,该义务也是出租人承担的一项基本义务。这项义务不仅要求租赁期间出租人容忍、不随意干涉承租人对租赁物按照约定的用途使用和收益,还要求出租人积极地维持租赁物符合约定的用途。如出租人修缮义务的承担,排除第三人对承租人使用和收益之干涉均是该义务的延伸。

3.175 出租人维修义务　the obligations of maintenance and repair of the leased property

指在租赁期间,租赁物发生损坏,或者损耗,或者不能满足约定用途的某些功能部分或全部丧失时,对租赁物修复以维持或恢复租赁物功能的行为。出租人承担租赁物的维修义务,此是一般原则。

出租人履行租赁物的维修义务,需要具备以下的条件:

一是租赁期间租赁物发生损坏或者损耗,并且影响到承租人对租赁物的使用和收益,如房屋漏雨影响居住等。

二是维修的发生不可归责于承租人,承租人对于损坏或者损耗的发生没有过错,如果是承租人不当使用而发生的损坏,则由承租人负责修复,出租人并可请求其赔偿。

三是有维修的必要。从两个方面看,是否有维修的必要,一方面,损坏轻微不足以影响租赁物用途的发挥,没有维修的必要;另一方面,损坏已经非常严重,不能维修了,或者于经济上不合理,如汽车损毁严重,客观上修复不了,或者说客观上虽然可以修复,但修复费用过高,如船舶碰撞后,毁损严重,维修的费用超过重置的价值,此时在经济上也应视为没有维修的必要。

四是须当事人对于租赁物的维修义务没有特别约定。如约定了维修义务由承租人承担,则由承租人履行租赁物的维修义务。

如符合上列条件,承租人:第一,可以请求出租人在合理期限内维修。第二,自行维修,维修费用由出租人承担。出租人收到维修通知后,未履行维修义务的,承租人可以自行维修。出租人未履行维修义务,是指出租人不维修、拒绝维修、未在合理期限内维修,或者欠缺维修能力不能维修等。承租人自行维修,是指承租人可以自己维修或者委托其他人维修。第三,承租人可以请求减少相应租金或者延长租期。如果维修影响到承租人使用的,如需要停机维修或者房屋维修承租人需要停业的,则承租人可以请求减少相应的租金或者延长租期。

3.176 转租 sublease

又称"租赁物的转租"。指在承租人不脱离原租赁关系的情况下,将租赁物的全部或一部出租与第三人的情形。转租有两个契约关系:一是出租人与承租人之间的租赁合同;二是承租人(转租人)与第三人(次承租人)之间的转租合同。转租与租赁权的让与不同。假如甲为出租人,乙为承租人,丙为第三人。如果经甲同意,乙将租赁权让与丙,则乙退出租赁关系,丙替代乙作为承租人,丙的租赁权的取得系基于让与行为,属转移取得。如果乙经甲同意,将租赁物转租给丙,则甲、乙之间的原租赁关系不变,乙、丙之间成立转租关系,乙为转租人,丙为次承租人,丙的租赁权的取得系基于转租合同取得,属于新设取得。

因租赁具有人格信任关系,因此,许多国家民法对转租都设有限制。《民法典》第716条同样明确规定转租须经出租人同意。把经出租人同意的转租称为合法转租,未经出租人同意的转租称为违法转租。出租人同意,无须一定方式,书面、口头均无不可;既可在事前概括同意(允许),如于租赁合同中约定同意转租之条款,也可事后个别为之;既可向承租人为之,也可向次承租人为之。既可明示同意,还可默示同意,如次承租人代替承租人向出租人支付租金,出租人接受的,应当视为出租人同意转租。特殊情况下,还可依照《民法典》第718条的规定,拟制出租人同意。

3.177 买卖不破租赁 no break of lease with bargain

指在租赁期间,租赁物的所有权发生变动,租赁合同对新的所有权人继续有效的制度。"买卖不破租赁"是债法上最具特色的制度,虽然在适用范围、构成要件上有所不同,但各国民法皆有规定。在学理上,该原则为债权物权化最具典型的代表。在性质上,买卖不破租赁发生租赁合同权利义务的法定转移。在适用范围上,我国民法未设限制,即不论不动产租赁还是动产租赁均有适用。

买卖不破租赁的要件。(一)租赁合同须有效。(二)须承租人取得了租赁物的占有权。(三)须承租人占有租赁物期间,租赁物所有权发生了变动。

买卖不破租赁的效力。根据《民法典》第725条,租赁期间,租赁物所有权发生变动的,不影响租赁合同的效力。

买卖不破租赁的准用。租赁期间,出租人在租赁物上为第三人设定他物权,如抵押权、质权等,亦可准用"买卖不破租赁"原则。

3.178 承租人的优先购买权 the lessee's right of first refusal

又称"先买权"。指租赁期间,出租人出卖租赁房屋的,承租人享有以同等条件优先购买的权利。优先购买权是为保护承租人的利益而设,该权利具有以下特征:

一是此处所说优先购买权仅适用于房屋租赁,而不适用于房屋以外的其他不动产或动产租赁。

二是承租人的优先购买权,在性质上,虽然有形成权说、请求权说以及物权说等不同的观点,但以请求权说为最有力。因此,所谓优先购买权,是指租赁期间,出租人出卖租赁房屋的,承租人有向出租人请求以同等条件优先购买的权利,它属于法定的权利。不论当事人是否在合同中约定,承租人都享有此项权利。优先购买权还是附强制缔约义务的请求权。承租人按照同等条件行使先买权时,出租人没有正当理由不得拒绝。

三是该权利依附于租赁权。如果租赁合同不成立、无效或者被撤销的话,则优先购买权即不可能存在。租赁合同权利义务如果转让的话,优先购买权也随之转让。

四是该权利具有优先性的请求权。所谓优先性,是指承租人在同等条件下可以优先于一般买受人的权利而购买租赁物,一般买受人的权利通常是依据买卖合同所享有的债权,主要是指享有请求出卖人交付标的物以及移转标的物所有权的权利。但不得对抗所有权,如果在行使优先购买权之前,租赁物的所有权已经由第三人取得,则承租人并不能依优先购买权请求第三人返还租赁物。

3.179 承租人特别解除权 the lessee's special right of rescission of leasing contract

指租赁物危及承租人的安全或者健康的,即使承租人订立合同时明知该租赁物质量不合格,承租人仍然可以随时解除合同的权利。该解除权为法定的解除权,当事人即使于合同中预先放弃合同解除权,该约定也不具有约束力,承租人仍得随时解除租赁合同。

3.180 租赁合同的法定让与 statutory assignment of the leasing contract

又称"租赁合同的法定概括转移"。指承租人在房屋租赁期间死亡的,与其生前共同居住或者共同经营人可以按照原租赁合同租赁该房屋的制度。该制度与"买卖不破租赁"的不同之处在于,"买卖不破租赁"是出租人法定变更,而该制度则是承租人法定变更。根据《民法典》第732条规定,第一,该制度通常仅适用于房屋租赁。第二,承租人在房屋租赁期间死亡。在房屋租赁期间,是指自租赁合同成立时起的整个租赁期间。承租人死亡,既包括自然死亡,也包括宣告死亡。第三,概括继受人须是与承租人生前共同居住的人或者共同经营人。共同居住的人,既指共同居住的近亲属,也指即使不是亲属,但共同居住在一起的人。除共同居住人之外,还有共同经营人,通常是指共同经营的合伙人等。

按照原租赁合同租赁该房屋,一是时间上,是自承租人死亡时起,原租赁合同即由共同居住人或者共同经营人概括继受。二是共同居住人或者共同经营人成为原租赁合同的当然承租人,无须继受人与出租人重新签订合同,只需继受人继续按照原租赁合同支付租金以及履行租赁合同约定的义务即可,出租人也应按照原租赁合同的约定履行义务,如维修义务等,不得擅自变更合同,如擅自单方提高租金的,概括承受人可以拒绝。

3.181 承租人的租赁物返还义务 the lessee's obligation of returning of the leasing property

租赁期限届满,租赁关系消灭,一般而言,承租人继续占有租赁物就没有权源基础,其占有构成无权占有,应当向出租人返还租赁物,出租人也可以依照租赁合同或者固有权利(如所有权等)请求承租人返还租赁物。

承租人返还租赁物,除租赁期满外,还可因租赁合同在租赁期间被解除、撤销或者宣告无效等而发生。

所谓返还租赁物,指将租赁物的占有权移转给出租人。如何返还,合同有约定的,应当按照合同约定的方式、时间等返还。如果非因承租人的原因,导致租赁物的返还迟延的,依照诚信原则应给予承租人合理的宽容期限。在该迟延期限内,出租人可以请求承租人支付租赁物的使用费。

返还租赁物应当返还原物。所谓原物,指承租人根据租赁合同的约定或者根据租赁物的性质对租赁物进行正常使用后的原物。租赁物交付承租人后,承租人负有依照约定用途或者租赁物的性质对租赁物使用和收益的义务,承租人返还的租赁物应是正常使用发生正常磨损后的租赁物。租赁期间承租人未经出租人同意对租赁物所做的改善和增设之物,除双方另有约定,租赁期满后,承租人返还租赁物时,应当拆除或者除去增设之物,恢复原状;经过出租人同意的,承租人可以不负恢复原状的义务。

3.182 租赁合同法定更新 statutory novation of the leasing contract

指租赁期限届满,以原租赁合同同一内容,而延长租赁期限的情形。租赁合同更新或依当事人约定,或依法律规定,前者称为租赁合同约定更新,后者称为租赁合同法定更新。

租赁合同法定更新的要件和效果如下:租赁合同法定更新要件,一是租赁期满,承租人继续使用租赁物,租赁期满,租赁本即消灭,承租人应停止使用租赁物,并将租赁物返还给出租人。如果承租人在租期届满后继续使用租赁物,包括与承租人共同居住人、共同经营人以及其他为社会伦理所认许的第三人继续使用租赁物。二是对于承租人继续使用租赁物,出租人没有提出异议。所谓异议,一般是指对于承租人继续使用租赁物没有表示反对。通常认为,出租人异议,系意思表示,属单方法律行为,租赁物共有的,应由全体共有人为之;多人共同承租的,应向全体承租人为之。出租人异议的,应于承租人继续使用租赁物后合理时间内提出。如果当事人在租赁合同中预先约定,租期届满后不再续租者,则不发生法定更新;如在租期届满前,出租人明确反对续租的,可认为出租人提出了异议。异议的方式,明示反对比较好理解,默示反对,如房屋租赁,出租人已聘装修人员在租期届满收回租赁物后重新装修用于自住,可解为默示反对。当然,如果承租人继续使用租赁物,并向出租人继续交付租金,而出租人接受的,一般可认为出租人与承租人之间有续租的合意。

租赁合同法定更新的,除租期重新起算外,租赁合同的其他内容不变。租赁期限变更为不定期,根据《民法典》第730条的规定,当事人在合理时间之前通知对方的,可以随时解除不定期租赁合同,这应当看作侧重保护出租人的利益。

3.183 承租人优先承租权 the lessee's priority to lease the rent house

又称"先租权"。指租赁期满后,出租人再出租租赁物的,承租人在同等条件下有优先于其他人承租租赁物的权利。在性质上,优先承租权与优先购买权一样,都属于请求权。优先承租权,《民法典》第726条、第728条的规定都可准用。

3.184 融资租赁合同 financial leasing contract

融资租赁合同的概念有广义和狭义之分,广义上,以《国际融资租赁公约》为代表,认为融资租赁涉及两份合同、三方当事人。所谓两份合同,一是买卖合同,是一方(出租人)根据另一方(承租人)的选择,与第三方(出卖人)订立一份合同(买卖合同);二是租赁合同,即出租人(买受人)与承租人订立的一份合同(租赁合同)。所谓三方当事人,即出租人、承租人、供货人(出卖人)。对比租赁公约的定义,我国《民法典》第735条是采用广义的融资租赁概念。狭义上,融资租赁是指出租人与承租人之间的租赁合同,不包括与出卖人订立的买卖合同,出卖人也非合同当事人。

3.185 融资租赁物所有权公示 publicity of ownership of financial leasing

融资租赁期间,租赁物的所有权属于出租人,但由承租人对租赁物占有、使用和收益。租赁物被承租人擅自处分,从而出租人丧失租赁物所有权的风险始终存在。所以,需要通过某种方式表彰出租人对租赁物的所有权,这就是租赁物所有权的公示问题。融资租赁物所有权的公示与一般的物权公示不同,其公示的目的不在于创设所有权或表彰所有权的变动,也不是承租人取得租赁权的前提条件,而仅仅是在租赁物上存在权利冲突时确立这些权利之间的优先顺位。未经出租人同意,承租人转让租赁物或者在租赁物上设立的其他物权是否优先于出租人对租赁物的所有权而得到保护,如果出租人的租赁物所有权做了登记,则可对抗善意第三人。

公示的方式,租赁物为房屋等不动产的,可以通过登记的方式公示,对于车辆、船舶、飞机等租赁物,也可以通过登记的方式表彰出租人对租赁物的所有权及其上的租赁权。对于除此之外的普通动产租赁物,我国还没有统一的融资租赁物登记系统,多是按照行政管理职能确定登记机构及登记系统,如中国人民银行征信登记系统,主要登记金融租赁公司的融资租赁物所有权,商务部主要对于外资公司及内资融资租赁公司的融资租赁所有权进行相应的登记。

3.186 融资租赁的租金 the rent under a financial leasing contract

指承租人支付的融资对价,除当事人另有约定外,该租金应当按照购买租赁物的大部分或者全部成本以及出租人的合理利润确定。融资租赁合同中出租人收取的租金既不同于买卖合同中的价金,也不同于一般租赁合同的租金。融资租赁中出租人收取的租金,一方面是其购买租赁物的大部分或者全部成本,另一方面是其要获得的一定的营业利润。所以当出卖人交付的租赁物妨害承租人对租赁物的使用、收益时,除非出租人有过错,承租人的租金支付义务不能减免。租赁期间,租赁物因不可归责于融资租赁合同当事人的事由毁损、灭失,承租人不能使用、收益的,承租人也不能减少或免于租金的支付义务。在因承租人违约,出租人收回租赁物时,承租人也不能拒绝履行租金的支付义务。

3.187 租赁物的瑕疵担保责任 guarantee liability about the lease property's blemish

指租赁物不符合约定或者不符合使用目的,即租赁物的瑕疵担保义务由谁承担的问题。一般租赁中,租赁物的瑕疵担保义务由出租人承担,因租赁物不符合约定或者不符合使用目的,影响承租人对租赁物的使用、收益的,承租人可以请求出租人承担租赁物的瑕疵担保责任,如减少或者免除租金,或者解除租赁合同,或者请求出租人承担其他责任。鉴于融资租赁交易的特点,一般情况下,租赁物的瑕疵担保义务由承租人承担,或者基于买卖合同由出卖人承担,且承租人不得因此减少或者免除租金的支付义务。如果承租人依赖出租人的技能确定租赁物或者出租人干预选择租赁物的,则租赁物的瑕疵担保义务应由出租人承担。对于如何确定承租人依赖出租人的技能确定租赁物或者出租人干预选择租赁物,最高人民法院在《关于审理融资租赁合同纠纷案件适用法律问题的解释》中,确定了以下几条标准:一是出租人在承租人选择出卖人、租赁物时,对租赁物的选定起决定作用的;二是出租人干预或者要求承租人按照出租人意愿选择出卖人或者租赁物的;三是出租人擅自变更承租人已经选定的出卖人或者租赁物的。承租人主张其系依赖出租人的技能确定租赁物或者出租人干预选择租赁物的,对上述事实承担举证责任。

3.188 融资租赁禁止中途解约条款 the prohibition from termination of the leasing contract in-midcourse

指当事人在融资租赁合同中约定禁止中途解约的条款。因融资租赁合同中,出租人是按照承租人对出卖人、租赁物的选择而购买租赁物,并非自己需要而购买,租赁物往往具有专适于承租人使用的特性,很难再向其他人出租。如果融资租赁合同被中途解约,出租人收回的租赁物难以再为处分。从承租人角度看,租赁物一般价值较大,系承租人长期使用的资产,如允许出租人任意解约,也将给承租人的生产经营带来不利影响。通常情况下,当事人会在合同中约定禁止中途解约条款。有关的法律文件也认可禁止中途解约条款的存在。如《国际统一私法协会租赁示范法》第 23 条:"除非下述第 3 项另有规定(指出租人对承租人的平静占有权的保证存在根本违约——作者注),融资租赁中,租赁物被交付且承租人接受之后,承租人不得因出租人或供货人的根本违约而终止租赁,但是有权采取当事人约定的和法律规定的其他救济措施。"

3.189　融资租赁合同的解除　the discharge of financial leasing contract

指发生了约定或者法定的解除事由时,出租人或承租人解除融资租赁合同,使合同向将来归于消灭的行为。一是因承租人违约,出租人解除融资租赁合同,如承租人未支付租金,经出租人催告后在合理期限内仍不支付租金的,出租人可以请求支付全部租金,也可以解除合同,收回租赁物。再如承租人未经出租人同意,将租赁物转让、抵押、质押、投资入股或者以其他方式处分的,出租人可以解除合同。二是出租人违约,承租人解除融资租赁合同。由于出租人的过错致使承租人无法对租赁物占有、使用和收益的。三是发生了出租人、承租人共同的解除事由。根据《民法典》第 754 条的规定,有下列情形之一的,出租人或者承租人可以解除融资租赁合同:(一)出租人与出卖人订立的买卖合同解除、被确认无效或者被撤销,且未能重新订立买卖合同;(二)租赁物因不可归责于当事人的原因毁损、灭失,且不能修复或者确定替代物;(三)因出卖人的原因致使融资租赁合同的目的不能实现。

3.190　租赁物毁损、灭失风险负担　the risk burden of the loss or damage of the leased property

指因不可归责于双方当事人的原因,租赁物毁损、灭失的风险由谁承担的制度。在一般租赁中,租赁物毁损、灭失的风险一般由出租人承担,按照《民法典》第 729 条规定,因不可归责于承租人的事由,致使租赁物部分或者全部毁损、灭失的,承租人可以请求减少租金或者不支付租金;因租赁物部分或者全部毁损、灭失,致使不能实现合同目的的,承租人可以解除合同。但融资租赁合同中,承租人支付的租金并不是用于租赁物的对价,而是由租赁物购置成本的全部或大部分以及合理的经营利润构成,因此,即使租赁物因不可归责于双方当事人的事由发生毁损、灭失,致使承租人无法对租赁物使用、收益,但其租金支付义务仍不能免除。关于租赁物毁损、灭失风险负担应注意以下几点:

第一,须是承租人占有租赁物期间。在买卖合同中,租赁物在交付之前,毁损、灭失的风险由出卖人承担。自出卖人交付给承租人时起,租赁物毁损、灭失的风险即转移给承租人承担。

第二,租赁物毁损、灭失,导致租赁物发生毁损、灭失的事由应当不可归责于出租人,如可归责于出租人,则出租人应当承担责任。

第三,出租人有权请求承租人继续支付租金,即承租人不因租赁物毁损、灭失致其不能用于租赁物而免于租金的对待给付义务,因为租金具有信贷性质。除此之外,融资租赁合同是否继续履行,视承租人能否按照出租人的要求修复租赁物或者购买同条件替代物而定,能够修复的或者购买同条件租赁物的,融资租赁合同则继续履行。

第四,如果法律另有规定或者当事人另有约定的,则按照法律规定或者当事人的约定确定租赁物毁损、灭失的风险负担。

3.191 融资租赁物的返还与补偿 the return and compensation for the financial leased property

指融资租赁合同被解除、无效、租赁期满等,当事人没有特别约定时,承租人应当向出租人返还融资租赁物。融资租赁物的补偿,指当事人按照约定或者法律规定向对方补偿融资租赁物价值,一是承租人向出租人做补偿,主要包括三种情形:第一,融资租赁合同因租赁物交付承租人后意外毁损、灭失等不可归责于当事人的原因解除的,出租人可以请求承租人按照租赁物折旧情况给予补偿。第二,当事人约定租赁期间届满租赁物归出租人所有,因租赁物毁损、灭失或者附合、混合于他物致使承租人不能返还的,出租人有权请求承租人给予合理补偿。第三,因承租人原因致使合同无效,出租人不请求返还或者返还后会显著降低租赁物效用的,租赁物的所有权归承租人,由承租人给予出租人合理补偿。二是出租人向承租人做补偿。当事人约定租赁期间届满租赁物归承租人所有,承租人已经支付大部分租金,但是无力支付剩余租金,出租人因此解除合同收回租赁物的,收回的租赁物的价值超过承租人欠付的租金以及其他费用的,承租人可以请求部分返还。

3.192 保理合同 factoring contracts

指应收账款债权人将现有的或者将有的应收账款转让给保理人,保理人提供资金融通、应收账款管理或者催收、应收账款债务人付款担保等服务的合同。保理合同的主体是保理人和应收账款债权人,保理人是应收账款债权的受让人,同时提供融资、应收账款管理和催收或者付款担保等服务。应收账款债权人与应收账款债务人依据基础合同形成应收账款债权。特征:第一,保理是应收账款债权转让与提供融资、应收账款管理或者催收、付款担保服务等中至少一项为一体的综合服务交易。第二,作为合同一方当事人的保理商须是依照国家规定、经过有关主管部门批准可以开展保理业务的金融机构或者商业保理公司。第三,保理合同的实质是应收账款债权的转让,但保理与一般债权转让有不同。第四,保理合同是有偿合同、双务合同、诺成合同、要式合同。

3.193 有追索权的保理 recourse factoring

又称"回购型保理"。指根据当事人约定,保理人在保理融资款到期后,可以向债权人主张返还融资款本息或者回购应收账款债权,也可以在应收账款到期后,向债务人主张应收账款债权而成立的保理。与无追索权的保理相对,有追索权的保理在性质上认为属于让与担保。

保理人的追索权,指保理融资本息到期后,保理人可以向债务人主张应收账款债权,也可以请求债权人返还融资款本息或者回购应收账款债权。在向债务人主张应收账款债权和请求债权人返还融资款本息或者回购应收账款债权之间,保理人享有任意选择权,即保理人可以先向债务人主张应收账款债权,而就未获受偿的部分,请求债权人返还融资款本息或者回购应收账款债权,也可以不向债务人主张应收账款债权,而直接请求债权人返还融资款本息或者回购应收账款债权,也可以同时向债务人和债权人主张,即向债务人主张应收账款债权的同时向债权人主张返还融资款本息或者回购应收账款债权,或者反之。对于保理人向债务人或债权人主张的顺序问题,当事人可以在保理合同中作特别约定。

保理人负有清算义务,即保理人向应收账款债务人主张应收账款债权,在扣除保理融资款本息和相关费用后有剩余的,剩余部分应当返还给应收账款债权人。

3.194　无追索权的保理　non-recourse factoring

又称"买断型保理"。与有追索权的保理相对,性质上属于真正的债权让与,通常指根据当事人的约定,保理人承担债务人的信用风险(债务人破产风险或无理拒绝清偿的风险),但不及于债务人主张基础交易所生抗辩,以及主张抵销权、解除权等风险(例如因让与人出卖货物有质量瑕疵而被作为应收账款债务人的买受人退货),遇此情形,保理人仍有权请求应收账款让与人回购债权或承担其他违约责任。

在无追索权的保理中,保理人不负清算义务。即在无追索权事项范围内,保理人主张应收账款债权不能满足融资款本息和相关费用的,保理人不能向债权人主张返还融资款本息或者回购应收账款债权;保理人主张应收账款债权取得超过融资款本息和相关费用的部分,保理人也无须向债权人返还。

3.195　应收账款　account sreceivable

指债权人因提供商品、服务或者出租资产而形成的金钱债权及其产生的收益。在性质上,应收账款属于金钱债权。从应收账款债权发生的时间看,包括了现有债权和未来债权,现有债权是指应收账款债权让与时,应收账款已经实际发生的债权。未来债权是指未来应收账款,属未来债权,包括已有基础关系的未来债权与尚无基础关系的未来债权。

3.196　承揽合同　contract for work

指一方按照另一方的要求完成工作,交付工作成果,另一方支付报酬的合同。一方为承揽人,另一方为定作人。承揽合同具有下列特征:

其一,承揽合同是成果性合同。

承揽合同中,承揽人不仅需要有给付行为,并且需要有给付效果,如交付工作成果,标的无形时,虽不用交付工作成果,但需要完成工作。承揽人虽有给付行为,如果没有工作成果的,定作人可以拒绝支付报酬。所以,承揽合同并不关注承揽人行为的过程,而更关注有没有成果。这与一般的劳动合同或雇佣合同不同,劳动合同或者雇佣合同中,劳动者或者受雇人提供了劳动或者劳务,即有权请求用人单位或者雇主支付报酬。

其二,承揽合同是承揽人按照定作人的要求完成工作的合同。

一般承揽中,定作人提供材料或者要求,承揽人按照定作人的要求完成工作,交付工作成果。定作人基于对承揽人的设备、技术和劳力的信任,选择特定的承揽人承揽工作,这样可以满足定作人的个性需求或者特别需要。

其三,承揽合同是定作人向承揽人支付报酬的合同。

承揽人以自己的设备、技术和劳力,按照定作人的要求完成工作,交付工作成果后,即有权请求定作人支付报酬。报酬是承揽人完成工作,并交付工作成果的对价。报酬为承揽合同成立的要素,无报酬的工作提供可能成立无偿委托或者以劳务为内容的赠与。

其四,承揽合同是有偿合同、双务合同、诺成合同、不要式合同。

承揽合同,承揽人完成工作,交付工作成果以获取报酬为对价,为有偿合同;承揽人完成工作,交付工作成果的义务与定作人支付报酬的义务成立于给付与对待给付关系,所以,承揽合同为双务合同。

承揽合同因定作人与承揽人意思表示一致而成立,是为诺成合同;其成立不须特定的形式,为不要式合同。

3.197　加工合同　contract for processing

指定作人向承揽人提供材料,承揽人以自己的设备、技术和劳力,按照定作人的要求,为定作人加工,并向定作人交付加工物,定作人接受加工物支付报酬的合同。加工合同中,材料由定作人提供。

3.198　定作合同　contract for ordering

俗称"包工包料合同"。指依照合同约定,由承揽人供给材料,并以自己的设备、技术和劳力按照定作人的要求完成工作,并提交工作成果,定作人接受工作并支付报酬而订立的合同。加工和定作的主要区别在于,加工是定作人提供材料,定作是承揽人提供材料。

3.199　共同承揽　joint contract for work

指两个或者两个以上的承揽人共同完成承揽工作,并交付工作成果而成立的承揽合同。与单独承揽不同,共同承揽中,承揽人有两个或者两个以上。共同承揽与次承揽也不同,次承揽中,次承揽人是由承揽人选定的,定作人对于次承揽人并不享有直接的权利也不承担直接的义务,承揽人对于次承揽人的承揽行为向定作人承担责任。而在共同承揽中,承揽人都是由定作人选定的,定作人对于共同承揽人都享有权利,也负有义务。共同承揽人依据约定对定作人享有权利,承担义务;如果没有约定,或者约定不明的,共同承揽人对定作人享有连带债权,承担连带债务。

3.200 次承揽 sub-contract for work

全称"次承揽合同",又称"再承揽"。指承揽人自任定作人,使他人承揽其所承揽工作的全部或者一部而订立的承揽合同。定作人与承揽人之间的承揽合同为原承揽合同或者主承揽合同。从《民法典》第 772 条、第 773 条的规定看,承揽人可以将辅助工作交由第三人完成,或者经定作人同意,承揽人可以将主要工作交由第三人完成。在此情形下,承揽人即与第三人成立次承揽合同。次承揽成立、效力等方面独立于主承揽,次承揽人依据次承揽合同完成工作,并向承揽人或者按照承揽人的指示向定作人交付工作成果,定作人无请求次承揽人完成工作并交付工作成果的权利,次承揽人对定作人也无报酬请求权。就次承揽人的工作及工作成果,承揽人向定作人负责。

3.201 不规则承揽 atypical contract for work

指定作人供给材料,承揽人可以以自己的材料代替定作人供给的材料而完成工作并交付工作成果的承揽。一般承揽中,定作人提供材料,承揽人不得变换定作人供给的材料;而不规则承揽中,承揽人有权更换定作人供给的材料,这是两者最大的不同。承揽人可以其他材料代替定作人提供的材料,须定作人所提供的材料为可代替物。可代替的材料除同种类外,还须同品质、同数量之物。不规则承揽的成立,除当事人有约定外,还可因习惯而成立。如以面粉交与面点店制作馒头,约定面点店得以同种类、品质、数量的面粉代替,制作馒头,即属不规则承揽。

3.202 承揽工作 the contracted work

又称"工作成果(the work results)"。指承揽人按照定作人的要求,以自己的技术、设备和劳力所要完成的工作或工作成果。承揽合同中,承揽人不仅需要有给付行为,并且需要有给付效果,如交付工作成果,标的无形时,虽不用交付工作成果,但需要完成工作。承揽人虽有给付行为,如果没有工作成果的,定作人可以拒绝支付报酬。所以承揽合同并不关注承揽人行为的过程,而更关注有没有成果。这与一般的劳动合同或雇佣合同不同,劳动合同或者雇佣合同中,劳动者或者受雇人提供了劳动或者劳务,即有权请求用人单位或者雇主支付报酬。

承揽合同的工作及工作成果的种类,法律并无限制,只要不违反法律、行政法规的强制性规定,不违反公序良俗,均无不可。成果可以是有形的,如加工、装裱等,也可以是无形的,如广告设计、美术艺术创作或者鉴定报告等;既可以是有财产价格的,如定做西装,也可以是无财产价格的,如宣传等。

承揽涉及建设工程的设计、勘察、施工等,属于建设工程合同,建设工程合同是从承揽合同中独立出去的有名合同,其与承揽合同的关系,可以看作特别法与一般法的关系,因此,依照《民法典》第808条规定,建设工程承包合同部分没有规定的,适用承揽合同的有关规定。关于货物或者旅客之运送,性质上也为承揽,但是《民法典·合同编》第十九章"运输合同"另有明文规定属于其他有名合同。有关技术的开发、咨询和服务等属于第二十章"技术合同"。

3.203　承揽人的留置权　the contractor's lien over the completed work results

指债权人合法占有债务人的动产,在债权未受清偿前,可以留置该动产的法定担保物权。承揽中,成立留置权显然是以工作成果归属于定作人为适用前提的,如果工作成果不属于定作人,属于承揽人时,承揽人自不能对工作成果享有留置权。

承揽人就定作人应支付之费用,未受清偿前,自可留置工作成果,至定作人到期没有清偿应支付的报酬、材料费等价款的,在给予的宽限期内,定作人仍未支付的,承揽人可以实行留置权。对于工作成果享有留置权,需要符合留置权成立和行使的条件。

3.204　定作人的任意解除权　the ordering party's right of terminating contract for work at will

指在承揽合同期间承揽人完成承揽工作前,定作人可以无需理由而随时解除承揽合同的权利。德国民法第649条、日本民法第641条等都规定了定作人的任意解除权。通常认为,任意解除权是为定作人的利益而设,一是因为承揽合同以较强的信任为基础,定作人失去对承揽人能力的信任的,即许可其解除合同。二是承揽工作是为满足定作人的需要而设,如果定作人不需要的话,就应当许可定作人解除合同。

定作人的任意解除权具有以下几个方面的特征:

一是任意解除权只是定作人享有,承揽人并不享有任意解除承揽合同的权利。

二是任意解除权在性质上属于形成权。由定作人以单方意思表示为之,在解除的意思表示生效时,即可发生解除的效力。承揽人如对解除有异议,可以诉讼或者仲裁方式提出。

三是任意解除权属于法定解除权。虽然任意解除权属于法定解除权,一般认为,应当许可当事人于承揽合同中,限制或者排除该项权利。但是,如果预先的限制或者排除违反公序良俗,或者依诚信原则明显不合理时,也可认定预先的限制或者排除的约定无效。

四是任意解除权应当在合同期间承揽人完成承揽工作之前行使。如果承揽工作已经完成,自无解除的必要。

五是定作人行使任意解除权并不需要附加任何条件。

定作人于承揽人完成承揽工作前解除承揽合同的,应当按照《民法典·总则编》以及

《民法典·合同编》通则部分的规定,作出意思表示并以通知方式为之,自通知到达承揽人时,发生解除的效力。承揽合同解除的,不发生溯及力,仅自解除生效时起向将来发生效力。

定作人行使任意解除权,解除承揽合同,给承揽人造成损失的,应当赔偿损失。

3.205　建设工程合同　contract for construction project

指发包人和承包人订立的由承包人按照要求完成工程建设,发包人支付价款的合同。该合同具有如下特点:

（一）建设工程合同中,合同主体为发包人和承包人。其中,发包人一般为投资建设工程的单位,通常也称作"业主";承包人为实施建设工程勘察、设计、施工等业务的单位,包括对建设工程实现总承包的单位和承包工程的单位,我国法律通常要求承包人具备特定的资质。

（二）建设工程合同的客体是工程,指土木建筑工程和建筑业范围内的线路、管道、设备安装工程的新建、扩建、改建及大型的建筑装修装饰活动等。

（三）建设工程合同中权利义务的内容为,发包人有权请求承包人按照合同约定的内容进行工程建设,包括勘察、设计和施工等,并应按照约定履行支付价款的义务;承包人有权请求发包人按照合同约定支付价款,并应按期按质地履行工程建设义务。

3.206　工程勘察设计合同　contract for survey or design

指发包人与勘察人、设计人就完成建设工程地理、地质状况的调研工作、设计工作并交付勘察设计文件,发包人支付相应勘察、设计费而订立的合同。勘察是指勘察人对工程的地理状况进行调查研究,包括对工程进行测量,对工程建设地址的地质、水文地质进行调查等工作。设计是指设计人按照委托人的要求,对工程结构进行设计,对建设工程所需的技术、经费、资源、环境等条件进行综合分析、论证,编制建设工程设计文件的活动。勘察是设计的前提,在完成工程勘察的基础上,才可进行工程设计。提交勘察设计文件(包括概预算)是勘察设计人的主给付义务,支付勘察、设计费是发包人的主给付义务。

3.207　建设工程施工合同　contract for construction of a construction project

又称"建设工程施工承包合同"。指发包人与承包人订立的、由承包人从事施工建设活动并提交建设工程成果,发包人支付一定报酬的合同。此类合同是建设工程合同的主要类型和典型形态。建设工程施工主要包括各类房屋建筑及其附属设施的建造、装饰装修和与其配套的线路、管道、设施设备的安装,以及城镇市政基础设施工程的施工。发包人的主要义务是按照合同约定支付工程款,承包人的主要义务是按照合同约定交付符合法律规定、合同约定质量标准的建设工程成果。

3.208　工程总承包合同　a prime contract for survey，design，construction

又称"交钥匙合同"（turn-key contract）。指发包人与总承包人就建设工程勘察、设计、施工等订立一个总合同。总承包人需要负责工程的各个方面，直至工程竣工交付。通常包括以下几种形式：一是设计采购施工（EPC）模式/交钥匙总承包；二是设计采购与施工管理总承包［EPCM，即 Engineering（设计）、Procurement（采购）、Construction Management（施工管理）］的组合。

3.209　工程监理合同　contract of project supervision

指具有相应资质的工程监理单位，接受建设方委托，依照法律、法规以及有关技术标准、设计文件和建设工程承包合同，代表建设方对承包人在施工管理、建设工期和建设资金等方面所进行的专门性监督管理活动，建设方按照约定向监理方支付报酬而订立的合同。我国根据工程的类别和性质，区分强制监理和自愿监理。

3.210　工程分包　subcontract for a project

工程分包从广义上看，包括两种情形：一种是发包人将一项或者数项工程发包给几家承包人，由这几家承包人分别承包相应的工程，称为发包人独立分包或发包人平行发包。另一种是指总承包人、勘验勘察、设计、施工承包人承包建设工程后，经发包人同意，将承包的某一部分或某几部分工程交由第三人完成，并与之签订分包合同的行为。狭义上仅指第二种情形所指的分包。我们通常是在狭义上理解工程分包的。工程分包应当符合以下几个条件：第一，总承包人、勘验勘察、设计、施工承包人只能将可以分包部分工程进行分包；第二，分包人应当具有相应的资质条件；第三，工程的分包必须经过发包人的同意；第四，分包人不得将其分包的工程再分包。我国法律通常认可专业工程分包和劳务分包的合法性。

基于合同的相对性，通常分包人仅须向分包合同的当事人履行义务，并不直接对发包人承担责任。但为了维护发包人利益并保证施工的质量，《民法典》第791条第2款中规定分包人（第三人）就其完成的工作成果与总承包人或者勘察、设计、施工承包人向发包人承担连带责任，适当加重了分包人的责任。

3.211　工程转包　assignment of the whole contract for the construction project

指承包人承包建设工程后，不履行合同约定的责任和义务，将其承包的全部建设工程转给他人或者将其承包的全部建设工程肢解以后以分包的名义分别转给其他人承包的行为。转包行为是我国工程建设领域比较常见的违法行为，这种行为不仅损害发包人利益，还严重破坏建设市场基本秩序，给工程质量留下隐患。因此转包合同属于无效合同，承包人和转包人对于工程质量承担连带责任。转包和分包不同,区分两者的一个重要判断标准是两者在工作内容上的划分,如果承包人将工程主体结构、关键性工作交由第三人完成,就应当属于转包行为。

3.212　工程价款　project price

指由工程建设成本(直接成本和间接成本)、利润和税收、规费等构成的价款。其中成本通常包括人工费、材料费、施工机具使用费、企业管理费等。工程价款及其支付是工程合同中非常关键的条款。在工程实践中,工程价款通常采用阶段性付款方式,具体包括工程预付款、工程进度款以及工程结算款等。

3.213　工期　construction period

指承包人完成合同项下全部工作内容的施工期限。工期条款是建设工程合同的必备条款。工期不仅是承包人履行合同义务的时间界限,它于发包人利益也甚为重要,并且还关系到工程质量。因此,我国法律禁止发包人在合同中不合理压缩工期。

3.214　建设工程施工合同无效　a contract for construction of a construction projectbeing void

指建设工程合同因存在无效事由,自始确定不发生法律效力。建设工程合同的有效应符合有关合同的一般生效要件,除此以外,基于建设工程合同自身的特殊性,建设工程合同无效事由还包括以下几种情形:一是承包人未取得建筑施工企业资质或者超越资质等级的;二是没有资质的实际施工人借用有资质的建筑施工企业名义的;三是建设工程必须进行招标而未招标或者中标无效的;四是建设工程未取得建设工程规划许可证等规划审批手续的。

关于合同无效的处理,《民法典》第793条做了规定,即,第一,建设工程施工合同无效,但是建设工程经验收合格的,可以参照合同关于工程价款的约定折价补偿承包人。第二,建设工程施工合同无效,且建设工程经验收不合格的,按照以下情形处理:(一)修复后的建设工程经验收合格的,发包人可以请求承包人承担修复费用;(二)修复后的建设工程经验收不合格的,承包人无权请求参照合同关于工程价款的约定折价补偿。第三,发包人对因建设工程不合格造成的损失有过错的,应当承担相应的责任。

3.215　建设工程价款优先受偿权　construction project priority of claim

指发包人未按照约定支付价款,承包人可以催告发包人在合理期限内支付价款。发包人逾期不支付的,承包人可以与发包人协议将该工程折价,也可以请求人民法院将该工程依法拍卖。承包人对建设工程的价款就该工程折价或者拍卖的价款享有优先受偿的权利。在性质上,建设工程价款优先受偿权属于法定优先权。

第一,发包人不支付价款的,承包人应当先催告发包人于合理期限内支付价款,不得在未催告情况下直接将工程折价或拍卖;第二,承包人对工程折价或拍卖的,应当依据法律规定,遵循特定程序,承包人对工程的折价应当与发包人达成协议,不能达成协议的,则采取拍卖方式,申请人民法院依法予以拍卖,承包人不得自行或委托拍卖公司将工程予以拍卖;第三,工程折价或拍卖后所得价款超出发包人应付价款时,超过部分应当归发包人所有,不足以清偿承包人债权价款时,承包人可请求发包人支付不足部分;第四,若工程性质不宜折价、拍卖的,承包人不得将该工程折价或拍卖。

在效力上,建设工程价款优先受偿权具有优先于一般债权、优先于一般抵押权的效力。

3.216　运输合同　transportation contract

指承运人将旅客或者货物从起运地点运输到约定地点,旅客、托运人或者收货人支付票款或者运输费用的合同。

运输合同的主体是承运人和旅客、托运人。承运人既可以是一人或者数人,也可以是自然人法人或其他组织。托运人是与承运人订立货物运输合同的当事人,但收货人有时并不是托运人。

运输合同是承运人将旅客或者货物从起运地点运输到约定地点而订立的协议,运输合同的客体为承运人的运送行为,而非其运送的货物或旅客。

基于运输合同的双务合同性质,对于承运人来说,其享受请求支付运费或票款的权利,承担运送旅客或货物到达约定地点的义务;对于旅客、托运人来说,其享受请求承运人运送的权利,承担向运送人支付运费或票款的义务。其中,运费是指货物运输合同中,托运人向承运人支付的报酬;票款是指在旅客运输合同中,旅客向承运人支付的报酬。

3.217　客运合同　passenger transportation contract

又称"旅客运输合同"。指承运人与旅客关于承运人将旅客及其行李按约定时间安全运送到目的地,旅客支付运费的合同。

客运合同的标的是运输旅客及其自带行李的行为。客运合同中,旅客既是客运合同的订立者,也是客运合同中运送行为指向的对象,当然还包括旅客按照法律相关规定或者约定自带的行李。

客运合同自承运人交付客票时成立,除非当事人另有约定或者另有交易习惯。一般情况下,承运人所制作公布的客票、价目表和班次时刻表等构成对旅客的要约邀请,旅客购票行为则视为旅客的要约,但基于旅客运输领域中存在的运力与运量矛盾这一特殊性,承运人并不可能在任何情形下均能满足旅客运送的要求,承运人实际的承诺效力受到其实际运量范围的限制,而能否交付客票,则成为判断当前运量的关键标准。

因此,只有在旅客向承运人交付票款并取得客票时,合同才成立。但在客运合同当事人另有约定的情况下或者另有交易习惯的情形时,应当根据约定情况或交易习惯进行判断。如在旅客先乘上运输工具再补票的情况下,承运人向旅客交付客票的行为,不再是合同成立的标志。

3.218　客票　passenger ticket

指承运人制作的,旅客支付票款,并用以乘坐运输工具的有价凭证。第一,客票是承运人与旅客之间成立运输合同的证据。第二,持有效客票乘坐运输工具是旅客的基本义务。旅客无票乘坐、超程乘坐、越级乘坐或者持失效客票乘坐的,应当补交票款,承运人可以按照规定加收票款;旅客不支付票款的,承运人可以拒绝运输。第三,客票通常是承运人单方制作的,具有格式性。第四,客票既可是纸质化的票证,也可是电子化的票证。第五,客票可记名,也可不记名。无记名客票一般可以转让,遗失的,通常不挂失。记名客票,也称实名制客票,只能记名人乘坐,乘坐时,需要验证旅客的身份。实名制客票遗失的,可以请求承运人挂失补办,承运人不得再次收取票款和其他不合理费用。

3.219　货运合同　cargo transportation contract

指承运人将托运人交付运输的货物运送到约定地点,托运人支付运输费用的合同。货运合同以货物运输行为为标的。货物运输合同作为运输合同,除具有一般运输合同的特性外,货运合同还有两个重要的特征。第一,货物运输合同往往涉及第三人。货运合同的当事人是承运人和托运人,托运人既可以为自己的利益托运货物,也可为第三人的利益托运货物。托运人既可以自己为收货人,也可以指定第三人为收货人。收货人虽不是货运合同的当事人,但收货人是货运合同的利益第三人,其对托运人有交货请求权。此种情形下,货运合同则属于利益第三人合同。第二,货运合同以货物交付给收货人为履行完毕。

3.220　托运人单方面变更或解除运输合同权　the consignor's right of contract alteration or dischargement unilaterally

指货运合同中托运人享有的在货物交付收货人前要求承运人中止运输、返还货物、变更到达地点或者将货物交给其他收货人的权利。因托运人合同变更权或解除权的行使而受有损失的承运人,可以要求托运人或提单持有人承担或赔偿其因合同变更或解除而产生的费用或损失。

3.221　相继运输合同　successive transportation contract

又称"单式联运合同"。指有多个承运人,托运人与第一承运人订立运输合同后,由第一承运人与其他承运人以相同运输方式共同联合完成货物运输的合同。是联运合同的一种,与多式联运合同相对。在单式联运中,与承运人订立运输合同的承运人对全程运输承担责任,所谓全程负责,是指订约的第一承运人应当对货物安全、及时送达目的地负责,如果因其他承运人的原因,货物未能及时安全送达目的地的,订约的第一承运人应当就此对托运人或者收货人负责。货物损失发生在某一运输区段的,订约的承运人与该区段内的承运人承担连带责任。

3.222 承运人留置权 lien on therelevant carried cargoes for the carrier

指货运合同中,托运人或者收货人不支付运费、保管费以及其他费用的,承运人可以留置相应的运输货物,经催告后,托运人或者收货人在合理期间内仍然不支付运费、保管费以及其他费用的,则承运人可以将留置的运输货物折价或者以拍卖、变卖所获得的价款优先受偿的权利。成立承运人留置权的条件是:第一,留置权的主体须是承运人。第二,留置物应是承运人合法占有的托运人交付其运输的货物,并且留置物的价值与欠付的运费、保管费以及其他费用等具有相当性。第三,留置运输物不违反法律规定,不违反公序良俗。第四,托运人或者收货人不支付费用,经催告后,在合理时间内仍然没有支付。第五,当事人没有排除承运人留置权的约定。

3.223 承运人救助义务 the carrier's liability of assistance

客运合同中承运人负有将旅客安全送达约定地点的义务,且该安全运输的范围不仅包含承运人本身应采取必要的措施以保障旅客的安全,还包括在运输过程中,若旅客发生急病、分娩、遇险等情形时,承运人应当尽力对之救助,而不论上述险情是否由承运人引起。《民法典》规定承运人的救助义务,既是基于合同所产生的对承运人附随义务的要求,同样也是对社会中一般善良风俗信念的肯认。承运人未尽到上述救助义务的,应当承担相应的责任。

3.224 多式联运合同 multimodal transport contract

指多式联运经营人以两种及以上不同运输方式,负责将货物从接受地运送至目的地并交付收货人,从而收取全程运费的合同。根据这一合同,托运人或旅客一次交付费用,使用同一运输凭证,而承运人用各自的运输工具相互衔接地将货物或旅客送达指定地点。多式联运,是由两种及以上的交通工具相互衔接、转运而共同完成的运输过程,统称为复合运输。多式联运中缔约经营人可能并不参与实际的运输,而由其他实际承运人承担将货物或者旅客运送到目的地的合同义务。多式联运经营人可以是缔约承运人,也可以是缔约承运人兼实际承运人。多式联运经营人对全程运输享有承运人的权利,承担承运人的义务。

3.225 多式联运经营人 multimodal carriage operator

指与托运人或者旅客订立运输合同,并负责履行或者组织履行多式联运合同,对全程运输享有承运人的权利,承担承运人义务的人。实践中多式联运经营人可以分为两种:一种是其自己拥有运输工具并且直接参加运输合同的运输活动,即多式联运经营人既是缔约当事人,又是实际承运人。另一种则是其不拥有自己的运输工具或者不经营运输工具,亦不直接从事运输活动,而是在签订多式联运合同后,再通过双边合同与各运输方式承运人单独签订各区段运输合同,组织其他承运人进行运输。这种情形下,多式联运经营人只是与托运人或者旅客缔结运输合同的当事人,而非实际承运人。不管如何,多式联运经营人应当对全程运输承担责任,即使多式联运经营人与参与多式联运的各区段承运人约定相互之间的责任,也不影响多式联运经营人对全程运输承担的义务。货物运输中,多式联运经营人收到托运人交付的货物时,应当签发多式联运单据。

3.226 多式联运单据 multimodal carriage document

指证明多式联运合同存在以及多式联运经营人接管货物并按照合同条款提交货物的证据。多式联运单据应由多式联运经营人或其他授权人签字,且该签字可以手签、盖章、使用符号或由任何其他机械或电子仪器打出。

多式联运单据根据托运人的要求,可以是可转让单据,也可以是不可转让单据。实践中,作为单据的签发人,多式联运经营人承担全程责任的,该单据有可能成为可转让单据。此时该单据具有物权凭证的性质和作用。可转让的多式联运单据中应当列明按指示或向持单人交付。当多式联运经营人签发多份可转让多式联运单据正本时,应当注明正本份数,收货人只有提交可转让多式联运单据时才能提取货物,多式联运人按照其中任何一份正本交货后,即履行其交货义务。若签发副本,则应当注明"不可转让副本"字样。若托运人要求多式联运经营人签发不可转让多式联运单据,则应当指明记名的收货人,多式联运承运人将货物交付该指明的记名收货人后,即为履行交货义务。

3.227 技术合同 technology contract

指当事人就技术开发、转让、许可、咨询或者服务订立的确立相互之间权利和义务的合同。技术合同是一个集合性概念,是多种具体合同的集合体,可具体划分为技术开发合同、技术转让合同、技术咨询合同和技术服务合同。技术合同的标的是技术成果。

3.228 技术合同价款、报酬或使用费 the price, remuneration or licensing fee under a technology contract

技术合同价款是指涉及技术成果归属的技术转让合同中受让人应支付的对价;报酬

是指技术委托开发合同、技术咨询合同和技术服务合同的委托人按照约定所应支付的金钱；使用费是指专利实施许可合同和技术秘密许可使用合同中被许可人按照约定所应支付的金额。当事人可以约定技术合同的价款、报酬或者使用费的支付方式。其具体的方式，"一次总算、一次总付"是指合同成立后，一方当事人将合同约定的全部价款、报酬或使用费一次性向另一方当事人付清。"一次总算、分期支付"是指合同当事人将价款、报酬、使用费在合同中一次算清，一方当事人在合同成立后按照合同约定的付清次数向另一方当事人支付价款、报酬、使用费。"提成支付"是指一方当事人在接受技术成果或者其他智力劳动标的后，按照合同约定的比例，从其收益中提取部分收入交付另一方当事人用作技术合同的价款、报酬、使用费。"提成支付附加预付入门费"是指技术合同中，接受技术一方当事人在合同成立后或者在取得技术成果后先向另一方当事人支付部分价款、报酬、使用费（即入门费），其余部分按照合同约定的提成比例和时间交付。

3.229　职务技术成果　job-related technology

指执行法人或者非法人组织的工作任务，或者主要是利用法人或者非法人组织的物质技术条件所完成的技术成果。技术成果的发明人或者设计人，即对技术成果单独或共同作出创造性贡献的人，其完成的技术成果如果有约定，则按照约定明确技术成果的归属，如果没有约定，且当事人无法协商一致时，则技术成果如果满足下列条件之一的，则属于职务技术成果：一是执行法人或者非法人组织的工作任务；二是主要利用法人或者非法人组织的物质技术条件。职务技术成果的发明人或者设计人享有职务技术成果的署名权、荣誉权和获得奖励权，以及单位转让职务技术成果时，在同等条件下享有优先受让权。

3.230　技术开发合同　technology development contract

指当事人之间就新技术、新产品、新工艺、新品种或者新材料及其系统的研究开发所订立的合同。其中新技术、新产品、新工艺、新品种或者新材料及其系统一般是指当事人在订立技术合同时尚未掌握的技术、产品、工艺、品种、材料及其系统等技术方案。因而若在技术上并无创新的现有技术、产品改良、工艺变更、材料配方调整以及技术成果的检验、测试和使用并不属于技术开发。但如果涉及具有实用价值的科技成果的实施转化，基于技术创新与科技产业化的现实需求，则参照适用技术开发合同的有关规定。技术开发合同包括委托开发合同和合作开发合同。

3.231　委托开发合同　commissioned development contract

指研究开发人与委托人之间达成的有关研究开发人完成开发工作，并向委托人提交开发的技术成果，委托人接受开发成果并向开发人支付约定的开发费用的协议。委托开发合同中委托人主要的合同义务包括按照约定支付研究开发经费和报酬；提供技术资料、原始数据；提出研究开发要求；完成协作事项；接受研究开发成果等五项内容。研究开发人的主要义务有按照约定制订和实施研究开发计划；合理使用研究开发经费；按期完成工作并及时交付工作成果；提供有关的技术资料和必要的技术指导；等等。委托开发合同中技术风险责任的承担通常由当事人约定，如果没有约定或者约定不明确，当事人不能达成补充协议，且根据合同性质和交易习惯仍不能确定的，则由当事人合理分担。对于委托完成的技术成果，其专利申请权由当事人约定，当事人没有约定的，则归研究开发人。

3.232　合作开发合同　cooperative development contract

指当事人共同进行技术成果的研发而订立的合同。当事人各方共同投资、共同参与研发活动，共同承担研发风险并共享研发成果。合作开发合同中各方当事人可以共同进行全部研发活动，也可就各自分工进行约定并承担相应的研发任务。

合作开发合同中，对于合作开发完成的发明创造，在无约定的情况下，合作开发完成的发明创造，申请专利的权利属于合作各方共有；合作一方转让其共有的专利申请权的，其他各方在同等条件下有优先受让权；共有权人有法定承受权，即合作开发的当事人一方声明放弃其共有的专利申请权的，可以由另一方单独申请或者由其他各方共同申请；合作开发的当事人一方不同意申请专利的，另一方或者其他各方不得申请专利；申请人取得专利权的，放弃专利申请权的一方可以免费实施该专利。

如果合作开发完成的是技术秘密成果，该技术成果的使用权、转让权以及利益的分配办法等，由当事人约定，没有约定的，事后无法达成补充协议，且根据交易习惯等仍然无法确定的，则各方均有使用和转让的权利，即各方均得不经对方同意而自己使用或者以普通使用许可的方式许可他人使用技术秘密的权利，并由此独占所获利益。

3.233　技术转让合同　technology transfer contract

指合法拥有技术的权利人，将现有特定的专利、专利申请、技术秘密的相关权利让与他人所订立的合同。技术转让合同的标的，应当是特定的和现有的专利权、专利申请权、技术秘密转让权，不包括尚待研究开发的技术成果，以及并不涉及专利或技术秘密的知识、技术、经验和信息等内容。技术转让合同包括专利权转让、专利申请权转让、技术秘密转让等合同。其一，专利权转让合同，是指专利权人作为让与人将其发明创造的专利拥有权或者持有权转移给受让人，受让人支付约定价款所订立的合同。其二，专利申请权转让合同，是指专利申请权人将其就特定的发明创造申请专利的权利转让给受让人，受让人支付约定价款所订立的合同。专利申请权与专利权一样，是发明人或设计人对其专利技术享有的专属性权利。其三，技术秘密转让合同。所谓技术秘密，即指不为公众知悉的非专利技术，包括未申请专利的技术、未授予专利权的技术以及不受专利法保护的技术。技术秘密转让合同,是指让与人将拥有的技术秘密成果提供给受让人,明确相互之间的技术秘密成果使用权、转让权,受让人支付约定使用费所订立的合同。

3.234　技术许可合同　technology licensing contract

指合法拥有技术的权利人,将现有特定的专利、技术秘密许可他人实施、使用所订立的合同。技术许可合同的标的,应当是特定的和现有的专利实施权、技术秘密使用权等。技术许可合同包括专利实施许可、技术秘密使用许可等合同。

3.235　专利实施许可合同　patent licensing contract

指专利人或其他授权人作为让与人,许可受让人在约定的期限、约定的范围内实施专利,受让人支付约定使用费所订立的合同。专利实施许可的类型有:其一,独占实施许可,是指许可人在约定许可实施专利的范围内,将专利权仅许可一个被许可人实施,许可人依约定也不得实施该专利。其二,排他实施许可,又称独家许可,是指许可人在约定许可实施专利的范围内,将该专利仅许可一个被许可人实施,但许可人依约定可以自行实施该专利。其三,普通实施许可,又称非独占许可,是指许可人在约定的区域内允许被许可人享有合同所约定的技术使用权,但是在该特定的区域内,许可人保留自己使用的权利,同时,还有权将在该地域内的使用权出让给任何第三人。当事人对专利实施许可方式没有约定或者约定不明确的,司法实践中,一般认定为普通许可。

3.236　技术秘密转让合同　contract for transfer of know-how

指合法拥有技术的权利人,将现有特定的技术秘密的相关权利让与他人,他人支付转让费所订立的合同。

3.237　技术秘密使用许可合同　know-how licensing contract

指合法拥有技术的权利人,将现有特定的技术秘密许可他人实施、使用,使用人支付约定使用费用的合同。

3.238　技术咨询合同　technical consulting contract

指当事人一方运用自己的科学技术知识和技术手段,为对方就特定技术项目进行可行性论证、技术预测、专题技术调查、分析评估等活动,并收取咨询费的合同。若当事人一方委托另一方,为解决特定技术问题提出实施方案、进行实施指导而订立合同的,则并非技术咨询合同,而是技术服务合同。

3.239　技术服务合同　technical service contract

指一方当事人以技术知识为另一方当事人解决特定技术问题所订立的合同,但不包括建设工程合同和承揽合同。特定技术问题,是指需要运用科学技术知识解决专业技术工作中有关改进产品结构、改良工艺流程、提高产品质量、降低产品成本、节约能源能耗、保护环境资源、实现安全操作、提高经济效益和社会效益等问题。因而,运用常规手段,或者以生产经营为目的进行的一般性的加工、定作、修理等加工承揽合同和建设工程的勘察、设计、安装、施工合同均不属于技术服务合同。

3.240　技术中介合同　technology intermediary service contract

指当事人一方以自己所拥有的知识、技术、经验和信息,为促成另一方与第三方订立技术合同而进行联系、介绍,由另一方给付报酬而订立的合同。

3.241　技术培训合同　technical training contract

指当事人一方委托另一方对特定项目的技术指导和专业训练所订立的合同。有关职业培训、文化学习和按照行业、法人或者非法人组织的计划进行的职工业余教育等不属于技术培训合同的内容。

3.242　保管合同　deposit contract

又称"寄托合同"。指双方当事人约定由一方保管另一方交付之物品的合同。保管物品方称为保管人,或受寄人,交付物品保管的一方称为寄存人,或寄托人,双方所约定保管的物品为保管物,保管物包括动产和不动产。保管人在合同约定期限内保管寄存人物品,并按照合同约定返还保管物。寄存人到保管人处从事购物、就餐、住宿等活动,将物品存放在指定场所的,视为保管,除非当事人另有约定或者另有交易习惯。保管合同中寄存人应当按照约定向保管人支付保管费,如果没有约定或者约定不明确的,则视为无偿保管,因此,保管原则上具有无偿性。保管合同为实践性合同,自保管物交付时成立,除非当事人另有约定。

3.243　保管物　the deposited property

指保管合同约定保管的物品,是保管合同所指向的对象。我国《民法典》沿袭1999年《合同法》的规定,首先,将保管物限定为有形物,无体的权利不在保管物范围内。货币、有价证券等特殊动产须有有形的载体存在,方可作为保管物成立保管合同。其次,保管物既包括动产,也包括不动产。再次,保管物须具有特定性,即保管物须是特定物或特定化的种类物。最后,保管物须具有合法性。

3.244　保管费　deposit fee

指因保管人保管保管物的行为,寄存人向保管人支付的报酬。保管人是否享有保管费请求权,取决于保管合同的约定,如果保管合同没有约定保管费或者约定不明的,当事人不能达成补充协议,又不能根据合同性质或交易习惯确定是否支付保管费的,则视为无偿保管。

3.245 保管凭证 deposit document

指寄存人向保管人交付保管物后,保管人给付寄存人的凭证。就保管凭证本身而言,其可以确定保管人与寄存人,并明确记载保管物的性质、数量,保管的时间和地点等重要信息,能够作为证明保管合同权利义务的证据。同时,保管人给付保管凭证并非保管合同成立或生效的要件,换言之,在当事人另有约定,或另有交易习惯可资适用的例外场合,保管人也可以不向寄存人给付保管凭证。例如,商场所设立的停车场,按照交易习惯,只要有空余车位,则车辆进入时作为车辆保管人的商场并不需要给付保管凭证,只是在车辆出场时需要支付保管费用,此时保管人给付付款凭证。

3.246 消费保管合同 consumption deposit contract

又称"不规则保管合同"。指保管物为可替代物时,如果约定保管物的所有权移转于保管人,保管期间届满保管人应以同种类、同品质、同数量的物返还寄存人的保管合同。消费保管合同的标的物须为种类物,即可替代物。对于特定物的保管,不适用消费保管的规定。同时,并非所有种类物的寄存都属于消费保管合同,例如《民法典》第898条中规定的货币寄存,就属于返还原货币的保管合同。

因此,消费保管合同中的当事人必须约定将保管物的所有权移转于保管人,而保管人得对保管物享有占有、使用、收益、处分的全面权利。这是消费保管合同与通常保管合同的根本区别,在通常的保管情形下,保管人只占有保管物,原则上并不享有保管物上的其他权能。既然保管物所有权因交付时移转于保管人,则保管物上的风险,随同交付而移转于保管人一方。保管合同履行期届满或寄存人请求取回保管物时,保管人可以按照约定返还种类、品质、数量相同的物品。

3.247 保管人留置权 lien on the deposited property for the depositary

寄存人不按照约定支付保管费用以及其他费用的,除非当事人之间另有约定,保管人享有对保管物的留置权,以该保管物折价或以拍卖、变卖所得的价款而优先受偿。保管人留置保管物后,应当催告寄存人在不少于2个月的履行期限支付保管费以及其他费用,如果寄存人仍不支付的,则保管人可以实行留置权。

3.248 仓储合同 warehousing contract

指保管人(又称"仓管人""仓库营业人")与存货人订立的,由保管人储存存货人交付的仓储物,存货人支付仓储费的合同。

仓储合同为典型的双务合同、诺成合同、有偿合同,保管人履行储存、保管的合同义务,存货人履行支付仓储费的合同义务。仓储合同自保管人和存货人意思表示一致时成立。仓储合同对保管人的职业有特殊性要求,即保管人必须是具有仓库营业资质的人,换言之,保管人须具有仓储设施、设备,从事仓储保管业务。仓储合同的标的物为动产,不动产不能成为仓储合同的标的物,其合同订立既可以采取书面形式,也可以采取口头形式。而仓单,则是仓储合同最重要的特征。

3.249　仓储物　warehoused property

指存货人交付给保管人储存保管的标的物。仓储物只能是动产,与一般保管合同的保管物既可为动产,也可为不动产不同;仓储物既可以是特定物也可以是种类物;仓储物通常是大宗商品,储存量比较大,这与一般保管合同的保管物也不同。

3.250　仓单入库单　warehouse receipt,property received note

指保管人收到仓储物后给存货人开具的记载有关保管事项的单据,它也是提取仓储物的凭证。仓单是保管人与存货人之间成立仓储合同的证明,其是仓储合同的组成部分。仓单入库单是保管人收到保管物的收据。存货人或者仓单持有人依据仓单提取仓储物或者主张仓储物的所有权。存货人或者仓单持有人在仓单上背书并经保管人签字或者盖章的,可以转让提取仓储物的权利。仓单在立法模式上,主要有三种:第一,两单主义,又称复券主义,为法国法所采用;第二,一单主义,又称单券主义,为德国法所采用;第三,并用主义,为日本法所采用。《民法典》沿袭了1999年《合同法》的模式,采用一单主义。仓单在性质上,为物权证券、要式证券、文义证券、证权证券、不要因证券、自付证券和缴回证券。

3.251　仓储物验收　the inspection of thereceived warehoused property

指保管人对交付仓储的货物的数量、规格、品质等进行检验,以确定是否属于仓储合同约定的保管物的行为。对保管物验收入库是保管人的一项重要义务。验收是接受的前提,只有在验收后,保管人才能决定是否接受保管物。仓储物的验收方式由当事人约定或依据交易习惯来确定。

3.252　保管人的紧急处置权　the depositary's right to dispose of the warehoused property emergently

指保管人发现入库的仓储物有变质或者其他损坏,危及其他仓储物的安全和正常保管的,保管人应当催促存货人或者仓单持有人作出必要的处置。如果情况紧急,来不及通知存货人或者仓单持有人的,为保护存储人的利益,保管人可以不经通知或者催告,直接对仓储物加以必要的处置,即保管人的紧急处置权。但事后应当将情况及时通知存货人或者仓单持有人。情况紧急,一般是指保管人无法通知存货人,或者保管人必须立即采取措施以避免其他仓储物的损坏的情形。

3.253　仓储期限　time limit for warehousing

指保管人保管仓储物的期限。通常由合同约定。仓储期限届满,存货人或者仓单持有人应当凭仓单、入库单等提取仓储物。存货人或者仓单持有人逾期提取的,应当加收仓储费;提前提取的,不减收仓储费。如果当事人没有约定仓储期限或者约定不明确的,存货人或者仓单、入库单持有人可以随时提取仓储物。保管人也可以结合自身的业务需要以及现有的储存能力,随时请求存货人或者仓单持有人提取仓储物,但是应当给予必要的准备时间。"必要的准备时间",应当按照具体的交易情形和具体的交易实践确定。

3.254　委托合同　contract of mandate

又称"委任合同"。指双方当事人约定一方委托他人处理事务,他人同意为其处理事务的协议。在委托合同关系中,委托他人处理事务的一方称委托人,接受委托的一方称受托人。

委托合同以委托人的委托意思表示与受托人接受委托的意思表示达成一致为其成立要件,自受托人承诺之时成立并生效。其合同既可以口头方式订立,也可以书面等方式订立。委托合同的标的为受托人处理委托事务之行为。合同成立后,无论合同是否有偿,委托人与受托人均受委托合同拘束。就委托人而言,其有向受托人预付处理委托事务费用的义务,合同约定报酬时,还应当履行支付受托人报酬的义务。就受托人而言,受托人有向委托人报告委托事务情况、亲自处理委托事务、转交委托事务所取得财产等义务。

3.255　概括委托　general mandate

又称"一般委托"。指双方当事人约定受托人为委托人总括地处理一切事务(未具体列明委托事项)的委托合同。与特别委托相对,在概括委托中,委托人对受托人进行了较为抽象和概括的授权,并不仅仅针对某项或数项具体事务。

3.256　特别委托　specifical mandate

指受托人为委托人处理一项或者数项特定事务而订立的委托合同。与概括委托相对,特别委托中受托人的权限较具体。在具体事务中,有些事务需要受托人处理的,需要特别列明,如律师在诉讼中所谓诉讼请求的放弃、变更等事项必须具体列明,否则,因没有特别委托则认为律师不具有上述事项的代理权限。

3.257　委托事务　the commissioned affair

指委托人委托受托人代为处理的事务,该事务的范围十分广泛,凡是与人们生活有关的事务,不论是法律行为或事实行为,不论是财产行为或非财产行为,也不论是委托人自己的事务或第三人的事务,除依法或者依事务的性质不得委托以外,都可以委托他人处理。委托事务从类型上可以分为两类:一类是法律行为以及准法律行为,如代订合同、作出催告、表示同意、作出拒绝、发出通知、办理登记、提起诉讼等;另一类是事实行为,如帮助看管财物等。一般而言,下列事务不得委托他人:第一,法律特别规定不得委托他人处理的事务,如结婚登记;第二,具有较强人身属性的事务,如接受委托进行创作;第三,违背公序良俗或者违反法律的事务不得委托他人处理,如犯罪行为等。

3.258　委托人义务　the principal's obligation

指委托人基于法律规定或者委托合同约定,所承担的各项给付义务、附随义务等。委托人的义务主要有:第一,支付报酬的义务。《民法典》采取了有偿模式,即除非约定无偿,否则,委托人均应向受托人支付报酬。报酬是对受托人处理委托事务的报偿,由于委托合同属于行为的债,因此,只要受托人按照约定处理了委托事务,委托人就应支付报酬,并且因不可归责于受托人的事由,委托合同解除或者委托事务不能完成的,委托人仍应向受托人支付相应的报酬。第二,预付和偿还委托费用的义务。第三,承受委托的法律效果的义务。第四,对于意外风险所致受托人损害的赔偿义务。除此而外,依据诚信原则,委托人还负有通知、保密、照顾、协助等附随义务。

3.259　受托人义务　the mandatary's obligation

指按照法律规定或者合同约定,受托人所承担的各项给付义务、附随义务等。受托人的义务主要有:第一,亲自处理委托事务的义务。处理委托事务是受托人的主要义务,处理委托事务时,受托人不得超越授权范围,且须勤勉、不懈怠。第二,按照委托人的指示处理委托事务。第三,尽到必要的注意义务。第四,按照约定向委托人报告的义务。第五,受托人应当将其在处理委托事务时取得的财产转交给委托人。受托人因处理委托事务取得的金钱、有体物、孳息,以及财产权利等移转给委托人。除上列义务外,依据诚信原则,受托人还负有通知、保密、安全保障、协助等附随义务。

3.260　委托人介入权　principal's interpostion

指当受托人因第三人的原因对委托人不履行合同义务时,委托人依法有权介入受托人与第三人之间的合同关系,直接向第三人主张合同权利。根据《民法典》第 926 条的规定,委托人介入权的行使须满足如下条件:首先,受托人是以自己名义与第三人订立合同,该合同不对委托人具有拘束力；其次，第三人不履行合同义务已经影响到委托人的利益时，受托人向委托人披露第三人；再次，委托人行使介入权，其权利行使应通知受托人和第三人，此时，除非第三人与受托人订立合同时就知道该委托人不会订立合同，此时委托人取代受托人合同地位，成为第三人在合同中的相对人；最后，因受托人的披露，委托人也可不行使介入权，此时仍然由受托人处理因第三人违约而产生的问题。

委托人行使受托人对第三人的权利的，第三人可以向委托人主张其对受托人的抗辩。

3.261　第三人选择权　the third party's right of choice

指在受托人与第三人合同关系中，因委托人原因造成受托人不履行义务的，受托人应当向第三人披露委托人，此时第三人可以在受托人和委托人之间选择一方作为违约责任的承担主体。第三人的选择权仅能行使一次，选定相对人后即不得更改。

第三人选定委托人作为其相对人的，委托人可以向第三人主张其对受托人的抗辩以及受托人对第三人的抗辩。

3.262　转委托　sub-delegation

指受托人将委托事务转交给第三人处理。其中，由受托人选定的第三人称为次受托人，受托人称为转委托人或者复委托人。根据《民法典》第923条的规定，转委托必须符合以下条件：第一，必须取得委托人同意。委托人的同意既可以是事前的同意，也可以是事后的同意或追认。第二，紧急情况下，为了维护委托人的利益，受托人可以不经委托人同意进行转委托。转委托通常产生以下几个方面的效力：第一，原委托合同的效力不受影响；第二，次受托人处理委托事务的效果归属于委托人；第三，受托人仅就第三人的选任及其对第三人的指示承担责任；第四，受托人擅自转委托，应当对转委托的第三人的行为承担责任。

3.263　委托人或受托人委托合同任意解除权　the principal's or the agent's right to rescind entrustment contract at will

指委托人或者受托人，只要欲解除委托合同，均可无须解除理由随时通知对方解除委托合同。委托合同当事人的任意解除权，因为委托合同属于人格信任的继续性合同的性质和特征所决定的。当事人行使解除权造成对方损失的，按照《民法典》第933条的规定，应区分下列情形分别处理：第一，解除是因不可归责于当事人的事由而发生的，如不可抗力、当事人死亡、丧失民事行为能力等而解除合同的，则对因此而产生的损失，合同解除人不承担责任。第二，对于解除非因不可归责于当事人的事由发生，因此造成的损失，其赔偿范围因无偿委托合同和有偿委托合同而不同。在无偿委托合同的情形下，解除方应当赔偿另一方当事人因解除时间不当所造成的直接损失。解除时间不当，就委托人而言，是指在受托人未完成委托事务而解除合同的情形,委托人因自己无法亲自处理事务,且不能及时找到合适的受托人继续处理事务而发生的直接损失;就受托人而言,是指委托人在受托人未完成委托事务而解除合同的情形下,受托人因此而遭受的直接损失等。在有偿委托合同的情形下,基于合同的有偿、对价特点,委托合同的解除方应赔偿对方因合同解除所造成的直接损失以及其可以期待获得的利益损失。

3.264　委托合同终止　termination of the mandate contract

指委托合同因某种原因而失去效力,合同约定的权利、义务消灭。委托合同终止的原因主要有:第一,合同因解除而终止,包括,当事人协议解除或一方当事人行使解除权而终止;因一方当事人行使任意解除权而终止。第二,合同当然终止,是指委托人死亡、终止或者受托人死亡、丧失民事行为能力、终止的,委托合同当然终止。

委托合同当然终止的例外,第一,当事人另有约定或者根据委托事务的性质不宜终止。第二,《民法典》第935条规定,因委托人死亡或者被宣告破产、解散,致使委托合同终止将损害委托人利益的,在委托人的继承人、遗产管理人或者清算人承受委托事务之前,受托人应当继续处理委托事务。第三,《民法典》第936条规定,因受托人死亡、丧失民事行为能力或者被宣告破产、解散,致使委托合同终止的,受托人的继承人、遗产管理人、法定代理人或者清算人应当及时通知委托人。因委托合同终止将损害委托人利益的,在委托人作出善后处理之前,受托人的继承人、遗产管理人、法定代理人或者清算人应当采取必要措施。

3.265　物业服务合同　property management servicecontract

指物业服务人在合同约定的物业服务区域内,为业主提供建筑物及其附属设施的维修养护、环境卫生和相关秩序的管理维护等物业服务,业主支付物业费的合同。物业服务合同的主体是物业服务人(包括物业服务企业和其他物业管理人)以及全体业主。物业服务合同为有偿合同、双务合同、诺成合同、要式合同,且具有委托合同的性质。

3.266　前期物业服务合同　prophase realty management servicecontract

指在前期的物业管理阶段,即在物业区域内的业主、业主大会选聘物业服务企业之前,由房地产开发建设单位或公有住房出售单位与物业服务企业之间订立的,双方约定由物业管理企业对前期物业管理项目进行管理的书面协议。在实践中,从建设单位开始销售商品房到召开全体业主大会之间,存在一定的时间差,在这段时间内,由于相应的房产出售率未达到法定条件或因其他原因,客观上无法召开第一次业主大会并进而成立业主委员会,这就有必要由房地产开发建设单位或者公有住房出售单位与物业服务企业订立前期物业服务合同。允许建设单位选聘物业服务企业并与之签订前期物业服务合同,对维护业主的共同物业利益十分必要。前期物业服务合同约定的服务期限届满前,业主委员会或者业主与新物业服务人订立的物业服务合同生效的,前期物业服务合同终止。

3.267 物业服务转委托 sub-delegation of the realty management service

指物业服务人将物业服务区域内的部分专项服务事项委托给专业性服务组织或者其他第三人的行为。物业服务人在提供物业服务时往往具有较强的自主性,其无须在每项事务的处理上均按照业主的指示活动,仅需提供符合物业服务合同约定要求和标准的服务即可。同时,物业服务合同的标的是由物业服务企业提供一种社会化、专业化、技术化的综合性服务,在特定的服务事项上往往需要具备专业化的技能和知识,因此在部分的专项服务事项上,物业服务人可以将之委托给专业性服务组织或者其他第三人,由专业性服务组织或者第三人提供相关的服务。转委托的条件为:第一,转委托的事项只能是部分专项服务事项,物业服务人不得将其应当提供的全部物业服务转委托给第三人,或者将全部物业服务肢解后分别转委托给第三人。第二,物业服务人应当就转委托的专项服务事项向业主负责。

3.268 物业服务 realty management service

指在物业服务区域内,物业服务人按照约定和物业的使用性质,所提供的有关服务。这是物业服务人应履行的义务。就其内容而言,既包括对环境和财产的管理,例如妥善维修、养护、清洁、绿化和经营管理物业服务区域内的业主共有部分;也包括对物业服务区内基本秩序的维持,应当采取合理措施保护业主的人身、财产安全。对物业服务区域内违反有关治安、环保等法律法规的行为,物业服务人应当及时采取合理措施制止、向有关行政主管部门报告并协助处理。

3.269 物业费 management fee

又称"物业服务费用""物业管理费用"。指物业服务人因按照合同约定或物业的使用性质提供符合标准和要求的物业服务,而由业主向其所支付的对价。物业费包含了物业服务人从事维护管理工作的成本,以及税费、利润。物业费的收取有两种方式,即包干制和酬金制。包干制是指业主向物业服务人支付固定费用,盈余或者亏损由物业服务人自行承担,具体缴费标准一般由业主与物业服务人根据政府指导价自由约定。酬金制是指业主在预收的物业服务资金中按约定比例或者约定数额提取酬金支付给物业服务人,其余全部用于物业服务合同约定的支出,结余或者不足由业主享有或者承担。

业主应当按照约定向物业服务人支付物业费。物业服务人已经按照约定和有关规定提供服务的,业主不得以未接受或者无须接受相关物业服务为由拒绝支付物业费。

业主违反约定逾期不支付物业费的,物业服务人可以催告其在合理期限内支付;逾期仍不支付的,物业服务人可以提起诉讼或者申请仲裁。

物业服务人不得采取停止供电、供水、供热、供燃气等方式催缴物业费。

3.270 物业服务人的基本义务 basic obligations of property service providers

指按照法律规定、行业规范和物业服务合同的约定,物业服务人所承担的主要义务。物业服务人所承担的主要义务有:第一,依据合同约定提供物业服务的义务。第二,物业验收接管义务。第三,不得妨碍业主合理行使专有权的义务。第四,合理收费的义务。第五,不得擅自处分业主共有财产和改变财产用途的义务。第六,不得将全部物业管理一并转委托或将全部物业服务肢解转委托给第三人的义务。第七,及时报告义务。第八,合同终止后的移交义务。

3.271 业主的主要义务 the owner's obligation

指业主按照法律规定和物业服务合同约定所承担的主要义务。业主的主要义务有:第一,按照物业服务合同的约定支付物业费的义务。物业服务人已经按照约定和有关规定提供服务的,业主不得以未接受或者无须接受相关物业服务为由拒绝支付物业费。第二,接受物业服务人管理的义务。业主的这项义务不仅来源于物业服务合同的约定,还来源于法律、法规以及管理规约的规定。第三,配合、协助物业服务人实施正当的物业服务行为的义务。

3.272 物业服务合同的解除 discharge of property management service contract

指在物业服务期间当事人协议或者行使解除权向将来消灭物业服务合同中当事人权利、义务的情形。物业服务合同自可因当事人协商一致而解除。法律规定或者物业服务合同约定的解除事由发生时,享有解除权的当事人可以解除物业服务合同。对于当事人是否享有任意解除权问题,通常认为,应当区分不同情形对待,对于普通物业服务合同,根据《民法典》第946条的规定,业主享有任意解除权。对于前期物业服务合同,根据《民法典》第284条的规定,业主享有任意解除权。对于不定期普通物业服务合同,根据《民法典》第948条的规定,物业服务人和业主均享有任意解除权,但应当提前60日书面通知对方。合同解除后,物业服务人应当承担的后合同义务包括:第一,退还已经预收的、尚未提供物业服务期间的物业费。第二,退出物业服务区域。第三,移交物业服务用房和相关设施,以及物业服务所必需的相关资料和由其代管的专项维修基金,妥善履行交接义务。

3.273 物业服务合同的续订 torenew the property management service contract

指物业服务期限届满前,业主依法共同决定续聘的,且物业服务期限届满前90日或者合同约定的通知期限届满前,物业服务人未书面通知业主或业主委员会不同意续聘的,则双方续订新的物业服务合同。物业服务期限届满后,业主没有依法作出续聘或者另聘物业服务人的决定,物业服务人继续提供物业服务的,原物业服务合同继续有效,但是服务期限为不定期。

3.274 物业服务合同终止 termination of property management service contract

指物业服务合同因一定原因失去法律效力,合同约定的权利、义务消灭。导致物业服务合同终止的原因,主要有物业服务合同解除、物业服务人消灭(宣告破产、解散、被撤销等)、物业服务期限届满没有续聘等。物业服务合同终止的,原物业服务人应当在约定期限或者合理期限内退出物业服务区域,将物业服务用房、相关设施、物业服务所必需的相关资料等交还给业主委员会、决定自行管理的业主或者其指定的人,配合新物业服务人做好交接工作,并如实告知物业的使用和管理状况。原物业服务人违反前述义务的,不得请求业主支付物业服务合同终止后的物业费;造成业主损失的,应当赔偿损失。物业服务合同终止后,在业主或者业主大会选聘的新物业服务人或者决定自行管理的业主接管之前,原物业服务人应当继续处理物业服务事项,并可以请求业主支付该期间的物业费。

3.275 行纪合同 commission agent contract

又称"信用合同"。其系源自罗马法上的遗产信托制度,经后世演变而逐渐发展成为英美法上的信托制度和大陆法上的财团法人制度等。行纪合同中行纪人接受委托人的委托,以自己的名义为委托人从事法律交易,并由委托人支付相应报酬。其中接受委托的一方即为行纪人,另一方称委托人。在性质上,行纪合同与委托合同具有相似性,例如都以双方当事人之信赖为基础,都以提供劳务为合同标的。两者亦有明显的区别:首先,行纪合同的适用范围仅限于代销等贸易行为,而委托合同的适用范围更为宽泛;其次,行纪合同的行纪人只能以自己的名义处理委托事务,委托合同中的受托人既可以委托人名义,也可以自己的名义处理委托事务;再次,行纪人主体资格要求更高,一般须为专门从事贸易活动的非自然人,其开业和经营需要经国家有关部门的审批登记,委托合同的当事人则不必有此要求;最后,行纪合同为有偿合同,委托合同既可以是有偿合同,也可以是无偿合同。

3.276 行纪人的义务 obligation of the commission agent

指行纪人根据行纪合同所承担的给付义务、附随义务等。行纪人的主要合同义务有:第一,以自己的名义从事贸易活动的义务。第二,自己负担行纪费用的义务。《民法典》第952条规定,行纪人处理委托事务支出的费用,由行纪人负担,但是当事人另有约定的除外。第三,妥善保管委托物的义务。《民法典》第953条规定,行纪人占有委托物的,应当妥善保管委托物。第四,按照委托人指示的价格进行交易的义务。第五,合理处分委托物的义务。第六,交易过程中以及交易完成后的报告义务。第七,及时转交物品或收益的义务。第八,履行与第三人的合同的义务。

3.277　委托人的义务　obligation of the client

指委托人根据行纪合同所承担的给付义务、附随义务等。委托人所承担的主要义务有:第一,支付报酬的义务,见《民法典》第959条。第二,及时受领委托物的义务,见《民法典》第957条。第三,在委托物不能卖出或者委托人撤回出卖之际,委托人负有取回和处分的义务,见《民法典》第957条。

3.278　行纪人的介入权　the commission agent's interposition

指行纪人按照委托人的指示实施行纪行为时,可以作为出卖人或者买受人,卖出或者购买委托人的委托物的权利。行纪人介入权的本质是行纪人自己作为买受人或出卖人与委托人直接订立买卖合同,行纪人虽然介入买卖合同关系当中,但其依然具有行纪人的身份。

行纪人介入权行使的对象,即委托物,必须是具有市场定价的商品。鉴于商品所具有的明确的市场定价,可以判断行纪人是否在对委托人不利时介入以及其实施介入对委托人不利时的损害赔偿标准,以保证商事交易的公平。当行纪人行使介入权与委托人缔结买卖合同时,委托人仍然应当按照行纪合同的约定向行纪人支付报酬,不得以行纪人是买卖合同的当事人为由拒绝支付。如果在订立行纪合同或者行纪人在履行义务时告知委托人自己想作为出卖人或者买受人,委托人明确表示拒绝的,则行纪人便不得行使其介入权。

3.279　行纪人提存委托物　to tender and deposit the entrusted item

按照《民法典》第957条的规定,行纪人提存委托物主要有下列情形:一是行纪人按照约定买入委托物,委托人未及时受领,经行纪人催告,委托人无正当理由拒绝受领委托物时;二是委托物不能卖出或者委托人撤回出卖,经行纪人催告,委托人不取回或者不处分委托物时。委托人有上列情形之一的,行纪人可以向提存机关提存委托物以消灭行纪人交付或返还委托物的义务。

3.280　行纪人直接履行与第三人订立的合同　the commission agent directly perform the contract concluded with the third party

按照《民法典》第958条的规定,行纪人与第三人订立合同的,行纪人对该合同直接享有权利、承担义务。即行纪人直接履行与第三人订立的合同。行纪涉及委托人、行纪人、第三人三方法律主体,其法律关系既包括行纪人与委托人之间的委托合同关系,也包括行纪人与第三人之间的买卖合同关系。在后一种法律关系中,鉴于行纪人是买卖合同的直接当事人,不论其是否向第三人表明自己的行纪人身份,或者第三人是否知道委托人的身份,除非行纪人与委托人另有约定,否则均不影响行纪人以自己名义享有买卖合同的权利,履行买卖合同的义务。

3.281　中介合同　intermediary contract

指一方当事人接受委托人委托后按照委托人指示和要求,为其报告订立合同的机会或者提供订立合同的媒介服务,并由委托人给付报酬的合同。中介合同中,接受委托报告订立合同机会或者提供交易媒介的一方为中介人,给付报酬的一方为委托人。中介合同中委托人一方可以为任何民事主体,而中介人则须为经有关国家机关登记核准的从事中介营业的民事主体。

中介人提供报告订立合同的机会,是指其在接受委托人委托后,搜索、寻找交易信息并报告委托人,为后者提供订立合同的机会。中介人提供订立合同的媒介服务,是指在介绍双方当事人订立合同时,中介人不仅向委托人报告订约的机会,要斡旋于委托人与第三人之间并努力促成其合同成立。可见,中介合同以中介人促成委托人与第三人订立合同并取得相应报酬为目的,中介人并非委托人的代理人,仅为居于交易双方当事人之间起介绍、协助作用的服务中介人或媒介中介人,并不实质性参与委托人与第三人之间的合同关系。

中介合同的性质,首先为诺成合同,即当委托人与中间人意思表示一致时合同即告成立,中介人负有依照委托人指示提供中介服务的义务,当中介服务取得合同追求的效果后,委托人就应当支付报酬;其次,中介合同为不要式合同,当事人可采取口头或者书面形式订立,且无须采用特定的合同成立形式;最后,中介合同为双务合同、有偿合同。中介合同一经成立,双方当事人均互负相应义务,中介人促成合同约定的事项后,委托人应当向中介人支付报酬。若不计报酬为他人订立合同提供中介服务的,则不是中介合同,而是一种服务性活动,行为人不承受中介合同中的权利、义务。

3.282　跳单　to bypass the intermediary

指委托人在接受中介人的服务后,利用中介人提供的交易机会或者媒介服务,绕开中介人直接订立合同的行为。判断"跳单"违约行为的关键,在于委托人是否利用了中介人提供的订约机会或媒介服务。如果委托人并未利用该中介人提供的信息、机会等条件,而是通过其他公众可以获知的正当途径获得同一信息、机会,则应认为委托人有权选择报价低、服务好的中介人促成买卖合同成立,此时,原中介人不享有请求委托人支付中介报酬的请求权。

3.283 中介人的报告义务 the intermediary's obligation of report

指中介人就有关订立合同的事项向委托人如实报告的义务。该义务是中介人在中介合同中所应承担的主要义务。有关订立合同的事项,是指相对人的资信状况、生产能力、产品质量以及履约能力等与订立合同有关的事项。在现代商事交往中,各项订约信息瞬息万变,就中介人而言,不可苛求其报告信息全面、准确,仅需就其所知道的情况如实报告委托人即可。中介人违反报告义务,故意隐瞒与订立合同有关的重要事实或者提供虚假情况,损害委托人利益的,不得请求支付报酬并应当承担赔偿责任。

3.284 委托人支付报酬义务 client's obligation to payremuneration to the intermediary

委托人按照中介合同约定支付报酬,是其主要合同义务。这项义务的履行,从中介人方面看,就是中介人对委托人享有的报酬请求权。根据《民法典》第 963 条的规定,中介人报酬请求权的享有以其为委托人提供订约机会或经介绍完成中介活动并促成合同的成立为前提。促成合同的成立,是指合同合法、有效地成立,且该合同在效力上不得存有瑕疵。若合同虽成立但最终属于无效或可撤销合同,中介人仍不得请求委托人支付报酬。实践中,尚存在委托人为规避中介报酬的支付义务而在中介人提供中介服务后,在故意拒绝其中介服务后再与通过中介人认识的第三人订立合同之情形。对此,应认为中介人已完成其承担的合同义务,仍有权请求委托人支付中介报酬。中介报酬的支付及其数额,中介合同中有约定的,委托人应当依照合同约定的支付方式及数额进行支付。若中介合同对于报酬的支付方式或数额没有约定或者约定不明确的,合同双方当事人可协议补充;若仍不能达成补充协议的,应按照合同的有关条款或商业交易习惯加以确定;若仍不能确定,则应根据中介人所提供的劳务内容,综合考虑中介人付出的时间、精力、物力、财力、人力以及中介事务的难易程度等综合因素加以确定。

在中介人为委托人与第三人订立合同提供媒介服务的场合,中介人不仅负有向委托人报告订约机会的义务,还需实质性参与合同订立过程当中,为第三人促成合同的订立。在中介人的介入和斡旋之下,委托人与第三人方能订立合同。因此,一般情况下,除合同另有约定或有特殊商业交易习惯之外,中介人的报酬应当由因其提供媒介服务而受益的委托人和第三人双方平均负担。但是,中介人在促成合同成立过程中,因从事中介活动而支出的各项费用,由于得作为成本计算在报酬之内,故除合同另有约定之外,中介人不得对该费用再请求委托人支付。

3.285 合伙合同 contract of partnership

又称"合伙协议"。指全体合伙人为了共同的事业目的协商一致、依法达成的关于共同出资、共享收益、共担风险的协议。合伙协议的主体——合伙人,既可以是自然人,也可以是法人或非法人组织。合伙合同在性质上属于各合伙人利益目标一致的共同行为,即所谓各合伙人具有共同的事业目的。合伙合同是确认合伙关系的基础,是调整合伙内部关系的依据。

3.286　合伙人　partner

指合伙合同的主体,是合伙合同中权利的享有者和义务的承担者。合伙人在法律形态上,有些国家和地区的法律规定,法人不得成为无限责任的合伙人,但我国对此未加限制,因此,在我国合伙人在法律形态上可以是自然人、法人和非法人组织。合伙人在类型上有普通合伙人、特殊的普通合伙人、有限合伙人、隐名合伙人等。普通合伙人是对合伙债务承担无限连带责任的合伙人。特殊的普通合伙人是指以专业知识和专门技能为客户提供有偿服务的合伙人,在这种合伙中,一个合伙人或者数个合伙人在执业活动中因故意或者重大过失造成合伙企业债务的,应当承担无限责任或者无限连带责任,其他合伙人以其在合伙企业中的财产份额为限承担责任。有限合伙人是指按照约定或法律规定对合伙债务仅以其出资额为限承担有限责任的合伙人,通常有限合伙人没有合伙事务的执行权。隐名合伙人是指不公开其姓名但分配利益,不参加合伙的经营管理活动,并且仅仅以出资为限对合伙债务承担有限责任的合伙人。

3.287　合伙财产　partnership property

指合伙存续期间,合伙人的出资和所有以合伙名义取得的收益和依法取得的其他财产。合伙财产有广义和狭义之分,广义上,合伙财产是指在合伙存续期间合伙取得的一切财产,包括合伙债务。狭义上,合伙财产仅指因经营合伙事务取得的一切积极财产,不包括合伙债务。根据《民法典》第969条的规定,我国民法采用狭义合伙财产概念。合伙财产在性质上通常认为属于合伙人共同共有,在合伙关系存续期间,合伙人不得请求分割合伙财产。合伙财产在构成上,包括了合伙人的出资、因合伙事务取得的收益和其他财产。

3.288　合伙事务　partnership affairs

指合伙存续期间所有与合伙事业相关的、涉及合伙利益的事务。所有与合伙人共同事业相关的诸如合伙事务的执行、合伙经营、入伙、退伙、合伙盈利的分配、合伙债务的清偿等都属于合伙事务。合伙事务有日常事务与重要事务之分,重要事务者,如合伙合同变更、执行合伙事务方式的变更、合伙财产的处分等。从性质上看,事务有法律行为与事实行为之不同。为经营共同事业,关于合伙事务的执行,如无特别约定,各合伙人均有合伙事务的执行权。合伙人可于合伙合同中约定合伙事务的执行方式,也可依全体合伙人的同意,决定合伙事务执行方式的变更。

3.289 合伙利润分配与亏损承担 allocation of the profits and sharing of losses of a partnership

指合伙人依据合伙合同约定的方式和比例分配合伙利润、分担合伙亏损。合伙利润分配与亏损承担之比例,通常为合伙合同的重要条款而在合同之中约定。如果没有约定或者约定不明确的,按照《民法典》第 972 条的规定,首先由合伙人协商;协商不成的,由合伙人按照实缴出资比例分配、分担;无法确定出资比例的,由合伙人平均分配、分担。

3.290 合伙债务 partnership debt

指合伙存续期间,因合伙经营以合伙名义对外所承担的债务。产生合伙债务的原因,通常包括以下情形:一是为合伙经营,合伙或者合伙人与第三人订立合同而产生的债务;二是合伙人在执行合伙事务过程中,侵犯第三人合法权益,而对第三人承担的侵权之债;三是对第三人承担的不当得利或者无因管理之债。合伙债务与合伙人的个人债务应予区分。合伙债务以合伙财产和合伙人的个人财产为清偿担保。合伙人的个人债务以合伙人的财产为清偿担保。

3.291 合伙期限 time limit for partnership

指合伙人约定的合伙存续期限。合伙期限通常于合伙合同中约定。合伙合同没有约定合伙期限,或者约定不明的,按照《民法典》第 510 条规定的方法确定合伙期限;如果仍然不能确定的,则合伙为不定期合伙,即合伙人可以在合理期限之前通知其他合伙人后,随时解除不定期合伙合同。

3.292 不定期合伙 partnership with anindeterminate term

指没有固定期限的合伙。产生不定期合伙的情形主要有以下两种:一是合伙合同没有约定合伙期限或者约定不明,依据《民法典》第 510 条仍然不能确定合伙期限的,则合伙视为不定期合伙;二是合伙期限届满,合伙人继续执行合伙事务,其他合伙人没有提出异议,则合伙合同继续有效,但合伙期限为不定期。对于不定期合伙,合伙人可以随时解除,即在任何时段不需要理由解除不定期合伙合同,但是需要在合理期限之前通知其他合伙人。

3.293 入伙 to join a partnership

指合伙人以外之人,经全体合伙人一致同意,加入合伙而成为新合伙人的行为。入伙须全体合伙人与拟入伙之人之间就入伙达成合意,订立入伙协议。第三人加入合伙成为新合伙人后,因债权人对于合伙人之变动情况都不了解,因此为保护债权人利益,新合伙人对于入伙之前的合伙债务也应承担连带责任。

3.294　退伙　to quit a partnership

指合伙人退出合伙关系,合伙人资格消灭的法律事实。民法上,退伙有三种形式:第一,法定退伙,又称"当然退伙",是指基于法律直接规定的原因而退伙。我国《合伙企业法》第48条对这种形式的退伙做了明确规定。第二,强制退伙,又称"除名退伙",是指某一合伙人违反法律规定或违反合同的约定,或者发生了合伙合同约定的事由,而被强制性地剥夺合伙人资格。我国《合伙企业法》第49条规定的情形就属于强制退伙。第三,自愿退伙,是指合伙人依据约定或单方面向其他合伙人声明退伙。自愿退伙包括协议退伙和单方声明退伙等两种方式。根据《合伙企业法》第46条的规定,对于单方声明退伙,须符合以下条件:一是合伙协议没有规定合伙的经营期限;二是合伙人退伙不能对合伙事务的执行造成不利影响;三是合伙人应当提前30日通知其他合伙人。退伙人对基于其退伙前的原因发生的合伙企业债务,承担连带无限责任。(《合伙企业法》第53条)

3.295　合伙合同终止　termination of partnership contract

指合伙合同因一定的原因而向将来消灭的情形。合伙合同终止的原因主要有:第一,合伙期限届满,合伙人决定不再继续经营。第二,合伙合同约定的解除事由出现。第三,合伙的目的已经实现或者无法实现。第四,全体合伙人决定解散合伙。第五,合伙人人数不足。第六,法律或者行政法规规定的合伙企业解散的其他原因。合伙合同终止的,通常要进行清算,合伙清算是为了了结现存的法律关系,依法清理合伙债权债务,进行合伙财产分配等。清算期间,合伙人不得开展与清算无关的经营活动。

3.296　准合同　quasi-contract

又称"非合意而发生的债"。指当事人之间虽然没有订立合同,但基于公平考量或基于社会公序良俗,确认在当事人之间有合同一般产生权利、义务关系。准合同制度肇始于罗马法,这一概念最初被称为"类合同"(quasi ex contractu),后来逐步演化为"准合同"(quasi-contracts)。准合同概念在中世纪罗马法复兴之后为注释法学家所高度关注,前述《法学阶梯》中的类合同后被注释法学派(the glossators)用作"ex quasi contractu",最终产生了"准合同"这一概念。注释法学派一般都对债采取四分法,即合同、侵权、准合同、准侵权,用于涵盖几乎所有类型的债的关系。罗马法上的准合同概念对许多国家和地区产生了深远影响。《法国民法典》未规定债法总则,因而规定了准合同,其中包括无因管理、不当得利与非债清偿三种形式。《德国民法典》设置了独立的债法总则编,因而排斥了准合同的概念。该法典规定了合同、侵权、不当得利、无因管理等债务关系类型,并将其作为独立的债的发生原因,分别规定各自独立的规则予以调整。英美法一直采纳准合同的概念,这一概念实际上是从罗马法中提炼而来。学理上一般认为,债务可以被分为三种类型,即侵权（delictual）、合同（contractual）以及准合同（quasi-contractual）。我国《民法典》中合同、侵权责任独立成编,未设债法总则,立法者寻诸罗马法、法国法等,以准合同概括无因管理、不当得利,列其于合同编之中,也是一种立法技术上的创新和发展。

3.297　无因管理　negotiorum gestio

指没有法定或约定的义务,为避免他人利益受损失而管理他人事务,并且符合受益人真实意思的行为。管理他人事务之人为管理人,事务受他人管理之人,为本人或受益人。无因管理制度滥觞于罗马法,后经19世纪德国法学家发展成为现代私法上重要的理论和制度。无因管理在性质上属于事实行为。具有阻却违法行为的功能。管理人因管理他人事务而支出的必要费用,可以请求受益人偿还,因管理事务受到损失的,可以请求受益人给予适当补偿。因管理他人事务,管理人与受益人之间发生关于必要费用偿还和损失补偿的债权债务关系,管理人为债权人,受益人为债务人。无因管理的构成要件包括:（一）管理他人事务,是为无因管理的客观要件;（二）为他人管理的意思,这是无因管理成立的主观要件,是指主观上认识到是为他人管理事务,并且将管理利益归属于本人;（三）无法定或约定的义务;（四）不违反本人的意思,是指不违反本人明知的意思或可推知的意思,如果违反本人的真实意思,管理人无必要费用偿还或损失补偿的请求权,但是本人的真实意思违反法律或者违背公序良俗的除外。

3.298　不真正无因管理　the false negotiorum gestio

又称"准无因管理"。指具备无因管理的客观要件,而不具备主观要件的管理。即管理人是为自己而管理事务,而不是为他人管理事务,因而不构成真正无因管理。包括三种情形:误信管理、不法管理、幻想管理。误信管理是指管理人误信他人之事务为自己的事务而管理。不法管理是指管理人明知为他人的事务,仍作为自己的事务而管理。幻想管理是指管理人误信自己的事务为他人的事务而管理。

3.299　管理事务　management of business

指凡是适于作为债的客体的一切事项均属管理事务,但单纯的不作为义务不应包括在内。与委托合同中受托人所处理之事务相同,管理事务既可以是事实行为,也可以是法律行为,但此时若管理人以受益人（本人）名义实施法律行为,发生无权代理之问题时,得因本人的承认而转换为一般代理。无因管理注重管理事务本身,至于最终的目的是否达成则并不属于无因管理是否成立的考察事项。例如,某甲见邻居某乙房屋失火,持家中灭火器参与救火,身负重伤仍未能将火势扑灭,乙房屋仍烧毁殆尽。救火的目的（将火势扑灭）虽未实现,但仍可以成立无因管理。

3.300 必要费用 necessary expenses of the management of the business

指管理人因管理事务所必须支出的费用。支出的费用是否属于必要费用,应当衡量管理事务的性质、管理行为的必要性等方面去确定。必要费用包括准备措施、辅助措施、差旅费、事后开销、因管理事务所承担的债务、支出费用所产生的利息等。

3.301 不当得利 unjust enrichment

指一方没有法律上的原因取得利益,而致他方受有损失的事实。取得利益的一方称为得利人,受有损失的一方称为受损人。不当得利制度是在罗马法的各种"返还财产之诉"(condictio)的基础上发展演进而来。不当得利为债的发生原因之一,受损人为债权人,得利人为债务人,受损人对得利人享有返还所受利益的请求权。不当得利在性质上属于事件,其关注的是得利与受损这一事实。不当得利成立要件包括:(一)一方取得利益。所谓取得利益,既包括财产不应增加而增加了,也包括财产应减少而没有减少,前者为财产的积极增加,后者为财产的消极增加。(二)一方受有损失(损害)。是指财产应当增加而没有增加,或者财产不应减少而减少了。(三)一方得利与另一方受损之间存在因果关系。即一方取得利益致另一方受损,得利和受损之间存在牵连的因果关系。(四)取得利益没有法律上的原因。指受益人获得利益不是基于法律规定,也不是基于与他人的合法约定受益,而且该受益致他人损害,受益与损害有因果关系。

3.302 给付不当得利 performance unjust enrichment

指受益人受领他人基于给付行为而移转的利益,因欠缺给付目的而发生的不当得利。这一类型的不当得利主要在于调整欠缺给付目的的财产变动。所谓欠缺给付目的,就是指取得利益没有法律上的原因,其具体形态有以下几种情形:(一)自始欠缺给付目的。主要有两种:一是非债清偿;二是作为给付的原因行为不成立、无效或撤销。(二)给付目的嗣后不存在。主要情形有:第一,附解除条件或终期的法律行为,其条件成就或期限届至;第二,依双务合同交付财产后,因不可归责于对方的事由而致不能实现对待给付;第三,合同解除,其解除的效力仅向以后发生等。(三)给付目的不达。指为实现将来某种目的而给付,因种种障碍,不能达到目的时,因一方当事人的给付而发生的不当得利。根据《民法典》第985条,给付不当得利请求权可因以下情形而被排除:(一)为履行道德义务进行的给付;(二)债务到期之前的清偿;(三)明知无给付义务而进行的债务清偿。

3.303 非给付不当得利 non-performance unjust enrichment

指基于给付以外的事由而发生的不当得利。给付以外的事由包括人的行为和自然事实以及法律的规定。基于取得利益的不同事由,非给付不当得利可以分为以下类型:(一)基于受益人的行为发生的不当得利,包括以下情形:一是无权处分他人之物;二是无权使用或消费他人之物;三是擅自出租他人之物;四是侵害他人知识产权或人格权。(二)基于受损人行为发生的不当得利。(三)基于第三人行为发生的不当得利。(四)基于添附发生的不当得利。(五)基于事件发生的不当得利。基于取得利益事由的性质,非给付不当得利还可分为:(一)侵害权益型不当得利,是指侵害他人权益或利益不具有保有的正当性,应予返还而成立的不当得利。(二)支出费用型不当得利,是指受损人非以给付的意思,为得利人之物支出费用,而使后者得利从而成立的不当得利。(三)求偿型不当得利,是指受损人向第三人给付,使得利人对该第三人所负的义务消灭,因而使得利人得利而成立的不当得利。

3.304　善意得利人　the beneficiary in good faith

指在得利时不知道且不应当知道其得利无法律根据的得利人。善意得利人仅负担返还现存利益的义务。不当得利债务人不再受有利益时,排除其返还所受利益或价额偿还义务。若不当得利人开始时不知其无法律依据,之后得知其得利无法律依据,那么得利人应返还其知悉取得利益无法律根据时现存的利益,即对知悉前灭失的得利不负返还义务,并须返还自知悉无法律根据时起计算的孳息,如有损害应予赔偿。得利已经不存在的事实应由不当得利债务人负举证责任。

3.305　恶意得利人　mala fide the enriched

指得利时知道或者应当知道获得的利益没有法律根据的得利人。恶意得利人应当返还其取得的利益,并依法赔偿损失。与善意得利人利益返还的范围不同,恶意得利人应当就其所取得的所有利益为返还,不仅包括返还时的现存利益,还包括返还时灭失的利益。对于受损人还有其他损失的,恶意得利人还须负损失赔偿责任。

第四编 人 格 权

4.001 人格权法 personality right law

指调整因人格权的享有和保护产生的民事关系的法律,是我国《民法典》的重要组成部分,是指《民法典·人格权编》以及《民法典·总则编》和《民法典·侵权责任编》的有关法条。人格权法是具有赋权性和宣示性、规定人格权具有非法定性、具有任意性和强制性于一体的法律。《中华人民共和国民法通则》第五章"民事权利"第四节"人身权"部分用8个条文规定了人格权,形成了人格权与物权、债权和知识产权并列的民法格局,创造了人格权立法的中国道路。2014年我国决定编纂《民法典》,学界对是否单独规定人格权编发生了激烈争论,立法机关认为制定民法典人格权编能够更好地保护人格权,可以使人格权法摆脱民法的主体法或侵权法的附属地位,《民法典》将人格权法独立成编,与物权编、合同编、婚姻家庭编、继承编和侵权责任编一样获得相对独立的地位,成为我国《民法典》立法的最大亮点,体现了鲜明的中国特色。在当代,在人权观念的指导下,人们更加重视自己的人格权,认为人格权是人之所以为人的权利,人格权受到损害,人将不能成其为人,社会地位会受到严重影响。人格权法就是为了实现这样的目的和理想,更好地维护人格权。

4.002 人格权 personality right

指民事主体享有的,旨在维护人的人格尊严、促进人格自由发展的权利,包括生命权、身体权、健康权、姓名权、名称权、肖像权、名誉权、荣誉权、隐私权等具体人格权以及自然人基于人身自由、人格尊严产生的其他人格权益(一般人格权)。具有绝对性与不可侵性、固有性、专属性和非财产性等特征,不得被放弃、转让或继承,也不受任何组织或个人侵犯。人格权与作为民事主体资格的人格不同,前者是权利主体享有的民事权利,后者则是民事主体的资格,一般与民事权利能力相对应。《中华人民共和国民法通则》区分了人格与人格权,将与人格相对应概念"民事权利能力"规定在第二章民事主体制度"公民(自然人)"部分,而人格权则被规定在第五章"民事权利"部分。2017年《中华人民共和国民法总则》和《民法典》沿袭了上述规定,严格区分了人格与人格权。

4.003　一般人格权　general personality right

指自然人享有的,基于人身自由、人格尊严产生的一般人格利益,是对具体人格权不能保护的人格利益进行保护的人格权,是《民法典》第 990 条第 2 款规定的内容。一般人格权具有主体上的限定性(仅为自然人享有)、抽象概括性、兜底性、权利内容的广泛性等特点。2001 年《最高人民法院关于确定民事侵权精神损害赔偿责任若干问题的解释》第 1 条采用了"人格尊严权""人身自由权"的表述,根据起草者的解释,此两种权利在理论上被称为"一般人格权",是人格权一般价值的体现,具有补充具体人格权规定不足的作用。司法实践中,最高人民法院《民事案件案由规定》还将一般人格权纠纷作为一种独立的案由。《中华人民共和国民法总则》首次正式规定了一般人格权。包括人身自由和人格尊严等两方面的内容。具有权利创设功能,可为新生成的具体人格权提供价值基础;具有解释功能,可发挥母权作用,确定具体人格权的基本性质、内容以及与其他权利的边界;具有兜底保护功能,在具体人格权规范不足或社会情势不断变化需要对新型人格权进行保护时,可对人格权进行兜底保护。一般人格权具有高度抽象性和概括性,为避免法官恣意,限制其裁量权,应优先使用具体人格权的规定。

4.004　人格标识使用权　right to use of personality indicia

又称"人格权的商品化""人格权的商业化利用""人格标识商品化权"。指民事主体享有的,以特定人格标识为对象,以人格标识的商业化利用为内容的权利,是《民法典》第 993 条规定的内容。人格标识使用权并不包含精神利益的内容,而是一种特殊的财产权。《中华人民共和国民法通则》规定了肖像权、名称权的商业利用价值,而未规定独立的人格标识使用权。编撰民法典过程中,学者对人格标识使用权的性质产生争论,一些学者将其称为"人格权的商品化"或"人格权的商业化利用",认为支配权是人格权的属性,并主张将人格权的内容扩展至财产利益,统一保护人格权上的精神利益与财产利益。《民法典(草案)》(三审稿)一改"一审稿""二审稿"的规定,确定"民事主体可以将自己的姓名、名称、肖像等许可他人使用",将人格标识使用权作为一种独立于人格权之外的财产权,并形成了现有规定。人格标识使用权的对象主要是姓名、名称、肖像以及个人信息等人格标识,根据法律规定或其性质不得许可使用的,不得作为人格标识使用权的对象。规定人格标识使用权回应了广泛出现的人格标识商业利用现象,有利于协调人格权保护和人格标识商业利用之间的关系,促进社会经济的发展以及人格权的保护。

4.005　死者人格利益保护规则　rules for protecting the interests of the deceased's personality

指为保护近亲属追思死者的利益以及维护社会公德和社会公共利益,对死者人格利益予以保护的法律规则,是《民法典》第 994 条规定的内容。学理上,对死者人格利益的性质存在争议,根据是否承认死者的身后利益可分为直接保护模式和间接保护模式。前者有死者法益保护说、死者权利保护说之分,后者有公共法益保护说、近亲属权利保护说等。司法实践中,"荷花女案"和"海灯案"一审中均曾承认死者享有权利,"海灯案"二审中却闭口不谈"权"字。2001年《最高人民法院关于确定民事侵权精神损害赔偿责任若干问题的解释》确认了死者近亲属的人格利益保护规则,《民法典》沿袭了司法解释的立场。保护的范围包括死者的姓名、肖像、名誉、荣誉、隐私、遗体等人格利益。死者生前享有的物质性人格权与身体紧密相连,如生命权等,不受死者人格利益保护规则调整;个人信息上人格利益或是彰显主体自由,或是作为隐私而存在,前者在人死后已无彰显主体自由的可能,而死者隐私已被本规则保护,故个人信息亦不受死者人格利益保护规则调整。确定死者人格利益保护规则可以更好地保护死者近亲属的追思之情、维护社会公共秩序、促进社会进步。

4.006　人格权请求权　right of personality claim

指民事主体在其人格权受到妨害或有妨害之虞时,得请求行为人为一定行为或不为一定行为,以恢复人格权的圆满状态的权利,是《民法典》第995条规定的权利类型。人格权请求权包括停止侵害、排除妨碍、消除危险、消除影响、恢复名誉、赔礼道歉等内容,其与侵权损害赔偿请求权共同构成人格权保护的请求权体系,具有附随性(附随于人格权)、人身专属性、强调预防功能、不适用诉讼时效制度等特点。此外,要求行为人承担停止侵害、排除妨碍、消除危险等责任,并不需要考虑行为人是否具有主观过错。《中华人民共和国民法通则》并未规定人格权请求权,《中华人民共和国侵权责任法》第15条系统规定了侵权责任的方式,但该法属于"大侵权责任法",也未将人格权请求权确定为一项独立的请求权。《民法典》将人格权请求权确定为一项独立的请求权,有助于民事主体及时救济自己的权利、丰富请求权体系以及为充实人格权独立成编奠定基础。

4.007　停止侵害　cessation of infringement

指在即将发生损害或正在发生损害的情况下,权利人请求行为人承担的停止正在实施的侵害行为的责任方式,是《民法典》第179条规定的一种民事责任承担方式。《中华人民共和国民法通则》《中华人民共和国侵权责任法》以及《中华人民共和国民法总则》均将停止侵害作为民事责任的首要承担方式,《民法典》沿袭了以上规定。停止侵害可适用于各类侵权案件,权利人既可以通过诉讼的方式要求行为人承担此种责任,也可直接向行为人提出承担此种责任的请求。适用停止侵害责任不以行为人具有过错为要件,也不论侵害行为发生时间的长短,但要求侵害行为正在进行中,若侵害行为已经停止,不适用停止侵害责任。现代侵权法不仅注重损害填补,还注重损害预防,尤其是生命权等人格权的不可复原性以及网络信息社会下名誉权等损害的不可逆性,更强调对损害的预防。停止侵害责任对及时制止侵害行为、防止损害结果扩大具有重要意义。

4.008　排除妨碍　removal of obstacles

指权利人请求行为人排除其造成他人不能正常享有和行使民事权益的障碍的责任方式,是《民法典》第179条规定的一种民事责任承担方式。《中华人民共和国民法通则》《中华人民共和国侵权责任法》以及《中华人民共和国民法总则》均将排除妨碍作为一种民事责任的承担方式,《民法典》沿袭了以上规定。排除妨碍可适用于各类侵权案件。权利人既可以通过诉讼的方式要求行为人承担排除妨碍责任,也可直接向行为人提出承担排除妨碍责任的请求。排除妨碍的内容是除去妨害,使民事主体的权利恢复至之前的圆满状态,而不包括恢复原状。适用排除妨碍责任不以行为人具有过错为要件,不论障碍存在时间的长短,但要求妨碍他人正常享有和行使权益的障碍是现实的、不正当的。排除妨碍责任有助于保护风险社会下民事主体的权利,排除权利享有和行使的障碍。

4.009　消除危险　elimination of dangers

指权利人要求行为人消除会对其民事权益造成损害或扩大损害的危险的责任方式,是《民法典》第179条规定的一种民事责任承担方式。《中华人民共和国民法通则》《中华人民共和国侵权责任法》以及《中华人民共和国民法总则》均将消除危险作为一种民事责任的承担方式,《民法典》沿袭了以上规定。可适用于各类侵权案件。权利人既可以通过诉讼的方式要求行为人承担此种责任,也可直接向行为人提出承担消除危险责任的请求。消除危险的内容是清除会对他人民事权益造成损害或扩大损害的危险状态,而不包括排除实际发生的影响他人民事权益的享有和行使的妨害。适用消除危险责任的前提是存在造成他人合法权益损害的现实危险,这种危险必须是现实的可能发生的,而不仅是潜在风险。消除危险责任可以及时防止损害发生或损害扩大,有助于保护风险社会下民事主体的权利。

4.010　消除影响、恢复名誉　elimination of adverse effects,rehabilitation of reputation

指责令侵害他人名誉的行为人采取措施,在名誉受侵害的范围内消除对他人名誉产生的不良影响,使受害人的名誉得以恢复的责任方式,是《民法典》第179条规定的一种民事责任承担方式。消除影响和恢复名誉都旨在除去侵害行为给受害人名誉造成的不良影响,只是二者是从不同的角度描述而已,《中华人民共和国民法通则》《中华人民共和国侵权责任法》以及《中华人民共和国民法总则》均将二者并列规定,作为一种民事责任的承担方式,《民法典》沿袭了以上规定。仅适用于侵害名誉权类案件,侵害其他人格权案件中不适用此种责任方式。承担消除影响、恢复名誉责任的范围和具体行为方式应当与名誉权受损害的范围和侵害行为的方式相当。一般来说,在什么范围内造成不良影响,就在什么范围内消除。消除影响、恢复名誉责任旨在通过要求侵权行为人积极地澄清事实、纠正不正当言论,消除权利人名誉权所受的不良影响,尽可能地使其名誉权得以恢复,是保护名誉权的重要手段。

4.011　赔礼道歉　extend a formal apology

指责令行为人以一定方式在一定范围内向受害人认错、道歉的责任方式,是《民法典》第179条规定的一种民事责任承担方式。《中华人民共和国民法通则》《中华人民共和国侵权责任法》以及《中华人民共和国民法总则》均将赔礼道歉作为一种民事责任的承担方式,《民法典》沿袭了以上规定。适用于侵害人格权类案件,尤其是侵害精神性人格权类案件,侵害财产类案件一般不适用此种责任方式。赔礼道歉的方式具有多样性,既可以是口头的,也可以是书面的;既可以在一定范围内,也可以在媒体上公开进行。赔礼道歉责任具有使受侵害的人格权恢复原状和抚慰受害人的效果:在精神性人格权受侵害,尤其是名誉权受侵害的情况下,金钱赔偿并不能够使被害人受贬损的名誉权得以恢复,要求侵权行为人赔礼道歉可以使被害人的名誉得以恢复原状;侵害人格权的情况下,受害人的人格尊严、人身自由遭受侵犯,要求侵权行为人赔礼道歉可以抚慰受害人的心理。此外,赔礼道歉还可以化解纠纷,实现社会效果。

4.012　违约的精神损害赔偿责任　liability for spiritual damage by breaching contract

指一方当事人因违反合同义务,侵害相对人的人格权并造成严重精神损害,所应承担的损害赔偿责任,是一种对精神损害进行救济的责任方式,是《民法典》第996条规定的内容。在传统违约责任与侵权责任二元体系下,违约责任的救济范围被限定为财产损害,精神损害赔偿则属于侵权责任的范畴,故《中华人民共和国民法通则》和《中华人民共和国合同法》均未将精神损害赔偿列入违约责任的范畴。违约的精神损害赔偿责任主要适用于旅游合同、婚庆合同、骨灰保管合同、医疗美容合同等以追求精神利益为内容的合同。适用要件包括:遭受损害的精神利益属于履行利益的范畴;符合可预见性规则;损害具有严重性。规定违约行为致使人格权受到侵害的权利人可以通过违约之诉向对方当事人主张精神损害赔偿,使得合同法所保护的范围扩展至精神利益,深刻体现了《民法典》的进步意义。

4.013　人格权法上的禁令　injunction on the law of personality right

又称"民事保护令"。指申请人为及时制止正在实施或即将实施不法侵害民事主体人格权的行为,在诉前或诉中请求法院作出的禁止被申请人为一定侵权行为的强制命令,是《民法典》第997条规定的内容。具有使用情形的紧急性、效力上的暂时性、不考虑行为人的过错等特点。作为一种临时性救济措施,人格权法上的禁令仅在于为民事主体提供临时性的保护措施,而非终局性地确定当事人之间的权利和义务关系。根据内容的不同,可分为隔离令和非隔离令;根据申请的时间,可分为诉前禁令和诉中禁令。一般情况下,隔离令仅适用于侵害物质性人格权的情形,非隔离令适用于侵害精神性人格权的情形。《民法典》颁布前,仅《中华人民共和国民事诉讼法》《中华人民共和国反家庭暴力法》等对禁令制度作出规定,《民法典》在借鉴外国法并总结司法实践经验的基础上首次规定了人格权法上的禁令。适用条件包括:有申请签发人格权禁令的请求;有证据证明被申请人正在实施或即将实施不法侵害。作为一种保护民事主体人格权的紧急措施,人格权法上的禁令能够及时制止侵权行为的发生或继续,有效避免权利人的损害,尤其是在网络发达的信息社会,人格权法上的禁令在保护民事主体的隐私权、名誉权、个人信息等方面发挥着不可替代的作用。

4.014 认定侵害精神性人格权民事责任的考量因素 consideration factors for determining civil liability for infringement of spiritual personality right

指认定侵害姓名权、肖像权、名誉权、隐私权以及个人信息等精神性人格权应承担的民事责任时考量的因素,是《民法典》第998条规定的内容。《中华人民共和国民法通则》并未使用动态系统论,但司法实践中已有体现。2001年《最高人民法院关于确定民事侵权精神损害赔偿责任若干问题的解释》第10条规定了多种认定精神损害赔偿责任的考量因素,确定了精神损害赔偿责任的构成要素以及赔偿数额的确定标准。《民法典》在总结司法实践基础上,将动态系统论运用到认定侵害精神性人格权民事责任中。仅适用于侵害姓名权、肖像权、名誉权、隐私权以及个人信息等精神性人格权民事责任的认定过程,侵害生命权、身体权和健康权等物质性民事责任的认定不适用动态系统论。考量因素包括行为人和受害人的职业、影响范围、过错程度以及行为的目的、方式、后果等。其中,考量行为人的职业因素主要在于平衡新闻报道、舆论监督与人格权保护之间的利益关系;考量受害人的职业因素主要在于平衡个人利益与公共利益,而非实行差别保护;影响范围以及行为的目的、方式、后果并不是侵害精神性人格权民事责任的构成要件,而是确定责任范围的考量因素;行为人的过错仅是消除影响、恢复名誉、赔礼道歉、精神损害赔偿等责任的构成要件,停止侵害、排除妨碍等责任的承担并不需要考虑行为人的过错,此外,行为人的过错也是确定责任范围的重要考量因素。规定认定侵害精神性人格权民事责任的考量因素,是动态系统论在《民法典》中的具体体现,其克服了侵权责任一般构成要件难以解决的精神性人格权民事责任认定问题,有助于协调人格权保护与其他利益之间的冲突,满足社会形势不断发展变化下的人格权保护需求。

4.015 新闻报道中合理使用他人人格标识 the proper use of other people's personality indicia in news reports

指基于公益性目的,在未经权利人同意的情况下,在新闻报道、舆论监督中合理使用他人的姓名、名称、肖像以及个人信息等人格标识,是《民法典》第 999 条规定的内容。《中华人民共和国民法通则》并未规定相关内容,但我国司法实践中出现过大量的人格权与新闻报道、舆论监督相冲突的案例。《民法典》在总结司法实践的基础上首次规定为实现公共利益在新闻报道、舆论监督中合理使用他人人格标识规则。新闻报道、舆论监督中合理使用他人人格标识的前提是为了实现公共利益。合理使用的对象仅为姓名、名称、肖像以及个人信息等人格标识,生命、身体、健康等物质性人格权的对象以及名誉、荣誉等精神性人格权的对象不受限制。新闻报道、舆论监督中不合理使用他人人格标识的情形包括:侵害人格标识上的同一性利益、侵害隐私权以及其他侵害人格权的情形。新闻报道中合理使用他人人格标识规则协调了人格权保护与言论自由之间的矛盾,有助于实现公共利益;同时确定了合理使用他人人格标识的边界,有助于保护人格权。

4.016 与人格权请求权相对应责任适用中的比例原则 the principle of proportionality in the application of liability relative to the right of personality claim

指为兼顾人格权保护与行为自由,确保行为人承担与行为的具体方式和影响范围相当的民事责任时应坚持的法律原则,是《民法典》第 1000 条第 1 款规定的内容。2014 年《最高人民法院关于审理利用信息网络侵害人身权益民事纠纷案件适用法律若干问题的规定》第 16 条规定,行为人承担的赔礼道歉、消除影响、恢复名誉等责任应当与具体的行为方式和后果相适应,《民法典》在总结司法实践经验的基础上作了第 1000 条第 1 款之规定。与人格权请求权相对应责任适用中的比例原则的内容包括:目的正当,即相应民事责任的承担必须旨在恢复受害人人格权的圆满状态;必要性,必须综合考量各种因素,选择对行为人的自由限制最小的方式,使所保护的人格权与对行为人的限制之间成比例。规定与人格权请求权相对应责任适用中的比例原则,既有助于使受侵害的人格权的圆满状态得以恢复,又可以限制法官的自由裁量权,避免对行为人的行为自由造成不必要的限制。

4.017 与人格权请求权相对应责任的强制履行 the compulsory performance of liability relative to the right of personality claim

指行为人拒不承担消除影响、恢复名誉、赔礼道歉等民事责任时,法院采取的在报纸杂志、网络等媒体上发布公告或公布生效裁判文书等强制履行措施,是《民法典》第 1000 条第 2 款规定的内容。2014 年《最高人民法院关于审理利用信息网络侵害人身权益民事纠纷案件适用法律若干问题的规定》第 16 条规定,行为人拒不承担赔礼道歉、消除影响、恢复名誉等责任的,法院可以通过在网上发布公告或公布裁判文书的方式执行,《民法典》在总结司法实践经验的基础上作了第 1000 条第 2 款的规定。在《民法典》编撰中,有学者对赔礼道歉责任存在的必要性及强制执行力存疑。与人格权请求权相对应责任的强制履行包括在报纸杂志、网络等媒体上发布公告或裁判文书。消除影响、恢复名誉针对的是行为人错误陈述事实的情形,此类责任可以通过在报刊、网络等媒体上发布公告或公布生效裁判文书等强制措施履行,赔礼道歉本质上是行为人内心的意见表达,如果当事人愿意,可以事先写出赔礼道歉的内容并由法院公开,但如果当事人不愿意,并无强制执行的可能。规定与人格权请求权相对应责任的强制履行规则使与人格权请求权相对于责任具有了强制执行力,使人格权不再仅是宣示性的权利,丰富了人格权法的内容,使人格权编的体系更趋完整。

4.018　身份权请求权　right of paternity claim

指民事主体在其身份权的圆满状态受到妨害或有妨害之虞时,得请求行为人为一定行为或不为一定行为,以恢复身份权的圆满状态的权利,是基于身份权产生的保护性请求权,是一种绝对权请求权,是《民法典》第 1001 条规定的内容。我国法上的身份权制度基本上由《中华人民共和国民法通则》《中华人民共和国婚姻法》《中华人民共和国收养法》以及《中华人民共和国未成年人保护法》等法律法规和司法解释组成,总体上缺乏对人格权请求权进行系统规定,使身份权的救济途径不明。《民法典》在总结立法和司法实践经验的基础上,于第 1001 条规定了身份权请求权。身份权并非典型的绝对权,其在对外关系上具有绝对权的性质,在对内关系上具有相对权的性质,故与之相对应的身份权请求权亦可分为两种:一种是针对身份义务人的请求权,如请求支付抚养费、赡养费或扶养费的请求权;另一种针对的是特定身份关系以外的第三人的请求权,如请求行为人停止侵害、排除妨碍、消除危险的权利。根据身份权请求权的效力,又可分为妨害制止请求权和妨害预防请求权。规定身份权请求权规则明确了身份权的救济方式,丰富了请求权体系的内涵,有助于保护权利人的身份权。

4.019　生命权　right of life

指自然人享有的以维护生命安全和生命尊严为内容的权利,是一种生物型人格权,具有绝对性和不可恢复性,是《民法典》第 1002 条规定的内容。我国民法历来注重对生命权的保护,1986 年《中华人民共和国民法通则》第 98 条规定公民享有生命健康权。生命权与健康权虽有紧密联系,却是两种完全不同的权利,2009 年《中华人民共和国侵权责任法》第 2 条将生命权与健康权作为两种独立的权利作了规定。《民法典》沿袭了《中华人民共和国侵权责任法》的规定。生命权的内容包括维护生命安全和生命尊严,前者是指自然人的生命受法律保护,自然人对生命利益享有消极维护权和遭受侵害时的积极防御权;后者强调维护和提升生命的尊严和品质,使权利人获得社会和他人尊重。生命权是自然人最重要的人格权,是自然人享有其他权利的基础和前提。《民法典》将生命权置于人格权编之首,体现了立法者将生命作为最重要法益予以保护、以人为本的理念。《民法典》新规不仅重视对自然人生命安全的保护,还注意保护生命尊严,体现了其进步意义。

4.020　身体权　right of body

指自然人享有的以维护身体完整和行动自由为内容的权利,是一种生物型人格权,是《民法典》第 1003 条规定的内容。身体是指自然人的肉体,包括头颈、四肢、躯干、器官以及毛发、指甲等各种人体细胞、人体组织和人体器官。不可拆卸的假肢、假牙以及尚可与身体连接的断指、断肢等身体部位亦属于身体的组成部分。对于身体权的性质,比较法上存在争议,我国法上的规定经历了一个曲折的过程。《中华人民共和国民法通则》规定了生命健康权,并未将身体权作为一项独立的权利进行规定。2001 年《最高人民法院关于确定民事侵权精神损害赔偿责任若干问题的解释》最早规定了身体权,将其列为人格权的一种。《中华人民共和国侵权责任法》仅规定了生命权、健康权,未规定身体权。《中华人民共和国民法总则》第 110 条第 1 款正式规定了独立于生命权、健康权的身体权,为《民法典》人格权编规定独立的身体权奠定了基础。身体权的内容包括维护自然人的身体完整权和行动自由权,前者是指自然人的身体受法律保护,其有权对身体损害采取救济措施以及得在特定范围内支配身体组成部分的权利;后者指自然人得自主支配其行动自由,而不受他人非法剥夺和限制。《民法典》规定独立的身体权丰富了人格权的类型,解决了健康权难以概括的人格权益难题,有利于保护自然人的身体完整和行为自由。此外,《民法典》还回应了器官捐献、器官移植等医学行为带来的伦理问题。

4.021　健康权　right of health

指自然人以其器官乃至整体的功能利益为内容的权利,是一种生物型人格权,是《民法典》第 1004 条规定的内容。我国民法历来注重对健康权的保护,《中华人民共和国民法通则》第 98 条规定公民享有生命健康权,不过生命权与健康权是两种完全不同的权利,《中华人民共和国侵权责任法》第 2 条将生命权与健康权作为两种独立的权利作了规定。《中华人民共和国民法总则》第 110 条第 1 款正式规定了独立于生命权、身体权的健康权,为《民法典》人格权编规定独立的健康权奠定了基础。健康权的内容包括身心健康维持权、特定范围内的健康利益支配权。身心健康包括身体健康和心理健康。其中,心理健康是作为身体机能体现的"精神健康",而非某种"心理状态"。《民法典》宣示了健康权的绝对性,界定了健康权的内容和边界,有利于保护自然人的健康权。

4.022　生物型人格权的法定救助义务　the statutory duty of salvage of the biological personality right

指法律规定的组织或个人在自然人的生命权、身体权、健康权受到侵害或者处于其他危难情形时应当及时施救的义务,是《民法典》第 1005 条规定的内容。以往的立法中并未规定生物型人格权的法定救助义务,其属于《民法典》新增内容。负有法定救助义务的组织或个人包括:法律法规明确规定有救助义务的主体,如根据《医疗机构管理条例》《中华人民共和国执业医师法》等负有法定救助义务的医疗机构及其工作人员、根据《中华人民共和国人民警察法》负有法定救助义务的警察以及《中华人民共和国海商法》规定的船长等组织或个人;法律虽然没有明确规定救助义务,但根据法律解释原则可以推断出某些组织或个人负有法定救助义务,如安全保障义务人的救助义务、父母对未成年子女的救助义务、夫妻之间的救助义务、用人单位对其工作人员的救助义务等。履行法定救助义务的条件包括:一是须受害人的生命权、身体权、健康权等生物型人格权处于危难情形;二是负有法定职责或救助义务;三是须救助人具有救助能力。规定生物型人格权的法定救助义务符合人文主义精神和社会主义核心价值观的要求,体现了《民法典》对生命权、身体权、健康权等重要法益的尊重和保护。同时,将救助义务主体限定为有法定救助义务的个人或组织,表明并未将道德义务法律化,有助于维护一般人的行为自由。

4.023　人体组成部分捐献　donations of body parts

指自然人自愿、无偿地捐献自己的细胞、身体组织以及器官等各种人体组成部分的行为,是《民法典》第1006条规定的内容之一。捐献对象包括人体细胞、人体组织以及人体器官等。《中华人民共和国民法通则》并未规定人体组成部分捐献规则。2007年国务院《人体器官移植条例》和2009年原卫生部《关于规范活体器官移植的若干规定》规定了器官捐献的自愿、无偿原则以及自然人享有自主捐献的自由,任何组织或者个人不得强迫、欺骗或者利诱他人捐献人体器官。《民法典》在借鉴行政法规、规章规定的基础上,规定了人体组成部分捐献规则。人体组成部分捐献规则的内容包括:一是自然人享有捐献或不捐献其身体组成部分的自由以及对已经表示愿意捐献的意愿进行撤回的权利,任何组织或个人不得强迫、欺骗、利诱其捐献;二是人体组成部分捐献为无偿捐献,捐献者与受捐者之间不存在对价关系;三是只有完全民事行为能力人才有权决定捐献其身体组成部分,限制行为能力人和无民事行为能力人不得作出捐献的意思表示;四是人体组成部分的捐献应采用书面形式。规定人体组成部分捐献规则有助于弘扬社会主义核心价值观,促进人体捐献活动,保证人体移植手术中人体组成部分的来源,挽救更多病患;同时,确定人体组成部分捐献的自愿、无偿原则,体现了对捐献者身体和健康权益以及人格尊严的保护。

4.024　遗体捐献　donations of remians

指自然人自愿、无偿地捐献自己的遗体或自然人生前未表示不同意捐献遗体而其配偶、成年子女、父母在本人死亡后共同决定捐献的行为,是《民法典》第1006条规定的内容之一。《中华人民共和国民法通则》并未规定遗体捐献规则。2007年国务院《人体器官移植条例》第8条规定:"公民生前表示不同意捐献其人体器官的,任何组织或者个人不得捐献、摘取该公民的人体器官；公民生前未表示不同意捐献其人体器官的，该公民死亡后，其配偶、成年子女、父母可以以书面形式共同表示同意捐献该公民人体器官的意愿。"《民法典》沿袭了 2007 年国务院《人体器官移植条例》的规定。遗体捐献包括两种方式：一种是自然人生前明确表示愿意捐献其遗体的捐献；另一种是自然人生前未表示不愿意捐献，在死亡后，其配偶、成年子女和父母共同决定的捐献。遗体捐献应采用遗嘱或书面形式。规定遗体捐献规则有助于弘扬社会主义核心价值观，促进遗体捐献活动，解决器官供需矛盾，挽救更多病患；同时，对遗体捐献行为进行限制和规范，维护了死者的"人格尊严"，确保了公序良俗原则不会受到侵犯。

4.025　禁止人体组成部分、遗体买卖　the sale of human body parts and remains is prohibited

指禁止以任何形式买卖人体细胞、人体组织、人体器官、遗体的法律规则，是《民法典》第 1007 条规定的内容。基于维护自然人的人格尊严、防止富人利用穷人的窘迫地位获得其身体组织、避免破坏善良风俗或发生道德风险等原因，比较法上普遍设有禁止人体组成部分、遗体买卖规则。《中华人民共和国民法通则》并未规定禁止人体组成部分、遗体买卖规则，但《中华人民共和国刑法》《人体器官移植条例》等均有相关规定。尽管不乏学者赞同人体组成部分和遗体买卖，但《民法典》仍旧坚持了我国法上的一贯立场。禁止人体组成部分、遗体买卖规则的内容包括：一是禁止以任何形式买卖人体细胞、人体组织、人体器官、遗体；二是买卖人体细胞、人体组织、人体器官、遗体的行为无效，具体后果应按《民法典》第 157 条的规定进行处理，但人体组成部分或遗体上的器官与受体相结合的，不发生返还原物或折价返还的效果。

4.026　临床试验规则　clinical trial rules

指以人体为研究对象的生物医学试验规则，是规制在生物学、医学领域内，以自然人作为试验的对象，以验证科学推理或假定为方法，进行新药、新医疗器械、新的预防和治疗方法试验研究行为的规则，是《民法典》第 1008 条规定的内容。我国规制临床试验活动的规则主要集中于《中华人民共和国基本医疗卫生与健康促进法》《中华人民共和国执业医师法》《中华人民共和国疫苗管理法》《中华人民共和国药品管理法》以及一些行政法规、规章之中。《民法典》规定的临床试验规则，但主要侧重于保护受试者的知情同意权。临床试验规则的内容包括：一是临床试验目的必须是研制新药、新的医疗器械或者发展新的预防和治疗方法；二是开展临床试验活动应经过行政主管部门批准并经伦理委员会审查同意；三是受试者享有知情权；四是受试者享有是否参加试验的自由；五是受试者同意参加试验的意思表示真实合法；六是经受试者或监护人书面同意；不得向受试者收取费用。《民法典》规定临床试验规则可以从民事基本法的高度加强对受试者权利的保护，以此为基础建立我国受试者权利保护法制，促进生命科学研究的有序发展,同时完善了我国人格权保护体系。

4.027 医学科研活动伦理 ethics of medical research activities

指从事与人体基因、人体胚胎等有关的医学、科研活动应遵守的伦理道德,是《民法典》第 1009 条规定的内容。医学科研活动是推动医疗水平进步、提高人类生活水平的重要手段,却也面临着重大的科技与伦理挑战。比较法上普遍确立了医疗科研活动伦理规则,联合国陆续通过了一系列国际公约,旨在保护自然人的人格尊严、维护基本伦理道德。《中华人民共和国科学技术进步法》《中华人民共和国人类遗传资源管理条例》等对医学科研活动伦理作了规定。在此背景下,《民法典》新增了医学科研活动伦理规则,旨在通过立法引导医疗科研活动符合我国的伦理道德。医学科研活动伦理规则的内容包括:一是尊重当事人的人格尊严;二是尊重当事人的知情权;三是保护当事人的隐私及个人信息;四是开展医学科研活动应经过伦理委员会审查。规定医疗科研活动伦理规则可以规范医学科研活动,使之符合公序良俗的要求,体现了对自然人人格尊严的尊重与保护。

4.028 性骚扰行为的法律规制 legal regulation of sexual harassment

指禁止以言语、文字、图像、肢体行为等方式,违背他人意愿而对其实施有辱尊严的性暗示、性挑逗以及性暴力行为的规定,是从禁止性骚扰行为方面保护自然人的人格尊严的规定,是《民法典》第 1010 条规定的内容。"性骚扰"概念最初是由美国女权主义法学家凯瑟琳·麦金农提出的。由于性骚扰行为往往会侵扰被骚扰者正常的生活和工作状态,侵害其人格尊严,比较法上普遍确立了禁止性骚扰行为规则。《中华人民共和国刑法》《中华人民共和国妇女权益保障法》以及《中华人民共和国治安管理处罚法》等均有禁止性骚扰行为的相关规定。《民法典》在总结既有立法和司法实践的基础上,明确了性骚扰行为的构成要件和单位预防与制止性骚扰行为的义务。性骚扰行为法律规制的内容包括:性骚扰行为的构成与单位预防和制止性骚扰行为的义务,前者包括实施了性骚扰行为、行为人有主观故意、侵害了他人的性交流自由。《民法典》规定性骚扰行为的法律规制条款正面回应了职场、学校普遍存在的性骚扰问题,符合时代需求,有利于保护自然人性自主方面所体现的人格尊严。

4.029 行动自由 freedom of action

指自然人的身体活动自由,是自然人自由支配其身体和行动的权利,并不包含精神活动自由,是《民法典》第 1011 条规定的内容。行动自由的性质在学理上存在争议,通说为身体活动自由。我国《宪法》规定了人身自由权和人格尊严权,从国家尊重和保障人权的角度对自然人的行动自由作了保护性规定。《中华人民共和国刑法》《中华人民共和国刑事诉讼法》以及《中华人民共和国治安管理处罚法》等均规定了保护自然人行动自由的内容。《民法典》在总结立法和司法实践经验的基础上作了行动自由的保护性规定。侵害行动自由的构成要件包括：一是存在以非法拘禁等方式剥夺、限制他人的行动自由或非法搜查他人身体的行为；二是他人行动自由受到限制；三是侵权行为与损害后果之间具有因果关系；四是行为人主观上有过错。

4.030　姓名权　right of name

指自然人享有的决定、使用和变更其姓名的权利，是以自然人的姓名为客体的权利，是一项重要的标表型人格权，是《民法典·总则编》和《民法典·人格权编》第三章规定的权利类型。姓名是自然人相互区别、防止与他人发生混淆的标记或符号，包括姓和名两部分内容，前者标志家族血统关系，后者则是个人的代表符号。姓名权是自然人于姓名之上享有的人格利益。我国法律上对姓名权的规定始于民国时期制定的《姓名使用限制条例》，《中华人民共和国婚姻法》《中华人民共和国民法通则》《中华人民共和国收养法》以及《中华人民共和国侵权责任法》等均规定了姓名权的保护规则。姓名权的内容包括：姓名决定权、姓名利用权以及姓名变更权。姓名的许可使用是一种人格标识使用权，属于财产权的范畴，不是姓名权的内容之一。《民法典》确立的姓名权规则明确了姓名权的内容，有助于更好地保护自然人姓名上的人格利益，同时，明确了姓名权的边界，可以防止自然人在决定、使用和变更姓名过程中损害公共秩序和善良风俗。

4.031　名称权　right of designation

指法人、非法人组织享有的决定、利用和变更其名称的权利，是以法人、非法人组织的名称为客体的权利，是一项重要的标表型人格权，是《民法典·总则编》和《民法典·人格权编》第三章规定的权利类型。名称是某一组织区别于其他组织的标记或符号。名称权是法人、非法人组织于名称之上享有的人格利益。《中华人民共和国民法通则》规定了法人、个体工商户、个人合伙享有的名称权，《民法典》将享有名称权的主体扩大为法人和非法人组织并明确了名称权的内容。名称权的内容包括：名称决定权、名称利用权以及名称变更权。名称的许可使用是一种人格标识使用权，属于财产权的范畴，不是名称权的内容之一。《民法典》确立的名称权规则明确了名称权的内容，有助于更好地保护法人、非法人名称上的人格利益，同时，明确名称权的边界和决定、变更、利用规则，便于国家对民事组织的监督、管理，防止民事组织在决定、利用和变更名称过程中损害公共秩序和善良风俗。

4.032　侵害姓名权、名称权行为　the act of infringing the right to a name and designation

指以干涉、盗用、假冒等方式侵害他人姓名权或名称权的行为，是《民法典》第1014条规定的内容。《中华人民共和国民法通则》规定公民享有姓名权，禁止他人干涉、盗用、假冒,但并未规定禁止侵害名称权规则,而侵害姓名权的方式亦仅限于干涉、盗用、假冒。《民法典》在总结司法实践经验的基础上,对侵害方式增加了"等"字,使侵害方式不限于以上三种,并增加了禁止侵害名称权行为的规定。侵害姓名权的主要方式包括:一是妨碍本人对其姓名的自主决定、自主变更和自主使用;二是未经姓名权人同意擅自使用且未直接以姓名权人身份进行民事活动;三是使用他人姓名并冒充该人参加民事活动或其他行为。侵害姓名权,仅限于故意行为。侵害名称权的主要方式包括:一是干涉名称权的决定、使用、变更行为;二是非法使用他人名称的行为。规定侵害姓名权、名称权行为规则可以使侵害姓名权、名称权的方式更加明确,更好地保护姓名权、名称权上的人格利益。

4.033　自然人姓氏选取规制　regulation of natural person's surname selection

指自然人的姓氏应如何选定的规定,是《民法典》第 1015 条规定的内容。1951 年中央人民政府和最高人民法院发布的《关于子女姓氏问题的批复》规定,婚嫁娶所生子女通常应随父姓。2014 年《全国人民代表大会常务委员会关于〈中华人民共和国民法通则〉第九十九条第一款、〈中华人民共和国婚姻法〉第二十二条的解释》指出,自然人行使姓名权应尊重社会公德,不损害社会公共利益,原则上应随父姓,但有法定的特殊情形例外。少数民族公民的姓氏可以遵从本民族的文化传统和风俗习惯。《民法典》自然人姓氏选取规则条款主要吸收了上述立法解释的规定。自然人姓氏选取规则的主要内容包括:一是自然人应当随父姓或母姓;出现法定情形之一时可以在父姓和母姓之外选取姓氏;二是少数民族自然人的姓氏可以遵从本民族的文化传统和风俗习惯。法定情形包括:一是选取其他直系长辈血亲的姓氏;二是因由法定扶养人以外的人扶养而选取扶养人的姓氏;三是有不违背公序良俗的其他正当理由。规定自然人的姓氏选取规则既保障了自然人选择姓氏的权利,又明确了姓氏的选择边界,使之符合我国的文化传统和风俗习惯,同时,方便了国家户政管理。

4.034　具有一定社会知名度称谓的保护　the protection of the appellation with certain social popularity

指对具有一定知名度,被他人使用足以造成公众混淆的笔名、艺名、网名、译名、字号、姓名和名称的简称等进行保护的规定,是《民法典》第 1017 条规定的内容。《中华人民共和国民法通则》并未规定姓名权、名称权的内涵和界限,有关具有一定社会知名度称谓的保护规则散见于《最高人民法院关于审理不正当竞争民事案件应用法律若干问题的解释》《最高人民法院关于审理商标授权确权行政案件若干问题的规定》等司法解释中。《民法典》在总结"乔丹案"经验的基础上,增加了"译名"的规定。具有一定社会知名度的称谓包括:笔名、艺名、网名、译名、字号、姓名和名称的简称等。具有一定社会知名度的称谓受法律保护的条件包括:一是具有一定社会知名度,为相关公众所熟知;二是与权利人产生相对稳定的联系,被他人使用足以使社会公众产生混淆。《民法典》规定具有一定社会知名度称谓的保护规则丰富了姓名和名称的内涵,有助于保护二者之上的人格利益以及人格标识使用权。

4.035 肖像权 right of portrait

指自然人享有的依法制作、使用、公开或者许可他人使用自己肖像的权利,是以自然人的外部形象为权利对象的权利,是一项重要的标表型人格权,是《民法典》第 1018 条规定的权利类型。肖像是通过影像、雕塑、绘画等方式在一定载体上所反映的可以被识别的特定自然人的外部形象,其以面部形象为主,但能够呈现出自然人外部形象的其他部位也属于肖像。《中华人民共和国民法通则》规定了公民肖像权。在此基础上,《民法典·总则编》和《民法典·人格权编》第四章规定了肖像权保护规则。肖像权的内容包括:肖像制作权、肖像使用权以及肖像公开权。肖像许可使用权是一种人格标识使用权,属于财产权的范畴,不是肖像权的内容之一。《民法典》规定肖像权保护规则,体现了对自然人肖像权的重视,有利于维护自然人的人格尊严,促进人格标识的积极利用。

4.036 侵害肖像权行为 infringement of the right of portrait

指以丑化、污损、利用信息技术手段伪造以及擅自制作、使用和公开等方式侵害自然人肖像权,损害其人格尊严的行为,是《民法典》第 1019 条规定的内容。《中华人民共和国民法通则》规定,未经本人同意,不得以营利为目的使用公民的肖像。将"以营利为目的"作为侵害肖像权行为的构成要件不当缩小了人格权的保护范围,难以满足保护肖像权人人格尊严的需求,由于在网络信息时代,以丑化、污损以及利用信息技术手段伪造他人肖像的案件频发,更需要对肖像权作出更加全面的保护。《民法典》在总结司法实践经验的基础上,放弃了"以营利为目的"的构成要件。侵害肖像权的方式包括:一是丑化、污损他人肖像;二是利用信息技术手段伪造他人肖像;三是擅自制作、使用、公开他人肖像。《民法典》规定侵害肖像权行为规则有利于明确侵权行为的类型,更好地维护自然人的人格尊严。

4.037 合理使用肖像权行为 reasonable use of the right of portrait

指基于满足公共利益的需求等目的,在未经肖像权人同意的情况下对其肖像进行利用的行为,是《民法典》第 1020 条规定的内容。《中华人民共和国民法通则》并未规定合理使用肖像权行为规则。《中华人民共和国著作权法》第 22 条规定了在不经著作权人同意的情况下使用其作品的情形。《民法典》在借鉴《中华人民共和国著作权法》规定的基础上,规定了合理使用他人肖像权的规则。合理使用肖像权行为包括:一是为个人学习、艺术欣赏、课堂教学或者科学研究,在必要范围内使用肖像权人已经公开的肖像;二是为实施新闻报道,不可避免地制作、使用、公开肖像权人的肖像;三是为依法履行职责,国家机关在必要范围内制作、使用、公开肖像权人的肖像;四是为展示特定公共环境,不可避免地制作、使用、公开肖像权人的肖像;五是为维护公共利益或肖像权人的合法权益,制作、使用、公开肖像权人肖像的其他行为。规定合理使用肖像权行为规则,正确区分了肖像权的界限,有利于消弭肖像权保护与实现公共利益之间的矛盾,促进社会发展,同时,明确合理使用肖像权行为的类型和要件,有利于肖像权的保护。

4.038　有利于肖像权人解释原则　the principle of interpretation in favor of portrait right holder

指在肖像权许可使用合同中,当事人对合同内容发生争议而又不能根据一般的解释方法得出结论时,应作有利于肖像权人的解释,是《民法典》第 1021 条规定的内容。《中华人民共和国民法通则》并未规定有利于肖像权人解释原则,但《中华人民共和国合同法》《中华人民共和国保险法》《中华人民共和国著作权法》等均规定了有利于一方当事人的规则。《民法典》在充分考虑当代社会人格标识被广泛许可使用以及肖像权人人格尊严、人身自由保护需求的基础上,规定了有利于肖像权人解释原则。有利于肖像权人解释原则的适用前提是根据《民法典》第 142 条第 1 款、第 466 条第 2 款对合同争议进行了解释,但仍不能得出结论。有利于肖像权人解释原则进一步强化了对自然人肖像权的保护,体现了人格权优于财产权的价值立场,有利于保护自然人的人格尊严和人身自由。同时,体现了对合同中弱势一方当事人的倾斜性保护。

4.039　肖像许可使用合同解除权　termination right of the portrait license contract

指肖像许可使用合同中的当事人一方行使解除权解除合同的权利,是《民法典》第 1022 条规定的内容。《中华人民共和国民法通则》并未规定肖像许可使用合同的解除规则,《民法典》生效前,当事人只能依照《中华人民共和国合同法》第 94 条规定的一般合同法定解除权解除合同。为防止肖像许可使用合同的继续履行损害自然人的人格自由与人格尊严,《民法典》规定了肖像许可使用合同解除权。肖像许可使用合同解除权包括两种类型:当事人对肖像许可使用合同的期限没有约定或者约定不明的,任何一方当事人可以随时解除合同,但应在合理期限前通知对方;当事人对肖像许可使用合同期限有明确约定,在被许可人因违法或不道德行为致使继续履行合同会损害肖像权人人格利益时,肖像权人可以解除合同,但应在合理期限前通知对方并赔偿损失。规定肖像许可使用合同解除权规则,赋予了当事人通过解除合同脱离合同束缚的权利,有利于保障肖像权人的人格尊严,促进其人格自由发展。同时,规定解除合同"正当理由"要件以及合理期限前通知义务,保障了交易安全、被许可人的信赖利益,可以有效避免给被许可人带来更大的经济损失。

4.040 声音利益 the interests of voice

指自然人在录制、使用和公开其声音等方面享有的利益,是以自然人的声音为客体的利益,是一项重要的标表型人格利益,是《民法典》第1023条规定的内容。声音利益保护的对象是自然人的声音本身,并非声音的载体和声音的内容。自然人的声音是本人声带震动发出的声波,具有独特性、稳定性等特征,是对外展示自然人身份的人格标识,不仅是一种重要的人格利益,亦能产生一定的经济效益。《中华人民共和国民法通则》并未规定声音利益,但《中华人民共和国著作权法》规定,声音可以成为商标权的对象。《民法典》在考量声音利益保护需求的基础上,规定了声音利益保护规则。声音利益的内容包括:声音的录制利益、声音的使用利益以及声音的公开利益。声音的许可使用是一种人格标识使用权,属于财产权的范畴,不是声音利益的内容之一。对声音利益的保护,参照使用肖像权的保护规定。《民法典》将声音明确为一种人格利益,有利于保护自然人的人格尊严和人身自由。

4.041 名誉权 right of reputation

指自然人、法人以及非法人组织对其所获得的名誉享有的保持及不受他人侵害的权利,是《民法典》第1024条规定的内容。名誉权具有法定性与社会性、专属性、非财产性等特征。名誉权的对象是名誉,是特定自然人享有的社会对其人品、德行、能力、水平等方面的客观评价。我国法律历来重视对名誉权的保护,《中华人民共和国民法通则》规定了公民和法人的名誉权,《中华人民共和国侵权责任法》规定名誉权属于侵权法保护的法益范围。《最高人民法院关于审理名誉权案件若干问题的解释》《最高人民法院关于确定民事侵权精神损害赔偿责任若干问题的解释》等对名誉权的保护作了专门规定。名誉权的内容包括:一是名誉维护权,民事主体人有权采取措施维护自己的名誉;二是名誉利用权,民事主体人有权利用自己的名誉从事各种社会活动,以获取相应的利益。侵害名誉权的构成要件包括:一是行为人实施了侮辱、诽谤等毁损名誉的行为并指向特定的对象;二是侵害行为为第三人所知悉;三是行为人主观上有过错。

4.042 新闻报道、舆论监督侵害名誉权行为 violations of the right of reputation in news reporting and supervision by public opinion

指新闻报道、舆论监督中造成他人社会评价降低的行为,是《民法典》第1025条规定的内容之一。现代社会,新闻报道、舆论监督与名誉权保护之间的冲突非常普遍,《最高人民法院关于审理名誉权案件若干问题的解释》《最高人民法院关于审理名誉权案件若干问题的解答》等规范性文件中均规定了禁止新闻报道、舆论监督侵害名誉权行为规则。《民法典》在总结司法实践经验的基础上,规定了禁止新闻报道、舆论监督侵害名誉权行为规则。新闻报道、舆论监督侵害名誉权行为包括三种形式:一是捏造、歪曲事实;二是对他人提供的严重失实内容未尽到合理核实义务;三是使用侮辱性言辞等贬损他人名誉。前两种形式涉及内容失实,属于客观判断;第三种形式则是行为人意见的表达,涉及主观判断。《民法典》规定禁止新闻报道、舆论监督侵害名誉权行为规则明确了新闻报道、舆论监督侵害名誉权行为的具体类型,划清了新闻报道、舆论监督与名誉权保护之间的界限,有利于保障新闻工作者的行为自由,也有利于保护权利人的名誉权。

4.043 新闻报道、舆论监督行为人合理核实义务 the reasonable verification obligation of the actor who implements news report and public opinion supervision

指行为人在从事新闻报道、舆论监督行为时依法负有的必要的合理核实义务,是为了保护他人名誉权而附加给行为人的法定义务,是立法机构基于司法实践总结出的评价行为违法性和行为人主观过错程度的典型维度,也是行为人作出行为的事前指引,是《民法典》第 1026 条规定的内容。为调和新闻报道、舆论监督与名誉权保护之间的矛盾,比较法上普遍确立了新闻报道、舆论监督行为人合理核实义务。我国《最高人民法院关于侵害名誉权案件有关报刊社应否列为被告和如何适用管辖问题的批复》规定了报刊社的核实义务。《民法典》第 1026 条在总结司法实践基础上规定了新闻报道、舆论监督行为人的合理核实义务。判断新闻报道、舆论监督行为人是否尽到合理核实义务的标准包括:一是内容来源的可信度;二是对明显可能引发争议的内容是否进行了必要的调查;三是内容的时限性;四是内容与公序良俗的关联性;五是受害人名誉受贬损的可能性;六是核实能力和核实成本。人民法院应当根据个案情况对以上因素进行判断,但不必考察全部因素。新闻报道、舆论监督行为人合理核实义务规则正确界定了相关行为人的合理核实义务,有助于保护权利人的名誉权;同时,规定"合理核实义务",确定了行为人核实义务的边界,有利于保障其行为自由。

4.044 文学、艺术作品侵害名誉权行为 the violation of the right of reputation by literary or artistic works

指行为人发表的文学、艺术作品中含有侮辱、诽谤内容,侵害他人名誉权的行为,是《民法典》第 1027 条规定的内容。文学、艺术作品是公民行使言论自由的一种方式,受宪法和法律保护,但其容易与权利人的名誉权相冲突。为应对多发的文学、艺术作品侵害名誉权现象,1993 年《最高人民法院关于审理名誉权案件若干问题的解答》规定了文学、艺术作品侵害名誉权案件的具体审理规则。《民法典》在总结司法实践的基础上规定了文学、艺术作品侵害名誉权行为规则。文学、艺术作品侵害名誉权行为的构成要件包括:一是文学、艺术作品中含有侮辱、诽谤他人的内容;二是行为人具有主观过错;三是行为人将作品对外公开。免责事由是没有以特定人为描述对象,仅作品中的部分情节与特定人的情况相似。文学、艺术作品侵害名誉权行为规则合理区分了行为人的艺术表现自由与名誉权保护之间的界限,一方面通过规定侵害名誉权行为的具体要件,保障了行为人的艺术表现自由;另一方面又通过该规则保护了权利人的名誉权。

4.045 媒体报道侵害名誉权的救济措施 relief measures for infringement of reputation rights in media reports

指权利人的名誉权因报刊、网络等媒体报道的内容失实受到侵害后可以采取的救济措施,是《民法典》第 1028 条规定的内容。报刊、网络等媒体报道是行为人行使言论自由、舆论监督的重要途径,但其会因报道内容失实侵害权利人的名誉权。《出版管理条例》规定,因媒体报道失实,受害人合法权益受到侵害的,有权要求有关出版单位更正或答辩。《民法典》充分借鉴了《出版管理条例》的规定,增加了媒体报道侵害名誉权的救济措施。媒体报道侵害名誉权的救济措施的适用要件包括:一是报刊、网络等媒体报道的内容失实;二是权利人的名誉权受到侵害。媒体报道侵害名誉权的救济措施内容包括:更正、删除等必要措施。互联网时代,报刊、网络等媒体报道失实致使他人名誉权受损后或因信息技术的普及而迅速扩大,并给受害人造成难以弥补的损害,要求侵权行为人采取及时更正、删除等必要措施将使损失停留在原处,避免损失扩大,起到了停止侵害、排除妨碍的效果。

4.046 信用评价 credit rating

指由专业机构根据“客观、公正、科学”原则,根据特定的指标体系和评估方法对各类市场参与者经济承诺的能力及可信任程度进行综合评价的活动,是《民法典》第 1029 条规定的内容。信用是经济社会发展的必然产物,良好的信用评价是民事主体参与社会经济活动的必要前提。《民法典》颁布前,信用评价法律关系主要由《征信业管理条例》予以调整。《民法典》在总结司法实践经验的基础上,规定了民事主体可以依法查询自己的信用评价以及信用评价不当的救济措施。民事主体对信用评价的权利主要包括:查询信用评价的权利以及发现信用评价不当的,有权提出异议并请求采取更正、删除等必要措施。信用评价不当的情形包括:一是信用评价依据的基础信息不准确导致信用评价不当;二是信用评价依据的基础信息真实,但评价机构的算法模型有错误。评价不当的救济措施包括:一是提出异议;二是请求更正;三是请求删除。规定信用评价制度可以更好地保护民事主体的信用利益,于评价不当后获得及时的救济。

4.047 信用信息 credit information

指与民事主体信用相关的客观信息,是信用评价的基础,是个人信息权的保护对象之一,是《民法典》第 1030 条规定的内容。信用信息的收集与处理关系到民事主体的权利保护,在网络信息社会信用普遍缺失的背景下,建立信用信息收集与评价制度成为社会的迫切需求。《民法典》顺应时代发展需求,建立了信用信息收集与处理制度。信用信息可分为个人信用信息和企业信用信息。个人信用信息是个人在信用交易活动中形成的履行或不履行义务的记录及相关数据,包括身份识别信息、商业信用信息、公共记录信息等;企业信用信息是全面记录企业各类经济活动,反映企业信用状况的文书,包括企业基本信息、信贷信息、公共信息和声明信息等。信用信息的收集与处理同一般个人信息收集与处理的性质相同,适用有关个人信息保护的规定。《民法典》规定信用信息制度,顺应了网络时代信用信息的保护需求,有利于民事主体的人格权保护。

4.048　荣誉权　right of honor

指自然人、法人以及非法人组织对其获得的荣誉称号享有的保持、支配以及不受他人侵害的权利,是《民法典》第 1031 条规定的内容。荣誉权具有专属性、非财产性以及绝对性等特征。荣誉权的对象是荣誉,是特定机关根据民事主体的特定行为给予的正式肯定评价。我国法律历来重视对荣誉权的保护,《中华人民共和国民法通则》规定公民和法人享有荣誉权,《中华人民共和国民法总则》将荣誉权的主体扩大至自然人、法人和非法人组织,《民法典》沿袭了这一规定。此外,《中华人民共和国国家勋章和国家荣誉称号法》《国家功勋荣誉表彰条例》等法律法规对国家荣誉作了专门规定。荣誉权内容包括:一是荣誉保持权;二是名誉支配权。侵害他人名誉权的行为包括:一是非法剥夺他人荣誉称号;二是诋毁、贬损他人荣誉。荣誉权受侵害后,权利人享有补充权和更正权。此外,荣誉受他人诋毁、贬损后,权利人还可以选择名誉权的保护规则进行救济。《民法典》规定名誉权制度,有助于确认和保护权利人获得的积极社会评价,引领良好的社会风尚。

4.049　隐私权　right of privacy

指自然人对其隐私享有的不受他人刺探、侵扰、泄露以及公开的权利,是以自然人的隐私为客体的权利,是《民法典》第 1032 条规定的内容。隐私是自然人不愿为他人知晓的事项,包括自然人的私人生活安宁和不愿为他人知晓的私密空间、私密活动、私密信息。《中华人民共和国民法通则》并未规定隐私权,而是将隐私作为名誉权的保护对象,《中华人民共和国侵权责任法》首次从立法上规定了隐私权。《民法典》将私人生活安宁纳入隐私权的保护范围并形成了享有规定。隐私权的内容包括:一是隐私支配权;二是隐私维护权。隐私权具有边界性,在涉及公共利益时,隐私权在公共利益要求的范围内受到限制。《民法典》将隐私权规定为一项独立的人格权,体现了对自然人人格的尊重,有利于维护人格尊严、促进人格发展,满足了网络信息社会隐私权的保护需求。

4.050　侵害隐私权行为　an act that violates the right to privacy

指未经权利人同意,侵扰其私人生活安宁和不愿为他人知晓的私密空间、私密活动、私密信息的行为,是《民法典》第 1033 条规定的内容。侵害隐私权行为包括:一是侵扰他人私人生活安宁的行为;二是侵入他人私密空间行为;三是侵扰他人私密活动行为;四是侵害他人身体隐私行为;五是非法处理他人私密信息行为;六是以其他方式侵害他人的隐私权行为。构成要件包括:一是实施了侵入、窥视、窃听、刺探、搜查、侵扰、泄露、公开宣扬等侵害他人隐私权行为;二是有隐私被刺探、私人活动被窥视、私密空间被侵入、私人信息被公开、私人生活被搅扰、隐私行为被干预等损害事实;三是侵害行为与损害结果之间的因果关系。《民法典》对侵害隐私权行为的类型化规定有助于正确界定侵害行为,同时,规定兜底性条款又可在适应时代发展和侵害隐私权行为多样化背景下保护隐私权的需求。

4.051　个人信息　personal information

指以电子或者其他方式记录的能够单独或者与其他信息结合识别特定自然人的各种信息,包括自然人的姓名、出生日期、身份证件号码、生物识别信息、住址、电话号码、电子邮箱、健康信息、行踪信息等。上述个人信息既包含了隐私利益和表征主体同一性的利益,也存在财产利益,是《民法典》第 1034 条规定的内容。《中华人民共和国民法总则》颁布前,个人信息主要由《中华人民共和国刑法》《中华人民共和国网络安全法》《中华人民共和国消费者权益保护法》以及《全国人民代表大会常务委员会关于加强网络信息保护的决定》等法律法规进行保护。我国民法上对个人信息的保护源自《中华人民共和国民法总则》第 111 条的规定,《民法典》沿袭其规定并作出了更为详细的规定。个人信息可分为私密信息和非私密信息,私密信息适用有关隐私权的规定,没有规定的才适用有关个人信息保护的规定。《民法典》规定个人信息制度从正面确认了自然人个人信息利益,彰显了对自然人人格尊严和人格自由的尊重,有利于网络信息社会背景下个人信息利益的保护。

4.052　个人信息处理原则　principles of handling personal information

指收集、存储、使用、加工、传输、提供、公开等处理个人信息行为所应坚持的基本原则,是《民法典》第 1035 条规定的内容。个人信息处理的合法、正当、必要三原则最初源于《全国人民代表大会常务委员会关于加强网络信息保护的决定》,该决定明确了个人信息收集与处理过程中应当秉持合法、正当和必要原则。《中华人民共和国网络安全法》和《中华人民共和国消费者权益保护法》承袭了以上原则。《民法典》在借鉴欧盟《一般数据保护条例》的基础上,不再区分信息的"收集"与"处理",以"处理"一词统一指代个人信息的收集、存储、使用、加工、传输提供、公开等行为,并以此为基础规定了个人信息处理原则。个人信息处理原则包括:合法原则,即对个人信息进行处理时,应严格按照法律法规的规定进行,不得违法处理个人信息;正当原则,即处理个人信息的目的必须正当,为信息主体所同意或行政机关履行职责以及实现公共利益所必需;必要原则,即个人信息处理过程中应符合比例原则,尽量将处理的内容减少。《民法典》个人信息处理原则是个人信息处理过程中的基本保护规则,可以起到个人信息处理规则漏洞填补和解释个人信息处理规则的作用,满足了网络信息社会个人信息保护的需求。

4.053 个人信息的合理使用 reasonable use of personal information

指基于法定的正当理由,在合理范围内使用他人个人信息的行为,是《民法典》第1036条规定的内容。《民法典》编撰中,个人信息合理使用规则的内容经历了数次变更,《民法典(草案)》(二审稿)删去了"为学术研究、课堂教学或者统计目的在合理范围内实施的行为;为维护公序良俗而实施的必要行为;法律、行政法规规定的其他适当实施情形",增设了"为维护公共利益或者该自然人合法权益,合理实施的其他行为"。《民法典(草案)》(二审稿)增加了监护人作为知情同意的主体。个人信息的合理使用的情形包括:一是在自然人或其监护人同意的范围内合理实施的行为;二是合理处理自然人自行公开的或者其他已经合法公开的信息行为;三是为维护公共利益、自然人利益的合理使用行为。《民法典》个人信息的合理使用规则明确了合理使用的情形,区分了自然人个人信息保护与合理使用之间的界限,有利于保护自然人的个人信息,同时,也有助于发挥个人信息的价值。

4.054 信息处理者守法义务 obligation to obey the law of the information processor

指个人信息处理者不得泄露、篡改其收集、存储的个人信息以及未经自然人本人同意不得向他人非法提供其个人信息的义务,是信息处理者的保密义务,是《民法典》第1038条第1款规定的内容。《民法典》颁布前,《全国人民代表大会常务委员会关于加强网络信息保护的决定》规定了网络服务提供者和其他企业事业单位及其工作人员等信息处理者的保密义务。《中华人民共和国网络安全法》规定,禁止网络运营者泄露、篡改、毁损和未经被收集者同意向他人提供自然人的个人信息。《民法典》在借鉴上述规定的基础上形成了现有规定。信息处理者守法义务包括:一是自然人个人信息的禁止泄露、篡改、丢失义务;二是未经自然人同意,不得向他人非法提供其收集的自然人个人信息义务。《民法典》明确了信息处理者守法义务明确了信息处理者在收集、存储他人个人信息过程中的法定义务,有利于规范信息处理行为,保护信息主体的合法权益。

4.055 信息处理者安全保障义务 the security obligation of the information processor

指个人信息处理者采取必要措施,防止其收集、处理的个人信息泄露、篡改、丢失以及发生损害发生或即将发生,而应采取补救措施和及时报告的义务,是《民法典》第1038条第2款规定的内容。网络信息技术的发展给信息的存储、保管带来了巨大挑战,要求网络信息处理者必须完善保密措施、提高保密手段。《全国人民代表大会常务委员会关于加强网络信息保护的决定》《中华人民共和国网络安全法》均规定,网络服务提供者或网络运营者应采取技术措施和其他必要措施,确保其收集的信息安全;在发生信息泄露、毁损、丢失后,及时采取补救措施并及时告知用户和主管部门。《民法典》在总结司法实践经验的基础上,借鉴上述规定,形成了现有规定。信息处理者安全保障义务包括:一般情况下采取技术措施和其他必要措施,防止信息泄露、篡改、丢失;紧急情况下采取补救措施,依照规定告知信息主体和向有关主管部门报告。信息处理者安全保障义务旨在从信息处理者内部建立信息侵权的预防机制,以应对大数据背景下损害的广泛性和不可恢复性。

4.056 国家机关及其工作人员的个人信息保密义务 the duty to keep confidential the personal information of state organs and their functionaries

指国家机关、承担行政职能的法定机构及其工作人员对于履行职责过程中知悉的自然人的隐私和个人信息,应当予以保密,不得泄露或向他人非法提供的义务,是《民法典》第 1039 条规定的内容。国家机关或承担行政职能的法定机构基于个人信息处理者、网络安全审查者、个人信息处理活动的监督者等身份,往往会掌握大量的自然人隐私和个人信息,一旦泄露、出售或向他人非法提供,将会给权利人带来难以挽回的损失。《全国人民代表大会常务委员会关于加强网络信息保护的决定》《中华人民共和国网络安全法》《中华人民共和国监察法》《征信业管理条例》等法律法规规定了国家机关及其工作人员的个人信息保密义务,《民法典》延续了上述规定。国家机关及其工作人员的个人信息保密义务包括:一是信息处理中的保密义务;二是网络安全审查中的保密义务以及监督个人信息处理中的保密义务。规定国家机关及其工作人员的个人信息保密义务可以规范国家机关及其工作人员的信息处理等行为,较少侵害行为,有效保护自然人的隐私权和个人信息。

第五编 婚姻家庭

5.001 婚姻家庭 marriage and family

是人类社会发展到一定阶段出现的两性和血缘关系的社会形式。婚姻,是为当时的社会制度所确认的男女两性互为配偶的结合;家庭是由一定范围内的亲属所构成的社会生活单位。婚姻是家庭的基础,家庭是社会的细胞。婚姻家庭无论对于个人还是对于社会,都有着重要的意义。

我国法律规定的婚姻,有三个特点:第一,婚姻是男女两性的结合,即婚姻双方须为异性,这是婚姻自然层面的要求。目前,有的国家和地区通过立法允许同性结合甚至承认同性婚姻,但我国法律不承认同性婚姻。第二,男女两性的结合须为当时的社会制度所确认,这是婚姻的社会层面的要求。只有为社会制度所确认的男女两性的结合才是法律上所规范的婚姻。我国现行法律规定,只有符合了法律规定的条件并履行了法律规定的登记程序,婚姻才成立,其他的两性结合,如试婚、婚外同居、姘居均不产生婚姻的法律效力。我国有条件地承认事实婚姻。第三,婚姻是双方具有夫妻身份的结合。经由法律制度所确认的两性结合才具有夫妻身份,才受到法律保护,这是婚姻法律层面的要求。婚姻具有夫妻身份的结合,男女之间才享有法定的夫妻权利、承担法定的夫妻义务;法律关于夫妻间权利义务关系的规定,属于强行性规范,当事人不得任意变更、免除。

家庭有两个特征:第一,家庭是一个亲属团体。组成家庭的亲属包括因婚姻、血缘和法律拟制而产生的亲属。不是全部亲属构成家庭,而是指在法律上有权利义务关系的亲属。通常在法律上具有权利义务关系的家庭成员包括配偶、父母、子女、兄弟姐妹、祖父母、外祖父母、孙子女、外孙子女。第二,家庭是一个具有共同经济的生活单位。家庭作为社会的细胞,是一个包括经济生活、道德生活以及政治、宗教、教育等各方面内容的生活单位。家庭作为一个生活单位,承担着组织家庭生产、家庭消费和进行家庭教育的基本职能,具体情况则因不同的时代而有所差异。

5.002 婚姻家庭法 marriage and family law,family law

指调整婚姻家庭法关系的法律规范的总称。不同的国家有不同的名称,有的称为"婚姻法",有的称为"婚姻家庭法""亲属法"等。我国的婚姻家庭法是规定婚姻家庭关系的发生、变更和终止,以及婚姻家庭主体之间、其他近亲属之间的权利义务的法律规范的总和。

婚姻家庭法调整的是具有特定亲属身份的人之间的人身关系和财产关系,属于身份法,是民法的重要组成部分。婚姻家庭法在内容上由亲属身份法和亲属财产法构成,前者源于婚姻家庭的人伦秩序,是严格意义上的身份法;后者则由前者派生,是具有特定的身份关系的人之间的财产关系,但这种由亲属身份所派生的财产关系所反映的主要是亲属共同生活和家庭职能的要求,具有弱者保护的功能。婚姻家庭法中的财产性规范与商品经济社会中的其他财产法不同,不是对价关系,不具有等价有偿的性质。

婚姻家庭法虽然有诸多道德、伦理性的规定,但也有相当多的强制性规定,不允许当事人自由改变。如结婚的条件、结婚的法律后果、收养的效力、父母子女间的权利义务等。

5.003　中华人民共和国婚姻法　Family Law of the People's Republic of China

中华人民共和国成立后,于 1950 年颁布了第一部《中华人民共和国婚姻法》,共 8 章 27 条。1950 年的《婚姻法》既是中国人民在婚姻家庭领域里进行的反封建斗争的经验总结,又是为适应新中国成立后改革婚姻家庭制度的实际需要而制定的重要法律。该法第 1 条明确规定:"废除包办强迫、男尊女卑、漠视子女利益的封建主义婚姻制度。实行男女婚姻自由、一夫一妻、男女权利平等、保护妇女和子女合法权益的新民主主义婚姻制度。"这意味着 1950 年婚姻法的基本任务是建立新民主主义的婚姻家庭制度。

在我国进入改革开放、健全社会主义法制的新的历史时期,1980 年 9 月的第五届全国人民代表大会第三次会议通过了第二部《中华人民共和国婚姻法》,共 5 章 37 条。2001 年 4 月 28 日,第九届全国人大常委会第二十一次会议通过了关于修改《婚姻法》的决定,对 1980 年颁行的《婚姻法》进行了修改。修正后的《婚姻法》共 6 章 51 条,修改和增加的主要内容有:第一,增加规定禁止有配偶者与他人同居、禁止家庭暴力;第二,增加了夫妻之间应当互相忠实,家庭成员应当互相帮助,维护家庭和睦、文明的倡导性规定;第三,增设无效婚姻制度;第四,明确规定夫妻共同财产和个人财产的范围;第五,进一步保障老年人利益,特别规定子女应当尊重父母的婚姻权利,不得干涉父母再婚以及婚后的生活;第六,增设了法院判决离婚的列举性规定;第七,明确规定了离婚补偿制度、离婚过错方赔偿制度;第八,明确规定了离婚后父母探望子女权;第九,专章规定了救助措施以及法律责任。2020 年 5 月 28 日,十三届全国人大三次会议通过了《中华人民共和国民法典》,自 2021 年 1 月 1 日起施行,《中华人民共和国婚姻法》同时废止。

5.004　婚姻自由　freedom of marriage

指公民有权按照法律的规定,完全自主自愿地决定自己的婚姻问题,不受任何人的强制和干涉。婚姻自由是婚姻家庭法律的首项基本原则。婚姻自由包括结婚自由和离婚自由两个方面。

结婚自由有两个内容:第一,结婚必须男女双方完全自愿并且意思表示真实,不容许任何一方对另一方进行强迫、欺骗、乘人之危或任何第三人加以包办及非法干涉。第二,结婚必须符合法律规定的条件和程序。我国法律规定了结婚必须符合法律规定的结婚条件,不能具备法律规定的禁止结婚的情形,以及必须办理规定的结婚登记手续。

离婚自由有两方面内容:一是指夫妻双方均有决定是否离婚、何时离婚的自由。夫妻双方可以协商处理离婚的相关事宜,到民政部门办理离婚登记手续;协商不成时,任何一方均有权向人民法院提起诉讼,解除婚姻关系。二是离婚不是当事人的意定行为,无论是协议离婚,还是诉讼离婚,都必须符合法定条件,履行法定程序,承担相应的法律后果。提出离婚,是当事人的一项自由和权利,但是否准许离婚,则必须有国家的干预,不能由当事人任意决定。《民法典·婚姻家庭编》对离婚的原则、程序、离婚后子女的抚养和教育等问题,都作了明确规定,这些规定既是对离婚自由的保障,又是对行使离婚自由权利的约束。

结婚自由和离婚自由共同构成了婚姻自由原则的完整含义。结婚自由是建立婚姻关系的自由,离婚自由是解除婚姻关系的自由;结婚自由是实现婚姻自由的先决条件,离婚自由是结婚自由的必要补充。离婚自由可以使痛苦的、"死亡"的婚姻得以解除,从而为当事人缔结自由婚姻创造必要的前提与条件。从行为的普遍性来看,结婚是民众普遍的行为,结婚自由是婚姻自由的主要方面;离婚是在迫不得已的情况下发生的,是解除名存实亡的婚姻关系的必要手段。结婚自由和离婚自由各有侧重,二者相得益彰,目的都是为了保障民众享受幸福和美的婚姻家庭生活。

婚姻自由不是绝对的、毫无限制的。正确处理婚姻问题,不仅涉及个人利益,而且关系到婚姻双方、下一代、家庭和社会的利益。《民法典·婚姻家庭编》规定了结婚的条件和程序、离婚的程序和处理原则,这都说明婚姻自由是有一定限度的。任何人不得滥用婚姻家庭中的权利,也不得因此损害他人的合法权益和社会公共利益。

5.005　一夫一妻　monogamous marriage, monogamy, monogyny

一男一女结为夫妻互为配偶的婚姻形式。一夫一妻制是一男一女结为夫妻、任何人不得同时有两个或两个以上配偶的婚姻制度。一夫一妻制是人类婚姻文明高度发展的产物,是我国社会主义婚姻家庭制度的重要内容,是我国婚姻家庭法律的一项基本原则。

一夫一妻制要求,任何人均不得同时有两个或两个以上的配偶。已婚者(包括有夫之妇、有妇之夫),在其配偶死亡、离婚、婚姻被宣告无效或被撤销前均不得再行结婚;未婚男女不得同时与两个或两个以上的人结婚。一切公开的、隐蔽的一夫多妻、一妻多夫都是违法的,受到法律的禁止和取缔。对于当事人违反一夫一妻制的行为,要根据情节轻重,承担相应的民事、刑事责任。

一夫一妻制是当今世界各国普遍推行的婚姻原则。我国1950年《婚姻法》、1980年《婚姻法》以及2020年《民法典》,均将一夫一妻作为法律的基本原则,这既是男女平等的基本要求,又是实现男女平等的重要保障,对于提高妇女家庭地位和社会地位,保护妇女合法权益具有重要的现实意义。另外,一夫一妻制有利于婚姻的稳定和婚姻质量的提高,有利于家庭的和睦团结,有利于未成年子女的健康成长。

5.006 男女平等 equality of men and women

指男女两性在婚姻家庭中法律地位平等,男女平等是我国社会主义婚姻家庭制度的本质特征。我国《宪法》第48条规定:"中华人民共和国妇女在政治的、经济的、文化的、社会的和家庭的生活等各方面享有同男子平等的权利。"《民法典·婚姻家庭编》所规定的男女平等原则,是《宪法》规定的男女平等原则的具体化,其核心内容是男女两性在婚姻关系和家庭生活中的各个方面都享有平等的权利,承担平等的义务。这一原则突出地反映了我国婚姻家庭制度的社会主义本质,是社会主义婚姻家庭制度区别于以男权为中心的一切旧婚姻家庭制度的重要标志。我国1950年《婚姻法》、1980年《婚姻法》以及2020年《民法典》,均将男女平等作为法律的基本原则。我国的社会主义制度从经济、政治、文化等各个方面为全面实现男女平等和妇女解放创造了前提条件。我国法律规定的男女平等原则既贯穿于婚姻家庭的立法精神之中,又反映于婚姻家庭的各个具体法律制度中,包括夫妻关系、父母子女关系、兄弟姐妹关系等其他家庭成员之间、收养关系等方面,无不贯彻着不分性别、男女平等的精神。

5.007 包办婚姻 arranged marriages

指婚姻关系以外的第三人(如父母)违反婚姻自由原则,在完全违背婚姻当事人意愿的情况下,强迫其缔结婚姻的行为。例如,父母不顾女儿的反对,坚持让女儿定亲,并强迫其出嫁;再如,现实生活中个别地区的换亲等。包办婚姻严重违反了婚姻自由原则,《民法典》中明令禁止包办婚姻。

应当划清包办婚姻与父母主持或者经人介绍、本人同意的婚姻界限。前者违反婚姻自由的原则,当事人的结婚是被迫的,是一种违法行为;后者虽然是由父母主持或者经人介绍的,但婚姻当事人在双方相互了解的基础上作出了同意缔结婚姻关系的意思表示,符合婚姻自由的原则。

5.008 买卖婚姻 mercenary marriage

指婚姻关系以外的人(包括父母)以索取大量财物为目的,包办、强迫他人缔结婚姻的行为。例如,父母为索取大量的彩礼或养育费,不顾女儿反对,强迫女儿结婚的行为;再如个别地区的买媳妇等。

在现实生活中,包办婚姻与买卖婚姻既有联系,又有区别。包办婚姻不一定是买卖婚姻,而买卖婚姻必然是包办婚姻;包办婚姻不是出于财产上的目的和动机,如果包办者从中索取大量财物,则应认定为买卖婚姻。

从我国目前的婚姻状况看,包办、买卖婚姻尽管不是主流,但其社会危害后果却相当严重,有的甚至引发恶性刑事案件。因此,必须保持警惕,并进一步加强婚姻自由原则的宣传和贯彻执行力度,为维护健康、和谐、合法的婚姻关系奠定基础。

5.009　借婚姻索取财物　exaction of properties in connection with marriage

指婚姻当事人向对方索要一定的财物,以此作为结婚的条件。其特点主要表现为:

一是索取财物的主体一般是婚姻当事人一方,有时也发生第三人(如女方父母)索取财物的情况。这是借婚姻索取财物与买卖婚姻的区别之一。

二是在婚姻决定权上,男女双方基本上是自愿的,结婚的意思表示也基本上反映了他们的个人意志。这是借婚姻索取财物与买卖婚姻的区别之二。

三是婚姻的缔结多数不是以感情为基础,对索要财物的一方来说,往往是建立在贪图物质和金钱的基础上。

四是这种婚姻关系在性质上违反社会主义婚姻的基本要求,违背婚姻自由原则,属于违法行为,所以法律予以禁止。

在现实生活中,借婚姻索取财物的行为比买卖婚姻更为常见,涉及面更广,其危害性不容忽视,必须严肃对待,对当事人批评教育并妥善处理引发的财产纠纷。对借婚姻索取财物引发的财产纠纷,首先由双方协商解决,不能协商解决的,一般应责令索取财物的一方部分或全部返还给另一方。

在认定和处理借婚姻索取财物的问题时,除了注意它和买卖婚姻的区别外,还应当注意它和正常赠与的区别。一般而言,恋爱期间,男女双方会基于爱慕赠与对方特定的物品,这种赠与完全基于自愿且通常数额不大,不会因赠与造成赠与方(或其家庭)生活困难;因此双方分手时,一般能够通过协商妥善解决,不能通过协商妥善解决的,由于赠与行为已经完成,一般也不能要求返还。另外,借婚姻索取财物与借婚姻之名骗取财物的不同。在后一种情况下,骗取财物者没有与对方成立婚姻的主观意愿,纯粹是为了非法获得财物,应当根据具体情节按诈骗行为处理,行为人根据行为的社会危害程度不同,分别承担民事责任、行政责任和刑事责任。

另外,应注意划清借婚姻索取财物与男女自愿赠与的界限。前者是一方向他方主动索取财物,并作为结婚的前提条件,他方是在被迫的情况下给予财物的,是一种违法行为;后者是男女双方基于爱慕在自愿的基础上赠与对方物品以表心意或者作为纪念,不以结婚为条件,是一种合法行为。在实践中,男女双方分手时如果对于是索取财物还是赠与财物有争议的,主张索取或者赠与的一方应当提供证据加以证明,也可以按照一般社会观念加以确定；难以认定的，一般按赠与处理。

5.010 重婚 bigamy

指有配偶的人又与他人结婚的违法行为，即一个人同时存在两个或者两个以上的婚姻关系。重婚有两种：其一，法律上的重婚，是指有配偶的人又与他人登记结婚，即有配偶者（夫妻中的一方或者双方）又与他人办理了结婚登记手续；其二，事实上的重婚，是指有配偶的人与他人虽未办理结婚登记，但以夫妻名义同居生活、周围群众也认为是婚姻的，因为事实婚姻的存在而构成重婚。无论是法律上的重婚，还是事实上的重婚，都是违反一夫一妻制的严重违法行为，为我国法律所明令禁止，构成重婚罪的，须依法承担刑事责任。

5.011 有配偶者与他人同居 cohabitation of a married person with another person

指有配偶者与婚外的异性不以夫妻名义，持续、稳定的共同居住的行为。构成有配偶者与他人同居的要件有三个：一是有配偶者；二是不以夫妻名义；三是持续、稳定的共同居住。符合这三个要件，构成有配偶者与他人同居的行为。有配偶者与他人同居是违反一夫一妻制的行为，为法律所禁止。有配偶者与他人同居，包括男性"包二奶"，女性包养男性，并非出于金钱物质目的的婚外同居、姘居、通奸等。姘居，指有配偶的男女（包括一方有配偶以及双方均有配偶），缺乏长久共同生活目的、或长或短的公开性地、对外不以夫妻名义的同居；通奸是指有配偶的男女（包括一方有配偶以及双方均有配偶），秘密、自愿发生两性关系的行为。

除我国民事法律中规定禁止有配偶者与他人同居外，我国《刑法》中也有相关的法律条文。如，第259条规定："明知是现役军人的配偶而与之同居或者结婚的，处三年以下有期徒刑或者拘役。利用职权、从属关系，以胁迫手段奸淫现役军人的妻子的，依照本法第二百三十六条（强奸罪）的规定定罪处罚。"

5.012 家庭暴力 domestic violence

指家庭成员之间以殴打、捆绑、残害、限制人身自由以及经常性谩骂、恐吓等方式实施的身体、精神等侵害行为。家庭成员之间应当互相帮助，互相关爱，和睦相处，履行家庭义务。一般而言，家庭暴力直接作用于受害者身体，使受害者身体上或心理上感到痛苦，损害其身体健康和人格尊严。家庭暴力发生于因血缘、婚姻、收养关系生活在一起的家庭成员间。妇女和未成年人是家庭暴力的主要受害者，有些中老年人、男性和残疾人也会成为家庭暴力的受害者。家庭暴力可能是男性对女性实施，也可能是女性对男性实施；可能是父母对未成年子女实施，也可能是成年子女对老年父母实施；可能发生在有婚姻关系的男女之间，也可能发生在有同居关系的男女之间；可能发生在兄弟姐妹之间，也可能发生在祖孙之间；等等。

家庭暴力包括身体暴力、性暴力、精神暴力和经济控制四种类型。第一,身体暴力是加害人通过殴打或捆绑受害人、限制受害人人身自由等方式使受害人产生恐惧的行为;第二,性暴力是加害人强迫受害人以其感到屈辱、恐惧、抵触的方式接受性行为,或残害受害人性器官等性侵犯行为;第三,精神暴力是加害人以侮辱、谩骂、恐吓、精神控制等手段对受害人进行精神折磨,使受害人产生屈辱、恐惧、无价值感等作为或不作为行为;第四,经济控制是加害人通过对夫妻共同财产和家庭收支状况的严格控制,摧毁受害人自尊心、自信心和自我价值感,以达到控制受害人的目的。现实生活中,由于家庭暴力导致离婚、人身伤害案件日益增多,甚至发生了诸如毁容、残肢、烧妻、杀夫等恶性案件。国家禁止任何形式的家庭暴力,反家庭暴力是国家、社会和每个家庭的共同责任。《中华人民共和国反家庭暴力法》,已于 2016 年 3 月 1 日起施行。

5.013　虐待　maltreat

指以作为或不作为的形式,对家庭成员歧视、折磨、摧残,使其在精神上、肉体上遭受损害等的违法行为,如恐吓、冻饿、限制人身自由等。关于家庭暴力和虐待间的关系,司法实践中,持续性、经常性的家庭暴力构成虐待。虐待行为严重侵害家庭成员的人身权益,《民法典》规定禁止家庭成员间的虐待。我国《刑法》第 260 条规定:"虐待家庭成员,情节恶劣的,处二年以下有期徒刑、拘役或者管制。犯前款罪,致使被害人重伤、死亡的,处二年以上七年以下有期徒刑。第一款罪,告诉的才处理,但被害人没有能力告诉,或者因受到强制、威吓无法告诉的除外。"

5.014　遗弃　abandon,desert

指家庭成员中负有赡养、扶养和抚养义务的一方,对需要赡养、扶养和抚养的另一方,不履行其应尽义务的违法行为。如父母不抚养未成年子女,成年子女不赡养无劳动能力、生活困难的父母,配偶不履行扶养对方的义务等。遗弃是以不作为的形式出现的,即应为而不为,致使被遗弃人的权益受到侵害。根据语境的不同,"扶养"一词在法律上有不同的含义。就文义而言,扶养包括赡养、扶养和抚养。就狭义而言,晚辈对于长辈(如子女对于父母)称为赡养,平辈之间(如夫妻之间、兄弟姐妹之间)称为扶养,长辈对于晚辈(如父母对于子女)称为抚养。因此,"亲属间的扶养义务"中的"扶养"就包括了赡养、扶养和抚养,而法律规定中的"夫妻有相互扶养的义务。需要扶养的一方在另一方不履行扶养义务时,有要求其给付扶养费的权利"中的"扶养",仅指狭义的扶养。关于遗弃定义中的"需要赡养、扶养和抚养"的人,主要是指家庭中年老、年幼、患病或者其他没有独立生活能力的成员,这些人往往没有独立生活能力,即不具备或丧失劳动能力、无生活来源而需要其他家庭成员给予供养,或虽有一定的经济收入但生活不能自理而需要其他家庭成员照顾的情况。如因年老、伤残、疾病等原因丧失劳动能力,没有生活来源;或虽有生活来源,但因病、老、伤残,生活不能自理的;或因年幼、智力低下等原因,没有独立生活的能力。"赡养、扶养、抚养"的义务不仅仅指物质上的供养,还包括生活上的帮助、照料以及精神上的抚慰;随着社会的文明进步和人们物质生活水平的提高,对老人的精神赡养日益重要,不容忽视。

5.015　家风　family values

又称"门风"。指一个家庭或家族世代相传的风尚,是一个家族代代相传沿袭下来的体现家族成员精神风貌、道德品质、审美格调和整体气质的家族文化风格。家庭是社会中最古老、最基本的组织形式。家庭是人生的第一个课堂,父母是孩子的第一任老师。家风是每个个体成长的精神足迹,对家族的传承、民族的发展都起到重要影响。家风好,就能家道兴盛、和顺美满;家风差,难免殃及子孙、贻害社会。

家风,是一种由父母或祖辈提倡并能身体力行和言传身教、用以约束和规范家庭成员的风尚和作风,是一个家庭长期培育形成的一种文化和道德氛围,有强大的感染力量,是家庭伦理和家庭美德的集中体现。好的家风,立品格、定性情、树志向,为一个人日后的发展定下基调。家风作为一种精神力量,它既能在思想道德上约束家庭成员,又能促使家庭成员在文明、和谐、健康、向上的氛围中成长和发展。家风不仅仅对个人和家庭重要,对于中华民族的伟大复兴也具有同样重要的意义。家国两相依,家是最小的国、国是千千万万的家;家庭的前途命运同国家和民族的前途命运紧密相连,千家万户都好,国家才能好,民族才能好。

5.016　家庭美德　family virtues

指人们在家庭生活中调整家庭成员间的关系、处理家庭问题时所遵循的高尚的道德规范。家庭美德的内容主要包括尊老爱幼、男女平等、夫妻和睦、勤俭持家、邻里互助等。婚姻家庭关系既受法律调整,也受道德调整。家庭美德属于家庭道德范畴,是每个家庭成员在家庭生活中应该遵循的基本行为准则,是家庭和谐、幸福的保障。

习近平总书记强调家庭美德的重要性。他指出,不论时代发生多大变化,不论生活格局发生多大变化,我们都要重视家庭建设,注重家庭、注重家教、注重家风,紧密结合培育和弘扬社会主义核心价值观,发扬光大中华民族传统家庭美德,促进家庭和睦,促进亲人相亲相爱,促进下一代健康成长,促进老年人老有所养,使千千万万个家庭成为国家发展、民族进步、社会和谐的重要基点。家庭和睦则社会安定,家庭幸福则社会祥和,家庭文明则社会文明。因此,《民法典》第1043条明确规定,"家庭应当树立优良家风,弘扬家庭美德,重视家庭文明建设","夫妻应当互相忠实,互相尊重,互相关爱;家庭成员应当敬老爱幼,互相帮助,维护平等、和睦、文明的婚姻家庭关系",从而引领千千万万家庭成为国家发展、民族进步、社会和谐的重要基点。

5.017　亲属　consanguinity, relative

指具有婚姻、血缘或者法律拟制关系、彼此间具有法律上的权利义务关系的成员。亲属具有以下含义：

第一，亲属只能基于血缘、婚姻或法律拟制而产生。亲属与一般的民事法律关系不同，产生亲属关系的法律事实只有三类：一是缔结婚姻的法律行为。结婚是亲属关系产生的基础，男女因结婚而形成夫妻关系，并由此产生姻亲关系。二是自然人出生的事实。人的出生是亲属关系自然形成的重要原因，父母子女关系、兄弟姐妹关系以及祖父母、外祖父母与孙子女、外孙子女关系等亲属关系，都是基于人的出生的事实而产生的。三是法律拟制。法律拟制是指本来没有亲属关系的人，通过某一法律行为或法律事实而创设，使其具有亲属间的权利与义务关系。如通过收养法律行为，将他人的子女作为自己的子女，产生父母子女间的亲属关系；通过继父母与继子女之间的抚养教育的法律事实，在继父母与继子女之间产生父母子女的法律关系。

第二，亲属具有固定的身份和称谓。身份是指人在社会关系中的地位，称谓是基于身份关系而产生的名称，即身份的标志。从身份和称谓可以看出亲属关系的亲疏远近。这种固定的身份和称谓是自然形成或法律所确定的，具有永久性或长期性，除法律另有规定以外，不得任意解除或变更。如生育自己的人称为父母，自己所生育的人称为子女；同源于父母的人称为兄弟姐妹，同源于祖父母或外祖父母的同辈亲属称为堂兄弟姐妹或表兄弟姐妹等。

第三，亲属之间具有权利义务关系。亲属之间不仅具有固定的身份和称谓，而且具有法律上的权利义务关系。根据法律规定，父母子女、夫妻以及兄弟姐妹等亲属之间，具有权利义务关系。如夫妻之间具有相互扶养的权利和义务，夫妻之间相互有继承权；父母有抚养教育未成年子女的义务，父母子女之间相互有继承权；祖父母、外祖父母与孙子女、外孙子女之间以及兄弟姐妹之间在一定的条件下也有相互扶养的权利和义务；等等。

5.018　血亲　blood kin, blood relation

指有血缘关系的亲属。法律上的血亲包括自然血亲和法律拟制血亲两类。

自然血亲，是指因出生而形成的、源于同一祖先的有血缘联系的亲属。如父母子女、兄弟姐妹、祖孙、叔伯与侄子女、舅姨与外甥子女等。无论是婚生或非婚生，也不论是全血缘（同父同母）或半血缘（同父异母、同母异父），都属于自然血亲的范围。我国法律中有关父母子女间、兄弟姐妹间的权利义务方面的规定都同样适用。

法律拟制血亲，是指本来没有该种血亲应具有的血缘关系，但由法律确认其与该种自然血亲具有同等权利义务的亲属。我国法律中所确认的拟制血亲的发生有两种情形：一是收养。即通过收养而在养父母与养子女之间产生父母子女间的权利义务，同时养子女与养父母的其他近亲属间也发生相应的亲属关系。二是抚养教育。即形成了抚养教育关系的继父母与继子女之间,具有父母子女间的权利义务。

5.019　姻亲　in laws by marriage

指以婚姻关系为中介而产生的亲属,夫妻关系除外。男女结婚以后,配偶一方与另一方的亲属之间产生姻亲关系。根据姻亲间联系的环节,姻亲分为三种:血亲的配偶、配偶的血亲、配偶的血亲的配偶。

其一,血亲的配偶。指己身的血亲的配偶。如儿媳、女婿、嫂子、姐夫、婶子、舅妈、姑父、姨父、继父母(未与继子女形成抚养教育关系的)等。

其二,配偶的血亲。指己身的配偶的血亲。如公婆、岳父母、妻的兄弟姐妹、夫的兄弟姐妹、继子女(未受继父母抚养教育的)等。

其三,配偶的血亲的配偶。指己身的配偶的血亲的配偶。如丈夫的兄弟的妻子(妯娌)、妻子的姐妹的丈夫(连襟)、丈夫的舅妈、妻子的伯母等。

5.020　配偶　couple,spouse

指男女双方因结婚而产生的亲属关系。在婚姻关系存续期间,夫妻互为配偶。配偶是血亲和姻亲产生的源泉和基础,多数子女在婚姻关系之内出生,没有配偶关系也就不可能有因婚姻关系而产生的姻亲关系。

配偶关系因结婚而发生,因婚姻关系消灭而终止。在我国,结婚需办理结婚登记手续,因此配偶关系自男女双方在民政部门办理结婚登记而发生;在事实婚姻(符合结婚条件的男女,未办理结婚登记手续、以夫妻名义共同生活,周围群众也认为是夫妻关系的)情况下,以符合事实婚姻条件时配偶关系发生。婚姻关系的消灭,有两种情形:一是死亡(包括自然死亡和宣告死亡),二是离婚(包括在民政部门办理登记离婚和在人民法院办理诉讼离婚),配偶关系因婚姻关系消灭而终止。

5.021　亲等　degree of kinship,degree of relationship

指计算亲属关系远近的单位。世界上有两种亲等计算法:一为世界多数国家所采用的罗马法亲等计算法,另一为部分国家所采用的寺院法亲等计算法。

一是罗马法亲等计算法。

罗马法亲等计算法是古罗马帝国使用的计算亲属关系亲疏远近的单位,后被许多国家采用,是目前国际上通用的亲等计算方法。

其一,直系血亲亲等计算法。直系血亲以代数为标准计算亲等。从己身往上数或往下数,以间隔的世代数定其亲等数。即如是长辈直系血亲,则从自己往上数,每经一代为一亲等;如是晚辈直系血亲,则从自己往下数,每经一代也是一亲等。如父母与子女之间是一亲等;祖父母(外祖父母)与孙子女(外孙子女)之间是二亲等。亲等越少,表示亲属关系越近;亲等越多,表示亲属关系越远。

其二,旁系血亲亲等计算法。可分为三步计算:第一步,先找到双方的同源人;第二步,分别从双方往上数至双方同源人,每经一代为一亲等,得出两个亲等数;第三步,将第二步计算出的双方至同源人的两个亲等数相加即为己身与所指亲属的亲等数。如计算自己与兄弟姐妹的亲等,首先找到自己与兄弟姐妹的血缘同源人即父母,分别从自己和兄弟姐妹这两边往上数至父母,两边都是一亲等,再将两边的数字相加,则自己与兄弟姐妹为二亲等旁系血亲;计算自己和叔、伯的亲等数,首先找到双方血缘同源人即祖父母,再分别从自己和叔、伯这两边往上数至祖父母,两边分别为二亲等和一亲等,最后将两数相加,则自己与叔、伯为三亲等的旁系血亲。

二是寺院法亲等计算法。

寺院法亲等计算法是中世纪教会法计算亲属关系远近的单位,目前为少数国家所采用。

其一,直系血亲亲等计算法。与罗马法相同,从己身上数或下数,以间隔的世代数定其亲等数。即如是长辈直系血亲,则从自己往上数,每经一代为一亲等;如是晚辈直系血亲,则从自己往下数,每经一代也是一亲等。

其二,旁系血亲亲等计算法。可分为三步计算,与罗马法亲等计算法相比,前两步相同,第三步不同。第一步,先找到双方的同源人;第二步,分别从双方往上数至双方同源人,每经一代为一亲等,得出两个亲等数;第三步,如两边的亲等数相同,则以此相同数为亲等数;如亲等数不同,则取其多者为亲等数。例如,计算自己与兄弟姐妹的亲等,双方同源人是父母,从自己与兄弟姐妹两边分别往上数至父母,两边都是一亲等,则自己与兄弟姐妹为一亲等旁系血亲;计算自己与叔、伯的亲等,双方血缘同源人是祖父母,从两边分别往上数,自己至祖父母是二亲等,叔、伯至祖父母是一亲等,两边数字不等,则取多的一边的数字,即自己与伯、叔为二亲等旁系血亲。

5.022　亲系　kinship system

指亲属间的血缘联系,或称亲属的联络系统。除配偶外,一切亲属都有一定的亲系可循。由于亲属间联系的状况和特点不同,可以划分出各种不同的亲属系统。如在我国古代宗法制度下,受男尊女卑观念的影响,按亲属联系中介的性别的不同,可分为男系亲与女系亲,男系亲指以男子为血统联络的亲属,女系亲指以女子为血统联络的亲属;按亲属血缘来源的不同,可分为父系亲与母系亲,父系亲指由父方血统联络的亲属,母系亲指由母方血统联络的亲属。近现代各国采取男女平等原则,不再区分男系亲与女系亲、父系亲与母系亲,而按亲属亲疏远近的不同,分为直系亲与旁系亲,或按亲属间辈分不同,分为长辈亲、晚辈亲、平辈亲。

现代社会,亲系多采用直系亲与旁系亲的划分,直系亲包括直系血亲与直系姻亲,旁系亲包括旁系血亲与旁系姻亲。

5.023　直系血亲　lineal consanguinity,lineal descent

指生育自己或自己所生育的上下各代血亲。直系血亲间具有直接的生育关系,如自己与祖父母、外祖父母、父母、子女、孙子女、外孙子女之间,均为直系血亲。直系血亲除自然直系血亲外,还包括法律拟制的直系血亲,如养父母与养子女、养祖父母与养孙子女,形成抚养关系的继父母与继子女等。

与直系血亲相对应的是直系姻亲,是指己身配偶的直系血亲(二者共同后代除外)和己身直系血亲的配偶,如公婆与儿媳、岳父母与女婿、继父母与继子女(未形成抚养教育关系的)间等。

5.024　旁系血亲　collateral consanguinity,collateral descent

指与己身没有直接的生育联系,但与己身出自同一祖先,具有间接血缘关系的亲属。如同源于父母的兄弟姐妹之间,同源于祖父母的叔伯姑与侄子女、姨舅与外甥子女、表兄弟姐妹、堂兄弟姐妹之间,均为旁系血亲。

与旁系血亲相对应的是旁系姻亲,是指配偶的旁系血亲、己身旁系血亲的配偶或配偶的旁系血亲的配偶,前者如己身与配偶的兄弟姐妹之间、与配偶的叔伯姑舅姨之间等,中者如己身姐夫、嫂子、伯母、舅妈、侄媳之间等,后者如己身与妯娌、连襟之间等,均为旁系姻亲。

5.025　三代以内旁系血亲　collateral relative by blood up to three generations

三代以内旁系血亲包括:其一,兄弟姐妹,包括同父同母的全血缘的兄弟姐妹,以及同父异母或同母异父的半血缘的兄弟姐妹;其二,伯、叔、姑姑与侄子女之间,舅、姨与外甥、外甥女之间;其三,堂兄弟姐妹、表兄弟姐妹之间。我国法律中没有采用亲等计算法,而是采用简便的"代"数计算法来表示亲属关系的亲疏远近。

一是直系血亲的计算方法。直系血亲是从自己算起为一代,向上数至父母为二代;至祖父母、外祖父母为三代;至曾祖父母、曾外祖父母为四代;至高祖父母、高外祖父母为五代。往下数也是如此,自己至子女为二代;至孙子女、外孙子女为三代。我国直系血亲代数的计算法与罗马法亲等计算法、寺院法亲等计算法不同的是己身算为一代,即直系血亲间的代数总比亲等数多"一",如己身与父母是一亲等,而按我国的代数是二代。

二是旁系血亲的计算方法。分为三步:第一步,首先找到自己与所要计算的旁系血亲的血缘同源人。第二步,从两边分别往上数代数至血缘同源人,得出两个代数。第三步,如果两边代数相同,其相同数为代数;如果两边代数不同,则取其多者为其代数。如计算自己与兄弟姐妹的代数,双方同源人是父母,从自己与兄弟姐妹两边分别往上数代数,两边都是相同数字"2",则自己与兄弟姐妹为二代旁系血亲;计算自己与叔、伯的代数,双方血缘同源人是祖父母,从两边分别往上数代数,自己至祖父母是三代,叔、伯至祖父母是二代,两边数字不等,则取多的一边的数字,即自己与伯、叔为三代旁系血亲。

5.026　近亲属　near relative, next-of-kin, proximity

指具有法律上的权利义务关系的亲属。近亲属包括配偶、父母、子女、兄弟姐妹、祖父母、外祖父母、孙子女、外孙子女。配偶,是指具有合法的夫妻关系的男女;父母,包括亲生父母、养父母、具有抚养关系的继父母;子女,包括亲生子女、养子女、具有抚养关系的继子女、人工生育子女;兄弟姐妹包括同胞兄弟姐妹、养兄弟姐妹、形成抚养教育关系的继兄弟姐妹、人工生育的兄弟姐妹;祖父母、外祖父母,包括有自然血亲关系的祖父母、外祖父母、基于收养关系产生的祖父母、外祖父母;这里所说的孙子女、外孙子女,包括有自然血亲关系的孙子女、外孙子女、基于收养关系产生的孙子女、外孙子女。

根据我国法律规定,近亲属之间具有相互扶养、相互继承遗产的权利义务。如配偶之间,父母对未成年子女或尚未独立生活的成年子女,成年子女对需要赡养的父母,等等,均有扶养的义务;在法定条件下,祖孙之间和兄弟姐妹之间也有扶养义务;一定范围内的亲属之间有相互继承遗产的权利。如近亲属可以向法院申请宣告自然人为无民事行为能力人或限制民事行为能力人;近亲属可依法定条件向法院提出宣告失踪、宣告死亡或撤销失踪宣告、撤销死亡宣告的申请;失踪人的财产由一定范围内的亲属代管;等等。在刑法上,某些犯罪以被告人与受害人之间具有一定的亲属关系为构成要件,如虐待罪、遗弃罪;某些告诉才处理的犯罪,必须由被害人或其近亲属告诉才处理(如刑法对以暴力干涉他人婚姻自由罪、虐待罪,规定了告诉才处理);某些犯罪的主体须为已有特定亲属关系的人或明知他人已有特定亲属关系的人,如重婚罪。在诉讼法上,我国《刑事诉讼法》《民事诉讼法》《行政诉讼法》中均规定,审判人员、检察人员、侦查人员、书记员、鉴定人和勘验人员如果是当事人的近亲属,应当回避等。

5.027　家庭成员　family members

指同居一家共同生活、相互有权利义务的近亲属。通常他们是在同一个户口本里的人,如夫妻、父母子女、兄弟姐妹、祖孙等。家庭成员在同一户籍内长期共同生活,各个成员的经济收入通常作为家庭共同财产。如有的夫妻分居在不同的城市,甚至不同的国家;也有的夫妻采取分别财产制;等等。并非所有的亲属都是家庭成员,如叔伯姑与侄子(女)、舅姨与外甥(女)之间是亲属;并非所有的近亲属都是家庭成员,如兄弟姐妹成年、结婚后,通常在各自的小家庭中生活。如果不在一个家庭中生活,不能称为家庭成员。家庭成员一般都有亲属关系,但有亲属关系的人之间不一定是家庭成员。

5.028　结婚　marriage

又称"婚姻的成立"。指男女双方按照法律规定的条件和程序建立夫妻关系的法律行为。结婚具有以下三个特征：第一，结婚行为的主体是男女两性；第二，结婚行为是民事法律行为，必须依照法律规定的条件和程序进行，否则将为无效婚姻或可撤销婚姻；第三，结婚行为的后果是确立夫妻关系，男女一旦结婚就发生夫妻间法定的权利义务关系。结婚是自然人的基本权利；同时，婚姻对于社会意义重大，婚姻是家庭的基础、家庭是社会的细胞，因此结婚必须受法律的约束。

《民法典》第1046—1048条规定了结婚的条件。结婚的条件是结婚当事人必须具备的资格，符合法律规定的结婚条件的人，才具有结婚的资格，包括结婚自愿和法定婚龄；同时，第1048条等规定了结婚的禁止条件，包括禁止重婚、禁止结婚的亲属关系。另外，结婚必须经法定程序，男女双方应亲自到民政部门办理结婚登记。

5.029　结婚合意　marriage agreement

曾称"结婚自愿"（voluntary marriage）。是当事人双方关于确立夫妻关系的意思表示完全一致。结婚应当男女双方完全自愿，禁止任何一方对另一方加以强迫，禁止任何组织或者个人加以干涉。结婚合意是《民法典·婚姻家庭编》中婚姻自由原则的必然要求。对"男女双方完全自愿"应作全面的理解：第一，是双方自愿而不是一方自愿；第二，是当事人本人自愿而不是父母或其他人同意；第三，是完全自愿而不是勉强同意。男女双方在自愿的基础上达成的结婚合意必须同时符合下列条件：

一是当事人必须具有婚姻行为能力。婚姻行为能力是指达到法定婚龄并能以自己的行为承担婚姻的权利义务的资格。未达到法定婚龄结婚，或已达到法定婚龄但欠缺完全民事行为能力的人，如不能辨认自己行为的后果、不能控制自己行为的精神障碍者，不具备婚姻行为能力，不能作出有效的同意结婚的意思表示。

二是同意结婚的意思表示必须真实。结婚是创设夫妻关系的身份行为，只有当事人真正愿意缔结婚姻才具有实际意义。通常当事人的内心意愿与其外在表意相符合，但在特殊情况下，由于某种原因，可能发生两者不一致的情况，这种不真实的意思表示可能会影响结婚的法律后果，可能导致已经缔结的婚姻依法被撤销。所以在确定有无真实的结婚合意时，不能仅凭当事人外在的表示，还应注意这种外在的表示与当事人的内心意思是否完全一致，注意当事人的意思表示是不是在被胁迫的情况下作出的。如果当事人外在的表示与其内心意思完全一致，则意思表示真实、婚姻有效；如果当事人外在的表示与其内心意思不一致，同意结婚的意思是在被胁迫的情况下作出的，则婚姻可能被撤销。

三是同意结婚的意思表示须向婚姻登记机关作出。在我国，申请结婚的男女双方必须亲自到婚姻登记机关向婚姻登记管理员表示同意结婚，才能产生结婚合意的效力。当事人双方在其他场合或以其他方式所作的同意结婚的表示,均不能代替其向婚姻登记机关管理人员所作出的同意结婚的意思表示。

5.030　法定婚龄　legal age of marriage

全称"法律规定的结婚年龄"。指法律规定的最低结婚年龄,即结婚年龄的下限。只有到达法定婚龄的男女才能结婚,未达法定婚龄的男女是不能结婚的。值得注意的是,法律并没有规定结婚年龄的上限。法定婚龄是结婚的最低年龄,不是结婚的最佳年龄,更不是必须结婚的年龄。达到法定婚龄后是否结婚、何时结婚、与谁结婚,听从当事人的自愿,由当事人自主决定。

法律对法定婚龄的规定,通常基于两方面的考虑:第一,自然因素,即人的身心发育程度。婚姻是男女两性的结合,人只有达到一定的年龄,才具备适婚的生理和心理条件,才能对婚姻相关问题作出理智的判断和决定,才能在婚后担负起对配偶、对子女的法定义务,处理好夫妻关系、父母子女关系。第二,社会因素,即一定的生产方式以及与之相适应的社会条件。一定时期的人口状况、人口政策以及历史传统、风俗习惯等,对法定婚龄的确定起着不同程度的影响。我国1980年颁行的《婚姻法》第5条规定:"结婚年龄,男不得早于二十二周岁,女不得早于二十周岁。"《民法典·婚姻家庭编》承继了这一规定。目前关于法定婚龄的规定有充分的科学依据,符合我国实际情况。它既考虑了国民身心发育程度、学习就业情况和独立生活的能力,又顾及了控制人口数量和提高人口素质的要求。

5.031　禁婚亲　prohibited relatives

禁止一定范围的亲属相互结婚,是不同国家和地区的立法通例。其依据主要有两个方面:第一,依法禁止一定范围的亲属结婚,反映了自然选择规律的要求,具有优生学上的科学依据。人类生活的长期实践证明,两个人的血缘关系越接近,后代遗传病或者多基因遗传病的发生可能性越大;相反,夫妻双方血缘关系越远,生育的孩子患上这些疾病的几率就越小。第二,禁止近亲结婚也是社会伦理道德的要求。近亲结婚有悖于人类长期形成的婚姻伦理道德,容易造成亲属身份上的混乱,许多国家的法律中也明确规定禁止一定范围的亲属之间结婚。《民法典·婚姻家庭编》延续了1980年《婚姻法》的规定,禁止直系血亲之间以及三代以内旁系血亲之间结婚。

其一,直系血亲之间禁止结婚。直系血亲,即从己身所出和己身所从出的亲属,包括父母与子女之间、祖孙之间等具有直接的血缘关系的亲属。他们之间存在直接的血亲关系,不能结婚。

其二,三代以内的旁系血亲之间禁止结婚。三代以内的旁系血亲包括:一是兄弟姐妹之间,包括同母同父的全血缘的兄弟姐妹,以及同父异母或同母异父的半血缘的兄弟姐妹;二是伯、叔与侄女之间,姑姑与侄子之间,舅与外甥女之间,姨与外甥之间;三是堂兄弟姐妹、表兄弟姐妹之间。如果当事人之间属于三代以外的旁系血亲,无论辈分是否相同,均不在禁止结婚的法定范围之内。

5.032 结婚登记 marriage registration

婚姻成立的法定程序,是结婚的形式要件。申请结婚的男女双方必须亲自到婚姻登记机关依法办理结婚登记手续,获准登记,婚姻即告成立。结婚登记制度是我国婚姻登记制度的重要组成部分。《民法典·婚姻家庭编》规定:"要求结婚的男女双方应当亲自到婚姻登记机关申请结婚登记。符合本法规定的,予以登记,发给结婚证。完成结婚登记,即确立婚姻关系。未办理结婚登记的,应当补办登记。"这一规定表明,结婚登记是我国法律规定的唯一有法律效力的结婚形式,只有办理了结婚登记手续,才有可能成立合法的夫妻关系;除此之外,以任何方式"结婚",如办结婚宴席,都不是法律所认可的"结婚"。实行结婚登记制度,对维护我国的婚姻制度、避免违法婚姻的发生、预防和减少婚姻纠纷具有重要的意义。

根据我国《婚姻登记条例》第2条和第4条的规定,内地居民办理结婚登记的机关是县级人民政府民政部门或者乡(镇)人民政府,省、自治区、直辖市人民政府可以按照便民原则确定农村居民办理婚姻登记的具体机关。内地居民办理结婚登记的,男女双方应当共同到一方当事人常住户口所在地的婚姻登记机关办理;这里的常住户口所在地通常为户籍所在地。

结婚登记程序,包括申请、审查和决定三个阶段。

一是申请。要求结婚的男女双方,必须共同亲自到一方常住户口所在地的婚姻登记机关申请登记,既不得单方申请,也不得委托他人代理。

二是审查。婚姻登记机关受理当事人的结婚申请后,应当对结婚登记当事人出具的证件、证明材料进行审查并询问相关情况,以确定当事人是否符合结婚法定条件,即男女双方是否完全自愿、是否达到法定婚龄、有无配偶、有无禁止结婚的亲属关系以及各种证明文件是否齐全。审查必须认真、细致,依法进行。

三是决定。经审查,对于符合结婚条件的,应当场予以登记,发给结婚证。结婚证是婚姻登记机关签发给当事人的证明其婚姻关系成立的法律文件。当事人从登记结婚时起,确立夫妻关系,当事人双方的婚姻关系受法律保护,双方依法享有配偶的权利、承担配偶的义务。当事人是否举行婚礼、是否开始同居生活以及同居生活时间的长短,均不影响男女双方的合法夫妻关系。

5.033 婚姻无效 nullity of marriage

指欠缺婚姻成立的法定条件而不发生法律效力的男女两性的结合。无效婚姻的情形包括：

其一，重婚。是指有配偶的人又与他人结婚的违法行为，或者明知他人有配偶而与他人结婚的违法行为。重婚是严重违反婚姻家庭法律制度的行为，构成重婚姻罪的，行为人应当承担相应的刑事责任。另外，《民法典》第 1054 条规定，因重婚导致婚姻无效的，无过错方有权请求损害赔偿。

其二，有禁止结婚的亲属关系。有禁止结婚的亲属关系的，是指结婚的男女双方是直系血亲或者是三代以内的旁系血亲。

其三，未到法定婚龄。依照法律的规定，结婚年龄，男不得早于二十二周岁，女不得早于二十周岁。法定婚龄是男女双方可以结婚的最低年龄，男女双方或者一方违反了法律关于法定结婚年龄的规定，则婚姻无效。

无效婚姻不产生婚姻的法律效果。第一，婚姻自始没有法律约束力，当事人间不具有夫妻的权利和义务。第二，同居期间所得的财产，由当事人协议处理；协议不成的，由人民法院根据照顾无过错方的原则判决。对重婚导致的无效婚姻的财产处理，不得侵害合法婚姻当事人的财产权益。第三，当事人所生的子女，适用法律关于父母子女的规定。第四，婚姻无效的，无过错方有权请求损害赔偿。

5.034　可撤销婚姻　voidable marriage

指当事人因意思表示不真实而成立的婚姻，通过有撤销权的当事人行使撤销权，使已经发生法律效力的婚姻关系失去法律效力。可撤销婚姻包括两种：

其一，受胁迫的婚姻。是指婚姻关系中的一方当事人或者婚姻关系之外的第三人，以给另一方当事人或者其近亲属的生命、身体健康、名誉、财产等方面造成损害为要挟，迫使另一方违背真实意愿与之结婚的情况。胁迫婚姻违反了结婚必须男女双方完全自愿的原则，因而受胁迫缔结的婚姻是可以被撤销的。

受胁迫婚姻中的胁迫，必须具备以下要件：第一，须有胁迫的故意。即行为人在主观上存在故意，希望通过胁迫行为使受胁迫人产生恐惧心理，并基于恐惧心理不得不同意与之结婚。第二，须有胁迫行为。即行为人实施了以对受胁迫人及其近亲属的生命、身体健康、名誉、财产等方面造成损害为要挟的不法行为。胁迫行为的实施人可以是婚姻的一方当事人，也可以是与其有关系的第三人；受胁迫的人可以是婚姻当事人另一方，可以是其近亲属。第三，须胁迫人的违法行为与受胁迫人同意结婚的意思表示之间存在因果关系。

因受胁迫结婚的，受胁迫的一方可以向人民法院请求撤销婚姻。请求撤销婚姻的，应当自胁迫行为终止之日起一年内提出。被非法限制人身自由的当事人请求撤销婚姻的，应当自恢复人身自由之日起一年内提出。

其二，一方患有重大疾病未如实告知的婚姻。一方患有重大疾病的，应当在结婚登记前如实告知另一方；不如实告知的，另一方可以向人民法院请求撤销婚姻。请求撤销婚姻的,应当自知道或者应当知道撤销事由之日起一年内提出。

婚姻被撤销的,自始没有法律约束力。第一,当事人间不具有夫妻的权利和义务。第二,同居期间所得的财产,由当事人协议处理;协议不成的,由人民法院根据照顾无过错方的原则判决。第三,当事人所生的子女,适用法律关于父母子女的规定。第四,婚姻无效或者被撤销的,无过错方有权请求损害赔偿。

5.035 家庭关系 domestic relationship, family relation

指由法律规定的亲属之间的权利义务关系。《民法典·婚姻家庭编》第三章规定了家庭关系,主要包括夫妻关系、父母子女关系、祖父母、外祖父母与孙子女、外孙子女关系及兄弟姐妹关系。夫妻关系包括夫妻之间的地位平等、姓名权、人身自由权、对未成年子女的抚养、教育和保护的权利义务、夫妻间相互的扶养义务以及夫妻家事代理权、继承权、夫妻财产制、夫妻共同债务等人身、财产法律关系。父母子女关系包括父母子女间的抚养、赡养权利义务、相互的继承权等内容。祖父母、外祖父母与孙子女、外孙子女之间、兄弟姐妹之间的关系是指一定条件下的扶养权利义务关系。在当今社会,家庭作为社会的基本组成部分,家庭关系对社会秩序的稳健发展发挥着重要作用。

5.036 配偶权 right of consortium, spouse right

指基于配偶身份产生的夫妻双方之间的基本身份权利,包括人身权和财产权。配偶权是配偶双方的共同权利,配偶双方既是权利主体,又是义务主体。《民法典·婚姻家庭编》规定了配偶权的基本内容包括:其一,平等的姓名权,夫妻双方都有各自使用自己姓名的权利,不因结婚而改变。其二,参加生产、工作、学习和社会活动的自由权。其三,扶养请求权,夫妻有相互扶养的义务,需要扶养的一方,在另一方不履行扶养义务时,有要求其给付扶养费的权利。其四,继承权。其五,家事代理权。

5.037 亲权 parental power, paternity

指父母对未成年子女抚养、教育和保护的权利及义务,包括人身和财产两个方面的教育和保护。亲权属于基本身份权,是由若干身份权构成的权利集合体,是近代以来亲子关系中最重要、最核心的部分。亲权既是权利也是义务,一方面,父母对自己的未成年子女有抚养教育的权利,该权利不受其他人或父母另一方的侵害和非法干涉;另一方面,父母必须履行抚养、教育和保护未成年子女的法定义务。亲权的功能在于教育保护未成年子女,是专属于父母的权利义务,且具有一定的支配性质,但这种支配并非专制的人身支配,而是以教养、保护未成年子女为目的对亲权利益进行支配。因此,亲权的行使限于监护子女的必要范围且需符合子女的利益。《民法典》第 27 条规定"父母是未成年子女的监护人"。第 34 条规定"监护人的职责是代理被监护人实施民事法律行为,保护被监护人的人身权利、财产权利以及其他合法权益等",通过规定监护制度以及父母对子女的义务,实质上实现了亲权制度的功能。

5.038　亲属权　right of kinship

指基于血缘关系或婚姻关系所产生的亲属间的人身和财产上的权利。亲属为有血缘关系或者婚姻关系的人。亲属有广义和狭义之分:狭义的亲属仅指血亲和姻亲,不包括配偶;我国采取广义的亲属概念,《民法典》第 1045 条第 1 款明确规定:"亲属包括配偶、血亲和姻亲。"《民法典·婚姻家庭编》规定的亲属权除了配偶权、亲权之外,还有祖父母、外祖父母与孙子女、外孙子女之间的抚养与赡养权,兄弟姐妹之间在法定条件下的扶养权。

5.039　共同亲权原则　principle of common paternity

指亲权的共同行使,即亲权各项权能的行使均应由父母共同的意思决定,并对外共同代理子女的原则。共同亲权原则之前的亲权原则是父亲专权原则。父亲专权原则是男女不平等原则的产物,体现了亲属法上的人格不平等。直至近代,因男女平等观念的兴起,各国立法才以共同亲权原则取代了父亲专权原则,在亲权领域中真正实现了男女平等。《民法典》第 1058 条规定:"夫妻双方平等享有对未成年子女抚养、教育和保护的权利,共同承担对未成年子女抚养、教育和保护的义务。"体现了共同亲权原则。共同亲权的内容包括:亲权为父母平等的权利,无孰高孰低之分;亲权为父母共同的权利,由父母所共同享有,而不是父和母分别享有;亲权的行使由父母共同为之,由父母共同的意思决定,单独行使符合配偶权的相互代理权,认定其有效,但父母的一方违背另一方意思表示又不属于家事代理权的亲权行为,则为无效。父母共同行使亲权,当意思表示不一致时:首先应当坚持父母协商原则,在重大问题上父母争议无法统一时,应当准许亲权人一方向人民法院起诉,法院依最有利于子女利益原则作出判决。

5.040　夫妻关系　conjugal relation

指夫妻之间基于合法的婚姻而产生的人身和财产上的权利义务关系。夫妻是丈夫与妻子的合称,即男女通过合法的婚姻组成的配偶。夫妻关系的内容十分广泛,但依据其性质可分为夫妻人身关系与夫妻财产关系两个方面。夫妻人身关系,是指夫妻之间基于人格和身份形成的无直接物质利益因素的权利义务关系,如夫妻的姓名权等。夫妻财产关系,是指夫妻之间基于物质利益而形成的权利义务关系,如法定财产制中的夫妻共同财产和个人财产。夫妻财产关系是基于夫妻人身关系而产生的,从属于夫妻人身关系。《民法典》第 1041 条第 2 款规定:"实行婚姻自由、一夫一妻、男女平等的婚姻制度。"第 1055 条规定:"夫妻在婚姻家庭中地位平等",这是处理夫妻关系的指导原则,是确定夫妻之间各项权利义务的基础。夫妻地位平等意味着夫妻在共同生活中平等地行使法律规定的权利,平等地履行法律规定的义务,共同承担对婚姻、家庭和社会的责任。夫妻在婚姻家庭中的地位平等,更强调夫妻在人格上的平等以及权利义务上的平等。特别强调保护妇女,保护妻子在家庭中的人格独立,禁止歧视妇女、禁止家庭暴力、禁止对妻子的虐待和遗弃。

5.041 日常家事代理权 agent right of daily domestic home work,agent right of housekeeping

指配偶一方在与第三人就家庭日常事务为一定法律行为时,享有代理对方的权利。《民法典》第 1060 条规定了夫妻家事代理权:"夫妻一方因家庭日常生活需要而实施的民事法律行为,对夫妻双方发生效力,但是夫妻一方与相对人另有约定的除外。夫妻之间对一方可以实施的民事法律行为范围的限制,不得对抗善意相对人。"家庭日常生活需要,是指通常情况下必要的家庭日常消费,主要包括正常的衣食消费、日用品购买、子女教育、老人赡养等各项费用,是维系一个家庭正常生活所必需的开支。由于家庭日常生活需要是夫妻双方共同的需要,夫妻在家庭生活中关系密切,法律认可双方同为婚姻共同生活的代表,赋予夫妻有日常家事代理权,即一方因家庭日常生活需要而实施的民事法律行为,对夫妻双方发生效力。赋予夫妻日常家事代理权,可以扩张夫妻的意思自治能力,方便社会经济交往。同时,由于夫妻共同对一方作出的民事法律行为承担责任,也有利于保护相对人的利益及维护交易安全。但是夫妻一方与相对人另有约定,仅对夫妻一方有效的,夫妻另一方不必承担责任。夫妻之间对一方可以实施的民事法律行为范围的限制,不得对抗善意相对人。

5.042 夫妻共同财产 community property

指在婚姻关系存续期间,依夫妻双方的约定或依法律规定归夫妻共同所有,夫妻双方享有平等的占有、使用、收益和处分权利的财产。共同所有指的是共同共有,不是按份共有。因此,夫妻对全部共同财产,应当不分份额地享有同等的权利,承担同等的义务。不能根据夫妻双方经济收入的多少来确定其享有共同财产所有权的多少。《民法典》第 1062 条规定了夫妻法定财产制中的夫妻共同财产:工资、奖金、劳务报酬;生产、经营、投资的收益;知识产权的收益;继承或者受赠的财产,但是遗嘱或者赠与合同中确定只归一方的财产除外;其他应当归共同所有的财产。夫妻共同财产的主体,是具有婚姻关系的夫妻。未形成婚姻关系的男女两性,如未婚同居、婚外同居等,以及无效或者被撤销婚姻的男女双方,不能成为夫妻共同财产的主体。夫妻共同财产,是在婚姻关系存续期间取得的前述财产。夫妻任何一方的婚前财产不属于夫妻共同财产。夫妻对共同财产享有平等的所有权和处理权。夫妻一方对共同财产的处分,除符合日常家事代理权或另有约定外,应当取得对方的同意。

5.043 夫妻个人财产 separate property

又称"夫妻特有财产"。指夫妻在实行共同财产制的同时,依照法律规定或者夫妻约定,夫妻各自保留的一定范围的个人所有财产。根据产生的原因不同,分为法定的个人财产和约定的个人财产。法定的个人财产,是指依照法律规定所确认的夫妻双方各自保留的个人财产。《民法典》第 1063 条即属于法定个人财产的规定,具体包括:一方的婚前财产;一方因受到人身损害获得的赔偿或者补偿;遗嘱或者赠与合同中确定只归一方的财产;一方专用的生活用品;其他应当归一方的财产。夫妻对于在婚姻关系存续期间分别保留的独立于夫妻共同财产之外的个人财产,享有独立的管理、使用、收益和处分权利,他人不得干涉。夫妻可以约定将各自的个人财产交由一方管理;夫妻一方也可以将自己的个人财产委托对方代为管理。对家庭生活费用的负担,在夫妻共同财产不足以负担家庭生活费用时,夫妻应当以各自的个人财产分担。

5.044 夫妻共同债务 community debts

指是以夫妻共同财产作为一般财产担保,在夫妻共有财产的基础上设定,应由夫妻共同偿还的债务。《民法典》第 1064 条规定了夫妻共同债务:"夫妻双方共同签名或者夫妻一方事后追认等共同意思表示所负的债务,以及夫妻一方在婚姻关系存续期间以个人名义为家庭日常生活需要所负的债务,属于夫妻共同债务。夫妻一方在婚姻关系存续期间以个人名义超出家庭日常生活需要所负的债务,不属于夫妻共同债务;但是,债权人能够证明该债务用于夫妻共同生活、共同生产经营或者基于夫妻双方共同意思表示的除外。"据此夫妻共同债务可分为以下三类:一是基于夫妻双方共同意思表示所负的债务;二是夫妻一方在婚姻关系存续期间以个人名义为家庭日常生活需要所负的债务;三是夫妻一方在婚姻关系存续期间以个人名义超出家庭日常生活需要所负的,但是债权人能够证明债务用于夫妻共同生活、共同生产经营或基于夫妻双方共同意思表示的债务。夫妻共同债务问题,事关夫妻双方特别是未举债一方和债权人合法权益的保护,对夫妻共同债务的合理规制有利于婚姻家庭稳定和市场交易安全的维护。

5.045 夫妻法定财产制 statutory marital property system, legal marital property system

指在当事人未就夫妻财产关系作出约定,或者所作约定不明确,或者所作约定无效时,依照法律规定直接适用的财产制。由于各国政治、经济、文化及民族传统习惯不同,不同时代、不同国家的法定财产制形式也不尽相同。《民法典》第 1062 条规定了夫妻法定财产制中的夫妻共同财产,第 1063 条规定了夫妻法定财产制中的夫妻个人财产。《民法典》将夫妻法定财产制确定为基本的夫妻财产制,将约定财产制作为特殊的、补充的财产制,但约定财产制却有着排斥法定财产制的效力,只要缔结夫妻财产契约的男女双方协议成立,在他们之间就不再适用法定财产制,这是民法"意思自治"原则的体现。

5.046 夫妻约定财产制 agreed marital property system, contractual marital property system

指夫妻以契约形式决定婚姻关系存续期间所得财产所有关系的夫妻财产制度,是夫妻法定财产制的对称。《民法典》第 1065 条规定了夫妻约定财产制："男女双方可以约定婚姻关系存续期间所得的财产以及婚前财产归各自所有、共同所有或者部分各自所有、部分共同所有。约定应当采用书面形式。没有约定或者约定不明确的，适用本法第一千零六十二条、第一千零六十三条的规定。夫妻对婚姻关系存续期间所得的财产以及婚前财产的约定，对双方具有法律约束力。夫妻对婚姻关系存续期间所得的财产约定归各自所有，夫或者妻一方对外所负的债务，相对人知道该约定的，以夫或者妻一方的个人财产清偿。"其中没有约定或约定不明确的，适用法定财产制。法律规定夫妻约定财产制的原因，是为了更能够体现个体夫妻的财产个性。在现代社会，夫妻财产关系因不同夫妻的财产状况和家庭经济生活的不同而呈现出多样性和差异性，单一类型的法定财产制不可能适用于所有的夫妻，为尊重夫妻的意思以及应对婚姻生活的特殊性和个性，各国法律大都承认夫妻约定财产制。夫妻财产约定，对夫妻双方具有法律约束力；但不得对抗善意第三人。这对保护夫妻的合法权利和财产利益，维护平等、和睦的家庭关系，并保护夫妻与第三人交易安全，具有重要意义。

5.047 抚养义务 obligation to bring up children

指父母在物质上、经济上对未成年子女供养及在生活上对未成年子女照料的义务，如负担子女的生活费、教育费、医疗费及其他必要的费用。这是父母对子女所负义务的主要内容，也是子女健康成长的客观需要和物质保障。《民法典》第 1058 条规定了父母对未成年子女的抚养权利与义务："夫妻双方平等享有对未成年子女抚养、教育和保护的权利，共同承担对未成年子女抚养、教育和保护的义务。"《民法典》第 1067 条规定了父母不履行抚养义务的责任："父母不履行抚养义务的，未成年子女或者不能独立生活的成年子女，有要求父母给付抚养费的权利。"父母对未成年子女的抚养是无条件的，从子女出生时起至子女能独立生活时止。即使父母离婚，任何一方也不能免除对未成年子女的抚养义务。父母对成年子女的抚养义务则是有条件的，一般情况下，父母的抚养义务到子女成年时为止，但对不能独立生活的成年子女，仍应负担必要的抚育费。"不能独立生活的子女"在司法实践中是指尚在校接受高中及其以下学历教育，或者丧失或未完全丧失劳动能力等非因主观原因而无法维持正常生活的成年子女。当父母不履行抚养义务时，未成年子女或不能独立生活的成年子女有权向父母追索抚养费，而已独立生活的子女则不再享有此项权利。此外，《民法典》第 1074 条规定了特定情形下祖父母、外祖父母对孙子女、外孙子女的抚养义务："有负担能力的祖父母、外祖父母对于父母已经死亡或者父母无力抚养的未成年孙子女、外孙子女，有抚养的义务。"

5.048 扶养义务 obligation of maintenance, obligation of support

指配偶之间和特定条件下的兄弟姐妹之间在物质上相互帮助、生活上相互照料的义务。我国目前仍处于社会主义初级阶段,社会保障制度尚不健全,家庭仍承担着重要的扶养功能。依据亲属的辈分不同,《民法典·婚姻家庭编》将扶养分为长辈对晚辈的抚养、晚辈对长辈的赡养、配偶之间和兄弟姐妹之间(平辈间)的扶养三种。《民法典》第1059条规定了夫妻扶养义务:"夫妻有相互扶养的义务。需要扶养的一方,在另一方不履行扶养义务时,有要求其给付扶养费的权利。"夫妻扶养义务的目的在于保障夫妻正常生活,保护婚姻关系的稳定。夫妻之间接受扶养的权利和履行扶养对方的义务是以夫妻合法身份关系的存在为前提条件的,这种扶养权利和义务始于婚姻缔结之日,消灭于婚姻终止之时。夫妻之间的扶养义务,属于民法上的强制性义务,夫妻一方不履行扶养义务时,需要扶养的一方有权要求对方给付扶养费,以维持其生活所必需。《民法典》第1075条规定了特定条件下兄弟姐妹之间的扶养义务:"有负担能力的兄、姐,对于父母已经死亡或者父母无力抚养的未成年弟、妹,有扶养的义务。由兄、姐扶养长大的有负担能力的弟、妹,对于缺乏劳动能力又缺乏生活来源的兄、姐,有扶养的义务。"据此,兄、姐扶养未成年弟、妹的条件是父母已经死亡或父母无力抚养而兄、姐有负担能力,弟、妹扶养兄、姐的条件是兄、姐缺乏劳动能力又缺乏生活来源,而弟、妹是由兄、姐扶养长大且有负担能力。

5.049 赡养义务 obligation of maintenance,obligation of support

指成年子女为父母以及孙子女、外孙子女在特定条件下为祖父母、外祖父母提供必要的生活费用和条件的义务。《民法典》第1067条第2款规定了成年子女的赡养义务:"成年子女不履行赡养义务的,缺乏劳动能力或者生活困难的父母,有要求成年子女给付赡养费的权利。"在我国发展的现阶段,赡养老人还是家庭的一项重要职能。国家和社会对老年人的物质帮助,还不能完全取代家庭在这方面的作用。成年子女对父母履行赡养、扶助义务,是对家庭和社会应尽的责任。赡养义务是法定义务,是成年子女必须履行的义务,特别是对缺乏劳动能力的父母,成年子女必须承担赡养义务。如果父母与子女一起生活,子女自然应当承担起赡养父母的义务,如果父母和子女不在一起生活,子女则应当根据当地的物价等因素给父母一定的生活费。赡养费不能低于父母所在地的普通生活水平。有两个以上子女的,可依据不同的经济条件,共同分担赡养费用。成年子女不履行赡养义务的,缺乏劳动能力或者生活困难的父母,有要求成年子女给付赡养费的权利,可由当事人所在单位或者有关部门调解,也可以向法院起诉,请求判令成年子女强制赡养父母。对追索赡养费的请求,必要时可以依法裁定先予执行。对于拒不履行赡养义务,情节恶劣,构成遗弃罪的,应依法追究刑事责任。此外,《民法典》第1074条第2款规定了有负担能力的孙子女、外孙子女,对于已经死亡或者无子女赡养的祖父母、外祖父母,有赡养的义务。

5.050 婚生子女 legitimate children,children born in wedlock

指有合法婚姻关系的男女在婚姻关系存续期间所生的子女。由于传统习俗对婚姻关系以外的性行为和生育行为的排斥,婚生子女的地位相比于非婚生子女更优越更正统,非婚生子女在历史上曾长期遭受歧视。但中华人民共和国成立后,我国就确定了非婚生子女与婚生子女同等的法律地位。婚生子女与非婚生子女享有同等的获得父母抚养的权利,对于父母的遗产享有平等的继承权。

5.051　非婚生子女　children born out of lawful wedlock,natural children

指没有婚姻关系的男女所生的子女,包括未婚男女双方所生的子女或者已婚男女与婚外第三人发生两性关系所生的子女。从生育的自然属性上讲,非婚生子女与婚生子女并无区别。从生育的社会属性上讲,非婚生子女是婚生子女的对称,是没有合法婚姻关系的父母所生的子女。由于传统习俗对婚姻关系以外的性行为和生育行为的排斥,非婚生子女在历史上曾长期遭受歧视,地位远远低于婚生子女,人身权利和财产权利都得不到应有的保障。中华人民共和国成立后,我国就确定了非婚生子女与婚生子女同等的法律地位,《民法典》第1071条规定了非婚生子女的权利:"非婚生子女享有与婚生子女同等的权利,任何组织或者个人不得加以危害和歧视。不直接抚养非婚生子女的生父或者生母,应当负担未成年子女或者不能独立生活的成年子女的抚养费。"非婚生子女的生父母的身份确定后,他们就应当承担抚养教育该子女的义务。与其共同生活时,直接承担抚养责任的一方,应当为该子女的生活和教育提供必要的物质条件,并承担对其的管教和保护义务,保证其健康成长。不与该子女共同生活的一方应当提供抚养费和教育费的部分或全部,直至该子女能独立生活为止。应当承担抚养费和教育费的一方不履行该义务的,有关当事人可以通过诉讼要求其给付。

5.052　继父母子女　step parents and step children

指因父母一方死亡、他方带子女再行结婚,或者因父母离婚,抚养子女的一方或双方再行结婚,在继父母与继子女间形成的亲属身份关系。配偶一方对他方与前配偶所生的子女,称继子女。子女对母亲或父亲的后婚配偶,称继父或继母。《民法典》第1072条规定了继父母子女关系:"继父母与继子女间,不得虐待或者歧视。继父或者继母和受其抚养教育的继子女间的权利义务关系,适用本法关于父母子女关系的规定。"在继父母与继子女关系中,首要的义务是相互之间不得虐待或者歧视,特别是继父母不得对继子女虐待和歧视。违反这一义务,造成对方损害的,构成侵权行为,严重的甚至构成犯罪行为,应当承担刑事责任。同时,继父或者继母和受其抚养教育的继子女间形成父母子女权利义务关系,应注意"受其抚养教育",是指生父(母)与继母(父)再婚时,继子女尚未成年,他们随生父母一方与继父或继母共同生活时,继父或继母对其承担了部分或全部生活教育费,他们之间具有抚养教育关系,双方才形成法律上的父母子女关系,继子女在成年后,应当赡养继父母,继父母子女之间可以相互继承遗产。此类继子女与生父母、继父母之间形成双重权利义务关系。

5.053　养父母子女　adoptive parents and adopted children

指依据收养关系的成立而产生的父母子女关系。收养是指自然人依照法定的条件和程序领养他人的子女为自己的子女,收养者为养父或养母,被收养者为养子或养女。《民法典·婚姻家庭编》第五章"收养"规定了收养关系的成立、效力与解除。符合法定条件经过收养登记成立的收养人和被收养人形成养父母子女关系,相互的权利义务关系适用法律关于父母子女关系的规定。《民法典》第1111条规定:"自收养关系成立之日起,养父母与养子女间的权利义务关系,适用本法关于父母子女关系的规定……"养子女与其生父母的权利义务关系即终止,虽然血缘关系仍然存在。收养法律关系既关系到被收养人的权益,也关系到收养人的权益,必须得到法律的保护。养父母与养子女关系因收养关系解除而终止。

5.054　亲子关系确认　confirmation of parentage

指法律上父母与子女关系的确定,是父母子女间权利义务关系发生的前提。亲子关系一般因出生基于血缘关系而产生,不因生父母未登记结婚或婚姻效力的瑕疵而受影响。虽然《民法典》第1071条规定"非婚生子女享有与婚生子女同等的权利",但在非婚生子女和生父母的亲子关系中,有时生父或生母身份难以确认或主观上不承认亲子关系的存在,使得非婚生子女的权利难以实现,因此法律赋予权利人可以通过诉讼请求确认亲子关系。《民法典》第1073条规定:"对亲子关系有异议且有正当理由的,父或者母可以向人民法院提起诉讼,请求确认或者否认亲子关系。对亲子关系有异议且有正当理由的,成年子女可以向人民法院提起诉讼,请求确认亲子关系。"据此,亲子关系确认诉讼的情形,是"对亲子关系有异议且有正当理由",即父、母或成年子女对于父亲或母亲身份确定有异议,如非婚生子女的生父请求确认自己是法律上的父亲身份,或生父不愿承认亲子关系而生母要求确认生父的父亲身份,或者在人工生育的场合,母亲请求确认自己是法律上的母亲身份,或成年子女请求确认父亲、母亲身份等。有"正当理由",是指有符合公序良俗、符合家庭伦理和社会价值取向的理由,如为了更好抚养未成年子女。有权提起亲子关系确认诉讼的人有三类:父亲、母亲和成年子女。亲子关系问题涉及家庭稳定和未成年人的保护,《民法典》对亲子关系确认之诉进行规范是必要的,同时也提高了此类诉讼的门槛,明确当事人需要有正当理由才能提起,以更好地维护家庭关系和亲子关系的和谐稳定。

5.055　亲子关系否认　denial of parentage

指对亲子关系有异议且有正当理由的,父或者母可以向人民法院提起诉讼,请求否认自己的父母身份,否认父母子女关系。由于婚外性行为的客观存在,生活中确有被推定为婚生的子女实为其母与婚外第三人所生。为了保障当事人与子女的合法权益,维护婚姻的尊严与神圣,防止应承担抚养义务的生父逃脱责任,《民法典》第1073条在规定了亲子关系确认诉讼的同时,也规定了亲子关系的否认诉讼。亲子关系否认诉讼的情形,是"对亲子关系有异议且有正当理由",如生母的丈夫为孩子的父亲,但该父亲得知孩子是母亲与第三人所生,因此,父亲有权请求否认自己的父亲身份,否认亲子关系。在此种情形下,母亲也有权利提出亲子关系否认诉讼,否认丈夫的父亲身份。在利用辅助生殖技术生育的场合,存在否认母亲身份的可能。虽然当事人有权提起亲子关系否认的诉讼,但法律并不倡导当事人滥诉,因此规定了"有正当理由"的标准,是指有符合公序良俗、符合家庭伦理和社会价值取向的理由。实践中,一般提出婚生子女亲子关系否认的基本原因是证明妻在受胎期间未与其夫同居,或者证明妻受胎与其夫无关。如在妻受胎期间,夫在外地生活工作、生病住院、在监狱服刑等,以及夫有生理缺陷等原因不能生育或者经亲子鉴定证明父子(女)无血缘关系等。亲子关系否认诉讼请求权人仅包括父亲或母亲,不包括成年子女,被父母抚养长大的成年子女如有否认亲子关系请求权,则成年子女可能会逃避赡养父母的义务,这不利于老年人权益的保护。

5.056　离婚　divorce

指夫妻双方在生存期间依照法定的条件和程序解除婚姻关系的法律行为。它具有以下特征:一是离婚双方的法律地位平等。二是离婚的主体须为夫妻本人。三是离婚须以有效婚姻关系的存在为前提。四是离婚须经过法定的程序。五是离婚将产生一系列法律后果。离婚不但导致婚姻关系的终止,引起夫妻人身关系、财产关系的消灭,而且还将由此产生夫妻共同财产的分割、共同债务的清偿、经济补偿、经济帮助、离婚损害赔偿以及未成年子女的抚养、探望等一系列法律后果。因此,离婚不仅关系到婚姻关系当事人的利益,同时也会影响到子女及第三人的利益。《民法典·婚姻家庭编》第四章规定了离婚的种类、法定程序、法律后果等相关法律问题。保障离婚自由,反对轻率离婚是我国离婚立法的指导思想,也是我国离婚制度的突出特征。

5.057　协议离婚　divorce by agreement, divorce by consent

又称"登记离婚"。指婚姻关系当事人自愿达成离婚合意并通过婚姻登记程序解除婚姻关系的法律制度。《民法典》第1076条规定了协议离婚的内容:"夫妻双方自愿离婚的,应当签订书面离婚协议,并亲自到婚姻登记机关申请离婚登记。离婚协议应当载明双方自愿离婚的意思表示和对子女抚养、财产以及债务处理等事项协商一致的意见。"其主要特征:一是当事人双方在离婚以及子女、财产和债务处理等问题上意愿一致,达成协议;二是按照婚姻登记程序办理离婚登记,取得离婚证,即解除婚姻关系。协议离婚制度,充分尊重当事人的意愿,且程序简便。

5.058　离婚冷静期　calm period of divorce

指夫妻协议离婚时,有 30 日的法定期限,用以冷静思考离婚问题,期满后再行决定是否离婚。《民法典》第 1077 条规定了离婚冷静期:"自婚姻登记机关收到离婚登记申请之日起三十日内,任何一方不愿意离婚的,可以向婚姻登记机关撤回离婚登记申请。前款规定期限届满后三十日内,双方应当亲自到婚姻登记机关申请发给离婚证;未申请的,视为撤回离婚登记申请。"据此,离婚冷静期期限为婚姻登记机关收到离婚登记申请之日起 30 日。离婚冷静期内双方应当冷静、理智地对自己的婚姻状况和今后的生活进行充分的考虑,重新考虑是否以离婚的方式解决夫妻矛盾,考虑离婚对自身、对子女、对双方家庭、对社会的利与弊,避免冲动行为。30 日届满后,如果夫妻双方均未撤回离婚登记申请,婚姻登记机关仍然不会直接发离婚证,而是需要双方在 30 日冷静期届满后的 30 日内再亲自到婚姻登记机关申请发证,婚姻登记机关才会予以离婚登记并发给离婚证;30 日内双方未到婚姻登记机关申请离婚登记的,视为撤回离婚登记申请,婚姻登记机关不发离婚证,双方达成的以登记离婚为条件的离婚协议不会生效。

5.059　离婚登记　registration of divorce

指当事人双方到婚姻登记机关申请离婚,婚姻登记机关查明符合协议离婚条件的,予以登记,发给离婚证的法定程序。《民法典》第 1078 条规定了离婚登记:"婚姻登记机关查明双方确实是自愿离婚,并已经对子女抚养、财产以及债务处理等事项协商一致的,予以登记,发给离婚证。"当事人申请离婚登记的婚姻登记机关应查明双方是否符合离婚登记的条件:当事人双方具有合法夫妻身份、具有完全的民事行为能力、具有离婚的共同意愿;签订对子女抚养、财产以及债务处理等事项协商一致的书面离婚协议;以及满足关于离婚冷静期期限和申请的相关规定。以上条件均满足方可办理离婚登记,发给离婚证,正式解除婚姻关系。对当事人不符合离婚条件不予登记的,应当向当事人说明理由。我国的离婚登记按地域进行管辖,当事人协议离婚的应当到一方常住户口所在地的婚姻登记机关申请离婚登记。

5.060　复婚登记　registration for resumption of marriage

又称"重新结婚登记"。指男女双方在离婚后,自愿恢复婚姻关系并到婚姻登记机关重新进行结婚登记、重新确立婚姻关系的行为。《民法典》第 1083 条规定:"离婚后,男女双方自愿恢复婚姻关系的,应当到婚姻登记机关重新进行结婚登记。"现实生活中,有相当一部分离婚的男女不去重新办理结婚登记,而是选择同居。如果男女双方不履行重新结婚的法定登记手续,则其性质在法律上为同居关系并非婚姻关系,不能取得合法的夫妻身份,就得不到法律对婚姻关系的保护。从长远来看,对男女双方、子女的合法权益的保护都不利。事实上,男女恢复婚姻关系进行重新登记取得的结婚证与初次结婚证是没有区别的,其办理登记的条件及要求、登记机关和登记程序与结婚登记原则上相同,但在所持证件中,复婚登记还应持离婚证或离婚调解书或离婚判决书。

5.061 诉讼离婚 litigious divorce

指夫妻一方基于法定离婚原因,向人民法院提起离婚诉讼,人民法院依法通过调解或判决而解除夫妻间婚姻关系的离婚制度。与协议离婚相对,是我国两种法定离婚方式之一。《民法典》第1079—1092条规定了诉讼离婚制度。我国的诉讼离婚适用于以下三类离婚纠纷:第一,夫妻一方要求离婚,另一方不同意的;第二,夫妻双方都自愿离婚但对子女抚养、财产处理等问题没有达成协议的;第三,未依法办理结婚登记而以夫妻名义共同生活且为法律承认的事实婚姻。与协议离婚相比,诉讼离婚是对有争议的离婚纠纷进行裁决,当事人提出离婚的请求和原因,人民法院通过行使审判权来解决其争端。诉讼离婚程序属于合并之诉,不仅要解决是否准予离婚的问题,还要一并解决离婚带来的一系列法律后果,如夫妻财产的分割、子女抚养、探望权的行使、债务的清偿、经济帮助、经济补偿、离婚损害赔偿等。人民法院对于调解无效的离婚案件,应当通过判决的方式来解决纠纷。人民法院的离婚判决包括判决准予离婚和不准予离婚两种情况。无论何种判决,都应当以经过开庭审理查明的事实为依据,以法律规定的判决离婚的法定条件即感情是否确已破裂为标准。破裂者,准予离婚;未破裂或未完全破裂者,不准予离婚。当事人对一审判决不服的,可在一审判决后15日内向上一级人民法院提起上诉,二审人民法院作出的判决,为终审判决。判决一经生效,就发生强制性效力,当事人必须执行。

5.062 法定离婚理由 legal requirement on divorce, legal grounds for divorce

又称"判决离婚的法定条件"。指法律规定的在诉讼离婚中法院应判决准予离婚的情形或条件。《民法典》第1079条规定了法定离婚理由,可分为基本事由和具体事由。判决离婚的基本事由是夫妻"感情确已破裂,调解无效",其含义是:夫妻之间感情已不复存在,已经不能期待夫妻双方有和好的可能,经过法院调解仍坚持离婚。感情确已破裂是判决准予离婚的实质要件,调解无效是判决准予离婚的程序要件。夫妻感情存在于当事人的内心,具有可变性和复杂性的特点,其他人难以判断。因此,判断夫妻感情是否确已破裂,应根据实际,从婚姻基础、婚后感情、离婚原因、夫妻关系的现状和有无和好的可能等方面综合分析,判决准予离婚的具体事由包括:一是重婚或者与他人同居;二是实施家庭暴力或者虐待、遗弃家庭成员;三是有赌博、吸毒等恶习屡教不改;四是因感情不和分居满二年;五是其他导致夫妻感情破裂的情形。此外,一方被宣告失踪,另一方提起离婚诉讼的,应当准予离婚。经人民法院判决不准离婚后,双方又分居满一年,一方再次提起离婚诉讼的,应当准予离婚。

5.063　军婚保护　protection of soldier's marriage, protection of the marriage with a soldier

对军人婚姻实行特别保护,是对现役军人配偶离婚请求权的限制规定。《民法典》第1081条规定:"现役军人的配偶要求离婚,应当征得军人同意,但是军人一方有重大过错的除外。"所谓现役军人,是指正在人民解放军和人民武装警察部队服现役、具有军籍的干部和士兵,退役、转业、复员军人以及在军事单位中工作,未取得军籍的职工或其他人员不包括在内。现役军人的配偶起诉要求离婚的,人民法院应当受理。如果现役军人不同意离婚且无重大过错时,人民法院一般应当判决不准予离婚。因此,现役军人的配偶的离婚胜诉权受到限制。本条只适用于非军人一方向现役军人提出的离婚诉讼,即原告是非军人,被告是现役军人。对于现役军人向非军人的配偶一方提出离婚,或者双方均为现役军人的离婚,按一般离婚规定处理。军人一方的重大过错,一般是指军人一方重婚或与他人同居、实施家庭暴力或虐待、遗弃家庭成员、有赌博或吸毒等恶习屡教不改或其他违背社会公德、严重伤害夫妻感情等行为。军人的重大过错严重侵害配偶权利,严重伤害夫妻感情,为保护配偶合法权益,配偶要求离婚的,不受"应征得军人同意"的限制,人民法院如认定符合离婚条件,即使军人不同意,法院也可判决准予离婚。人民军队担负着巩固国防、抵抗外来侵略、保卫祖国、保护人民安居乐业的神圣职责。本条规定对现役军人的婚姻给予特殊的保护,符合国家和人民的根本利益。

5.064　男方离婚诉权限制　limitation of man's right of action in divorce

指在一定期限内对男方离婚请求权的限制,具体是女方在怀孕期间、分娩后一年内或者终止妊娠后六个月内,男方不得提出离婚。《民法典》第1082条规定:"女方在怀孕期间、分娩后一年内或者终止妊娠后六个月内,男方不得提出离婚;但是,女方提出离婚或者人民法院认为确有必要受理男方离婚请求的除外。"这是保护妇女儿童身心健康的特别规定,因为女方在此期间内,身体上和精神上都需要特别照顾,如果允许男方提出离婚,势必给女方带来精神上的沉重打击,不但影响女方的身心健康,不利于胎儿、婴儿的发育、成长。因此,禁止男方在此期间提出离婚是完全必要的。此条规定限制的主体是男方,而不是女方;限制的是男方在一定期限内的起诉权,而不是否定和剥夺男方的起诉权,只是推迟了男方提出离婚的时间,并不涉及准予离婚与不准予离婚的实体性问题。男方在此期间并不是绝对的没有离婚请求权,法律还有例外规定,即人民法院认为"确有必要"的,也可以根据具体情况受理男方的离婚请求。"确有必要",一般是指有更为重要的利益需要关注的情形。如在此期间双方确实存在不能继续共同生活的重大而紧迫的情况,一方对另一方有危及生命、人身安全的可能,女方怀孕是因与他人通奸所致等,均为"确有必要"。在此期间,女方提出离婚的,不受此规定的限制。女方自愿放弃法律对其的特殊保护,说明其本人对离婚已有思想准备,人民法院应当根据当事人婚姻的实际情况判定是否准予离婚。

5.065 离婚后子女抚养教育 upbringing and education of children after divorce

指离婚后父母对未成年子女仍然具有抚养、教育、保护的权利和义务。《民法典》第1084条规定了离婚后子女的抚养:"父母与子女间的关系,不因父母离婚而消除。离婚后,子女无论由父或者母直接抚养,仍是父母双方的子女。离婚后,父母对于子女仍有抚养、教育、保护的权利和义务。离婚后,不满两周岁的子女,以由母亲直接抚养为原则。已满两周岁的子女,父母双方对抚养问题协议不成的,由人民法院根据双方的具体情况,按照最有利于未成年子女的原则判决。子女已满八周岁的,应当尊重其真实意愿。"夫妻离婚后,子女无论随父母哪一方生活,仍是父母双方的子女,父母对于子女仍有抚养、教育、保护的权利和义务。子女由一方直接抚养,另一方应通过给付抚养费及行使对子女的探望权来履行其抚养教育子女的权利和义务。离婚后,子女由哪一方直接抚养,不仅直接关系到子女的权益,是离婚诉讼中争执较多且难以解决的焦点问题。离婚时处理子女抚养问题,必须从有利于子女身心健康的原则出发,把维护子女利益放在首位,再结合父母双方的抚养能力和抚养条件,妥善解决。具体情形如下:不满两周岁的子女,尚在哺乳期内,以由母亲直接抚养为原则。已满两周岁的子女,首先应由父母双方协议,协议不成时,由人民法院根据双方的具体情况,按照最有利于未成年子女的原则判决。八周岁以上的未成年子女,对事物有了一定的认识和判断能力,对于其随父或随母生活,应尊重其本人的真实意愿;在有利于保护子女利益的前提下,父母双方协议轮流抚养子女的,可予准许。

5.066 抚养费 aliments, expenses of bringing up children

指在父母离婚后,子女由一方直接抚养的,另一方对于子女的生活费、教育费、医疗费等支出所应当负担的部分或者全部费用。《民法典》第1085条规定了离婚后子女抚养费的负担:"离婚后,子女由一方直接抚养的,另一方应当负担部分或者全部抚养费。负担费用的多少和期限的长短,由双方协议;协议不成的,由人民法院判决。前款规定的协议或者判决,不妨碍子女在必要时向父母任何一方提出超过协议或者判决原定数额的合理要求。"离婚后,父母双方都有负担子女抚养费的平等义务。子女无论由父亲还是母亲直接抚养,另一方都应当负担部分或者全部抚养费,负担费用的多少和期限的长短,由双方协议;协议不成时,由人民法院判决。无论协议或判决,都应当以子女的实际生活需要、父母双方的实际负担能力和当地的实际生活水平为依据。在协议离婚时,如果抚养子女的一方既有负担能力,又愿意独自负担全部费用,也允许对方不分担抚养费,但经查实,抚养方的抚养能力明显不能保障子女所需费用,影响子女健康成长的,不予准许。离婚后,由于父母经济条件、子女需要等情况发生变化,可由父母双方协议变更子女的抚养费;协议不成的,可以起诉要求变更。抚养费的变更包括抚养费的增加、减少或免除三种情况。子女要求增加抚养费,符合法定情形,父或母有给付能力的,应予支持;抚养费的减少或者免除直接关系到子女的切身利益,人民法院在决定时应慎重考虑,严格把握。

5.067　探望权　visitation right

指父母离婚后,不直接抚养子女的父或者母一方享有对未成年子女进行探望、联系、交往、短期共同生活的权利,另一方有协助的义务。《民法典》第 1086 条规定了离婚后的子女探望权:"离婚后,不直接抚养子女的父或者母,有探望子女的权利,另一方有协助的义务。行使探望权利的方式、时间由当事人协议;协议不成的,由人民法院判决。父或者母探望子女,不利于子女身心健康的,由人民法院依法中止探望;中止的事由消失后,应当恢复探望。"探望权是离婚后父或母对子女的一项法定权利,是基于身份和血缘关系而产生的一项权利。父母子女的关系,不因父母离婚而消失。离婚后不与未成年子女共同生活的一方,通过看望、关心子女或与子女短期共同生活,可以教育子女,与子女交流感情,得到精神抚慰,也使未成年子女享有正常的父或者母之爱,有利于未成年子女的健康成长。探望权的权利主体为离婚后不直接抚养子女的父或者母一方,义务主体为直接抚养子女的父或者母一方,抚养子女的一方负有不得妨碍其行使权利的义务、积极协作的义务,并应为其提供方便条件,保证对方权利的实现。探望权的行使不得损害子女的身心健康。如果父或母探望子女,不利于子女身心健康的,另一方可申请人民法院依法中止其探望权;中止的事由消失后,应当恢复探望。

5.068　夫妻共同财产分割　division of the mutual possessions of a couple, division of marital property

指在离婚时或者婚姻关系存续期间出现法定情形时,对夫妻的共同财产进行处置,使其变为各自独有的个人财产。《民法典》第 1087 条规定了离婚时的夫妻共同财产分割:"离婚时,夫妻的共同财产由双方协议处理;协议不成的,由人民法院根据财产的具体情况,按照照顾子女、女方和无过错方权益的原则判决。对夫或者妻在家庭土地承包经营中享有的权益等,应当依法予以保护。"可见,离婚共同财产分割包括协议分割和判决分割。协议分割是夫妻双方在平等自愿的基础上,就共同财产的处理达成一致意见的分割方式。判决分割是夫妻双方就共同财产的分割达不成一致意见时,由人民法院依法作出裁决的分割方式。人民法院判决分割夫妻共同财产时,应遵循男女平等、照顾子女权益、照顾女方权益、照顾无过错方权益等原则,并根据财产的具体情况,作出分割判决。分割夫妻共同财产的具体方法有实物分割、价金分割、价格补偿三种,可根据财产的类型及当事人双方的意思表示来选择使用。《民法典》第 1066 条规定了特定情形下婚姻关系存续期间的夫妻共同财产分割请求权:"婚姻关系存续期间,有下列情形之一的,夫妻一方可以向人民法院请求分割共同财产:(一)一方有隐藏、转移、变卖、毁损、挥霍夫妻共同财产或者伪造夫妻共同债务等严重损害夫妻共同财产利益的行为;(二)一方负有法定扶养义务的人患重大疾病需要医治,另一方不同意支付相关医疗费用。"这是针对夫妻一方通过各种手段侵害另一方的共有财产权益而双方或一方又不愿意离婚的情况,法律提供给夫妻一方在婚姻关系存续期间保护自己财产权利的救济途径。

5.069　夫妻共同债务清偿　settlement of the mutual debts of a couple, settlement of marital debts

指夫妻共同债务的偿还。夫妻共同债务应当由夫妻双方共同偿还。夫妻关系存续期间,共同债务应共同清偿,夫妻离婚时也应共同清偿。《民法典》第1089条规定了离婚时夫妻共同债务清偿:"离婚时,夫妻共同债务应当共同偿还。共同财产不足清偿或者财产归各自所有的,由双方协议清偿;协议不成的,由人民法院判决。"夫妻离婚分割夫妻共同财产时,对于已届清偿期的共同债务应由共同财产偿还,之后再分割剩余的共同财产。双方共同财产不足清偿,或者财产归各自所有的,或者离婚时尚未到期的共同债务,一方或双方不愿提前清偿,由双方协议确定各自所应承担的份额。双方协议不成时,可向人民法院起诉,法院根据双方的经济状况、经济能力及照顾直接抚养子女一方和女方的原则,判决由双方按一定比例清偿。不论是夫妻双方的协议还是法院的判决书、裁定书、调解书,只是确立了夫妻双方各自分担债务的份额,该份额仅具有对内效力。对债权人而言,夫妻离婚后,该项债务仍为连带债务,债权人有权向夫妻双方或任何一方请求履行清偿义务。

5.070　离婚经济补偿　financial compensation for divorce, economic compensation for divorce

指夫妻一方因抚养子女、照料老年人、协助另一方工作等负担较多义务的,离婚时有权向另一方请求补偿,另一方应当给予补偿。这实质上是对家务劳动价值的认可,使经济地位较弱而承担较多家务劳动的一方(大多为女性)在离婚时享有经济上的补偿。家务劳动在商品交换社会中,对家庭而言有重要经济价值。做家务劳动的一方对维持婚姻所作的无形贡献是积累家庭财富的间接方式,对家庭财富积累的贡献与另一方是对等的,对家庭财产享有平等的权利。一方因抚养子女、照料老年人、协助另一方工作等付出较多义务,并且因前述原因牺牲了自己的发展机会,导致自己在婚姻关系存续期间无经济收入,或者经济收入远低于另一方,当婚姻关系终结之时,不论夫妻财产是分别财产制,还是共同财产制,离婚分割财产时,如果他们的利益得不到有效的保障,将对子女的成长极为不利,对社会的稳定产生重大影响。《民法典》第1088条规定了离婚经济补偿:"夫妻一方因抚育子女、照料老年人、协助另一方工作等负担较多义务的,离婚时有权向另一方请求补偿,另一方应当给予补偿。具体办法由双方协议;协议不成的,由人民法院判决。"该条规定是遵循权利和义务对等的原则作出的。只有在一方为婚姻家庭尽了较多义务,如抚养子女、照料老年人、协助另一方工作的情况下才可向对方请求补偿。夫妻离婚时,一方对承担较多家务劳动的另一方给予经济补偿,首先应当由要求离婚的夫妻自行协商确定;

协议不成的,由人民法院判决。

5.071　离婚经济帮助　financial assistance for divorce,economic assistance for divorce

指离婚时,如果一方生活困难,有负担能力的另一方应当给予适当帮助。《民法典》第 1090 条规定了离婚经济帮助:"离婚时,如果一方生活困难,有负担能力的另一方应当给予适当帮助。具体办法由双方协议;协议不成的,由人民法院判决。"离婚经济帮助平等地适用于男女双方,主要是帮助解决生活困难一方离婚时的生活困难,消除生活困难一方在离婚问题上的经济顾虑,有助于离婚自由的充分实现。经济帮助既不以一方付出较多的义务为条件,也不以一方有过错为必要,而是以一方在离婚时存在生活困难为前提。经济帮助不是夫妻间扶养义务的延续,而是离婚的效力的体现,是由原来的婚姻关系派生出来的一种责任。离婚时,夫妻一方请求夫妻另一方给予经济帮助,需满足一方经济困难、一方有负担能力且该经济帮助具有时限性等条件。经济帮助的方法首先由双方协议确定,双方达不成协议则由人民法院判决。

5.072　离婚损害赔偿　divorce damage compensation,divorce compensation

指婚姻当事人一方因法定过错行为的发生而导致离婚,无过错方有权请求过错方赔偿损失的一种婚姻法律制度。《民法典》第 1091 条规定:"有下列情形之一,导致离婚的,无过错方有权请求损害赔偿:(一)重婚;(二)与他人同居;(三)实施家庭暴力;(四)虐待、遗弃家庭成员;(五)有其他重大过错。"该条采取列举性规定与概括性规定相结合的立法方式,规定了因夫妻一方的过错致使婚姻关系破裂的,无过错方可以提起离婚损害赔偿的法定情形,第 5 项"有其他重大过错"是兜底条款,将其他一些确实给无过错方造成严重损害的情形纳入损害赔偿范围,更好地发挥离婚损害赔偿制度的制裁、预防作用,促进婚姻关系的稳定。离婚损害赔偿既包括过错方给无过错方造成的财产损害的赔偿,也包括过错方给无过错方造成的人身损害、精神损害的赔偿。在离婚案件中,无过错方对确实有过错的另一方是否行使赔偿请求权,由受损害的无过错方自行决定,人民法院不能主动判决离婚损害赔偿。离婚损害赔偿制度旨在填补受害人损失,给予受害人以精神抚慰,有效保障无过错方的合法权益。同时,通过损害赔偿责任制裁违法行为,并教育告诫他人,预防违法行为的发生。

5.073　中华人民共和国收养法　Adopting Law of The People's Republic of China

是为保护合法的收养关系,维护收养关系当事人的权利,而制定的法律。1991 年 12 月 29 日,第七届全国人民代表大会常务委员会第二十三次会议通过了《中华人民共和国收养法》,于 1992 年 4 月 1 日起施行。该法对于规范收养行为、保护合法的收养关系,发挥了重要的作用。1998 年 11 月 4 日,第九届全国人民代表大会常务委员会第五次会议通过了《关于修改〈中华人民共和国收养法〉的决定》,修改后的收养法自 1999 年 4 月 1 日起施行。修改的内容主要有两个方面:一是放宽了收养的条件;二是进一步完善收养程序,国内收养与涉外收养关系统一由民政部门登记成立。2020 年 5 月 28 日,十三届全国人大三次会议通过了《民法典》,自 2021 年 1 月 1 日起施行,《中华人民共和国收养法》同时废止。

5.074　收养　adoption

指自然人依照法律规定的条件和程序,领养他人的子女作为自己的子女,从而在收养人与被收养人之间确立父母子女关系的民事法律行为。因这种民事法律行为而成立的法律关系被称为收养关系。收养具有以下法律特征:

第一,收养是自然人实施的民事法律行为。收养行为的成立需要收养人、送养人和有识别能力的被收养人之间达成合意。自然人实施的收养与儿童福利机构自行决定收养孤儿、残疾儿和遗弃儿的行政法上的行为有着本质的区别。收养既涉及当事人的利益,也涉及社会利益,须受到法律的约束。因此,收养关系的成立和解除都必须符合法定条件,遵守法定程序。

第二,收养是改变亲属身份关系的行为。收养关系成立后,被收养人与收养人之间产生了父母子女间的身份关系,同时,被收养人与生父母之间的父母子女身份关系随之消除。

收养不能发生于直系血亲之间,因为收养的结果是产生父母子女亲子身份关系。但是,旁系血亲之间可以发生收养,例如,可以将侄子女、外甥子女收养为养子女。

5.075　被收养人　adoptee

指被他人收养的人,即养子女。被收养人只能是未成年人。《民法典》以列举的方式将被收养人限定为三类未成年人。

其一,丧失父母的孤儿。孤儿是失去父母、查找不到生父母的未满 18 周岁的未成年人。丧失父母的孤儿可以被他人收养。

其二,查找不到生父母的未成年人。查找不到生父母的未成年人,包括查找不到生父母的弃婴、儿童等。

其三,生父母有特殊困难无力抚养的子女。"无力抚养的子女"是指生父母有特殊困难无法或不宜抚养的子女,如生父母出于无经济负担能力、患有严重疾病或绝症、丧失民事行为能力或因违法犯罪滥用亲权而被剥夺亲权等原因,以致无法或不宜抚养子女,均可视为有特殊困难无力抚养的情形。

5.076　送养人　person or institution placing out a child for adoption

将未成年人交由他人收养的父母、其他监护人和儿童福利机构。下列个人、组织可以作送养人：

其一，孤儿的监护人。失去父母、查找不到生父母的未满 18 周岁的未成年人，依照法律规定由具有监护能力的祖父母、外祖父母、兄姐、其他愿意担任监护人的个人或组织担任监护人。孤儿的监护人可以作为送养人。

另外，未成年人的父母均不具备完全民事行为能力且可能严重危害该未成年人的，该未成年人的监护人可以将其送养。

其二，儿童福利机构。儿童福利机构抚养的未成年人有三种：一是失去父母的未成年人；二是查找不到生父母的未成年人；三是生父母自费将其送到儿童福利机构寄养的残疾未成年人。前两种未成年的监护人是儿童福利机构，可以由儿童福利机构送养；第三种未成年人的监护人是其生父母，而不是儿童福利机构，因此，儿童福利机构无权将其送养。

其三，有特殊困难无力抚养子女的生父母。父母对子女有抚养教育的义务，这种义务在通常情况下是不能免除的，但如果父母确有特殊困难（如丧失劳动能力又无经济来源等情况）无力履行抚养义务，法律允许生父母将子女送养他人。生父母送养子女，应当双方共同送养；生父母一方不明或者查找不到的，可以单方送养。送养人的范围，是由法律明确规定的，除以上三类自然人或者组织之外，其他任何个人或者组织均不得作为送养人。

5.077　收养人　adoptive parent,parent by adoption

领养他人子女的人，即养父母。收养人应当同时具备下列条件：

第一，无子女或者只有一名子女。这是对收养人已有子女数量的限制，已与我国的计划生育政策相接轨。

第二，有抚养、教育和保护被收养人的能力。收养制度的目的，是使被收养人能够在良好的家庭环境中获得必要的抚养、教育和保护，这决定了收养人必须具备抚养、教育和保护被收养人的能力，包括收养人必须是完全民事行为能力人，具备抚养、教育和保护被收养人的经济条件、身体素质、智力能力和良好的思想品德等，能够确保抚养、教育和保护养子女的职责的履行，使被收养人能够健康成长。

第三，未患有在医学上认为不应当收养子女的疾病。养父母良好的身体状况是为被收养人提供良好家庭环境的必备条件。收养人应身心健康，才能抚养、照顾养子女。如果养父母患有严重疾病，生活不能自理，就无法履行抚养、照顾养子女的义务；如果养父母身患传染病，那么就很容易传染给养子女，危害养子女的身体健康。

第四，无不利于被收养人健康成长的违法犯罪记录。此条款的目的是降低收养人侵害被收养人权益的可能性，加强对被收养人身心健康和合法权益的保护，体现了最有利于被收养人的基本原则。

第五，年满三十周岁。这是对收养人年龄的最低要求。收养关系成立后在收养人与被收养人之间建立拟制的父母子女关系,因此,收养人应当达到最低的年龄要求,以使养亲子关系吻合自然亲子关系的年龄结构与心理结构。收养人年满三十周岁后各方面条件相对成熟,能够更好地承担起作为养父母的职责,对收养家庭和社会均有利。

另外,无配偶者收养异性子女的,收养人与被收养人的年龄应当相差四十周岁以上。

5.078 收养登记 registration of adoption

收养应当向县级以上人民政府民政部门登记,是收养关系成立的法定形式要件。收养关系自登记之日起成立。办理收养登记的机关是县级以上人民政府的民政部门。收养登记可以分为申请、审查和登记。

其一,申请。收养关系当事人应当亲自到收养登记机关办理成立收养关系的登记手续,并提交收养申请书和相应的证明材料。

内地居民收养人应当向收养登记机关提交收养申请书和下列证件、证明材料:一是收养人的居民户口簿和居民身份证;二是由收养人所在单位或者村民委员会、居民委员会出具的本人婚姻状况和抚养教育被收养人的能力等情况的证明,以及收养人出具的子女情况声明;三是县级以上医疗机构出具的未患有在医学上认为不应当收养子女的疾病的身体健康检查证明。收养查找不到生父母的弃婴、儿童的,并应当提交收养人经常居住地计划生育部门出具的收养人生育情况证明。

华侨申请办理成立收养关系的登记时,应当提交收养申请书和下列证件、证明材料:一是护照;二是收养人居住国有权机构出具的收养人的年龄、婚姻、有无子女、职业、财产、健康、有无受过刑事处罚等状况的证明材料。该证明材料应当经其居住国外交机关或者外交机关授权的机构认证,并经中国驻该国使领馆认证(华侨居住在已与中国建立外交关系国家时)或者已与中国建立外交关系的国家驻该国使领馆认证(华侨居住在未与中国建立外交关系国家时)。

香港或澳门居民中的中国公民申请办理成立收养关系的登记时,应当提交收养申请书和下列证件、证明材料:一是居民身份证、来往内地通行证或者同胞回乡证;二是经国家主管机关委托的香港委托公证人证明的或者澳门地区有权机构出具的收养人的年龄、婚姻、有无子女、职业、财产、健康、有无受过刑事处罚等状况的证明材料。

台湾居民申请办理成立收养关系的登记时,应当提交收养申请书和下列证件、证明材料:一是在台湾地区居住的有效证明;二是中华人民共和国主管机关签发或签注的在有效期内的旅行证件;三是经台湾地区公证机构公证的收养人的年龄、婚姻、有无子女、职业、财产、健康、有无受过刑事处罚等状况的证明材料。

送养人应当向收养登记机关提交下列证件和证明材料:一是送养人的居民户口簿和居民身份证(组织做监护人的,提交其负责人的身份证件);二是法律规定送养时应当征得其他抚养义务人同意的,还应提交其他有抚养义务的人同意送养的书面意见。

其二,审查、登记。收养登记机关收到收养登记申请书及有关材料后,应当自次日起30日内进行审查。对符合《收养法》规定条件的,为当事人办理收养登记,发给收养登记证,收养关系自登记之日起成立;对不符合收养法规定条件的,不予登记,并对当事人说明理由。

5.079 收养协议 adoption agreement

收养关系当事人在自愿同意的基础上,依照法律规定的条件订立的关于成立收养关系的协议。签订收养协议不是收养成立的必经程序,如果当事人同意的话可以订立协议;如果一方不同意订立协议,双方办理了收养登记,不影响收养关系的成立。同时,只有书面协议而没有办理收养登记手续的,不产生收养的法律效力。

订立收养关系协议,应当符合如下法律要求:

其一,签订收养协议中涉及的各方主体,即收养人、被收养人与送养人均须符合法律规定条件。

其二,收养协议的主要内容,应当包括收养人、被收养人与送养人的基本情况,收养目的,收养人不虐待、不遗弃被收养人并抚养教育被收养人健康成长的说明,以及双方要求订入的其他内容。

其三,收养协议应当为书面协议。因为收养涉及重要的亲属身份关系的设立和终止,因此,应当采取书面形式。收养协议中还应当载明达成协议的年、月、日,并由各方当事人亲笔签名。

5.080 收养评估 adoption assessment

指收养登记机关或其指定的第三方机构通过收养能力评估、融合期调查和收养后回访等程序对收养申请人及其共同生活的家庭成员抚养、教育和保护被收养的未成年人的能力、收养登记办理前收养关系当事人融合情况以及收养登记办理后被收养人与收养人共同生活的情况进行的综合调查和评定。

收养评估是《民法典·婚姻家庭编》在原《收养法》的基础上新增加的收养程序要求。据此,收养评估是民政部门的法定职责,县级以上人民政府民政部门应当依法进行收养评估。法律规定收养评估的目的在于确保收养人具有抚养、教育和保护被收养的未成年人的能力,被收养人能够融入收养家庭,避免收养后恶意遗弃等行为,切实保障被收养的未成年人的合法权益。民政部于2015年9月7日印发了《收养能力评估工作指引》。

收养能力评估,是指收养登记机关或其指定的第三方机构对收养申请人及其共同生活的家庭成员抚养、教育和保护被收养的未成年人的能力进行的综合评定。《收养能力评估工作指引》中明确了收养能力评估的对象、流程、标准和评估方式,规范了评估报告的内容及格式。

其一,评估对象。在中国境内收养子女的,应当进行收养能力评估。收养继子女的,不进行收养能力评估。

其二,评估机构及人员。收养评估工作可以由收养登记机关委托的第三方机构或者收养登记机关开展。民政部门优先采取委托第三方方式开展收养能力评估,评估人员为社会工作师、律师、医生、心理咨询师、婚姻家庭咨询师等专业人员。暂时不具备条件的,可以由收养登记机关自行评估,评估人员为公务人员或具备专业资质的聘用人员。

其三,评估流程。收养能力评估流程包括评估告知、评估前准备、实施评估并出具报告等。

其四,评估标准。针对收养家庭主客观情况,将收养能力评估标准分为基本标准和否决性标准两类,在科学论证的基础上,对部分确实可以量化的标准进行量化评分。

一是基本标准。基本标准是指评估收养申请人抚养、教育和保护能力所依据的全部基本条件,包括以下 8 项内容:收养动机、年龄、健康状况、道德品行情况、经济及住房条件、婚姻家庭关系、共同生活家庭成员意见、抚育计划。

二是否决性标准。否决性标准包括 5 项内容,如果收养申请人具有以下情况之一的则不得收养未成年人:

第一,参加非法组织、邪恶教派的;

第二,有买卖、虐待或遗弃儿童行为的;

第三,有持续性、经常性的家庭暴力的;

第四,有故意犯罪行为,判处或者可能判处徒刑以上刑罚的;

第五,患甲类或乙类传染病在传染期,患重型精神病在发病期的。

其五,评估方式。评估人员运用面谈、查阅资料和走访等形式进行综合评估。

其六,收养能力评估报告。评估人员对申请收养家庭整体情况作出真实全面评估后形成综合评估材料,由评估机构制作书面的《收养能力评估报告》。《收养能力评估报告》从出具之日起 6 个月内有效。《收养能力评估报告》一式三份,一份送达收养登记机关,一份送达收养申请人,另一份评估机构留存。

另外,为保障被收养人的健康成长,还需要进行融合情况评估,即在收养登记办理前,对收养关系当事人融合情况进行评估,主要包括对被收养人与收养申请人及其家庭成员共同生活、相处和情感交融等情况、收养申请人履行临时监护职责情况、对被收养人的照料抚育情况和(被)收养意愿等进行调查评估。

5.081　涉外收养　adoption concerning foreigners

广义的涉外收养,是指含有涉外因素的收养,即在收养人与被收养人之间至少有一方为外国人。狭义的涉外收养,是指外国人在中华人民共和国境内收养中国公民为养子女。《民法典》第 1109 条规定:"外国人依法可以在中华人民共和国收养子女。"这意味着《民法典》中的涉外收养属于狭义的涉外收养。

依照我国法律规定,外国人在中华人民共和国收养子女,应当经其所在国主管机关依照该国法律审查同意。收养人应当提供由其所在国有权机构出具的有关其年龄、婚姻、职业、财产、健康、有无受过刑事处罚等状况的证明材料,并与送养人签订书面协议,亲自向省、自治区、直辖市人民政府民政部门登记。上述证明材料应当经收养人所在国外交机关或者外交机关授权的机构认证,并经中华人民共和国驻该国使领馆认证,国家另有规定的除外。

5.082　继父母收养继子女　stepparent adopting stepchild

指继父母将继子女收养为养子女的行为。继子女和继父母的关系是因生父母再婚而形成的姻亲关系,只要继父或者继母经过继子女的生父母同意,并且当继子女年满八周岁时,征得被收养的继子女的同意,收养关系便得以成立。具体而言,《民法典》第 1103 条对继父母收养继子女的条件作了下列放宽性规定:

第一,其生父母无特殊困难且有力抚养的子女,仍可以作为被收养人被其继父母收养。

第二,无特殊困难且有力抚养子女的生父母,仍可以作为送养人将其子女交给其继父母收养。

第三,继父母作为收养人,无须受“无子女或者只有一名子女”“有抚养、教育和保护被收养人的能力”“未患有在医学上认为不应当收养子女的疾病”以及“年满三十周岁”等条件限制。

第四,继父母收养继子女不受收养数量的限制。

继父母收养继子女,可以消除继子女与继父母、继子女与生父母形成的双重的亲子间的权利义务关系,有利于促进家庭关系的和睦稳定,也有利于继子女的健康成长。

5.083　抚养优先权　priority of supporting

指配偶一方死亡、另一方要求送养子女的,死亡一方的父母有优先抚养的权利。死亡一方的父母,即被送养人的祖父母或外祖父母。祖孙之间是除父母子女外最亲的直系血亲,在法律上有附条件的权利义务关系。依据《民法典》第 1074 条的规定:“有负担能力的祖父母、外祖父母,对于父母已经死亡或者父母无力抚养的未成年孙子女、外孙子女,有抚养的义务。”《民法典》第 1108 条规定祖父母外祖父母的抚养优先权,是与《民法典》的这一规定的立法精神相一致。

《民法典》规定抚养优先权制度,可以兼顾有利于保障未成年的被抚养人利益和死亡配偶一方的父母的感情需要。一般而言,基于中华民族的传统美德,未成年人的祖父母、外祖父母对其孙子女、外孙子女疼爱有加,在未成年人孙子女、外孙子女的父或母死亡时,由他们抚养未成年人,能够充分保护未成年人的合法权益。另外,对于老年人,其子女死亡,如果未成年的孙子女、外孙子女被送给他人收养,从感情角度,对于老人而言无疑是更大的打击,因此由其抚养孙子女、外孙子女也是一种心灵的安慰。这一规定不仅有利于保护未成年人的利益,而且符合我国的传统习惯,兼顾了血脉亲情。

抚养优先权受法律保护。抚养优先权构成对生存的父亲或母亲单方送养子女时的法定限制。当父母一方死亡、另一方送养子女时,应当尊重祖父母或外祖父母的抚养优先权利。

5.084 收养保密义务 confidentiality obligation of adoption

与收养有关的个人信息,属于自然人的隐私范畴,受到国家法律保护。《民法典》第1110条规定:"收养人、送养人要求保守收养秘密的,其他人应当尊重其意愿,不得泄露。"尊重和保护收养秘密,是收养关系当事人及其他人负有的一项法律义务。保守收养秘密,一方面有利于未成年的被收养人的健康成长;另一方面也有利于保护收养家庭的隐私利益,对维护收养关系当事人的合法权益、维持收养关系的和谐稳定均具有重要意义。负有保密义务的人包括知晓收养关系的任何个人和组织,个人是指收养人、送养人、当事人的亲朋好友以及办理收养关系的国家机关工作人员,组织包括民政部门、公安机关等。收养秘密的保护,适用法律关于隐私权和个人信息保护的有关规定。

5.085 收养效力 the validity of adoption

指收养关系一旦成立,即发生的法律后果,包括收养的拟制效力和收养的解消效力两个方面。

其一,收养的拟制效力。收养的拟制效力,是指收养依法建立新的亲属关系及其权利义务的效力,也称为收养的积极效力。依据我国法律规定,收养的拟制效力不仅及于养子女与养父母,也及于养子女与养父母的近亲属。即自收养关系成立之日起,养父母与养子女间的权利义务关系,适用法律关于父母子女关系的规定(养父母对养子女有抚养、教育和保护的权利和义务;养子女对养父母有赡养、扶助的义务;养父母与养子女之间有相互继承遗产的权利);养子女与养父母的近亲属间的权利义务关系,适用法律关于子女与父母的近亲属关系的规定。

其二,收养的解消效力。收养的解消效力,是指收养依法终止原有的亲属关系及其权利义务的效力。依据我国法律规定,收养的解消效力不仅及于养子女与生父母,也及于养子女与生父母以外的其他近亲属,即养子女与生父母以及其他近亲属间的权利义务关系,因收养关系的成立而消除。

5.086 无效收养行为 invalid adoption

指欠缺收养关系成立的法定要件,不能产生收养的法律效力的收养行为。收养行为

无效的原因主要有:

其一,违反民事法律行为有效要件的收养行为。主要包括:第一,无民事行为能力人实施的收养行为。第二,行为人和相对人以虚假的意思表示实施的收养行为。第三,违反法律、行政法规的强制性规定或者违背公序良俗的收养行为。第四,恶意串通,损害他人合法权益的收养行为。

其二,违反收养关系成立的实质要件和形式要件的收养行为。主要包括:第一,被收养人不符合法律规定的条件。第二,送养人不符合法律规定的条件。第三,收养人不符合法律规定的条件。第四,违反收养关系成立的形式要件的收养行为无效。如未到县级以上人民政府民政部门登记等。

无效的收养行为自始没有法律效力,当事人之间不产生养父母子女关系。

5.087 收养关系解除 dissolution of adoption, termination of the adoptive relation

指收养关系成立后,解除养父母与未成年养子女间收养关系的现象。收养关系解除,包括协议解除和法定解除两种情况。出于维持收养关系稳定、保护被收养子女的合法权益,防止因送养人、收养人相互推诿责任而侵害被收养的未成年人权益的现象发生,原则上在被收养人成年之前,收养人不得单方解除收养关系。但在收养人与送养人达成协议,或者符合法律规定的情况下,允许解除收养关系。

其一,协议解除收养关系。只有当收养人和送养人双方自愿协议解除收养关系,而且八周岁以上的未成年被收养人也同意解除时,才允许协议解除养父母与未成年养子女的收养关系。协议解除收养关系,应当满足以下条件:

一是解除收养是一种变更身份关系的重要法律行为,必须由当事人亲自进行,不得由他人代理。

二是当事人在自愿的基础上达成解除收养关系的书面协议。

三是解除收养关系协议的内容不得违反法律、行政法规的规定,不得违背公序良俗。

当事人协议解除收养关系的,应当到民政部门办理解除收养关系登记。在具体办理时,当事人应当持居民户口簿、居民身份证、收养登记证和解除收养关系的书面协议,共同到被收养人常住户口所在地的县级人民政府民政部门办理解除收养关系登记。

收养登记机关在收到解除收养关系申请书及有关材料后,应当自次日起30日内进行审查,对符合法律规定的,为当事人办理解除收养关系登记,收回收养登记证,并填发解除收养关系证明。当事人取得解除收养关系证明,收养关系解除。

其二,诉讼解除收养关系。诉讼解除收养关系,发生在以下两种情形下:

一是送养人单方要求解除收养关系。收养人不履行抚养义务,有虐待、遗弃等侵害未成年养子女合法权益行为的,送养人有权要求解除养父母与养子女间的收养关系。送养人、收养人不能达成解除收养关系协议的,可以向人民法院提起诉讼。

　　二是养父母与成年养子女关系恶化、无法共同生活的。养父母与成年养子女关系恶化、无法共同生活的,可以协议解除收养关系。不能达成协议的,任何一方都可以向人民法院提起诉讼。通过诉讼解除收养关系的,收养关系自人民法院作出准予解除收养的调解书或判决书生效之日起解除,当事人无须再进行解除收养关系登记。

　　无论是协议解除收养关系还是诉讼解除收养关系,养子女与养父母以及其他近亲属间的权利义务关系即行消除,与生父母以及其他近亲属间的权利义务关系自行恢复。但是,成年养子女与生父母以及其他近亲属间的权利义务关系是否恢复,可以协商确定。

　　收养关系解除后,经养父母抚养的成年养子女,对缺乏劳动能力又缺乏生活来源的养父母,应当给付生活费。因养子女成年后虐待、遗弃养父母而解除收养关系的,养父母可以要求养子女补偿收养期间支出的抚养费。生父母要求解除收养关系的,养父母可以要求生父母适当补偿收养期间支出的抚养费;但是,因养父母虐待、遗弃养子女而解除收养关系的除外。

第六编　继　　承

6.001　继承　succession

指因自然人死亡而引起的其财产或身份地位由他人概括承受的法律现象。早期的继承制度主要为身份继承,进入资本主义社会后,各国立法上废除了身份继承,继承遂成为财产传承的重要法律方式。其中,死亡的自然人称为被继承人,继承其遗产的人称为继承人,继承的客体称为继承的标的,包括遗产和遗产上的债务。调整继承过程中各种社会关系的法律制度是继承制度。继承制度是以私有财产的保护为逻辑前提的法律制度。继承制度历史悠远,是民法的重要组成部分,现代各国立法均有关于继承的法律制度。继承的概念有广义和狭义之分。广义的继承是指自然人死亡后遗留的个人财产由他人承继的过程。狭义的继承是指自然人死亡后遗留的个人财产由其继承人承继的情形。狭义继承的主体只限于有继承权的法定继承人和遗嘱继承人,而在广义继承中,承继遗产的人,不仅包括法定继承人和遗嘱继承人,还包括受遗赠人、酌分请求权人、遗赠扶养协议中的扶养人等。《民法典·继承编》中所使用的"继承"概念,根据法律条文的具体内容,既有狭义的继承也有广义的继承。

6.002　继承法　succession law

指对继承关系进行调整的法律规范的总和。是民法的重要组成部分,各国民法典都有继承法的相应规定。我国《民法典》将继承规定于第六编,继承编共有四十五个条文,分为四章,第一章一般规定、第二章法定继承、第三章遗嘱继承和遗赠、第四章遗产的处理。作为学理概念,继承法有形式意义上的继承法和实质意义上的继承法之分。形式意义上的继承法是指以继承法命名的专门调整继承关系的法律文件。如《中华人民共和国继承法》《民法典·继承编》就是形式意义上的继承法。实质意义上的继承法是指各种调整继承关系的继承法律规范。无论该继承法律规范存在于何种法律文件中,或者以判例、习惯等法律渊源形式存在,都是实质意义上的继承法。区分形式意义上的继承法和实质意义上的继承法有利于对继承法的存在形式进行全面的了解和把握。

6.003 中华人民共和国继承法 Succession Law of the People's Republic of China

是我国在《民法典》生效之前调整继承关系的一部重要的专门性部门法律。该法于 1985 年 4 月 10 日全国人大六届三次会议通过,自 1985 年 10 月 1 日起施行。《中华人民共和国继承法》分为五章:第一章总则,第二章法定继承,第三章遗嘱继承和遗赠,第四章遗产的处理,第五章附则,共有法律条文三十七条。该部继承法的颁布,结束了新中国成立后继承纠纷主要由最高人民法院的诸多司法政策调整的历史。对于我国在新时期保障公民的财产权,增强公民的民事法律观念,维护和发展继承法律关系,具有重大意义。最高人民法院于同年出台了《关于贯彻执行〈中华人民共和国继承法〉若干问题的意见》,是司法实践中与继承法配合适用的重要依据。2021 年 1 月 1 日《民法典》生效后,《中华人民共和国继承法》失效。

6.004 继承权 the right of succession

指继承人所享有的继承被继承人遗产的权利。在继承开始前,继承权体现为将来可以继承被继承人遗产的地位,称为继承期待权。在继承开始后,继承权体现为基于继承人的身份可以取得遗产的权利,称为继承既得权。继承权基于婚姻关系、亲属关系而产生,继承权的主体在我国法律中只限于自然人。继承权发端于罗马法,最初是对被继承人身份的继承,如宗祧继承、家督继承;近代逐渐从身份继承转变为财产继承,但仍以亲属身份关系为纽带,呈现出财产法与身份法交错的特点。我国法律中规定的继承权属于具有身份性质的财产性权利。从社会功能看,继承权是遗产继承制度的核心,具有其他权利无法代替的法律功能与社会功能。我国《宪法》和《民法典》均对继承权的保护作出明确的法律规定。

6.005 继承关系 the relationships of succession

指因被继承人死亡而发生的以遗产继承为目的的各种民事社会关系。继承关系是继承法的调整对象。继承关系不仅涉及继承权关系,还涉及与继承有关的债权关系或物权关系。继承关系主要包括以下几个方面:法定继承人单独继承或者共同继承而产生的民事关系;因遗嘱而产生的继承关系;因遗赠而产生的民事关系;因遗赠扶养协议而产生的民事关系;非继承人酌分遗产的民事关系;遗产债务关系;遗产管理与遗嘱执行中产生的民事关系;遗产分割中的民事关系;遗产被侵占而发生的继承权回复关系等。继承关系不同于继承法律关系。继承关系是继承法律所调整的对象,是客观存在的社会关系;继承法律关系是继承关系经过继承法调整后,具有民事权利义务内容的社会关系。

6.006　继承人　successor

指依据法律规定或者遗嘱指定而享有继承权,于继承开始后可以继承被继承人遗产的人。继承人是继承法律关系的主体之一,在行使遗产继承权的场合,继承人是权利主体;在承担遗产债务的场合,继承人也可能成为义务主体。继承人包括法定继承人和遗嘱继承人。《民法典》规定的继承人,只包括自然人,不包括法人、非法人组织或国家。虽然《民法典》第1160条规定,无人继承又无人受遗赠的遗产,归国家或集体所有,但并不意味着国家、集体可以成为继承人。继承人与被继承人必须有法律规定的身份关系。为了保护胎儿的利益,《民法典》并不要求继承人实际具有民事权利能力,即视为具有民事权利能力的胎儿,可以成为法定继承人,而将来出生人可以成为遗嘱继承人。

6.007　法定继承人　statutory successor

指基于法律规定的继承人范围和继承顺序而享有继承权,按法定遗产份额承受被继承人遗产的人。法定继承人与被继承人之间需要有法律规定的身份关系。此身份关系通常包括配偶关系和血亲关系。此外,还有一类是我国特有的,即有扶养事实的姻亲关系。由于我国继承法上有养老育幼的传统,存在扶养关系的部分姻亲也被认为享有继承权,成为法定继承人。如对公婆或岳父岳母尽了主要赡养义务的丧偶儿媳或丧偶女婿,或者有扶养关系的继父母与继子女等也被规定为法定继承人。单纯的姻亲关系原则上不构成确认法定继承人范围的身份依据。《民法典》规定的法定继承人范围包括:配偶、子女、父母、祖父母、外祖父母、兄弟姐妹、子女的直系晚辈血亲、兄弟姐妹的子女、对公婆或岳父岳母尽了主要赡养义务的丧偶儿媳或丧偶女婿等。除此之外的亲属,如伯、叔、姑、舅、姨、堂兄弟姐妹、表兄弟姐妹等,在我国不属于法定继承人。

6.008　遗嘱继承人　testamentary successor

指按照被继承人所立遗嘱而享有继承权,有权继承遗产的继承人。遗嘱继承人不同于受遗赠人。遗嘱继承的继承主体具有限定性,依据《民法典》的规定,只有法定继承人范围之内的人才能经遗嘱指定而成为遗嘱继承人。继承人范围之外的人依遗嘱取得遗产的,只能成为受遗赠人。国外相反的立法认为,遗嘱继承人是基于遗嘱概括承受被继承人遗产的权利义务的主体地位的人,可以是法定继承人范围之外的人。遗赠是依据遗嘱有权取得特定遗产的人,可以是法定继承人或法定继承人以外的人。立遗嘱人可以在遗嘱中指定继承人的范围、顺序、遗产份额,遗嘱继承人按照遗嘱的要求行使继承权。遗嘱继承人依据遗嘱取得相应的财产后,不影响其依法取得遗嘱未处分的其他遗产。

6.009　被继承人　decedent

指因其死亡而引起继承发生,其所遗留的个人合法财产,通过法律规定或遗嘱而由他人承继的自然人。被继承人必须是留有遗产的自然人,若未留有遗产,则不发生继承。被继承人的合法财产才可以继承,近现代各国家法律一般都废除了身份继承,即对被继承人身份及社会地位的承袭,只有极少数国家的继承法还保留着这一制度。法人或非法人组织终止适用清算或破产程序,不适用遗产继承的规定。被继承人生前须具有民事权利能力,对民事行为能力没有要求。成为被继承人即意味着其已经死亡而丧失民事权利能力,因此,被继承人不属于继承法律关系的主体,但法律仍以保护被继承人遗嘱自由和终意的实现为价值取向。尊重被继承人意志,也是保障自然人私人财产所有权在继承法中的凝练与体现。

6.010　继承开始　the opening of succession

指继承法律关系发生的时间。继承从被继承人死亡时开始。被继承人死亡是继承开始的原因,包括自然死亡和宣告死亡两种情形。自然死亡即生理死亡,宣告死亡即对失踪人的推定死亡,二者法律效果并无差异。继承开始的法律意义在于:一是继承开始的时间属于强制性规范,不因遗嘱或者合同而排除其适用,即法律不认可对尚生存的人进行财产继承,也不存在自然人死亡后仍作为遗产权利主体而不发生继承的情形。二是继承开始时,遗嘱发生效力。三是继承人在继承开始后享有主张取得遗产的现实权利。四是继承人于继承开始时概括承受被继承人财产上的权利和义务。五是放弃继承权的法律效果溯及至继承开始之时。六是继承开始的时间是确定遗产范围的时间标准。七是继承开始的时间是确定继承人资格的时间标准。八是继承开始时间对代位继承和转继承的判断产生影响。

6.011　死亡时间推定　presumption the time of death

又称"死亡顺序的推定"。指相互有继承关系的数人在同一事件中死亡,难以确定死亡时间的,推定各当事人死亡的顺序;都有其他继承人,辈分不同的,推定长辈先死亡;辈分相同的,推定同时死亡,相互不发生继承。《俄罗斯联邦民法典》《法国民法典》《埃塞俄比亚民法典》等都有关于死亡时间推定的规定。《民法典》第 1121 条第 2 款的死亡时间推定的规定源于《继承法》的司法解释。首先,数人死亡若可以确定死亡时间,应以实际死亡时间为准。其次,难以确定死亡时间的,推定没有其他继承人的人先死亡,使有其他继承人的人能够继承遗产之后再传承给其生存继承人,避免因规则而引起无人继承遗产的出现。再次,如果都有其他继承人,则依据辈分从高到低推定死亡时间,既遵循了自然规律,也避免了遗产的逆向继承。最后,如果辈分相同且各自均有继承人,则推定同时死亡,相互不发生继承,遗产由各自的继承人分别继承。

6.012　遗产　estate

自然人死亡时遗留的个人合法财产,但依照法律规定或者根据其性质不得继承的遗产,不得继承。积极财产说认为,被继承人死亡时所遗留的积极财产为遗产。一切财产说则认为遗产不仅包括积极财产,也包括消极财产。遗产有以下特征:一是遗产的财产性。遗产必须是被继承人遗留的财产性权利。财产权利之外的人身权利或利益不能作为遗产继承。二是遗产的时间性。遗产的时间性是指遗产于自然人死亡而遗留财产时产生。三是遗产的私有性。遗产必须是被继承人私有的财产。夫妻共有或者家庭共有的财产,需要先进行析产,确定死者独立私有的部分才可以作为遗产。若非死者私有的财产,如他人的财产或公共财产,则不能作为遗产。四是遗产的合法性。遗产的合法性是指私权的民事合法性,即遗产归属于被继承人享有这一状态是合法的。私权归属以外的其他事项的合法性,不影响遗产的确定。

6.013　遗产的范围　the scope of estate

指被继承人的哪些财产可以成为遗产。《民法典》采用概括立法模式,自然人死亡时遗留的个人合法财产原则上都可以成为遗产。遗产可以是生活资料,也可以是生产资料。房屋、林木、牲畜、储蓄、有价证券等不动产或动产的所有权、财产给付的债权、知识产权中的财产权、股权、合伙份额、社保个人账户的余额、信托受益权等都可以作为遗产继承。遗产范围的界定,是继承法律关系的核心内容。确定某项财产或权利性质是否属于遗产,不仅关系继承人的利益,也关系到整个继承法律制度的构建。随着社会经济的发展和改革开放的不断深入,简单的继承范围已不能满足日新月异纷繁繁复杂的现实需要,《民法典》采用概括式的立法模式对遗产的范围加以认定,适应社会发展及保障继承法律制度稳定性的需求。

6.014　不得继承的遗产　the estate that is not allowed to be inherited

指虽然符合遗产的特征,但依照法律规定或者根据其性质不得继承的遗产,仍不得继承。不得继承遗产是在承认其属于遗产的基础上,对可继承性的排除规定。不得继承的遗产须由法律规定,由于涉及自然人的基本民事权利,因此不能由法律之外的其他规范性文件规定。如依据法律,居住权不能继承。根据其性质不得继承的遗产是指具有人身专属性的财产权利或者以特别信任关系为前提的财产权利。如精神损害抚慰金请求权、扶养费给付请求权、退休金、养老金、抚恤金、人身损害赔偿请求权、自然资源使用权等不得继承。与被继承人人身密不可分的人身权不能继承,如自然人的姓名权、肖像权、与自然人人身有关和专属的债权债务等不得继承。

6.015　法定继承　statutory succession

又称"无遗嘱继承"。指按照法律规定的继承顺序和份额将遗产移转给继承人的继承方式。法定继承是没有遗嘱继承或遗赠时,确保继承得以完成的补充性规则。继承开始后,如果被继承人留有遗嘱,则按照遗嘱继承或者遗赠办理,只有在没有有效遗嘱时才按照法定继承办理。因而从法律效力上说,遗嘱继承的效力优先于法定继承,法定继承是遗嘱继承的补充。遗嘱继承人依遗嘱取得遗产后,仍有权依法定继承的规定取得遗嘱未处分的遗产。在法定继承中,可参加继承的继承人、继承人的顺序、继承人的应继份额以及遗产分配原则,均由法律直接规定,且上述规定是强制性的,任何人不得改变。因此,法定继承并不直接体现被继承人的意志,仅是法律推定的被继承人的意思将其遗产由其亲近亲属继承。

6.016　遗嘱继承　testamentary succession

指遗嘱人通过设立遗嘱将其财产留给法定继承人范围内的继承人继承的方式。遗嘱继承的前提是继承开始后存在有效的遗嘱。遗嘱继承优先于法定继承,这是遗嘱自由原则的体现,以民法意思自治原则为理论基础。遗嘱继承中,继承人的范围、继承遗产的顺序、继承遗产的份额都由被继承人根据其意愿在遗嘱中指定。遗嘱继承直接体现被继承人的意思,对于被继承人财产权利的处分更加便利。发生遗嘱继承的,从法律事实上讲,它是法律事实的构成,要具备被继承人死亡和被继承人留有遗嘱两个条件。此外,遗嘱必须是有效的,才能执行遗嘱。遗嘱的设立需满足以下条件:一是遗嘱人要具备遗嘱能力,二是遗嘱必须是立遗嘱人的真实意思表示,三是遗嘱的形式符合要求,四是设立遗嘱的内容必须合法。

6.017　遗赠　legacy

指遗嘱人通过设立遗嘱将其财产赠与法定继承人以外的人并于死后生效的行为。遗赠属于单方死因处分。遗赠不同于生前赠与,遗赠是以遗嘱人死亡为生效条件的单方法律行为;生前赠与则是符合合同成立条件即于生前发生效力的双方法律行为。遗赠不同于遗嘱继承。首先,受遗赠人只能是法定继承人以外的自然人或组织,包括国家、集体或其他第三人,如法人或非法人组织。而遗嘱继承人则只能是法定继承人范围内的人,不能是法定继承人以外的人。其次,受遗赠人只承受遗产利益,不承受遗产债务,遗嘱人只能将遗产利益遗赠与他人;反之,遗嘱继承人不但继受遗产利益,也包括继受遗产债务,即继承是权利与义务的概括承受。最后,继承开始后,受遗赠人接受遗赠只能以明示的方式作出接受的意思表示,其未在规定期限内作出接受遗赠的意思表示的,视为其放弃接受遗赠;而对于遗嘱继承人而言,其接受继承的意思表示既可以以明示方式,也可以以默示方式作出,其未在遗产处理前作出放弃继承表示的,视为接受继承。

6.018　遗赠扶养协议　legacy-support agreement

指被扶养人与扶养人签订的,由扶养人承担对被扶养人生养死葬的义务,被扶养人将个人合法财产遗赠给扶养人的协议。遗赠扶养协议是《民法典》中的特有制度,是在我国"五保"制度的基础上逐渐形成和发展出来的。遗赠扶养协议的本质,是将扶养与遗赠通过对价关系加以结合的一种合同安排,与德国法上的继承契约制度十分相似。遗赠扶养协议中的扶养义务部分属于生前债务,遗赠部分则属于死因处分。两者结合于一个合同之中,具有多重属性,既非单纯的债权合同,也非单纯的死因处分合同,归为继承法上特别规定的合同,区别于合同法上的债权合同。遗赠扶养协议不同于遗赠,具有以下特征:一是遗赠扶养协议是有相对人的双方法律行为。二是遗赠扶养协议是双务、有偿、诺成合同。三是遗赠扶养协议的内容是扶养与遗赠的结合。四是遗赠扶养协议于协议成立时起生效。五是遗赠扶养协议中的遗赠不同于通过遗嘱的遗赠。在遗赠扶养协议中,原则上被扶养人必须明确作出遗赠的意思表示,而不是负担将来设立遗嘱进行遗赠的义务。六是遗赠扶养协议的法律效力优先于遗嘱继承和遗赠。

6.019　放弃继承　renounce the succession

指继承人于继承开始后作出的不接受继承的意思表示。有继承人放弃继承的意思表示须于遗产处理前作出,否则即视为接受继承;《民法典》对继承人放弃继承和受遗赠人放弃受遗赠作出了不同的规定。其放弃继承必须以书面形式明示作出放弃继承的意思表示。继承的放弃属于有相对人的单方法律行为,自放弃继承的意思表示到达相对人时即溯及于继承开始时发生效力。放弃继承的意思表示不得撤回,继承的放弃不得部分为之,并不得附条件与附期限,以维护继承关系之安定与遗产归属之稳定。如果放弃继承的意思表示乃受欺诈或胁迫而为之者,可依关于意思表示瑕疵之规定而撤销之。

6.020　接受继承　accept the succession

指继承人于继承开始后作出的承认继承的意思表示。继承的接受与受遗赠的接受规则不同。继承人接受继承的意思表示既可以明示作出,也可以默示作出。继承人未以书面形式明确表示放弃继承的,即视为其接受继承。接受继承属于单方法律行为。接受继承的意思表示不得撤回,并不得附条件与附期限,以维护继承关系之安定与遗产归属的稳定。如果接受继承的意思表示乃受欺诈或胁迫而为之者,可依规定而撤销。部分接受继承的意思表示无效。法定代理人代理被代理人行使继承权、受遗赠权,不得损害被代理人的利益。法定代理人一般不能代理被代理人放弃继承权、受遗赠权。明显损害被代理人利益的,应认定代理行为无效。

6.021　丧失继承权　a successor shall be disinherited

指继承人对于被继承人或其他继承人有重大不法或不道德行为,或就遗嘱有不正当之行为时,被依法剥夺其继承人资格。继承权丧失制度的功能在于:一是维护社会的道德人伦和家庭秩序;二是维持良好的遗产继承秩序;三是维护被继承人的遗嘱自由。《民法典》规定了以下五种情况继承人丧失继承权:一是故意杀害被继承人;二是为争夺遗产而杀害其他继承人;三是遗弃被继承人,或者虐待被继承人情节严重;四是伪造、篡改、隐匿或者销毁遗嘱,情节严重;五是以欺诈、胁迫手段迫使或者妨碍被继承人设立、变更或者撤回遗嘱,情节严重。依据丧失继承权之后,继承人是否因被继承人的宽恕而恢复继承权。继承权丧失分为绝对丧失与相对丧失。继承权的绝对丧失是指一旦丧失继承权的事由发生,继承人便最终地丧失继承权,不因事后被继承人的宽恕而恢复。绝对丧失继承权的事由通常为严重破坏社会秩序的违法行为。故意杀害被继承人、为争夺遗产而杀害其他继承人属于继承权绝对丧失的事由。继承权的相对丧失是指一旦丧失继承权的事由发生,继承人虽丧失继承权,但事后其继承权得因被继承人的宽恕而恢复。遗弃被继承人或者虐待被继承人情节严重;伪造、篡改、隐匿或者销毁遗嘱,情节严重;以欺诈、胁迫手段迫使或者妨碍被继承人设立、变更或者撤回遗嘱,情节严重的,属于相对丧失的事由。

6.022　继承权丧失的恢复　restoration of the loss of inheritance

指继承人丧失继承权后因法律事由重新享有继承权。继承权丧失制度是"当事人不能因违法行为而获得利益原则"的体现。继承权的丧失对继承人是一种严厉的制裁,因此既不能纵容继承中的不法行为和不道德行为,也不能对继承人过于苛刻,同时还应充分尊重被继承人的意思。对于继承权相对丧失事由中的行为,丧失继承权的继承人确有悔改表现,被继承人表示宽恕或者事后在遗嘱中将其列为继承人的,该继承人不丧失继承权。这是继承权丧失的恢复,其中,"宽恕"是被继承人对于继承人之不法或不道德行为,不予咎责的感情表示,无须一定的方式,如果被继承人明知继承人有相对丧失继承权的事由,仍通过遗嘱对其指定继承份额或指定遗产分割方法,可视为已经宽恕。丧失继承权一旦由人民法院作出判决,则不能改变。

6.023　当然继承主义　the doctrine of the ex officio succession

又称"直接继承主义"。即继承一经开始,被继承人财产上的一切权利义务,当然概括转移于继承人,不必继承人为接受继承的意思表示,更无须各别地完成转移手续,不以继承人的意思为其取得遗产的必要条件。"当然"是指不问继承人为谁;不问该继承人知悉继承开始事实与否;也不问继承人将要承受继承财产的意思表示。只要被继承人死亡,立即开始继承,而继承财产上一切法律关系,即将同时从被继承人转移于继承人。当然继承主义是与承认继承主义相区别而确立的概念。依当然继承主义,继承开始后,无须继承人作出接受继承的意思表示,遗产直接归继承人所有;而按照承认继承主义,则只有在继承人作出接受继承的意思表示后,遗产始归继承人所有,同时继承的接受溯及于继承开始时发生效力。当然继承主义与承认继承主义的区别就是继承人是否需要作出承认继承的表示。《民法典》采用当然继承主义。

6.024 概括继承 general succession

指继承人在继承开始的瞬间概括整体承受被继承人财产法上的法律地位,而不是直接承受具体的权利或义务。概括继承对法律地位的承受是整体的。由于该概括承受是基于法律的规定,无须继承人作出承认继承的意思表示而当然发生,所以是从另一个角度表达的当然继承主义。概括继承主义的相对概念是间接继承主义。法院交付主义与剩余财产交付主义均属于间接继承主义的范畴。间接继承主义特征是于继承开始后遗产并不直接归属于继承人,被继承人死亡后遗留的财产构成一个遗产财团,由遗产管理人按照法定遗产信托进行管理。在清算并清偿遗产债务后,剩余的遗产分配给继承人或为继承人利益而设信托,继承人始获得遗产上的权利或信托利益。大陆法系诸国,除奥地利外,德国、瑞士、日本等普遍采用遗产的概括继承主义。概括继承主义的功能在于明确继承中权利移转的时间点,避免继承开始后遗产分配前出现财产无主的状态,维护继承过程中遗产上的权利归属抽象统一的逻辑功能,表明了继承权的本质是继承人概括承受遗产上权利义务之地位并最终取得遗产的权利。

6.025 法定继承顺序 legal order of succession

指法定继承中法定继承人继承遗产的先后顺序。继承开始后,有第一顺序继承人的,由第一顺序法定继承人继承,第二顺序继承人不继承。没有第一顺序继承人继承的,由第二顺序继承人继承。各国关于法定继承人顺序的规则不尽相同,如有的国家配偶的继承顺序是不固定的,在另一些国家则是有固定顺序的。有的国家是按照不同亲等的亲属确定继承人顺序,而另一些国家则是按照亲系确定每一个继承顺序。法定继承人的顺序层级有多有少。我国采用世代计算法表示血亲远近。依据关系密切程度,《民法典·继承编》将法定继承人分为两个顺序,即第一顺序法定继承人和第二顺序法定继承人。第一顺序法定继承人包括配偶、子女和父母。丧偶儿媳对公婆,丧偶女婿对岳父母,尽了主要赡养义务的,是第一顺序继承人。若子女先于被继承人死亡,由其子女的晚辈直系血亲代位继承该子女的应继份额,其地位相当于第一顺序法定继承人。第二顺序法定继承人包括兄弟姐妹、祖父母、外祖父母。若兄弟姐妹先于被继承人死亡,由其子女代位继承该应继份额,其地位相当于第二顺序法定继承人。祖父母、外祖父母作为继承人时则不发生代位继承。每一个继承顺序中的继承人地位相等,按照人数确定应继份额。

6.026 丧偶儿媳、女婿继承权 the right of succession of widowed daughters-in-law or sons-in-law

指丧偶儿媳、女婿继承公婆、岳父母遗产的权利。丧偶儿媳或丧偶女婿作为继承人而享有继承权是我国特有的制度。其目的是为了鼓励承担赡养老人的伦理责任,弘扬孝道。丧偶儿媳或丧偶女婿没有法律上的赡养义务,基于权利义务相一致的原则,在配偶死亡后对公婆或岳父母尽了主要赡养义务的丧偶儿媳或丧偶女婿属于法定继承人的范围。丧偶儿媳或丧偶女婿作为第一顺序继承人继承其公婆或岳父母之遗产,应满足下列条件:一是须存在丧偶之情形。丧偶儿媳、丧偶女婿的继承权不因再婚而消灭。二是须丧偶儿媳或丧偶女婿对公婆或岳父母尽了主要的赡养义务。对公婆或岳父母提供了主要经济来源,或者在劳务等方面给予了主要扶助,即应认定为尽了主要赡养义务。丧偶儿媳或丧偶女婿只要符合上述两个条件,于公婆或岳父母死亡时即可作为第一顺序法定继承人继承遗产,不问是否存在代位继承人。

6.027 代位继承 subrogation

指被继承人的子女或兄弟姐妹先于被继承人死亡时,由死亡子女的晚辈直系血亲或者兄弟姐妹的子女代位继承其应继份额的制度。关于代位继承的性质,学理上历来存在代表权说与固有权说两种截然不同的观点。代表权说认为,代位继承乃代位继承人代替被代位继承人之位而继承,非基于自己固有之权利,直接继承被继承人的遗产。依此说在被代位继承人丧失继承权或放弃继承权的情形,不发生代位继承。固有权说则认为,代位继承人是基于自己本身固有的权利,直接继承被继承人的遗产,代位继承人的继承权不以被代位继承人是否有继承权为移转。依此说,只要被代位人不能继承,代位继承人就可以代位继承,即使在被代位继承人丧失继承权的情况下,代位继承人需依自己固有的权利直接继承被继承人的遗产。《民法典》规定的代位继承的构成要件为:一是被代位人于继承开始前死亡。被代位人死亡须发生在继承开始前或与继承开始同时,若发生于继承开始后则为转继承,不发生代位继承的问题。二是被代位人须为被继承人的子女或兄弟姐妹。三是代位继承人为被继承人的子女时,代位继承人是被代位人的晚辈直系血亲。当被代位人为被继承人的兄弟姐妹时,代位继承人为被继承人兄弟姐妹的子女,而非其晚辈直系血亲。

6.028 应继份 successional portion

指同一顺序继承人有数人共同继承的场合,应分配给各继承人的遗产的份额,亦即共同继承人继承遗产的比例。应继份分为法定应继份和指定应继份。法定应继份是依照法律规定确定的应继份;指定应继份是指遗嘱中指定的应继份。《民法典》规定对法定应继份采用均等份额主义。均等份额主义是指在共同继承中,同一顺序继承人继承遗产的份额,一般应当均等。继承开始后,按照同一顺序的法定继承人数确定应继份额。父与母算两人,祖父母、外祖父母若都生存算四人,子女、兄弟姐妹按照实际人数计算。按照均等份额确定应继份是一般性原则,但存在打破均等份额的例外情形:一是对生活有特殊困难又缺乏劳动能力的继承人,分配遗产时,应当予以照顾;二是对被继承人尽了主要扶养义务或者与被继承人共同生活的继承人,分配遗产时,可以多分;三是有扶养能力和有扶养条件的继承人,不尽扶养义务的,分配遗产时,应当不分或者少分;四是继承人协商同意的,也可以不均等。

6.029　遗产酌分请求权　discretionary right of legacy claim

又称"遗产酌给请求权""酌情分得遗产权"。指继承人以外的依靠被继承人扶养的人,或者继承人以外的对被继承人扶养较多的人请求分得适当遗产的权利。遗产酌分请求权的功能,是为与被继承人生前持续存在扶养关系,却不能通过继承取得遗产的继承人以外的人,提供一种酌情分得遗产的途径。我国的遗产酌分请求权有两种类型,即继承人以外的依靠被继承人扶养的人的遗产酌分请求权和继承人以外的对被继承人扶养较多的人的遗产酌分请求权。不同类型的构成要件也有差别。遗产酌分请求权的性质是基于被继承人生前扶养扶助或被扶养扶助事实而于继承开始后产生的法定遗产债权。遗产酌分请求权不同于物权请求权,该权利并不指向遗产中的特定物。遗产酌分请求权不同于继承权。也不同于被继承人生前负担的债务。遗产酌分请求权的清偿顺序后于一般遗产债权的清偿顺序。遗产酌分请求权的法律效果是可以分给适当的遗产。遗产酌分请求权的行使方式是在知道继承开始后的合理期间内及时向继承人或遗产管理人主张权利。

6.030　遗嘱　testament

遗嘱人生前作出的财产处分,于其死后发生法律效力的要式单方法律行为。遗嘱只需遗嘱人单方的意思表示即可成立,无须相对人的同意。遗嘱人可以通过遗嘱安排诸多法律事务。遗嘱人可以通过设立遗嘱依法处分自己的遗产,可以通过遗嘱指定或排除继承人,指定遗产管理人和遗嘱执行人,可以设立遗赠,可以指定应继份,还可以设立监护、设立信托、设立居住权等。由于遗嘱的重要性,为保护遗嘱人的真实意思,法律以强制性规范规定了设立遗嘱的法定形式,故遗嘱为要式法律行为。遗嘱的有效要件为:一是遗嘱人在立遗嘱时须具有完全民事行为能力。无民事行为能力人或者限制民事行为能力人所立的遗嘱无效。二是遗嘱须为遗嘱人的真实意思表示。遗嘱必须由遗嘱人亲自设立,不适用代理的规定。三是遗嘱内容不得违背公序良俗。四是遗嘱形式符合法律规定。

6.031　遗嘱信托　testamentary trust

指以遗嘱方式设立的信托。即委托人(遗嘱人)采用遗嘱方式设立的,于遗嘱生效时,将信托财产转移给受托人,并由受托人依照委托人的意愿对信托财产为受益人的目的而进行管理和处分的信托。遗嘱信托是信托与遗嘱的结合,是委托人生前通过遗嘱方式设立,并于其死后生效的信托。遗嘱信托与委托代理、遗嘱相比,具有其自身的功能:首先,遗嘱信托设立后,遗嘱中指定的信托财产具有独立性,既独立于委托人遗留的遗产,也独立于受托人与受益人的个人财产。其次,通过遗嘱信托可避免遗产分割所带来的不便。遗嘱信托必须采用书面形式设立,不能采用口头遗嘱形式设立。遗嘱信托的生效不以受托人的承诺为要件。如果遗嘱指定的人拒绝或者无能力担任受托人的,由受益人另行选任受托人;受益人为无民事行为能力人或者限制民事行为能力人的,依法由其监护人代行选任。遗嘱对选任受托人另有规定的,从其规定。

6.032　自书遗嘱　a testator-written

指遗嘱人将其处分遗产的意思表示以亲笔书写的形式表现出来的遗嘱。自书遗嘱是遗嘱人立遗嘱通常采用的形式。自书遗嘱因其是由遗嘱人亲笔书写,既可以充分真实地表达遗嘱人的意愿,又可防止他人伪造、篡改遗嘱内容,同时自书方式较为简便易行,便于保密,各国立法例均设有规定。自书遗嘱属于要式法律行为,表达的是自己处分遗产的真实意思,是最重要的遗嘱类型,因而法律规定自书遗嘱须符合形式要件的要求,否则不能发生遗嘱的效力。为了保证自书遗嘱表达遗嘱人处分遗产意思的真实性,法律对其规定了严格的形式要件,须遗嘱人亲笔书写遗嘱内容,须遗嘱人签名并注明年、月、日。按照这样的形式要件审查自书遗嘱,可避免认定自书遗嘱的效力发生错误,损害相关当事人的继承权。

6.033　代书遗嘱　a will written on behalf of the testator

遗嘱人口述遗嘱内容,由见证人中之一人代为书写的遗嘱。现实生活中,遗嘱人无书写能力或因身体等原因而无法自书遗嘱内容时,法律自然应为其设立相应的遗嘱形式,即代书遗嘱。代书遗嘱应满足以下要件:一是遗嘱人须亲自口述遗嘱内容,由一名见证人代为书写。二是须有两个以上的见证人在场见证。三是须遗嘱人、代书人与其他见证人在遗嘱上共同签名并注明年、月、日。一般来讲,见证人需具备以下条件:一是见证人须为完全民事行为能力人,二是见证人需与继承遗产及遗产继承人均无利害关系,三是见证人须参与被继承人口述及遗嘱书写的全过程。立代书遗嘱应严格按照法律规定来操作,确保程序上的合法、公正,避免代书遗嘱因效力瑕疵而产生纠纷。

6.034　打印遗嘱　a printed will

指遗嘱内容由打印机输出打印而形成的遗嘱。遗嘱内容由打印机打印,而签名则由遗嘱人亲笔书写。打印遗嘱是一种新兴的遗嘱形式,很多人习惯于电脑打字而不是亲笔写字,增设打印遗嘱符合我国民众现实需要。打印遗嘱的特点,既不同于自书遗嘱,也不同于代书遗嘱,是新类型的遗嘱形式。顺应计算机普及所带来的传统书写方式改变的趋势。为了防范打印遗嘱极易伪造的风险,《民法典》规定,应当有两个以上的见证人在场见证,同时在打印遗嘱的每一页上应当有遗嘱人、见证人的签名并注明年、月、日。《民法典》将以往实践中的打印遗嘱确定为合法遗嘱的形式之一,既是顺应了时代的发展,同时也更加体现了尊重立遗嘱人意志自由的原则。

6.035 录音录像遗嘱 a will in the form of a sound or video recording

指以录音或录像形式,通过录制遗嘱人口述的遗嘱内容而形成的遗嘱。录音录像遗嘱是现代科技发展的产物,是《民法典》顺应现代科技发展而规定的一种新型遗嘱形式。我国《继承法》仅规定了录音遗嘱,《民法典》对录音、录像遗嘱进行了统一规定,统称为"录音录像遗嘱"。录音录像遗嘱应当符合以下要件:一是须以录音录像的方式制作遗嘱。二是须有两个以上的见证人在场见证。录音录像遗嘱存在着被伪造、剪辑的风险,为保证录制的遗嘱确为遗嘱人的真意,须有两个以上见证人在场见证。在录制遗嘱时,见证人应当将各自的姓名、肖像、职业、所在单位等基本情况予以说明。三是遗嘱人亲自口述遗嘱内容。四是遗嘱人、见证人在录音录像中记录其姓名或者肖像以及年、月、日。

6.036 口头遗嘱 a nuncupative will

指遗嘱人因生命垂危或其他紧急情况不能以其他遗嘱方式立遗嘱时,口头表述遗嘱内容而由见证人予以见证的遗嘱形式。遗嘱作为一种要式法律行为,涉及遗嘱人死后财产的处分等重大事宜,遗嘱方式本在于保障遗嘱人终意的真实,故通常情况下不允许遗嘱人以口头形式设立遗嘱。如果存在遗嘱人因生命危急、自然灾害或意外事件等来不及或难以设立自书遗嘱、代书遗嘱、打印遗嘱等情事时,因此而致其不能设立遗嘱安排自己身后事宜,自有失公允。故各国立法通常仅在紧急情况下承认遗嘱人设立的口头遗嘱。口头遗嘱因此也被称为"紧急遗嘱"或"特别方式的遗嘱"。设立口头遗嘱应当具备以下条件:一是须遗嘱人处于危急情况,不能以其他方式设立遗嘱。二是须有两个以上的见证人在场见证。三是危急情况消除后,遗嘱人能够以书面或者录音录像形式立遗嘱的,所立的口头遗嘱无效。

6.037 公证遗嘱 a notarial will

经过公证机关公证的遗嘱。即公证机关根据当事人的申请,在对当事人是否具有遗嘱能力及其所立遗嘱依法进行审查的基础上,确认遗嘱内容为遗嘱人的真实意思表示且不违反法律和社会公共利益,进而由公证机关出具公证书以对遗嘱的真实性、合法性予以证明的一种活动。公证遗嘱是形式上最为严格的遗嘱,较之于其他遗嘱形式更能保障遗嘱人意思表示的真实性。公证遗嘱具有内容明确、证据力强的特点,故为各国继承法所规定。设立公证遗嘱,遗嘱人须亲自办理遗嘱公证申请,不得委托他人办理。遗嘱人应当在公证人员面前亲自书写遗嘱或口授遗嘱内容。遗嘱公证应当由两名公证人员共同办理,由遗嘱人在公证人员面前亲自书写遗嘱或口授遗嘱内容。遗嘱人亲笔书写遗嘱的,应当在遗嘱上亲笔签名并注明年、月、日;遗嘱人口授遗嘱内容的,由其中一名公证人员记录,然后由公证人员向遗嘱人宣读遗嘱内容,经遗嘱人确认无误后,由公证人员和遗嘱人签名,并注明年、月、日。因特殊情况由一名公证人员办理时,应当有一名见证人在场,见证人应当在遗嘱和笔录上签名。公证人员应当对与遗嘱相关的事项的真实性、合法性进行审查。

6.038　遗嘱见证人　a witness of a will

证明遗嘱确为遗嘱人所为并出于遗嘱人的真实意思的证明人。遗嘱人订立代书遗嘱、录音录像遗嘱、打印遗嘱、口头遗嘱时均须两名以上的见证人在场见证。遗嘱见证人须能够客观公正地证明遗嘱的真实性,应当满足以下条件:一是具有完全民事行为能力人。二是与继承人、受遗赠人无利害关系。三是具有见证遗嘱所必要的见证能力。下列人员不能作为遗嘱见证人:一是无民事行为能力人、限制民事行为能力人以及其他不具有见证能力的人。二是继承人、受遗赠人。三是与继承人、受遗赠人有利害关系的人。在近现代各国民法中,遗嘱见证人是证明遗嘱真实性的第三人,因其亲自参与遗嘱的制作,其证明作用直接关系遗嘱的效力。遗嘱见证人不仅需要客观、公正,还需要完成见证任务。

6.039　遗嘱无效　the will shall be void

指遗嘱因不符合法定有效要件而不能发生遗嘱人所预期的法律效果。遗嘱无效主要包括以下情形:一是无民事行为能力人或者限制民事行为能力人所立的遗嘱无效。完全民事行为能力人于设立遗嘱后被宣告为无民事行为能力人或限制民事行为能力人,不影响其设立的遗嘱效力。二是受欺诈、胁迫所立的遗嘱无效。受欺诈所订立的遗嘱,是指遗嘱人因受他人故意歪曲事实或提供虚假情况以及言辞等诱使遗嘱人陷入错误的认识,并基于此种错误认识作出了与其真实意愿相违背的遗嘱。受胁迫所订立的遗嘱,是指遗嘱人因受他人不法威胁或要挟,为避免自己或亲人的人身或财产受到损害,而作出了与其真实意思相悖的遗嘱。三是伪造的遗嘱无效。伪造的遗嘱就是假遗嘱,只要不是遗嘱人的真实意思,而以遗嘱人的名义所订立的遗嘱,均属于伪造遗嘱。四是遗嘱被篡改的内容无效。被篡改的遗嘱,是指遗嘱的内容被遗嘱人以外的人作了更改的遗嘱。如果是遗嘱人自己对遗嘱内容进行修改、删减、补充,则属于遗嘱人对遗嘱的变更。除上述情形外,由于遗嘱系一种法律行为,故原则上得适用《民法典》关于民事法律行为无效的规定。因此,遗嘱的内容违反法律、行政法规强制性规定的无效,遗嘱内容违反公序良俗的无效。遗嘱人通过遗嘱处分了不属于自己的财产,遗嘱中关于该财产的处分内容无效。遗嘱没有为缺乏劳动能力又没有生活来源的继承人保留必要的遗产份额的,该部分遗嘱无效。

6.040 缺乏劳动能力又没有生活来源的继承人 a successor who has neither the ability to work nor a source of income

又称"双缺乏继承人"。指继承制度所特殊关照的一类弱势群体。遗嘱中应为"双缺乏"继承人保留必留份;在确定应继份时,要给予照顾;在遗产债务清偿时,也要为其保留必要的遗产。"双缺乏"继承人的必留份继承权具有对抗遗产债权和税款的效力。继承人是否缺乏劳动能力又没有生活来源,应按遗嘱生效时该继承人的具体情况确定,即应以继承开始时继承人是否为缺乏劳动能力又没有生活来源的人为准,而不能以遗嘱人设立遗嘱时的继承人状况为准。遗嘱人设立遗嘱时继承人虽为缺乏劳动能力又没有生活来源的人,但于继承开始时已具有劳动能力或有生活来源,则不应为其保留必要的遗产份额;反之,遗嘱人设立遗嘱时继承人虽有劳动能力或生活来源,但于继承开始时缺乏劳动能力又无生活来源的人,仍属于应为其保留必要遗产份额的继承人。

6.041 附义务遗嘱 obligations are attached to testamentary succession

又称"附负担的遗嘱""遗托"。指遗嘱人为自己、继承人或第三人之利益在遗嘱中要求遗嘱继承人或受遗赠人承担一定的义务或负担的遗嘱。如遗赠房屋但同时使受遗赠人负责看护及扶养自己的祖母。在附义务的遗嘱中,遗嘱继承人或受遗赠人虽取得一定的利益,但同时须负担一定的义务。附义务,即通过遗嘱形式,向遗嘱继承人和受遗赠人委托一定的事项。此义务附从于继承遗产或接受遗赠的权利。附义务遗嘱依其性质可分为附义务的遗嘱继承和附义务的遗赠两类。附负担遗嘱的特征:一是附负担遗嘱是遗嘱继承和遗赠的附义务。二是履行负担以接受继承或遗赠为前提。三是负担不应超过受遗赠人所受的利益。遗嘱继承或者遗赠附有义务的,继承人或者受遗赠人应当履行义务。没有正当理由不履行义务的,经利害关系人或者有关组织请求,人民法院可以取消其接受附义务部分遗产的权利。

6.042 后位继承 surrogate succession

又称"次位继承"。指因遗嘱中所规定的某种条件的成就或期限的到来,由某遗嘱继承人所继承的财产又转移给其他继承人所有。如被继承人所立遗嘱中将遗产房屋一处指定由继承人甲继承,并写明如果甲死亡,该房屋转由另一继承人乙继承。被指定首先继承遗嘱人遗产的继承人称前位继承人,其后从前位继承人那里取得遗产的继承人称后位继承人或称次位继承人。发生后位继承的条件通常是前位继承人死亡。后位继承人在前位继承人死亡时,可以从前位继承人那里取得被继承人的遗产。与后位继承相同法理的是后位遗赠制度。后位遗赠是指遗嘱继承人死亡时,其所继承的遗产遗赠给受遗赠人的遗嘱安排。后位继承与后位遗赠制度以《德国民法典》的规定为代表。我国《民法典》对后位继承和后位遗赠没有禁止性规定,在第 1152 条关于转继承的规定中,允许遗嘱另行安排,即可以作后位继承或后位遗赠安排。

6.043 替补继承 supplemental succession

又称"补充继承"。指遗嘱人为防止指定的遗嘱继承人先于遗嘱人死亡或者丧失、放弃继承权,而在遗嘱中另行指定候补继承人,当原遗嘱继承人不能继承遗产时,由补充继承人继承的遗嘱继承制度。因此,替补继承能够在一定程度上避免因遗嘱继承人死亡而导致的遗嘱无效。替补继承不同于后位继承,在后位继承中,前位继承人的继承并不能排除后位继承人在条件成就时继承遗产,因此后位继承人享有期待权。替补继承人在原遗嘱继承人继承遗产后,其继承权消灭,不存在期待权。替补继承对于实现遗嘱人的意愿能提供更充分的保障,各国立法多有规定。我国法律虽无明文规定,但也没有禁止遗嘱人指定替补继承人。替补继承实质是遗嘱人意定的遗嘱继承人顺序,其法律效力优先于法定继承人的顺序的规定。

6.044 必留份 compulsory portion

指遗嘱应当为缺乏劳动能力又没有生活来源的继承人保留的必要的遗产份额。必留份是对遗嘱自由原则的必要限制,制度的目的是为了保护缺乏劳动能力又没有生活来源的继承人的利益,避免缺乏劳动能力又没有生活来源的继承人因被继承人的死亡而陷入生活困难的境地。避免应当由被继承人承担的扶养责任推卸给社会承担。法定继承人要获得必要的遗产份额必须同时满足两个条件:一为缺乏劳动能力;二为缺乏或没有生活来源,即实行"双缺乏"原则。有劳动能力而没有生活来源的或者虽缺乏劳动能力但有生活来源的继承人均不适用必留份制度。继承人是否缺乏劳动能力又没有生活来源,应按遗嘱生效时该继承人的具体情况确定,即应以继承开始时继承人是否为缺乏劳动能力又无生活来源的人为准,而不能以遗嘱人设立遗嘱时的继承人状况为准。遗嘱中若未保留缺乏劳动能力又没有生活来源的继承人必要的遗产份额,遗产处理时,应当为该继承人留下必要的遗产,所剩余的部分,才可参照遗嘱确定的分配原则处理。我国的"必留份"制度主要是受苏联民法中的"必继份"制度的影响。苏联设立的必继份制度规定,被继承人的未成年子女或无劳动能力的子女,以及无劳动能力的配偶、父母和依靠死者生活的人,不论遗嘱内容如何,都继承不少于依法定继承时他们每人应得份额的三分之二。我国的必留份与苏联的必继份制度基本类似,两者均只适用于在劳动能力以及生活能力、经济状况等方面存在欠缺的法定继承人,且于法定继承与遗嘱继承均有其适用。

6.045 特留份 special portion

指遗嘱人通过遗嘱处分其遗产时,必须为法定继承人遗留一定比例遗产的法律制度。对特留份的继承以法定继承人享有继承既得权为前提,是法律为保护法定继承人而特别规定的继承权,遗嘱继承和遗赠均不得影响继承人对特留份的继承。特留份制度是对遗嘱自由进行限制的例外性规定,起源于古代罗马法,并被近现代多数国家的民法典所继受。如《德国民法典》第2303条规定:如果被继承人的一个晚辈直系血亲被死因处分排除于继承顺序之外,则他可以向继承人要求特留份额,特留份额为法定继承价值的半数。被继承人的父母和配偶若被死因处分排除于继承顺序之外,同样享有上述权利。《瑞士民法典》第471条关于特留份的规定为:一是直系血亲各为其法定继承权的四分之一。二是父母中任何一方为其法定继承权的二分之一。三是尚生存的配偶为其法定继承权的二分之一。《法国民法典》第913条规定:如财产处分人死后仅留有一个子女,其以生前赠与或遗嘱赠与的方式处分的财产不得超过其所有财产的一半;如果其留有子女二人,其有权以此方式处分的财产不得超过其所有财产的三分之一;如果留有子女三人或三人以上,其可处分的财产不得超过本人所有财产的四分之一。我国《民法典》没有规定特留份制度。特留份不同于我国的必留份。特留份仅适用于遗嘱继承;必留份不仅适用于遗嘱继承,也适用于法定继承。特留份权利人的范围较为宽泛;必留份只有继承开始时缺乏劳动能力且无生活来源的继承人方可获得必要的遗产份额。每一个遗嘱继承都会发生特留份问题,而只有在继承开始时存在缺乏劳动能力而又无生活来源的继承人时才会发生必留份问题。不同继承顺序法定继承人的特留份额是确定的,都是其应继份的一定比例;必留份额的标准则是不确定的,它既可以等于法定继承人的平均份额,也可以多于或少于平均份额。

6.046 遗嘱的变更与撤回 the revocation or alteration of a will

立遗嘱人立遗嘱后,可以对所立遗嘱的内容进行变更,也可以撤回所立遗嘱或者另外设立新的遗嘱。遗嘱的变更是指遗嘱人于设立遗嘱后,对遗嘱内容进行更改的行为;遗嘱的撤回,是指遗嘱人于设立遗嘱之后,尚未生效之前,依法律规定使遗嘱归于无效的法律行为。遗嘱的变更与撤回只能由遗嘱人生前亲自为之,其目的是尊重遗嘱人的真实意愿,贯彻遗嘱自由原则。罗马法上也素有"死者的意思迄于生命最后存在为可动的"原则。继承开始后因遗嘱人已经死亡,遗嘱不能变更或撤回。遗嘱变更与撤回的要件:一是遗嘱人变更或撤回遗嘱时须具有遗嘱能力。二是遗嘱人变更或撤回遗嘱的意思表示真实。三是遗嘱人变更或撤回遗嘱须符合法定的形式。遗嘱人生前可以明示或默示的形式撤回遗嘱。明示撤回遗嘱包括销毁遗嘱、涂销遗嘱以及后设立遗嘱撤回前设立遗嘱等形式。默示撤回遗嘱主要由遗嘱人生前对遗嘱标的物进行再处分而实现。我国《民法典》规定,立遗嘱后,遗嘱人实施与遗嘱内容相反的民事法律行为的,视为对遗嘱相关内容的撤回。

6.047　内容相抵触的数份遗嘱　several wills that have been made conflict with one another in content

　　指遗嘱设立两份以上内容存在冲突的遗嘱。当遗嘱人立有数份遗嘱,且内容相抵触时,应以距离遗嘱人死亡时间最近的遗嘱为准。大陆法系一般只承认不同遗嘱先后的效力,而不承认不同形式的遗嘱之间的效力层次。《民法典》删除了关于公证遗嘱效力优先的规则,遵循立法通例而规定:立有数份遗嘱,内容相抵触的,以最后的遗嘱为准。遗嘱撤回的唯一标准乃是设立遗嘱的时间先后,而非设立遗嘱的形式。故应当肯定遗嘱人得以任何一种法定遗嘱形式撤回其先前所立的遗嘱,以保护其遗嘱自由。公证遗嘱效力优先,源自《继承法》以及相关司法解释规定,即自书、代书、录音、口头遗嘱,不得撤销、变更公证遗嘱。遗嘱人以不同形式立有数份内容相抵触的遗嘱,其中有公证遗嘱的,以最后所立公证遗嘱为准;没有公证遗嘱的,以最后所立的遗嘱为准。然而,公证遗嘱的优先效力不仅给遗嘱人带来诸多不便,也增加了公证遗嘱的变更与撤回的成本。公证遗嘱在适用效力位阶上的优先性,有可能使遗嘱人最终的真实意思得不到实现,从而导致遗嘱人以遗嘱自由处分个人财产及其他事务的权利被剥夺。即使承认公证遗嘱的优先效力也应仅限定在证据法上,不应在实体法上规定公证遗嘱的绝对优先地位。因此,《民法典》将公证遗嘱效力优先的规定予以废止。

6.048　遗产的处理　disposition of the estate

　　继承开始后,关于遗产管理、遗产清算、遗产分割、遗产归属等相关事务的总称。《继承法》中即已使用遗产处理的概念,《民法典·继承编》继续沿用此概念。继承编由一般规定、法定继承、遗嘱继承和遗赠、遗产处理四部分组成,其中的法定继承与遗嘱是解决取得遗产的主体资格问题,主要涉及继承的实体性规范;而遗产处理主要涉及继承的程序性规范,且将遗产处理设计为继承法的结尾部分往往是基于立法结构的逻辑考虑。《民法典·继承编》的第四章以"遗产的处理"命名。全章共有十九个条文,规定了遗产管理人、继承开始的通知、遗产的保存、转继承、共有财产的分割、适用法定继承的情形、胎儿的保留份、遗产的分割、遗赠扶养协议、"双缺乏"继承人的保护、无人继承又无人受遗赠遗产的归属、限定继承、遗产债务的清偿顺序等内容。

6.049　遗嘱执行人　testamentary executor

　　指为执行遗嘱而被指定或选任之人。遗嘱执行人的指定应尊重遗嘱人的意思。遗嘱执行人既可以由遗嘱人在遗嘱中直接指定,也可以由遗嘱人委托他人代为指定。遗嘱人未指定遗嘱执行人或指定的遗嘱执行人拒绝担任遗嘱执行人的,由遗嘱人的继承人或遗产管理人负责执行遗嘱。继承人为多数的,全体继承人为被继承人遗嘱的共同执行人。继承人可以共同推举一人或数人作为代表来执行遗嘱。遗嘱执行人主要有以下职权:一是及时清理与遗嘱有关的遗产,并编制遗产清单。二是管理遗产。管理遗产本应由继承人或遗产管理人为之,于遗嘱继承或遗赠中,为便于遗嘱执行人执行遗嘱,遗嘱执行人有遗产管理权。遗嘱执行人管理遗产首先应遵照遗嘱人的指示,无指示时,其管理权限仅限于与遗嘱有关的遗产,与遗嘱无关的遗产,仍由继承人或遗产管理人管理。三是参加与遗嘱有关遗产的诉讼。如遗产被他人无权占有,遗嘱执行人应以自己之名义提起诉讼,请求返还该遗产。受遗赠人请求履行交付遗赠物的诉讼,也应以遗嘱执行人为被告。四是执行遗嘱所必要的其他行为。如遗嘱执行人就遗赠不动产办理所有权移转登记、排除遗嘱执行的各种妨害等。

6.050　遗产管理人　estate administrator

指继承开始后对于遗产承担管理职责的自然人或组织。遗产管理人是《民法典》新设的制度,对遗产管理人的选任、指定、职责、民事责任和报酬作出了明文规定,但对遗产管理人的辞任和解任没有规定。遗产管理人制度的功能在于:可以避免因无人管理遗产造成的遗产减少,避免遗产毁损灭失,有效保障继承人或受遗赠人等权利人的利益。遗产管理人的存在便于遗产债务的清偿,便于遗产债权的主张,和对遗赠或遗嘱的执行。遗产管理人制度有利于遗产管理的专业化。《民法典》对遗产管理人的产生方式作出了规定:继承开始后,遗嘱执行人为遗产管理人;没有遗嘱执行人的,继承人应当及时推选遗产管理人;继承人未推选的,由继承人共同担任遗产管理人;没有继承人或者继承人均放弃继承的,由被继承人生前住所地的民政部门或者村民委员会担任遗产管理人。对遗产管理人的确定有争议的,利害关系人可以向人民法院申请指定遗产管理人。有权申请指定遗产管理人的民事主体必须是与继承遗产具有利害关系的人,可以是自然人、法人、非法人组织,主要包括法定继承人、遗嘱继承人、受遗赠人、遗产酌分请求权人、被继承人的债权人或债务人等。当法律有规定或者当事人之间有约定时,遗产管理人可以获得报酬。

6.051　遗产管理人的职责　the duties of estate administrator

是遗产管理人基于遗产管理人的职务所负的管理和处理遗产的职责。遗产管理人的职责不是单纯的民事权利或义务,而是权利、义务、责任的统一。遗产管理人职责的内容多为积极的作为义务,与遗产占有人、保佐人对遗产的单纯保管义务不同。我国的遗产管理人并非专为遗产公平清偿程序而设,与破产管理人的职能目标也有差异。《民法典》对遗产管理人职责内容的列举顺序与遗产处理程序基本相同,遗产管理人的职责贯穿于遗产处理的全部过程。依据《民法典》的规定,遗产管理人的职责主要有六个方面:一是清理遗产并制作遗产清单;二是向继承人报告遗产情况;三是采取必要措施防止遗产毁损、灭失;四是处理被继承人的债权债务;五是按照遗嘱或者依照法律规定分割遗产;六是实施与管理遗产有关的其他必要行为。遗产管理人应当依法履行职责,因故意或者重大过失造成继承人、受遗赠人、债权人损害的,应当承担民事责任。

6.052　遗产清单　estate inventory

又称"遗产清册"。是记录遗产的构成、数量、位置、占有人、遗产中的债权、遗产债务、税收等信息的书据。遗产管理人在继承开始后的遗产清理过程中,应当对遗产的构成、数量进行清点,对遗产的所处位置、占有情况进行了解,掌握被继承人所欠的税款和债务情况,掌握被继承人所享有的债权情况,在此基础上制作遗产清单。遗产管理人应根据遗产的复杂程度,在不影响继承程序的合理期限内完成遗产清单的制作。制作遗产清单有利于明确遗产数量,方便完成清算和遗产的分割与移交。很多国家或地区的继承法将依法制作并提交遗产清单作为主张限定继承的必要条件。《民法典》虽没有将制作提交遗产清单作为继承人有限清偿责任的前提,但仍然要求遗产管理人负有制作遗产清单的职责,以利于明确遗产情况。

6.053　继承开始的通知　notification of the opening of succession

指告知被继承人死亡信息的意思表示。继承于被继承人死亡时开始。如果继承人因为距离或信息传递等因素不知道被继承人死亡的消息,需要将被继承人已经死亡的信息通知继承人和遗嘱执行人。继承开始的通知是继承开始后的必要环节。继承开始的通知具有避免继承程序停顿与时间拖延,防止利害关系人利益损失,顺利开启遗产处理程序的功能。《民法典》关于继承开始的通知作了具体的规定:继承开始后,知道被继承人死亡的继承人应当及时通知其他继承人和遗嘱执行人。继承人中无人知道被继承人死亡或者知道被继承人死亡而不能通知的,由被继承人生前所在单位或者住所地的居民委员会、村民委员会负责通知。继承开始的通知,通知的主体为已经知道被继承人死亡的继承人。通知的对象是其他继承人和遗嘱执行人。通知的内容为被继承人死亡,继承已经开始。负有通知义务的继承人或其他义务主体可以亲自通知也可以委托传达人代为通知。通知的方式为不要式,只要是能传递通知信息的有效方式均可。继承开始的通知不同于遗产处理程序中对遗产债权人、受遗赠人的通知。

6.054　转继承　devolve succession

又称"再继承"。指继承人在继承开始后遗产分割前死亡,且没有表示放弃继承的,其应当继承的遗产转由该继承人的其他继承人继承的情形。转继承实质上是因为被继承人和被转继承人的先后死亡,而产生的两个甚至多个相互关联的继承关系。其中,晚于被继承人死亡的继承人称为被转继承人;被转继承人的继承人称为转继承人。转继承的法律效果就是将被转继承人应当继承的遗产转给其继承人。如被继承人 a 死亡,有第一顺序继承人 b 和 c,a 的遗产没有分割,b 又死亡。b 从 a 继承的遗产,转由 b 的继承人 d 和 e 继承。b 就是被转继承人,d 和 e 是转继承人。依据按支系继承的原则,d 和 e 只能继承 b 从 a 那里继承的应继份额,而不是 c、d、e 三人共同继承 a 的遗产。转继承制度的功能,在程序法上表现为可以将多个继承关系,合并为一个诉讼标的,得以在一个诉讼中处理。在实体法上表现为防止由于继承人在遗产分割前死亡带来的不确定性,消除继承人在遗产分割前后死亡的继承法律效果的差异性。转继承与代位继承不同,转继承具有如下特征:一是被转继承人是被继承人的继承人;代位继承中的被代位人只能是被继承人的子女,或者没有第一顺序继承人时被继承人的兄弟姐妹。二是被转继承人于继承开始后,遗产分割前死亡;而代位继承中的被代位继承人是先于被继承人死亡。三是被转继承人没有放弃继承。四是转继承人是被转继承人的继承人;代位继承则只限于法定继承,代位继承人也只限于子女的晚辈直系血亲或兄弟姐妹的子女。五是转继承的客体是被转继承人的遗产;代位继承人继承的是被继承人的遗产。

6.055　遗产分割　partition of the estate

　　指按照应继份额将遗产在继承人之间进行分配的过程。遗产分割是共同继承引发的法律问题。若仅有唯一继承人单独继承,则不发生遗产分割。遗产分割是从继承权到取得独立财产权的分界线。遗产分割是对积极财产的分割,对债务等消极财产不适用分割。遗产分割是特殊的共同共有分割。遗产分割的原则为:遗产分割应当有利于生产和生活需要,不损害遗产的效用。其含义有:一是遗产分割时要尽量将遗产分给在生产或生活上有特殊需要的继承人;二是尽量将遗产分给能发挥更高效用的继承人;三是尽量降低遗产分割成本;四是尽量维护遗产分割后的使用价值和交换价值,使其不受分割的损害。遗产的分割首先应当尊重被继承人在遗嘱中的意愿。如果没有遗嘱或者遗嘱没有明确遗产的分割方法,可以由继承人之间达成遗产分割协议确定遗产的分割方法。如果不能达成协议或通过调解解决纠纷,人民法院可以依据《民法典》的规定确定合理的分割方法。遗产分割的效力是使概括继承的共同共有关系消灭,继承人对遗产单独的财产权得以产生。遗产分割的效力是否溯及既往,有移转主义和宣示主义之分。移转主义也有译为创设主义,认为遗产分割为一种交换,各继承人因分割而互相让与各自的应有部分,取得分配给自己的财产的单独所有权。宣示主义或译为宣言主义或认定主义,认为因遗产分割而分配给继承人的财产视为继承开始时业已归属各继承人单独所有,遗产分割不过是宣告已有的状态而已。因此,遗产分割的效力应溯及继承开始时。《民法典》没有明确立场。遗产分割对继承人的效力体现为:共有人分割所得的不动产或者动产有瑕疵的,其他共有人应当分担损失。遗产已被分割而有未清偿债务的,继承人对遗产债务以分得遗产的价值为限负分别清偿责任。

6.056 共同继承 coparcenary

指由数个继承人共同继承遗产的情形。共同继承与单独继承相比法律关系较为复杂,法律须作出很多特殊的规定。如遗产分割是共同继承引发的法律问题。若仅有唯一继承人单独继承,则不发生遗产分割。共同继承中的共同共有关系、继承人的应继份、对遗产债务的连带清偿责任、遗产分割后的瑕疵担保责任等的规定都属于共同继承的范畴。共同继承开始后,由继承人全体概括继承遗产上的权利与义务。遗产在分割前是共同共有状态。共同继承开始时继承人并没有确定的份额,只有在分割时才需要确定应继份。由于继承法具有强行性,不允许继承人之间约定遗产共有为按份共有或者共同共有的。对于遗产的处分需要全体继承人共同作出,个别继承人不能单独为之。从《民法典》相关法律规定的逻辑结构看,遗产分割与否虽不对债务清偿责任承担顺序发生影响,但对责任形态发生影响。即共同继承人于遗产分割前承担连带责任,遗产分割后承担分别责任。

6.057 遗产债务 estate debt

遗产债务的概念有广义和狭义两种解释。广义的遗产债务,涵盖以遗产为责任财产的全部债务。既包括被继承人生前所负债务、应缴纳的税款,又包括因继承开始而产生的继承费用、遗赠、遗产酌分之债、死因赠与等。《德国民法典》第1967条采广义遗产债务的概念。狭义的遗产债务,仅限于被继承人生前所负担的财产性债务。《日本民法典》第927条采狭义遗产债务的概念。同时,《日本民法典》第306条、第309条在遗产债务之外,将丧葬费用规定为对被继承人或其扶养人的先取特权。《民法典》第1159条中对遗产债务的清偿有规定:分割遗产,应当清偿被继承人依法应当缴纳的税款和债务,但应当为缺乏劳动能力又没有生活来源的继承人保留必要的遗产。我国《民法典》中关于遗产债务的规定系采狭义遗产债务的概念。遗产债务不同于继承费用。继承费用是为继承利害关系人全体的利益,而于继承开始后发生的遗产管理、遗产分割、遗嘱执行等方面的费用,具有共益费用的性质。继承费用优先于遗产债权,在遗产分割时先行清偿。各国立法通常将继承费用于遗产债务之外专门规定,而我国立法没有设此条文。

6.058 遗产债务清偿规则 rules for settlement of estate debts

法律对遗产债务的清偿时间、清偿责任承担顺序、责任形态、责任限定等的规定。在采用限定继承的立法例中,遗产债务清偿程序通常要求继承人或遗产管理人提交遗产清册,并发出催告申报债权的公告。在债权申报期间内,不得对任何遗产债务进行清偿。《民法典》没有规定对债权公示催告的强制性程序,也没有禁止对债务和税款进行清偿的规定。原则上,应当在分割遗产时,清偿被继承人依法应当缴纳的税款和债务。遗产债务和应当缴纳的税款的清偿不能对抗必留份的规定,即应当为缺乏劳动能力又没有生活来源的继承人保留必要的遗产。继承人以所得遗产实际价值为限清偿被继承人依法应当缴纳的税款和债务。超过遗产实际价值部分，继承人自愿偿还的不在此限。关于遗产债务的清偿责任的承担顺序，既有法定继承又有遗嘱继承、遗赠的，由法定继承人清偿被继承人依法应当缴纳的税款和债务；超过法定继承遗产实际价值部分，由遗嘱继承人和受遗赠人按比例以所得遗产清偿。即共同继承人于遗产分割前承担连带责任，遗产分割后承担分别责任。而且，对于法定继承人而言，遗嘱继承人和受遗赠人承担有限的补充责任。

6.059 无人继承又无人受遗赠的遗产 an estate which is left with neither a successor nor a legatee

指遗产无人继承而且也没有受遗赠人的情形，是从我国《继承法》上沿袭下来的习惯表述方式。作为归国家或者集体所有制组织所有的前提条件，应指无人继承又无人受遗赠，并经清偿遗产上的义务后的剩余遗产。最终得归属于国家或集体所有制组织的遗产，学理上通常称为剩余财产，即经过清算并清偿各种遗产债务和应缴税款后，剩余的无人继承的遗产。无人继承又无人受遗赠的遗产通常因以下原因而发生：一是既不存在法定继承人，也无遗嘱继承人和受遗赠人。二是继承人或受遗赠人中的任何人均丧失继承权或受遗赠权。三是全部法定继承人均被遗嘱排除继承，又没有受遗赠人的。四是全部继承人或受遗赠人均放弃继承或放弃受遗赠。无人继承遗产的性质，有五种立法例。第一种为国库继承主义，以德国、法国、瑞士为代表，国库为最后顺序的继承人，所以不存在无人继承的遗产。第二种为财团法人主义，以日本为代表，将无人承认的遗产财团视为法人。第三种为法定遗产信托主义，以英国为代表，遗产管理人为遗产财产的信托的所有人。第四种为目的财产主义，遗产管理人是以固有的地位，完成管理、清算、移交遗产的法定任务。第五种为无主财产继承主义，以俄罗斯为代表。我国在《继承法》时期，并无遗产管理人制度，无人继承的遗产被视为"绝户产"，属于无主财产的一种，适用《民事诉讼法》上的认定财产无主程序。《民法典》设遗产管理人制度后，结合遗产管理人的法定职责，我国在无人继承遗产的性质上发生了转型，已经更接近目的财产主义。无人继承又无人受遗赠的遗产，归国家所有，用于公益事业；死者生前是集体所有制组织成员的，归所在集体所有制组织所有。

6.060 限定继承 limited succession

指继承人以所继承遗产的价值为限，对遗产债务的清偿承担有限责任。超过遗产价值的遗产债务，继承人没有以个人固有财产清偿的义务。继承人对遗产债务承担何种责任，各国有不同立法例。德国为当然的无限继承主义立法，但在遗产支付不能、遗产不足时可以由继承人主张有限责任。在法国则是由继承人在继承开始后，从概括继承的无限责任、限定继承的有限责任或抛弃继承中选择一种方式。我国从《继承法》开始，就确立了当然限定继承主义立法,《民法典》继续沿袭此种制度。当然限定继承主义又称法定限定继承主义,是指继承人于继承开始后若未放弃继承,则无须作出承认或选择,而由法律直接规定对遗产债务以遗产为限承担有限责任的立法模式。我国立法之所以采当然限定继承,是为避免父债子还的封建遗俗,坚持自己责任的立场,以免继承人无端背负债务,对继承人十分有利。对于被继承人的债权人的保护则不如无限继承周到。限定继承有如下法律特征:一是限定继承人以遗产价值为限承担有限责任。二是限定继承须确保遗产与继承人固有财产的分离。三是继承人或遗产管理人负有公平清偿的责任。四是发生限定继承抗辩权。被继承人的债权人诉请清偿其债权时,继承人可以基于限定继承的有限责任,行使抗辩权,拒绝以其固有财产清偿债务的请求。限定继承存在例外,如《民法典》规定,超过遗产实际价值部分,继承人自愿偿还的不在此限。继承人放弃继承的,对被继承人依法应当缴纳的税款和债务可以不负清偿责任。如果债务是被继承人与继承人的共同债务,则超出遗产价值的部分,债权人可以基于该债务的性质,向继承人主张按份责任或连带责任。

6.061　归扣　deduction

遗产的归入与扣除制度的简称,包括对生前特种赠与在计算遗产数额时的归入和分割遗产时的扣除两部分内容。很多国家的继承法中都有遗产归扣制度。依据归扣制度,继承开始前,晚辈继承人因结婚、分家、营业、教育、生育等事项,接受被继承人生前特种赠与的财产,依据被继承人生前的意思表示或者风俗习惯,属于提前处分遗产的,在继承开始后,应当按照赠与时的价值归入遗产计算价额。生前特种赠与的价额在遗产分割时应当从该继承人的应继承数额中扣除。但超过应继承数额的部分不必返还。归扣只是数额合入,不是财产的合入。因此,归入与扣除并不发生实际的财产返还,仅是在数额上纳入遗产进行计算,确定应继份。归扣的目的是在继承人之间实现公平继承,防止被继承人通过生前赠与而压缩必留份或特留份的数额。在功能上归扣的法律效果不是使生前赠与无效或被撤销,而是在数额上纳入遗产进行计算,确定应继份。因此,归扣不产生防止逃避债务的作用。归扣只是对继承人获得赠与的财产与遗产进行合并计算。我国有的地方有女儿出嫁带走嫁妆后不能再分父母遗产的习俗,实质上就是归扣的风俗习惯的体现。但我国《民法典》对归扣制度未作规定,归扣可由习惯法调整。

6.062　继承回复请求权　succession reply claim

指当合法继承人发现自己的继承权受到他人以继承的名义侵害时,得请求确认其继承权并返还遗产的权利。大多数国家的民法典对继承回复请求权都有规定。关于继承回复请求权的性质,主要存在三种学说:继承地位恢复说、遗产权利恢复说、可同时恢复的折中说。我国《民法典》未明确规定继承回复请求权。自《侵权责任法》施行后,理论与实践均认可继承权可以成为受侵权法保护的法益,当继承权受侵害时,在继承回复请求权制度缺位的情况下,转介侵害继承权的侵权责任以实现对继承人的救济。继承回复请求权最主要的存在价值在于它对真正继承人利益的保护较物权请求权、侵权责任的请求权有时会更有效率。它侧重于继承资格纠纷的解决,真正继承人无须证明对继承财产的具体权利,而只需证明自己有继承权或对方无继承权的事实。

6.063　胎儿的保留份　reservation for the share of an unborn child

指遗产分割时,应当保留的胎儿继承份额。胎儿出生后具有继承人资格时,可以继承保留份。胎儿娩时是死体的,保留的份额按照法定继承办理。胎儿的保留份属于为保护胎儿利益由《民法典》作出的强行性规定。继承开始时已经受孕的胎儿,因尚未出生,本不符合继承资格,但胎儿数月后成为自然人是显见的趋势,继承被继承人的遗产通常也符合被继承人的意愿,为使胎儿未来出生后得以取得遗产,各国法律多对胎儿的继承人资格作出特殊的保护性规定。如《德国民法典》第 1923 条规定:一是只有在继承开始时生存的人才能成为继承人。二是在继承开始时尚未生存,但已被孕育成胎儿的人,视为在继承开始前已出生。《日本民法典》第 886 条规定:一是胎儿在继承上,视为已经出生。二是前项的规定,在胎儿以死体产出时,不予适用。《法国民法典》第 725 条规定:"只有继承开始时生存的人,或者已受胎、出生时存活的人始能继承。"《民法典》第 16 条规定:"涉及遗产继承、接受赠与等胎儿利益保护的,胎儿视为具有民事权利能力。但是,胎儿娩出时为死体的,其民事权利能力自始不存在。"这是以附条件的方式将胎儿拟制为已经出生的自然人。胎儿不限于被继承人的"遗腹子",也可以是其他继承人,如代位继承人或转继承人。胎儿不限于婚生,非婚生胎儿享有与婚生相同的继承权。胎儿也不限于自然受孕,通过人工辅助生殖技术受孕的胎儿也具有相同的法律地位。

第七编　侵权责任

7.001　侵权责任　tort liability

指侵权人侵害他人民事权益而依照侵权责任法承担的民事责任。《民法典》第1164条规定:"本编调整因侵害民事权益产生的民事关系。"该条明确了《民法典·侵权责任编》的定位,即对于民事权益的救济法。近代以来的民法采权利本位,私法的规范内容以权利为出发点。私法权利,根据其效力所及的范围,可以分为绝对权和相对权。绝对权,是指得对一切人主张的权利,而相对权指的是仅得对特定人主张的权利。债权是典型的相对权,其他权利类型则主要为绝对权。由于债权本身即为请求权,对于债权的侵害,一般可以通过行使债权请求权而实现。对于绝对权,其保护主要依赖侵权法规范以产生请求权基础,使得绝对权受到侵害的权利人得以行使请求权而获得救济。由于此种请求权的基础从权利义务的角度观察,是侵权人违反对于他人绝对权益的不侵害义务的后果,是一种法律责任,因而被称为侵权责任。

7.002　侵权责任法　tort liability law

是调整侵权责任法律关系的法律规范的总称。由于侵权行为发生后,法律规范的调整结果是在被侵权人和侵权人之间产生得为请求的关系,符合债权的特征,因此在传统的大陆法系民法中,侵权行为规范被规定在债法之中,如《法国民法典》将侵权行为作为"非因合意发生的债"规定在第3编"取得财产的各种方法"中,《德国民法典》则将侵权行为规范作为债的发生原因之一规定在第2编"债法"之中。

在我国民法立法的进程中,1986年颁布的《民法通则》将违反合同约定的违约责任与侵害绝对权的侵权责任抽象出来,规定了第6章"民事责任",此章包括了"一般规定""违反合同的民事责任"和"侵权的民事责任"3节,从而开创了我国独立于债法的侵权责任立法的先河。受其影响,我国于2009年制定了《侵权责任法》,在《民法典》的制定中立法机关也没有采纳制定债法编或者债法总则的建议,从立法体例上形成了与合同编并列的侵权责任编,作为调整绝对权受到侵害的法律关系的规范总和。

7.003　中华人民共和国侵权责任法　Tort Liability Law of the People's Republic of China

《中华人民共和国侵权责任法》是我国第一部专门规范侵权责任的民事单行法,于2009年12月26日由十一届全国人大常委会第十二次会议审议通过,并于2010年7月1日起实施。《侵权责任法》的制定,标志着我国民商事法律体系得到最终完善,向最终完整民法典的目标进一步迈进,标志着中国法制化进程的加快,建设社会主义法治国家的目标得到进一步贯彻实施,标志着民事侵权专门法的最终诞生,这有利于更好维护公民合法权益,是中国法制化进程中的一件大事。

《侵权责任法》共分12章,92条。在立法模式上,侵权责任编采用了"一般条款+类型化规定"的规范模式,在"一般规定""责任构成和责任方式""不承担责任和减轻责任的情形"部分,规定了过错责任的一般条款、侵权责任的构成要件、承担方式、免责事由等内容,在"关于责任主体的特殊规定"以及"产品责任""机动车交通事故责任""医疗损害责任""环境污染责任""饲养动物损害责任""物件损害责任"部分规定了类型化的侵权行为责任。

《侵权责任法》自生效以来,在司法实践中取得了良好的效果。在《民法典》编纂过程中,立法机关以《侵权责任法》为基础制定了《民法典·侵权责任编》。2021年1月1日《民法典》生效,《侵权责任法》将随之失效。

7.004　侵权责任的保护范围　the protective scope of tort liability

指受侵权责任保护的对象。《民法典》第1164条规定:"本编调整因侵害民事权益产生的民事关系。"民事权益,从字面上理解包括绝对权与相对权,但由于债权等相对权本身即包含请求权权能,对其救济无须借助侵权责任规范,因此侵权责任法的适用范围应不包括债权等相对权。侵权责任法律规范适用于对民事权益的保护。权益,是权利与利益的总称。我国民事立法对民事权益的保护一直持开放态度。《民法通则》第106条第2款规定:"公民、法人由于过错侵害国家的、集体的财产,侵害他人财产、人身的,应当承担民事责任。"该条规定并未将保护对象限定为财产权利、人身权利,实际是允许对权利之外的民事利益进行保护的。《侵权责任法》第2条规定:"侵害民事权益,应当依照本法承担侵权责任。"《民法典》第1164条承继了《侵权责任法》第2条的意旨,将侵权责任法律规范调整的范围界定为民事权益,从而使侵权法不仅可以保护民事权利,而且可以保护民事权利之外的其他民事利益,如纯粹经济利益损失或者其他人格利益等。

7.005　归责原则　imputation principle

指将权利主体所遭受的损害由他人承担,归责事由,则是此种归责的基础和依据。《民法典》第1165条、第1166条分别规定了过错责任和无过错责任两种归责原则。对于侵权法上归责的理解,其出发点是"权益人自担损害"的原则,即社会生活中每一个权利主体所遭受的损害,应当被理解为其自身命运的不幸,原则上应当由其自己承担,法律不应加以干预。因为一方面,社会生活是充满各种风险的,每一个人不得不面对这些由于自然和社会原因造成的风险及其损害;另一方面,在社会生活中,人与人之间难以避免地会产生竞争关系和冲突。一个经营者会因为同行的竞争而减少利润,一个公众人物可能因为新闻报道的批评而信誉扫地。这些"损害"的存在,不仅是无法避免的,甚至是社会发展的必然要求。如果违背权益人自担损害原则,允许权利主体将自己受到的各种损害转嫁给他人,将会造成一个没有竞争也没有行为自由的社会,社会正常生活秩序将不复存在。因此,民法对于侵权责任的归责基础,必须要考虑各种社会需求,特别是要在保护合法权益和维护人们合理的行为自由之间寻求平衡。在现代民法上,侵权责任的归责原则主要包括过错责任原则和无过错责任原则。

7.006 过错责任　fault-based liability

又称"过失责任原则"。是近代侵权法的基本归责原则。过错责任原则认为,人之所以应当对他人的损害承担责任,根本原因是其过错行为造成了他人的损害。一个人只应当对其过失行为给他人造成的损害承担责任,如果他已经尽到了社会主体一般具有的注意义务,损害仍然不能避免,则认为其没有过错,不应当承担侵权责任。《民法典》第1165条第1款规定:"行为人因过错侵害他人民事权益造成损害的,应当承担侵权责任。"

过错责任原则的含义包括:第一,有过错才有责任。根据过错责任原则,加害人的过错是承担侵权责任的基本前提。如果加害人已经善尽其注意义务,即使其行为实际造成了受害人的损害,其也不应当承担侵权责任,即"无过错无责任"。第二,共同过错导致共同责任。如果多个人对于损害的发生具有共同故意,基于其主观上共同的过错,应当由其对于受害人的损害共同承担责任。第三,加害人的过错程度可能影响其承担责任的范围。加害人承担责任的范围,主要是由损害范围的因果关系问题所决定。但是在部分情形下,加害人的过错程度对其承担责任的范围也会造成影响。如《民法典》第1198条第2款规定:"因第三人的行为造成他人损害的,由第三人承担侵权责任;经营者、管理者或者组织者未尽到安全保障义务的,承担相应的补充责任。"此处经营者、管理者或者组织者的补充责任范围主要是根据其过错程度决定。关于过错责任的构成要件,有"三要件说""四要件说"等不同观点,我国通说持四要件说。本条对于侵权责任的构成要件,规定为"行为人因过错侵害他人民事权益造成损害的",应包含过错、加害行为、因果关系和损害后果4个要件。

7.007 过错　fault

指加害人对于侵权行为的发生具有主观上的可归咎性,包括故意和过失。过错是侵权责任的主观构成要件,民法上过错论借鉴刑法学的过错论,将故意又区分为直接故意和间接故意,将过失区分为过于自信的过失和疏忽大意的过失。但是,不同于刑法学的过失论,侵权责任中的过失在判断上往往采取客观标准,即以人的注意义务为标准进行客观判断。在罗马法上,即以"善良家父的注意义务"标准对于过失进行一般判断,在近代大陆法系和英美法系则使用"善良管理人"或者"合理之人"(a reasonable man)标准,即假定存在一个普通的"善良管理人"或者"合理之人",以其在遇到相同情况下所应采取的注意义务,判断损害在已经尽到注意义务的情况下是否可以避免。如果此时损害仍不可避免,则认为行为人对损害的发生没有过失;反之,如善尽注意义务损害可以避免,则为有过失。同时,根据客观标准,还可以判断过失的程度。欠缺善良管理人的注意义务的为一般过失,欠缺作为一个民事主体应当具备的最起码的注意义务的为重大过失,欠缺较高的注意义务的为轻过失。在专家责任、医疗损害责任等专业领域,则根据该专业内部一般专业人员的注意水平确定专业过失。根据这一标准,在一般过错责任中,区分故意和过失在责任构成上并无实益。当然,在某些特殊的侵权责任中,法律对于责任的构成要件有特殊要求的,应当符合其规定。如《消费者权益保护法》第55条规定的惩罚性赔偿责任,要求经营者"明知"商品或者服务存在缺陷,其主观要件应当以故意为限。

7.008　加害行为　tortious conduct

指侵权人所实施的侵害他人民事权益的行为。加害行为是侵权责任的客观构成要件,此种行为,可以是身体的动作,如殴打他人的行为,也可以是言语或者意思表达,如对他人名誉的侵害行为等。民法上所称的行为,除了积极的行为即"作为"外,还包括消极的"不作为"。由于侵权责任所保护的是物权、人格权等绝对权,对绝对权的权利人之外的其他人而言,其所负有的义务是不得侵害他人绝对权的消极义务,违背此种消极义务的行为模式即为作为。因此,侵权行为主要表现为积极的作为。一般情况下消极的不作为不会构成侵权行为。但是,当特定的民事主体基于特定原因负有对他人权利的积极保护义务时,不履行积极义务的不作为即可能构成侵权行为。而此种积极的作为义务,主要来源包括:第一,法定义务。如医疗机构负有对急危患者的积极救助义务,此种义务虽然直接来源于《执业医师法》和《医疗机构管理条例》等公法规范,但因拒绝治疗等行为违背此种义务造成患者损害,除应承担公法责任外还可能构成侵权责任。第二,约定义务。当事人之间通过约定可以确定积极的保护义务,违反此种义务当然可以通过违约责任加以调整。但是,自德国法上通过交往安全义务使有特定关系的主体对他人的损害承担不作为的责任以来,此种义务往往表现为侵权法上的义务,如《民法典》第1198条第2款规定的经营者、管理者、组织者的安全保障义务。第三,基于在先行为的责任。如果由于行为人的在先行为,显著地增加了他人遭受权利损害的风险,则行为人负有消除此种风险的义务,否则即可构成不作为的侵权。如将摘取的马蜂巢未加妥善处理地弃至于公共道路旁,造成路过的行人被归巢的马蜂蜇伤的,行为人应对受害人的损害承担责任。

7.009　因果关系　causation

指在加害人的过失行为与受害人的损害之间存在前因后果的联系,前者为因,后者为果。因果关系是近代以来各国侵权法普遍采用的损害过滤工具。在大陆法系的传统上,因果关系被区分为责任确立的因果关系和损害范围的因果关系。责任确立的因果关系用于决定加害人是否应对受害人的损害承担责任;责任范围的因果关系则用于确认加害人应当在多大程度上对于受害人的损害承担责任。在责任确立的因果关系的判断上,大陆法系采用条件结果(condicio sine qua non)的事实因果关系判断,即加害行为是损害后果的必要条件,在加害行为 a 与损害后果 b 之间存在"无 a 则无 b"的关系,英美法系则适用性质相同的"若无/则不(but for)法则"加以判断。由于确定因果关系的目的仅是确定行为人可否对损害承担侵权责任,而非应否承担责任,事实因果关系足当此任。在此基础上,进一步通过责任范围的因果关系判断加害人应当承担责任的范围和程度。

7.010　损害后果　damage

简称"损害"。损害后果是侵权责任的客观构成要件。损害后果是权利人因民事权益受到侵害所遭受的不利益。在损害赔偿的构成中,损害具有中心意义,"无损害即无赔偿"。损害的存在,是加害人承担侵权责任特别是损害赔偿的基础。损害具有多样性,各国民法一般不对损害进行定义,而是在个案中加以确定。根据《民法典·侵权责任编》第二章的规定,我国侵权责任法律规范所认可的损害包括人身损害、财产损害和精神损害。需要特别注意的是,传统的以损害赔偿为中心的侵权责任固然以损害的存在为前提,但为预防和制止即将发生或者正在发生的侵权行为,《民法典》引入了禁令性的侵权责任。《民法典》第 1167 条规定:"侵权行为危及他人人身、财产安全的,被侵权人有权请求侵权人承担停止侵害、排除妨碍、消除危险等侵权责任。"在此种侵权责任中,只要存在可能损害他人权益的危险性,即可能构成侵权责任,而无须有实际的损害。

7.011　过错推定　presumption of fault

由法律预先推定行为人具有过错,并由行为人承担证明自己没有过错的举证责任的制度。《民法典》第 1165 条第 2 款是关于过错推定的规定。过错作为过错责任的构成要件,一般而言应由主张该要件事实存在的一方当事人负举证责任,但是在某些特殊情形下,行为人与被侵权人相比较,对于有关过错的证明具有更强的能力,而被侵权人受客观条件限制,难以进行举证。这使得对于过错的证明,成为一种不公平的竞争,不利于保护被侵权人的合法权益,也不利于查明案件事实,实现侵权法的功能。为此,法律在某些具体的侵权责任类型中,明确规定对于过错的证明责任进行特殊分配,以平衡当事人之间在证明能力上的差别。如《民法典》第1199条规定:"无民事行为能力人在幼儿园、学校或者其他教育机构学习、生活期间受到人身损害的,幼儿园、学校或者其他教育机构应当承担侵权责任;但是,能够证明尽到教育、管理职责的,不承担侵权责任。"基于同样原因,《民法典》在建筑物、构筑物、搁置物责任、堆放物责任、树木管理责任、地面上下工作责任等侵权行为形态中均规定了过错推定。过错推定是对于过错要件举证责任的特殊配置,必须以法律的明确规定为前提,不能由法官在个别案件中任意决定。过错推定只是过错责任原则的一种特殊表现形式,不足以构成一种独立的归责原则。

7.012　无过错责任　no-fault liability

《民法典》第1166条规定:"行为人造成他人民事权益损害,不论行为人有无过错,法律规定应当承担侵权责任的,依照其规定。"该条是无过错责任的规定,即不以过错作为构成要件的侵权责任。近代民法确立了过错责任并以之作为侵权责任归责的基本原则。随着工业革命以来社会的发展,工业生产、运输工具使用、产品流通等活动在给社会带来巨大变化和收益的同时,也带来前所未有的社会危险,如环境污染的危险、产品致人损害的危险、高速运输以及其他高度危险作业的危险等。这些危险活动,一方面对于社会生活和发展而言不可或缺,另一方面对于这些活动所造成的危险和损害,必须通过适当的机制予以分配。在此种情况下,各国民法对于过错责任原则进行了反思和调整,在一般性的过错责任原则之外,通过立法和判例的形式,建立了以危险为归责基础的新的归责体系。由于此种归责不以行为人的过错为要件,因此被称为无过错责任原则,也可以称为严格责任或者危险责任。《民法通则》第106条第2款,即规定了无过错责任原则,并为《侵权责任法》第7条和《民法典》第1166条所继受。

《民法典》第1166条所规定的无过错责任与第1165条所规定的过错责任,在法律适用上是特别法与一般法的关系,这是由无过错责任是过错责任的补充和例外所决定的。需要注意的是,该条自身并非完全规范法条,不能独立的产生请求权基础,只能通过适用法律对于具体无过错责任的法条才能产生无过错责任请求权。当侵权行为不符合任何法律所规定的无过错责任规范时,应当适用第1165条的过错责任原则。

7.013　共同侵权行为　joint tort

指二人以上共同实施的造成他人损害的侵权行为。在侵权责任的构成上,除了由单个侵权人实施侵权行为的情形外,由多个侵权人的行为造成受害人损害的情形并不鲜见。此种情况在侵权法上被称为多数人侵权。《民法通则》第130条规定:"二人以上共同侵权造成他人损害的,应当承担连带责任。"对于其中"共同"的界定,产生了多种不同的见解,有意思联络说、共同过错说、客观关联说、折中说等,其核心在于如何看待主观过错在构成共同侵权中的作用。《侵权责任法》第 8 条和《民法典》第 1168 条虽然未言明采主观关联性观点,但从体系解释的角度,应采用共同过错说,被侵权人只需证明各侵权人的故意或过失是共同的即可,并可采用客观标准证明其过错,更有利于平衡双方的证明能力。

构成共同加害行为需要满足以下构成要件:第一,须有数个侵权人和侵权行为。第二,各侵权人需要共同故意或者共同过失。共同故意,要求各侵权人对于侵害他人的行为具有主观上共同追求加害结果的意思。此种共同故意,包括了有意思联络的共同故意,还应当包含虽未有事先的通谋或者意思联络,但对于损害后果均具有相同的追求意思的情形。共同过失,是指各侵权人对于如不加适当注意即可能损害他人具有同样的认识,但均未采取应有之适当注意造成他人损害。第三,共同故意或者共同过失行为与被侵权人损害之间具有一体化的因果关系。在共同加害行为中,各侵权人的单个侵权行为因主观上的共同性结合在一起,在责任构成上,应当作为一个原因,与被侵权人之间进行因果关系的判断,而无须再单独对每一个行为进行因果关系判断。因此,只要各侵权行为在整体上与损害后果具有条件结果关系即可,而不需要确定具体哪一个行为是造成被侵权人损害的原因。

7.014 教唆行为 instigation

《民法典》第 1169 条规定:"教唆、帮助他人实施侵权行为的,应当与行为人承担连带责任。教唆、帮助无民事行为能力人、限制民事行为能力人实施侵权行为的,应当承担侵权责任;该无民事行为能力人、限制民事行为能力人的监护人未尽到监护职责的,应当承担相应的责任。"该条规定了教唆和帮助的责任。

教唆,是指利用言语对他人进行开导、说服,或通过刺激、利诱、怂恿等办法使被教唆者接受教唆意图,实施某种侵权行为。教唆人自己并不实施造成受害人损害的行为,但其教唆行为是实际侵权人实施侵权行为的原因,应当对与教唆行为有因果关系的侵权行为造成他人的损害承担责任。

教唆人与被教唆的完全民事行为能力人承担连带责任的基础,在于教唆人与实际侵权人之间在主观意思上的共同性。虽然教唆本身并不独立形成侵害意思,只是为产生侵害意思提供了外在的主观促进因素,真正的侵害意思是侵权人独立形成的,但是基于教唆行为在形成侵害意思时的作用,为遏制教唆行为,法律将教唆视为与侵权人有主观共同性,并基于此要求教唆人与实际侵权人承担共同责任。

《民法典》第 1169 条第 2 款规定了教唆、帮助无民事行为能力人和限制民事行为能力人的责任。当行为人缺乏行为能力时,其实质上并没有独立地产生侵害意思的能力,教唆人的意思实际就是侵权行为所依赖的侵害意思,而行为人只不过是教唆人实现其侵害意思的工具。此时根据过错责任原则,应当由教唆人本人承担责任。

7.015　帮助行为　assistance

指通过提供工具、指示目标或以言语刺激等方式,从物质上和精神上帮助实施加害行为的人。根据《民法典》第1169条规定,帮助人与教唆人承担同样的责任。即帮助完全民事行为能力人实施侵权行为的,帮助人应当与被帮助人承担连带责任;帮助无民事行为能力人、限制民事行为能力人的,由帮助人承担责任。

同时,根据《民法典》第1169条第2款后半句,帮助无民事行为能力人、限制民事行为能力人时,无民事行为能力人、限制民事行为能力人的监护人可因其未尽到监护职责而承担相应的责任。上述责任承担规则与教唆行为相同,于此不赘。

7.016　共同危险行为　joint dangerous act

《民法典》第1170条规定:"二人以上实施危及他人人身、财产安全的行为,其中一人或者数人的行为造成他人损害,能够确定具体侵权人的,由侵权人承担责任;不能确定具体侵权人的,行为人承担连带责任。"此条是关于共同危险行为责任的规定。

共同危险行为责任,是指数人共同实施了可能造成受害人损害的危险行为造成他人损害,但无法查明其中实际侵权人的现象。实施其危险行为的数人对受害人的损害承担连带责任。共同危险行为责任的归责基础是对于各危险行为与损害后果之间的因果关系推定。在某些情况下,多个行为人均实施了可能造成他人损害的危险行为,这些行为中的一个或者多个(但非全部)行为是造成损害的客观原因,但是由于认识能力的不足,无法判断出具体哪一个或者几个行为是致害原因,既不能确认每一个行为与损害之间的因果关系,也不能排除所有行为与损害之间的因果关系。此时,如果按照事实因果关系的"如无/则不"标准,所有的行为人都将不承担责任,这势必将造成被侵权人受损的权利无从救济,而实施危险行为的人逃脱制裁。为避免此种结果,法律将各个危险行为结合为一个整体,与损害后果之间建立因果关系,从而推定所有的危险行为与损害后果之间都有因果关系,并因此由所有行为人承担连带责任。

共同危险行为的构成要件包括:第一,二人以上实施危险行为。行为主体应当为二人以上,且各行为人均实施了危险行为。第二,各行为均具有危险性。即各行为人所实施的行为,均不能排除也不能确认是损害的原因。如果某一个或几个侵权行为能够确认与损害后果无关,则应排除在责任承担主体之外;如果某一个或几个侵权行为能够确认就是损害的原因,则应由其行为人承担责任,也不构成共同危险行为。第三,各行为之间不具有共同故意或者共同过失。如果各行为对于损害的发生具有共同故意或者共同过失,则各行为应当构成共同加害行为而非共同危险行为。

7.017　累积的因果关系　cumulative causation

又称"聚合因果关系"。两个以上的行为都是损害发生的原因,且每一个行为均足以造成全部损害的情形。《民法典》第1171条规定:"二人以上分别实施侵权行为造成同一损害,每个人的侵权行为都足以造成全部损害的,行为人承担连带责任。"此条是关于累积因果关系的连带责任的规定,承继于《侵权责任法》第11条。

累积因果关系的特殊性在于,每一个侵权行为与全部损害之间均有因果关系,每一个行为均是损害的充分条件。同时,由于即使缺少任何一个侵权行为,损害后果仍然会因为其他行为的存在而发生,所以每个行为均为损害的非必要条件。因此在责任确立的因果关系上,如果根据"如无/则不"的事实因果关系要求,任何一个行为与损害后果之间均不具有因果关系,任何一个行为人都无须承担责任。这显然与行为人实施了侵权行为的事实和公众的基本道德认知不相符。《民法典》第1171条规定此情形下行为人承担连带责任的目的在于两个方面:第一,确认此种情形下每一个行为均构成侵权责任。此时,每一个行为已满足充分非必要条件的基本要素,即使不符合"如无/则不"标准,法律仍应确认所有行为在整体上与损害有因果关系,因此应当作为一个整体对损害承担责任。第二,确认了各行为人的责任形态。各行为人之间承担连带责任,由于即使承担全部责任也不超出其行为与损害后果之间因果关系的范围,行为人应当对损害承担连带责任。第三,限定了责任的范围。虽然有多个足以构成全部损害的行为,但基于"无损害无救济"的原则,所有行为人整体上承担的责任不能超出被侵权人损害的范围,即被侵权人不能获得超出其损害的赔偿。

累积的因果关系连带责任的构成要件包括:第一,存在多个侵权行为人的多个侵权行为。第二,每一个个别的侵权行为均是损害后果的充分条件。第三,各行为人之间没有共同故意或者共同过失。

7.018　分别侵权行为　respective tort

指两人以上的侵权人均实施侵权行为,但各侵权行为之间不具有《民法典》第1168条至第1171条所规定的主观共同性或者客观共同性时,所应当承担的按份责任。《民法典》第1172条规定:"二人以上分别实施侵权行为造成同一损害,能够确定责任大小的,各自承担相应的责任;难以确定责任大小的,平均承担责任。"在分别侵权的情形中,多个行为人均实施了侵权行为,每一个侵权行为均是损害的原因,这些侵权行为的后果累加、结合或者加强造成了被侵权人的全部损害。

分别侵权的按份责任应具备以下构成要件:第一,有多个侵权人的多个侵权行为。多个作为、多个不作为,或者作为和不作为的结合,均可以构成按份责任。第二,每一个侵权行为与损害后果都具有事实因果关系,但不足以造成全部损害。第三,各侵权行为累加、结合或者加强造成了全部损害。侵权行为的累加是指单个侵权行为足以造成损害之一部,不同的损害部分累加而成全部损害。如甲的过失造成乙足部受伤,丙的过失造成乙的上肢受伤;或者甲的过失造成乙足部受伤,丙的过失加重了乙足部的伤情。其本质上是多个侵权行为后果的叠加。侵权行为的结合是指单个行为根本不会造成被侵权人的损害,只有多个侵权行为结合在一起,才能造成被侵权人的损害。第四,不具有主观共同性。具有主观共同性的多个侵权行为构成侵权责任的,应当承担连带责任。

7.019　过失相抵　contributory negligence

又称"过失相杀"。指当被侵权人的过失也是造成损害的原因时,应当根据被侵权人过失的情况,减轻侵权人的责任。《民法典》第 1173 条规定:"被侵权人对同一损害的发生或者扩大有过错的,可以减轻侵权人的责任。"

过失相抵的实质是因果关系问题。在过失相抵的情况下,被侵权人的损害是因为侵权人的行为和被侵权人的行为等多个原因共同造成的,呈现出"多因一果"的关系,每个侵权人应当只对自己的行为造成的损害承担责任。同样原理应当适用于侵权人和被侵权人的行为是损害发生的原因的情形中。此时,侵权人的行为和被侵权人的过失与损害之间均具有事实因果关系,侵权人只应对与其行为有责任范围的因果关系的损害承担责任。

过失相抵的构成要件包括:第一,侵权人的行为和被侵权人的行为均是损害发生的原因。《民法典》第 1173 条增加了"同一损害"的表述,就是强调这种因果关系均应该是与被侵权人的损害建立的,以避免在"互殴"一类的双方各有损害的情形中误用过失相抵。第二,被侵权人的行为造成了损失。第三,被侵权人对损害的发生有过失。该条规定被侵权人对于损害的发生也有"过错"的,此处的过错,应当理解为有过失,不应当包括故意在内。如果被侵权人具有追求损害结果的故意,则应归入《民法典》第 1174 条的规范范围,其效果是行为人不承担责任而不是减轻责任。同时,需要明确的是,被侵权人此处所谓的"过失",并不是侵权法上真正的过失。权利人对自己无义务,也不会有过失。此处的过失,是为进行对侵权人责任的限定而由法律拟制出来的"不真正过失"。

7.020　受害人故意　intention of victim

指损害是受害人在明知的情形下追求或者放任的结果。如受害人以自杀为目的冲向行驶中的车辆造成交通事故等。《民法典》第 1174 条规定:"损害是因受害人故意造成的,行为人不承担责任。"该条是对受害人故意的规定,承继自《侵权责任法》第 27 条。

受害人故意造成损害行为人不承担责任的原理在于,基于受害人的主观故意,其故意与其损害之间具有直接的、完全的因果关系。虽然此时从表象上看行为人的行为造成了受害人的损害,但行为人的行为只是受害人故意造成损害后果的手段和工具,与受害人的损害之间不存在实质的因果关系,因此也就不构成侵权责任。由于行为人的行为不构成侵权责任,根据损害自担的一般规则,受害人的损害只能由其自行承担。

受害人故意应当符合以下构成要件:第一,受害人存在对自身损害的追求或者放任的故意。此处的故意,是指受害人在明知可能造成自身损害的情形下对自身损害予以追求或者放任的心理状态。第二,受害人的故意应当是损害的全部原因。受害人故意导致行为人不承担责任的原因在于受害人的故意是损害的全部原因,行为人的行为与损害无实质上的因果关系。

受害人故意和过失相抵都是基于因果关系的原因而影响责任构成,均可以适用于过错责任。对于受害人故意来说,其引发损害的原因已经超出了社会正常风险的范围,无过错责任规则中一般也不会加以限定,但是,具体规范明确排除了受害人故意免责规范适用的情形除外,如《民法典》第1246条的规定。

7.021　第三人原因　conduct of the third party

指因第三人原因造成损害的,第三人应当承担责任,行为人不承担责任。《民法典》第1175条规定:"损害是因第三人造成的,第三人应当承担侵权责任。"第1175条的规范目的,在于行为人的行为与损害之间责任成立的因果关系被排除时,行为人不承担责任,故其适用范围不包括行为人和第三人的行为与损害均具有事实和法律上因果关系的情形。在此种情形下,行为人的行为和第三人的行为均构成损害发生的原因。此时应当根据多数人侵权的规则,判断行为人与第三人对于被侵权人的责任承担,并不在第1175条的意旨范围之内。

该条不适用于安全保障义务人的补充责任。《民法典》第1198条、第1201条以及第1254条均规定了违反安全保障义务的责任。在违反安全保障义务的责任的情形下,实际与损害存在全部因果关系的是第三人的行为,这一点从上述三个条文中均规定首先应由加害的第三人承担责任且第三人承担最终形态的责任,即可说明。但是,在第三人无法承担全部责任的情形下,安全保障义务人应承担相应的补充责任。

此外,如法律对于第三人原因造成他人损害的责任承担有特殊规定,应当适用其特殊规定,而不是适用第1175条规定。如《民法典》第1250条规定:"因第三人的过错致使动物造成他人损害的,被侵权人可以向动物饲养人或者管理人请求赔偿,也可以向第三人请求赔偿。动物饲养人或者管理人赔偿后,有权向第三人追偿。"在该条规定的情形下,即使第三人的行为是引起损害的唯一原因,动物饲养人、管理人仍可能基于被侵权人的请求而承担责任。只不过此时动物饲养人、管理人的责任是一种中间责任,可以向造成损害的第三人进行追偿。

7.022　自甘风险　assumption of risk

指被侵权人可以预见某种损害发生之可能性仍自愿承担该风险时,如该风险实际发生并造成其损害,免除造成损害的行为人的责任的制度。《民法典》第 1176 条第 1 款规定:"自愿参加具有一定风险的文体活动,因其他参加者的行为受到损害的,受害人不得请求其他参加者承担侵权责任;但是,其他参加者对损害的发生有故意或者重大过失的除外。"

第 1176 条第 1 款所指风险,是指有一定风险的文体活动的其他参与者造成侵权的风险。对于此种活动风险,被侵权人在参与前是明知的,而为参与活动仍自愿承担此种风险。由于被侵权人承担风险的自愿性,活动中符合被侵权人预期的风险即使发生,也基于被侵权人的自愿得以阻却违法。

自甘风险的构成要件包括:第一,参与具有一定风险的文体活动。根据自甘风险的理论,被侵权人与行为人之间应当具有一定的特殊关系,并基于此种特殊关系产生和确定某一种风险。第二,活动风险未超出被侵权人所能预见的范围。第三,行为人实施了造成被侵权人损害的行为。此种行为,应当是与文体活动相关的行为。第四,行为人无故意或者重大过失。第 1176 条第 1 款明确规定,行为人的故意侵权不属于自甘风险的范围,因为活动参加者所能够预见的行为,显然不包括其他人故意侵权的行为。基于重大过失等同于故意的原则,行为人有重大过失的,也视为有故意而不能免责。

7.023 自助行为 self-help behavior

指为保护权利人的私法权利,在情况急迫无法寻求公力救济时,权利人采取必要保全措施以待公力救济的情形。自助行为属于自力救济或私力救济的一种。《民法典》第 1177 条是关于自助行为免责的规定。

自助行为的构成要件包括:第一,权利人的合法权益受到侵害。自助行为的前提是需要获得自力救济的权益。第二,实施自助行为具有紧迫性和必要性。根据第 1177 条规定,实施自助行为必须"情况紧迫且不能及时获得国家机关保护,不立即采取措施将使其合法权益受到难以弥补的损害"。第三,权利受侵害者实施自助行为。自助行为不是实现权利的行为,而只能是保全行为,即对侵权方采取保全措施,以待将来通过公力救济实现权利。第 1177 条将自助行为的对象和方式规定为"受害人可以在保护自己合法权益的必要范围内采取扣留侵权人的财物等合理措施"。第四,自助行为的适当性。此种适当性,一方面是与受到侵害的权益范围相比较,另一方面应当与侵权人被保全的权益相比较。为了较小的权益损害而过重损害他人权益,或者能选择对侵权人影响较低的措施而不采取的,都是不适当的自助行为。

自助行为的法律效果首先是阻却违法。在采取自助行为的措施后,受害人有义务尽快请求公力救济,包括向法院提起诉讼、向公安机关报案或者以其他方式寻求公力救济。在合理的时间内不请求公力救济的,自助行为的违法阻却性即可消失,对于其后给侵权人造成的损害,受害人应承担责任。

《民法典》第1177条第2款规定,受害人采取措施不当造成他人损害的,应当承担侵权责任。措施不当,包括对象不当、方式不当,以及不及时请求公力救济或者不及时移交保全对象等。

7.024　损害赔偿之债　debt of tort damages

指由侵权责任人以金钱赔偿方式,补偿受害人因侵权行为所遭受的损害。损害赔偿是侵权责任最为基本和适用范围最为广泛的责任承担方式。损害赔偿之债,是在侵权责任构成后,因受害人对于侵权人享有的损害赔偿请求权而在两者之间产生的债权债务关系。侵权行为造成受害人损害后,基于损害赔偿,在被侵权人和侵权人之间产生得请求为金钱给付的关系,符合债的特征,形成了损害赔偿之债。《法国民法典》将侵权行为作为"非因合意发生的债"规定在第3编"取得财产的各种方法"之中,《德国民法典》将侵权行为规范作为债的发生原因之一规定在第2编"债法"之中。我国《民法典》虽然将侵权责任独立成编,但对于损害赔偿而言,仍属于一种债的关系,应当适用有关债的法律规范。在《民法典》未设债法总则的情况下,《民法典》第468条规定:"非因合同产生的债权债务关系,适用有关该债权债务关系的法律规定;没有规定的,适用本编通则的有关规定,但是根据其性质不能适用的除外。"故对于损害赔偿之债,《民法典·侵权责任编》未作规定的,应适用合同编通则部分的相关规定,如多数人之债等部分。

7.025　人身损害赔偿　personal damages

指对侵害生命权、健康权造成的财产损害的赔偿。人身损害的实质是受害人因生命权、健康权损害所遭受的经济上的不利益,包括费用的支出和可得利益的丧失。《民法典》第1179条规定:"侵害他人造成人身损害的,应当赔偿医疗费、护理费、交通费、营养费、住院伙食补助费等为治疗和康复支出的合理费用,以及因误工减少的收入。造成残疾的,还应当赔偿辅助器具费和残疾赔偿金;造成死亡的,还应当赔偿丧葬费和死亡赔偿金。"其所规定的人身损害赔偿范围,即为此两种情形。费用的支出,包括为挽救生命、恢复健康和克服受害人残疾所支出的费用,以及丧葬费用的支出;可得利益的丧失,包括受害人在治疗、康复期间所减少的收入,以及因侵权行为所造成的劳动能力丧失和近亲属继承所得的丧失。

该条规定"为治疗和康复支出的合理费用",包括医疗费、护理费、交通费、营养费、住院伙食补助费等。此处规定的项目为非限定性列举,不排除其他为受害人治疗和康复支出的合理费用,如必要时的整容费用等。医疗费用一般包括诊断、检查、治疗、药物等费用,实践中一般计算到受害人康复、死亡或者治疗终结,治疗终结后确需进行后续治疗的,应包括后续治疗费用。护理费是指受害人因伤病需要护理时所支付的护理人员费用,或者护理的亲属因护理减少的收入。交通费是指受害人为接受诊疗、康复等所产生的交通费。营养费是为治疗和康复的目的需要额外增加营养的支出。住院伙食补助费是住院期间增加支出的饮食支出。受害人的误工损失，是受害人因人身损害无法获得正常收入的可得利益丧失。受害人收入丧失的判断，采用了以受害人得以证明的水平为原则，以地域或者行业收入标准为例外的判断标准。

7.026　残疾赔偿金　disability indemnity

残疾是指丧失全部或者部分劳动能力。残疾赔偿金是对于受害人残疾所造成经济上不利益的赔偿。对于残疾赔偿金的性质，有所得丧失说、劳动能力丧失说和生活来源丧失说三种观点。《最高人民法院关于审理人身损害赔偿案件适用法律若干问题的解释》第25条第1款规定："残疾赔偿金根据受害人丧失劳动能力程度或者伤残等级，按照受诉法院所在地上一年度城镇居民人均可支配收入或者农村居民人均纯收入标准，自定残之日起按二十年计算。但六十周岁以上的，年龄每增加一岁减少一年；七十五周岁以上的，按五年计算。"根据该条规定，残疾赔偿金的计算原则上根据受害人劳动能力丧失的情况采用定额化标准进行赔偿，但同时该条第2款规定："受害人因伤致残但实际收入没有减少，或者伤残等级较轻但造成职业妨害严重影响其劳动就业的，可以对残疾赔偿金作相应调整。"即应兼顾受害人收入情况。

7.027　死亡赔偿金　death compensation

指因受害人死亡侵权人应给付的赔偿款项。《民法典》第1179条规定，造成受害人死亡的，还应当向其近亲属赔偿丧葬费和死亡赔偿金。死亡赔偿金的对象是近亲属因受害人死亡所遭受的经济上的不利益。对其性质一般有抚养丧失说和继承丧失说两种观点。抚养丧失说认为可获赔偿的，是受害人生前抚养的近亲属或者其他被抚养人所丧失的抚养利益。继承丧失说则以如无侵权行为受害人所能生存年限中其收入减去支出的余额为近亲属的可预期的继承利益，因侵权行为致受害人提前死亡而使其近亲属减少的继承利益为死亡赔偿金。两种相比较，继承丧失说对于受害人的权益保护更加全面，为理论通说。

《侵权责任法》第16条与《民法典》第1179条均未规定残疾赔偿金和死亡赔偿金的计算方法。司法实践中，根据《最高人民法院关于审理人身损害赔偿案件适用法律若干问题的解释》第25条和第29条的规定采用定额化赔偿的方式。由于认识到残疾赔偿金与死亡赔偿金的财产损害性质以及与受害人收入之间的关系，司法解释制定者在确定计算标准时考虑到了受害人生活的地域因素，并考虑到我国城乡收入差别较大的现实，采用了城乡二元化标准，即根据受害人的城乡户籍，以城镇居民人均可支配收入或者农村居民人均纯收入计算残疾赔偿金和死亡赔偿金，造成了城乡居民残疾赔偿金和死亡赔偿金计算的金额有显著差别，从而被社会解读为"同命不同价"，社会反响强烈。为回应社会关注,促进社会公平,2019年9月最高人民法院印发了《关于授权开展人身损害赔偿标准城乡统一试点的通知》(法明传〔2019〕513号),提出"当前,我国户籍制度改革的政策框架基本构建完成,城乡统一的户口登记制度全面建立,各地取消了农业户口与非农业户口性质区分",故此"授权各省、自治区、直辖市高级人民法院及新疆维吾尔自治区建设兵团分院根据各省具体情况在辖区内开展人身损害赔偿纠纷案件统一城乡居民赔偿标准试点工作。试点工作应于今年内启动。"根据该通知要求,全国已经有诸多高级法院制定规范文件,统一了死亡赔偿金的计算标准。

7.028 受害人被抚养人生活费赔偿 compensation for living expenses of the victims' dependents

指对于被害人生前负有抚养义务者丧失抚养来源的赔偿。《最高人民法院关于贯彻执行〈中华人民共和国民法通则〉若干问题的意见》以来,司法实践中对受害人残疾或者死亡时其被抚养人生活费均予以赔偿,《最高人民法院关于审理人身损害赔偿案件适用法律若干问题的解释》第28条规定了被抚养人生活费的计算方法。但是《侵权责任法》第16条并未将受害人被抚养人生活费规定在人身损害赔偿范围内。2010年6月,最高人民法院下发了《关于适用〈中华人民共和国侵权责任法〉若干问题的通知》,其中规定:"人民法院适用侵权责任法审理民事纠纷案件,如受害人有被抚养人的,应当依据《最高人民法院关于审理人身损害赔偿案件适用法律若干问题的解释》第28条的规定,将被抚养人生活费计入残疾赔偿金或死亡赔偿金。"最高人民法院机关刊物《人民司法》在2011年第5期第110页"司法信箱"栏目中认为:"在致人伤害的人身损害赔偿案件中,仍根据《关于审理人身损害赔偿案件适用法律若干问题的解释》计算残疾赔偿金和被抚养人生活费,两者相加就是侵权责任法第十六条所指的残疾赔偿金。"从最高人民法院的意见看,根据本条计算残疾赔偿金和死亡赔偿金时,仍需计入被抚养人生活费。

7.029 侵害人身权益的财产损失赔偿 property loss compensation for tort to personal right

指对侵害人身权益造成受害人财产损失的赔偿。侵害人身权益的民事责任和侵害财产权益的民事责任是侵权责任的两种基本类型。侵害财产权益造成的损失一般通过金钱来计算衡量损失;侵害人身权益造成的损失既可以造成非财产损失,也可以发生财产的损失。民事主体所享有的如生命权、身体权、健康权、姓名权、名誉权、荣誉权、肖像权、隐私权、婚姻自主权、监护权等人身权益,尽管具有非财产性的特征,但是这些权益与财产权益有着密不可分的联系。人身权益是民事主体从事各种民事行为的基础,以及享有财产权的前提,特别是肖像权等人身权益,往往可以实现一定的财产内容。侵权行为对人身权益造成财产损害时,受害人应当获得救济。

7.030 精神损害赔偿 mental damages

指行为人侵害他人人身权益,造成受害人严重精神损害的,所承担的给付精神损害赔偿金。精神损害赔偿是随着现代社会对人格权的重视而发展出来的责任制度,保护的是自然人的人身权益。赔偿范围涉及两类:一类是人身权益受损的情形,即侵害自然人不直接具有财产内容,与其人身不可分离的权利和利益,包括生命权、健康权、身体权、姓名权、肖像权、名誉权、荣誉权、隐私权等人格权益,以及亲权监护权、婚姻自主权等身份权益。另一类是故意或重大过失侵害他人具有人身意义的特定物的情形。精神损害是指自然人因人身权益受到不法行为侵害而导致的精神痛苦等。

7.031 具有人身意义的特定物 specific property with personal values

具有人格象征意义的物,其承载的主要是权利人的人格利益,而非财产利益。如倾注心血的手稿;有重要感情联系的财物,如感情深厚的宠物等。具有人身意义的特定物受到侵害给被侵权人带来的精神痛苦,远远大于普通财物受损带来的痛苦。侵害自然人具有人身意义的特定物造成严重精神损害的,被侵权人有权请求精神损害赔偿。为避免对该类财物提起精神损害赔偿的权利被滥用,对于具有人身意义的特定物受到的侵害,将能够获得赔偿的侵权行为限定为故意或者重大过失。只有当侵权人因故意或者重大过失,对自然人具有人身意义的特定物侵害造成严重精神损害的,被侵权人才有权请求精神损害赔偿。关于自然人具有人身意义的特定物受到的损害,需构成严重精神损害的程度,可结合该物的目的、用途、来源、珍贵程度以及被侵权人的心理状态等因素来综合评价。

7.032 财产损害赔偿 property damages

指侵权人的侵权行为给受害人的财产权益造成损害时所承担的损害赔偿责任。侵权责任的目的在于尽可能恢复到被侵权人未遭受加害行为之前的状态,如果不可能恢复原状或者恢复原状花费巨大的,可适用财产损害赔偿。以哪个时间点来计算财产损失,直接关系到被侵权人能够得到的损害赔偿数额。按照《民法典》第1184条,侵害他人财产的,财产损失按照损失发生时的市场价格或者其他合理方式计算。以损失发生时为计算时点,计算起来较为容易,而且有较高的确定性,不会出现事后采用其他计算方法而可能人为导致赔偿数额的变化。侵权行为发生时,以损失发生时的价格为准,能够更准确地体现损失多少赔偿多少的理念。市场价格,是指被侵权财产在市场一般交易中的客观价格。但不是所有的物品都适合于依据市场价格来计算。对于不适合以市场价格计算的物品,或者一些物品虽然有市场价格,但是如果依市场价格来计算明显不妥当,则采用其他合理方式计算。其他合理方式,就是要综合考虑被侵害财产的种类,侵权行为的性质、持续时间、范围、后果、侵权人的主观状态等各种因素来确定合理的计算方式。

7.033　惩罚性赔偿　punitive damages

指对恶意实施或者因重大过失实施侵权行为造成严重后果的,法院令责任人承担的赔偿数额高于实际损失数额的赔偿责任。惩罚性赔偿是与补偿性赔偿相对应的民事赔偿制度。侵权责任中的赔偿损失,其基本属性是补偿性的,即按照受害人的损失进行补偿。对于因恶意实施或者因重大过失实施的侵权行为,如果仅关注受害人所受损失是多少,而不关注侵权行为的严重程度、侵权人的主观恶意,不仅有违公平原则,而且不利于预防类似侵权行为的发生。惩罚性赔偿的目的在于,通过让侵权人承担超出实际损害数额的赔偿,对该严重侵权行为进行惩罚、遏制,并对他人形成警戒作用。惩罚性赔偿必须按照法律规定的适用条件去适用。《民法典》规定的可适用惩罚性赔偿的情形有三种:一是故意侵害他人知识产权,情节严重的;二是明知产品存在缺陷仍然生产、销售,或者没有依据法律规定采取有效补救措施,造成他人死亡或者健康严重损害的;三是违反法律规定故意污染环境、破坏生态造成严重后果的。

7.034　公平分担损失规则　rules for fair sharing of damages

指加害人与受害人对损害的发生都没有过错,也不属于无过错责任原则适用情形时,依公平考量,由加害人与受害人分担损失的规则。此项损失分担规则只适用于法律有特殊规定的场合,用于解决当事人都无过错却造成了损害的问题,目的在于补偿损失,而非惩罚过错。依据《民法典》的相关规定,由受害人和行为人分担损失的情形主要有:自然原因引起危险时,紧急避险人可以给予适当补偿的情况;因保护他人民事权益使自己受到损害,或者没有侵权人、侵权人逃逸或者无力承担民事责任时,受益人给予适当补偿的情况;完全民事行为能力人对自己的行为暂时没有意识或者失去控制造成他人损害,且没有过错时,对受害人适当补偿的情况;从建筑物中抛掷物品或者从建筑物上坠落的物品造成他人损害,经调查难以确定具体侵权人时,由可能加害的建筑物使用人给予补偿的情况。这些法律规定都暗含着在相关当事人均无过错的情形下,基于公平理念由双方分担损失的意旨。

7.035　定期金　periodical payment

是人身损害赔偿案件中一种赔偿支付方式,指法院判决加害人在未来的一段时间按照一定的期限(如按年或者按月)向受害人支付赔偿金额对受害人的身体、健康的损害以及相应的费用支出予以赔偿,主要适用于每年或每月的残疾赔偿金、被扶养人生活费、继续治疗费用、康复和护理费用、更换义肢等辅助器具费等继续治疗费用。

7.036　一次性赔偿　lump-sum compensation

指赔偿义务人对其所负全部赔偿义务,采用一次算定、一次付清的方法予以履行。如果损害赔偿数额能一次确定,赔偿义务人又有实际偿付能力能一次付清的,一般应采用一次性赔偿。一次性赔偿的优势在于方便快捷地处理案件,迅速解决纠纷。

7.037　监护人责任　liability of guardian

指无民事行为能力人或限制民事行为能力人造成他人损害时,监护人应当承担的侵权责任。《民法典·总则编》规定了监护人的范围、监护人的指定程序、被监护人的范围、监护职责履行方式、意定监护、撤销监护等问题,在原来法定监护的基础上,强调对被监护人真实意愿的尊重,创设了意定监护制度。监护人责任具有以下特征:第一,监护人责任是一种特殊侵权责任,其归责原则、构成要件、举证责任以及责任的承担都不同于一般侵权责任。第二,监护人责任是一种替代责任,在监护人责任中行为主体与责任主体相分离,由监护人替代实施了侵权行为的被监护人承担侵权责任。第三,监护人责任的承担受行为人财产状况的制约。监护人支付的损害赔偿金的来源区分以下两种情况,即行为人自己有财产的,应当先从其自己的财产中支付赔偿金,赔偿不足部分由其监护人承担补充性责任。在监护人责任的请求权成立的基础之上,监护人责任的减轻有两种情形:一是监护人证明自己尽到了监护责任,此时可以减轻其责任;二是被侵权人具有过错,实践中也主要是在这种情形下减轻监护人一方的责任。

7.038　委托监护人责任分担　shared liability of entrusted guardian

指在委托监护的情形下无民事行为能力人、限制民事行为能力人造成他人损害的,由监护人和有过错的受托人分担责任。《民法典》第1189条是关于委托监护的侵权责任的规定。无民事行为能力人和限制民事行为能力人的监护人不能或不便履行监护职责时,可以为被监护人设立委托监护,将监护职责部分或者全部委托给他人,受托人基于委托合同协助监护人履行一定的监护职责。但是监护人承担责任的原因是基于法定的监护职责,监护人通过委托协议移转部分或全部监督职责并不能导致监护资格发生转移,故委托监护期间产生的民事责任原则上仍由监护人即委托人承担。委托人与受托人可以约定委托监护期间产生的侵权责任由受托人承担,但委托人不能以已有约定来对抗第三人的请求,委托人仍应对第三人承担责任,其后可依约定向受托人追偿。受托人承担责任的原因则是其对被监护人的监督管理行为未尽到善良管理人的注意义务。受托人对被监护人的行为存在监管过失,而不能是故意,表现为疏于教养、疏于监护或者疏于管理的过失。在此情况下,监护人对损害后果承担全部责任,有过错的受托人承担与其过错程度和原因力大小相应的按份责任。

7.039　心智丧失损害的责任与补偿　liability and compensation for damage of loss of mental

暂时丧失心智损害责任,又称"暂时丧失意思能力的致害责任"。指完全民事行为能力人对于因过错引起暂时丧失心智,或者因醉酒、滥用麻醉、精神品暂时丧失心智造成他人损害的特殊侵权责任。《民法典》第1190条是关于完全民事行为能力人暂时丧失心智损害责任的规定。该规定基本沿用了《侵权责任法》第33条的内容,过错是行为人承担责任的前提,因自身过错导致暂时丧失心智,造成他人损害的,侵权人应当承担赔偿责任。行为人无过错的,公平分担损失。暂时丧失心智损害责任的构成要件包括:第一,侵权行为人是完全民事行为能力人,而非限制民事行为能力人或者无民事行为能力人,否则适用监护人责任的规定;第二,被侵权人受到了实际损害,主要包括人身损害和财产损害;第三,侵权人造成他人损害时暂时丧失心智,因而无法控制自己的行为,行为人暂时丧失心智与造成损害后果之间有因果关系;第四,暂时丧失心智损害责任的前提是侵权行为人存在过错。暂时丧失心智损害责任适用过错推定原则,但如果行为人能够证明自己没有过错,也并不能完全免除责任,而是按照《民法典》第1186条规定的损失分担规则,根据行为人的经济状况对受害人进行适当补偿。

7.040　用人者责任　liability of employers

又称"用工责任"。指用人单位的工作人员或者劳务派遣人员以及个人劳务关系中的提供劳务一方因执行工作任务或者因劳务造成他人损害,用人单位或者劳务派遣单位以及接受劳务一方应当承担赔偿责任的特殊侵权责任。用人者责任都是以劳动合同关系为前提,侵权行为人与责任人之间存在劳动支配关系,包括用人单位责任、劳务派遣责任以及个人劳务责任,分别规定于《民法典》第1191条第1款、第2款及第1192条。其具有如下法律特征:第一,侵权行为的发生是因执行工作任务或提供劳务,一方的劳动受另一方支配。第二,作为替代责任的一种,侵权行为人与责任人相脱离。直接行为人是工作人员或提供劳务的一方,而侵权责任由对他们具有支配关系的用人者承担。第三,损害发生的直接原因是工作人员或提供劳务的一方实施了侵权行为,间接原因是用人单位、劳务派遣单位、接受劳务一方的监督不力、管理不当或指示错误。第四,责任人过错与行为人过错的影响不同。用人者的过错是责任承担的构成要件,主要体现在选任、监督、管理、指示上存在过失。而工作人员、提供劳务一方的过错不影响用人者责任的侵权行为构成,只对追偿关系发生影响。

7.041　个人劳务责任　vicarious liability in the individual labor relations

指在个人之间形成的劳务关系中,提供劳务一方因劳务造成他人损害,接受劳务一方应当承担替代赔偿责任的特殊侵权责任。个人劳务责任是一种特殊的用人者责任。《民法典》第 1192 条第 1 款规定了个人劳务关系中的替代责任、接受劳务一方的追偿权以及个人劳务关系中的工伤事故责任。第 2 款规定了个人劳务关系中的第三人侵权责任、接受劳务一方的补偿规则以及对第三人的追偿权。在个人劳务责任中，接受劳务一方与提供劳务一方之间具有个人劳务关系，提供劳务一方因劳务所造成的损害由接受劳务一方承担替代责任。这种责任与其他用人者责任一样，适用过错推定原则。对于接受劳务一方过错的认定主要体现为其在选任、指示、监督、管理上存在疏于注意义务的心理状态。在各国侵权法中，个人劳务责任包括在雇主责任中，因此范围相当宽。我国因有用人单位责任调整的责任，因而个人劳务责任范围较窄，仅限于在个人之间形成的劳务关系中的职务侵权行为，实际上就是个人雇用个人职务侵权行为。在私人企业中，即使是雇工形式，但属于法律规定的劳动关系，不属于个人劳务，因此适用用人单位责任，不适用个人劳务责任。

7.042　定作人指示过失责任　ordering party's liability for instruction negligence

指承揽人在执行承揽合同过程中，因执行定作人的有过失内容的定作或指示而不法侵害他人权利造成损害，应由定作人承担损害赔偿责任的特殊侵权责任形式。《民法典》第 1193 条是关于定作人指示过失责任的规定，明确了承揽人工作过程中造成第三人损害或者自己损害的，定作人承担过错责任。定作人指示过失责任适用于承揽合同关系。承揽合同是承揽人按照定作人的要求完成工作，交付工作成果，定作人给付报酬的合同。在此类合同中的定作人指示过失，体现为存在定作过失、指示过失和选任过失。定作过失，是指定作加工的工作本身存在过失，如承揽事项性质违法等。指示过失，是指定作人在对承揽人完成定作事项的工作进行方法的指示存在过失。选任过失，是指定作人在选任工作的作业人时未尽必要注意义务而存在过失。这种过失可以由积极的行为构成，如指挥承揽人违章作业；可以由消极的行为构成，如放任承揽人从事侵害他人权利的行为。关于定作人的指示过失责任，最早规定于《最高人民法院关于审理人身损害赔偿案件适用法律若干问题的解释》第 10 条，该条文在司法实践中适用情况良好，值得借鉴和沿用。起草《侵权责任法》的过程中，曾有专家和法官建议对其予以规定却未获立法机关采纳，现在《民法典》中借鉴了这一司法解释的规定，写入了定作人的指示过失责任，即"定作人对定作、指示或者选任有过错的，应当承担相应的责任"。

7.043　网络侵权责任　tort liability for virtual tort

指网络用户和网络服务提供者在网站上实施侵权行为，侵害他人民事权益时，应当承担的侵权责任。《民法典》第 1194 条至第 1197 条都是关于网络侵权责任的规定，对《侵权责任法》第 36 条规定的网络侵权责任内容进行了大幅修改，调整了网络侵权责任的避风港原则和红旗原则规则，增加了通知的具体内容和标准、反通知的规则以及错误通知的侵权责任,完善了网络侵权责任的规则体系。网络侵权责任适用过错责任原则,其构成要件要求行为人存在过错,尽管过失行为也有可能构成网络侵权行为,比如过失传播病毒等,但在网络侵权行为中,侵权行为人具有主观过错,故意运用网络侵害他人的人身财产权益的情形属于常态。从损害后果要件来看,网络侵权行为的受害人受到的民事权益损害包括姓名权、肖像权、名誉权、隐私权、个人信息权等精神性人格权、知识产权以及包括虚拟财产的财产利益等。网络侵权应当承担侵权责任方式包括恢复原状、赔偿损失、消除影响、恢复名誉、赔礼道歉,但最主要的责任方式为损害赔偿。

7.044 网络侵权的避风港原则　safe harbor principle in virtual tort

指网络侵权行为发生时,如果网络服务提供商能够适当履行一定的义务,如接到通知后及时删除侵权内容的,不就侵权行为造成的损害后果承担连带责任。避风港原则源于1998年美国颁布的《千禧年数字版权法案》,2006年我国在《信息网络传播权保护条例》中引入该原则。2010年颁布的《侵权责任法》第36条中规定了这一原则,网络服务提供者接到通知后及时采取必要措施的不承担连带责任。《民法典》第1195条是关于网络侵权中避风港原则的通知规则的规定,细化了通知的内容和标准,明确了网络服务提供者的通知转送义务和承担部分连带责任的情形,并且写入了错误通知的法律后果,极大地丰富和完善了网络侵权责任中避风港原则的规则体系。网络用户利用网络服务实施侵权行为的,被侵权人发现后,有权通知网络服务提供者采取删除、屏蔽、断开链接等必要措施,消除侵权行为以及影响。网络服务提供者接到通知以后,有义务按照被侵权人的要求删除、屏蔽或者断开链接,如果网络服务提供者采取了必要措施,就进到了避风港,这个侵权责任就与其没有关系。如果网络服务提供者接到通知后没有及时采取必要措施,使侵权损害后果继续存在并且再扩大,对损害扩大的部分,网络服务提供者与该侵权的网络用户承担连带责任。

7.045 网络侵权的红旗原则　red flag principle in virtual tort

又称"已知规则"。指网络服务提供者知道或者应当知道网络用户利用其网络实施侵权行为侵害他人民事权益,却对在自己的网络上发生的已然"红旗飘飘"的侵权行为视而不见,不采取删除、屏蔽或者断开链接的必要措施,其行为相当于提供网络服务帮助侵权行为实施,构成共同侵权行为中的帮助行为,应当与该实施侵权行为的网络用户承担连带责任的侵权法规则。《侵权责任法》第36条第3款就规定了网络侵权中的红旗原则,但在主观要件上规定的仅仅是"知道",《民法典》第1197条则明确规定了适用红旗原则的网络服务提供者应当具备知道或者应当知道的主观要件,解决了实践中长期争议的问题,使该规则更加明确。对于有网络服务提供者的自认或者有证据证明网络服务提供者对实施的侵权行为属于已知的可以直接认定其为"知道"。而对于其他推定为"应当知道"的情形则需要结合相关证据具体情况具体分析。如网络服务提供者对被诉的侵权内容主动进行选择、整理、分类;被诉的侵权行为的内容明显违法,网络服务提供者却将其置于首页或其他可为网络服务提供者明显可见的位置的;网络用户在网站专门主办的活动中实施侵权行为的;对其他网站发表的侵权作品进行转载;等等。

7.046　违反安全保障义务损害责任　liability of the violations of safety guarantee duty

指依照法律规定或者约定对他人负有安全保障义务的人违反该义务,因而直接或者间接地造成他人人身或者财产权益损害,应当承担损害赔偿责任。《民法典》第 1198 条是关于违反安全保障义务的侵权行为的规定。《侵权责任法》第 37 条的规定,明确增加了对安全保障义务人主体范围的列举,补充了安全保障义务人承担责任后可向第三人追偿的规则,使安全保障义务理论体系更加完整。我国侵权法上的安全保障义务既是法定义务又是合同义务。这是因为违反安全保障义务的行为可发生侵权责任与违约责任的竞合,被侵权人产生两个损害赔偿请求权,其可选择一个最有利于自己的请求权行使,从而获得法律的救济。我国对安全保障义务的规定参照德国法上的安全保障义务理论,但是其具有更加严格的适用范围和适用条件。违反安全保障义务侵权责任的归责原则适用过错推定原则。在被侵权人已经证明了被告的行为违反了安全保障义务的基础上,推定被告有过错。如果被告否认自己行为存在过错,则由其负责举证证明自己不存在过错。如果能够证明,则免除其侵权责任;不能证明或者证明力不足的,则应当承担侵权责任。

7.047　教育机构损害责任　liability for damage of educational institutions

指无民事行为能力人或者限制民事行为能力人在幼儿园、学校或者其他教育机构学习、生活期间受到人身损害,教育机构未尽应有的教育、管理和保护义务的,应当承担赔偿责任的特殊侵权责任。《民法典》第 1199—1201 条是关于教育机构侵权责任的规定。对于无民事行为能力人在幼儿园、学校或者其他教育机构学习、生活期间受到人身损害的,适用过错推定原则;对于限制民事行为能力人在幼儿园、学校或者其他教育机构学习、生活期间受到人身损害的,适用过错责任原则;对于第三人的行为造成学生受到损害的,适用过错责任原则。《侵权责任法》的规定,《民法典》条文表述更加规范,并且明确规定了第三人侵权情况下教育机构对第三人的追偿权。教育机构对学生负有教育、管理和保护的法律职责。考虑到未成年人天性好动、心智发育不成熟、缺乏自我保护能力的特点,对于发生在教育机构内,如校舍、场地、其他教育教学设施、生活设施内的,以及发生在教育机构的教学活动中的人身伤害事故,教育机构应当负有相当注意义务,以督促其妥善履行职责,保护未成年人合法权益。

7.048　产品责任　product liability

产品缺陷致人损害责任,是指因产品缺陷导致他人人身或财产损害应承担的民事责任。产品责任的成立并不以侵权人和被侵权人之间存在合同关系为前提。不论被侵权人和产品的生产者、销售者有没有订立合同关系,都不应当影响被侵权人提起产品责任损害赔偿之诉的权利。能够因产品缺陷致人损害,提出损害赔偿的权利主体,不仅包含购买并使用该缺陷产品的人,还包含虽然没有购买但是因该缺陷产品受到损害的其他人。只要是因为该缺陷产品而遭受人身、财产损害,都可以作为产品责任的权利主体提出赔偿请求。产品责任的承担者既包含生产者,也包含销售者。两者都是承担产品责任的主体,因此被侵权人可以请求生产者与销售者中的任何一方或者请求二者承担损害赔偿责任。当生产者或销售者一方完成对被侵权人的先行赔付之后,有权向实际应当承担责任的另一方追偿自己先前垫付的赔偿费用。

7.049　产品生产者、销售者第三人的追偿责任　manufacturer and the seller's claim of reimbursement from the third party

因运输者、仓储者等第三人的过错使产品存在缺陷,造成他人损害的,产品的生产者、销售者赔偿后,有权向第三人追偿。产品在进入消费者手中之前,会经过诸多环节,如设计、制造、检验、仓储、运输、销售等,从而在生产者和销售者之外,产品出现缺陷还可能涉及包括运输者、仓储者等其他第三人的因素。因运输者、仓储者等第三人的过错导致产品存在缺陷造成他人损害时,运输者、仓储者等第三人是产品责任的最终承担主体。在该缺陷产品的生产者和销售者已向被侵权人承担赔偿责任后,可以向有过错的运输者、仓储者等第三人追偿其已承担的赔偿责任。

7.050　产品缺陷　product defect

产品存在危及人身、财产安全的不合理的危险。产品有不符合保障人体健康和人身、财产安全的国家标准、行业标准的缺陷。判断产品缺陷的两种依据:其一,是否符合法定的强制性标准,包括这类产品的国家标准、行业标准;其二,是否存在不合理危险。在决定采用哪一种标准时,需要根据产品的具体情况作出不同的选择。根据引发产品缺陷的原因不同,缺陷可进一步分为设计缺陷、制造缺陷和警示缺陷三种类型。设计缺陷,是产品设计本身存在安全隐患。制造缺陷,是在制造产品时背离设计要求,如所使用的零部件有问题,或者在加工装配过程中存在问题。警示缺陷,又称"告知缺陷""说明缺陷",是指对产品没有全面、妥当地对使用方法或可能发生的危险进行说明或者警告。如对于一些性能、结构复杂的产品,应当提供相关的安装、维护和使用说明而未提供。

7.051　停止销售警示召回等补救措施　remedial measures including ceasing sale, warning and recalling

生产者、销售者在产品投入流通后发现存在缺陷时,应当及时采取的停止销售、警示、召回等补救措施。产品经检验合格确认无缺陷以后才能进入市场供消费者使用,但出于某种原因,生产者或销售者未能在销售前发现产品的缺陷,投入流通以后才发现某一批次或者某一类型的产品存在缺陷。在这种情况下,生产者、销售者不能坐视不管,应当及时跟踪采取补救措施,常见的方式有停止销售、警示与召回等。停止销售,是指当出现缺陷产品后,为了最大限度控制可能的损害范围,有必要要求生产者、销售者第一时间停止销售已经发现存在缺陷的产品。如生产者不应再与经销商签订销售合同,已经签好销售合同的要尽力把实际未出厂的产品截留在仓库;销售者应当将销售场所内该批次或该类型的所有产品立即下架,通过这种方式控制可能的影响范围。警示,是针对那些没有对产品的正确使用进行真实、合理、充分的说明,以及未对可能发生的情形进行提示时需要作出的补救措施,以及时减少损害发生的可能性,就是针对产品的警示缺陷而采取的措施。召回,则是针对已经进入流通,但存在设计缺陷或制造缺陷的产品,要求生产者、销售者主动联系消费者,对其已生产或售出的相关批次产品通过换货、退货、更换零部件、整体返厂等方式进行补救。即要求生产者、销售者将缺陷产品从流通环节中收回,尽力阻断可能发生的危险。

7.052 机动车道路交通事故责任 liability of motorized vehicle traffic accident

因机动车交通事故导致他人人身、财产损害的,机动车一方应承担的赔偿责任。关于机动车发生交通事故后的赔偿责任,《民法典》第1208条导致了道路交通安全领域的相关法律规范。《道路交通安全法》第76条规定:机动车发生交通事故造成人身伤亡、财产损失的,由保险公司在机动车第三者责任强制保险责任限额范围内予以赔偿;不足的部分,按照下列规定承担赔偿责任:(一)机动车之间发生交通事故的,由有过错的一方承担赔偿责任;双方都有过错的,按照各自过错的比例分担责任。(二)机动车与非机动车驾驶人、行人之间发生交通事故,非机动车驾驶人、行人没有过错的,由机动车一方承担赔偿责任;有证据证明非机动车驾驶人、行人有过错的,根据过错程度适当减轻机动车一方的赔偿责任;机动车一方没有过错的,承担不超过百分之十的赔偿责任。交通事故的损失是由非机动车驾驶人、行人故意碰撞机动车造成的,机动车一方不承担赔偿责任。

7.053 机动车强制保险 compulsory traffic accident liability insurance for motorized vehicles

机动车第三者责任强制保险制度,要求机动车辆所有人在领用车辆牌照之前以及使用车辆过程中,必须投保一定限额的法定第三者责任保险。如果合格的驾驶人员在使用车辆过程中发生意外事故,致使第三者遭受人身伤亡或者财产的直接损失,被保险人依法应当支付的赔偿金额,由保险公司依照保险合同的规定给予赔偿。其中,第三者指因被保险机动车发生事故遭受人身伤亡或者财产损失的人,但不包括被保险人和保险事故发生时被保险机动车车上的人员。机动车发生交通事故造成人身伤亡、财产损失的,首先由保险公司在第三者责任强制保险责任限额范围内予以赔偿。保险公司对第三者的赔偿责任属于一种法定的责任,意义在于使被侵权人及时获得赔偿、迅速填补损害,分散机动车驾驶人的风险。

7.054　租赁、借用机动车损害责任　liability for leased or borrowed vehicles

　　因租赁、借用机动车等原因形成机动车的所有人和使用人分离,发生交通事故并造成损害后果的责任承担规则。在租赁、借用机动车情形中,如果发生交通事故造成损害,属于机动车一方的责任时,由机动车的实际使用人承担赔偿责任。机动车的所有人、管理人在将机动车出租或出借以后,车辆即在承租人、借用人的实际控制下,机动车所有人丧失对该机动车的直接控制,而这种控制直接决定了机动车运行中是否会给他人带来损害。一般而言,机动车所有人不承担赔偿责任。此时,机动车的承租人或借用人成为实际使用人,对机动车拥有直接的支配控制力即前述的"运行支配",并且享有机动车带来的"运行利益",因此应当作为承担机动车交通事故责任的责任主体。如果机动车的所有人、管理人对交通事故损害的发生有过错的,也应当承担赔偿责任。这就对机动车所有人、管理人赋予了一定的注意义务。如对机动车应当尽到妥善的管理义务;在租赁或者借用机动车之前,应当对承租人、借用人的资质进行必要的审查;并且应当保证机动车性能符合基本的安全要求;等等。

7.055　未办理过户登记的机动车损害责任　liability in traffic accident by unregistered vehicles

　　在买卖、赠与等转移机动车所有权的过程中,一方已实际交付了机动车但未办理登记手续,机动车发生交通事故并造成损害后果的责任承担规则。在实践中,当事人之间因买卖、赠与、以物抵债等原因转移机动车所有权的,机动车已经转移给他人占有、使用,却没有办理机动车过户手续,造成机动车名义上的所有人与实际使用人的不一致。按照《民法典》第1210条的规定,如果当事人之间已经以买卖或者其他方式转让并交付机动车但是未办理登记,发生交通事故造成损害,属于该机动车一方责任的,由受让人承担赔偿责任。其包含两种情形:一是机动车买卖赠与未过户;二是分期付款购买机动车的所有权保留交易方式。在这两种情形下,受让人实际对机动车享有占有、使用、收益、处分的权能,直接控制着该机动车,因此其支配机动车的运行,享有机动车的运行利益,在该机动车发生事故致人损害后,机动车实际使用人应当承担损害赔偿责任。

7.056　挂靠经营机动车损害责任　liability of vehicle affiliating operation

　　以挂靠形式从事道路运输经营活动的机动车发生交通事故的责任。机动车挂靠是我国社会经济中一个比较特殊的现象,是为了满足法律或者地方政府对车辆运输经营管理上的需要,个人将自己出资购买的机动车挂靠于某个具有客运或者货运许可经营权的单位,然后该单位为挂靠车主代办各种相应的法律手续。首先,基于"运行支配"和"运行利益"标准,机动车所有人实际控制机动车的运行,因该机动车的运行享有利益,对事故的发生应当承担赔偿责任。其次,根据权利义务相一致原则,被挂靠人既然收取了管理费用,就要承担一定的管理义务,无法完全隔离在责任之外。被挂靠人对于挂靠机动车的运行是可以控制的,客观上可以由该机动车的运行获得运行利益。由此,以挂靠形式从事道路运输经营活动的机动车,发生交通事故造成损害,属于该机动车一方责任的,由挂靠人和被挂靠人承担连带责任。

7.057　擅自驾驶机动车损害责任　liability of unauthorized driving of vehicles

擅自驾驶他人机动车发生交通事故的责任承担规则。未经允许驾驶他人机动车,即擅自驾驶,是指没有获得机动车的所有人或管理人的同意而驾驶他人的机动车。擅自驾驶有两种情形:第一,发生在亲朋好友等存在特定关系的人之间,尤其是子女和父母之间。第二,没有特定关系的人偷开机动车。这和盗抢机动车不同,并不以非法占有机动车为目的,只是未经允许暂时驾驶了他人的机动车。基于"运行支配"和"运行利益"标准,实际支配机动车运行,且因运行机动车产生利益的是机动车使用人,因此对于未经允许驾驶他人机动车发生交通事故造成损害的,如果属于机动车一方责任的,由机动车使用人承担赔偿责任。如果机动车所有人或者管理人对损害的发生有过错,即存在管理或者保管上的过失时,就要根据过错承担相应的赔偿责任。

7.058　拼装或应报废机动车损害责任　liability of illegally assembling or scraped vehicle

转让拼装车或报废车后,受让人驾驶该车辆发生交通事故并造成损害后果的责任承担规则。拼装机动车,是指没有制造、组装机动车许可证的企业或个人,擅自非法制造、拼装的机动车。报废机动车,是达到国家报废标准,或者虽未达到国家报废标准,但发动机或者底盘严重损坏,经检验不符合国家机动车运行安全技术条件的机动车。由于研发、生产机动车需要以一定的技术水平为基础,必须符合国家、行业相关的技术标准,否则势必对公众的人身安全和财产安全构成严重的威胁,所以生产机动车并不是一件随意的事,必须经国家有关部门批准,不得擅自拼装。机动车属于损耗品,使用寿命有限,随着使用的时间增长,零部件的损耗会逐渐严重,因此国家对机动车也设置了报废标准。达到强制报废标准的机动车,按照规定不得再上路行驶。为了进一步防止拼装机动车或者报废机动车投入道路交通运输中,危害公众人身安全和财产安全,对于这一类机动车发生交通事故产生的责任,侵权责任编规定由转让人和受让人承担连带责任。

7.059　盗抢机动车损害责任　liability of stolen or robbed vehicle

因盗窃、抢劫或者抢夺的犯罪行为形成机动车的所有人与使用人分离,发生交通事故并造成损害后果的责任承担规则。盗窃、抢夺作为非法行为,其发生具有不可预见性和突发性。在机动车发生盗抢后,出现所有人与机动车分离的形态。机动车所有人即丧失了对机动车的运行支配力,而这种支配力的丧失是盗抢者的违法行为造成的,又是所有人不情愿的,有时还是所有人不知道、没有预想到的。盗抢行为切断了机动车所有人对车辆运行利益的合法归属。通常情况下,均认定盗窃人、抢劫人或抢夺人为赔偿责任主体。如果机动车被盗窃、抢劫、抢夺后,发生交通事故造成损害时的机动车使用人并不是盗抢者本人,在这种情况下由机动车使用人和盗抢者承担连带责任。

7.060　道路交通事故社会救助基金　social assistance fund for road traffic accident

依法筹集用于垫付机动车道路交通事故中受害人人身伤亡的丧葬费用、部分或者全部抢救费用的社会专项基金。这项制度是机动车交通事故责任强制保险制度的补充,旨在保证道路交通事故中受害人不能按照交强险制度和侵权人得到赔偿时,可以通过救助基金的救助,获得及时抢救或者适当补偿。建立这项制度,坚持以人为本的原则,充分体现了国家和社会对公民生命安全和健康的关爱和救助,是一种新型社会保障制度,对于化解社会矛盾、促进和谐社会建设具有十分重要的现实意义和深远的历史意义。

7.061　好意同乘　liability to free riders

指非营运机动车无偿搭乘,发生交通事故造成无偿搭乘人损害的赔偿责任。对于无偿搭乘人所受的损害,仍然由机动车一方承担责任。由于无偿搭乘一般发生在亲戚、朋友之间,彼此存在一种信任关系,无偿搭乘人对于可能发生的风险有一定的预测和认知能力,一定程度上也承担着一部分风险。另外,出于鼓励社会互助行为,如果对于无偿搭乘人所受到的损害,机动车一方必须承担全部赔偿责任的话,好意同乘的现象必然会大幅减少。依照《民法典》第1217条的规定,应当相应地减轻机动车一方的赔偿责任。如果机动车交通事故是由机动车驾驶人出于故意或者重大过失造成的,则不能减轻机动车一方的责任。总体而言,这一规则有助于鼓励社会互助行为,也有助于平衡搭乘人和机动车一方之间的利益关系。

7.062　医疗损害责任　medical liability

因患者在医疗中受到损害而由医疗机构承担的侵权责任。医疗与每个人的生命健康息息相关。一个设计合理并有效运转的医疗服务体系可以最大限度地保障公民的健康权利。但医疗活动本身具有风险性,可能给患者造成生命健康损害。如何合理地分配医疗损害、保障患者安全、遏制医疗损害成为一个重要的法律问题。《民法典·侵权责任编》第6章在《侵权责任法》第7章基础上,明确了以过错责任为归责原则的医疗损害责任体系。过错责任原则的确立,解决了长期以来在法律适用上的"双轨制",具有里程碑式的意义。《民法典》第1218条规定:"患者在诊疗活动中受到损害,医疗机构或者其医务人员有过错的,由医疗机构承担赔偿责任。"根据该条规定,医疗损害责任有以下特征:

第一,医疗损害责任是因诊疗活动产生的侵权责任。对于"诊疗活动"的范围,《医疗机构管理条例实施细则》第88条第2款规定:"诊疗活动:是指通过各种检查,使用药物、器械及手术等方法,对疾病作出判断和消除疾病、缓解病情、减轻痛苦、改善功能、延长生命、帮助患者恢复健康的活动。"

第二,承担医疗损害责任不以存在"医疗事故"为前提条件。该条承继的《侵权责任法》第54条,解决了在此之前长期困扰理论界和实务界的医疗损害责任"双轨制"的问题。

第三,医疗损害责任的责任主体为医疗机构。医疗机构应对其医疗过失造成患者的损害承担赔偿责任。对于医疗损害的责任主体,应当根据我国法律所规定的医疗服务提供者的类型作扩张解释,使其包括医疗机构和个体医师。

7.063　医疗过失　medical negligence

是医疗损害责任的构成要件之一,指医疗机构及其医务人员诊疗活动中的过失。医疗过失作为一种专业活动中的过失,对其判断与一般过失有所不同。医疗服务提供者是具有专业知识、专业技能、专业设备并经过特殊许可后从事医疗服务的专业人员和专业机构,其在医疗活动中应负有与其专业能力相符的注意义务,而不能单纯地按照普通人的注意义务标准对其专业过失进行判断。因此,对于医疗过失的判断,通常使用在医疗执业领域内一个合理的医疗服务提供者在同等条件下所应当具有的谨慎、技能和能力的标准。《侵权责任法》第57条吸收借鉴了该标准,以"医务人员在诊疗活动中未尽到与当时的医疗水平相应的诊疗义务"判断医疗过失,形成了客观化的医疗过失判断标准,并为《民法典》第1221条所承继。

《民法典》第1221条与《侵权责任法》第57条相同,将医疗过失的主体界定为"医务人员"。《民法典》第1218条规定"医疗机构或者其医务人员有过错",即承认了医疗机构作为一个整体而非其具体的医务人员在医疗活动中有过错,故在过失的判断上,应当以医疗服务提供者整体上所实施的医疗行为是否达到一个合理的医疗服务提供者应有的医疗水平进行判断。这不仅可以界定医疗机构的医疗体系的管理过失,也有利于减轻患者举证负担。

由于医学具有很强的发展性,医疗服务提供者的诊疗水平是在不断变化的,因此《民法典》第1221条特别强调了在医疗过失的判断上,应考虑时间因素,以医疗行为发生时医疗服务提供者应当具备的医疗水平作为判断标准。但是,除了时间因素外,应考虑医疗机构所处地域、专业分工、医务人员资质等因素。

7.064　知情同意原则　informed consent doctrin

指医疗机构对患者进行诊疗原则上应经患者知情同意。知情同意原则是当代医患关系的基本原则,是医疗行为正当性的基础。《民法典》第 1219 条规定:"医务人员在诊疗活动中应当向患者说明病情和医疗措施。需要实施手术、特殊检查、特殊治疗的,医务人员应当及时向患者具体说明医疗风险、替代医疗方案等情况,并取得其明确同意;不能或者不宜向患者说明的,应当向患者的近亲属说明,并取得其明确同意。医务人员未尽到前款义务,造成患者损害的,医疗机构应当承担赔偿责任。"

该条承继《侵权责任法》第 55 条,规定了患者对于病情和治疗措施的知情同意权,以及医疗机构侵害患者知情同意权的法律责任。根据该条规定,医疗服务提供者的说明义务主要包括两种情形:第一,对病情和诊疗措施的一般说明义务,即在诊疗的全过程中,应当及时、准确、全面地向患者说明病情以及可能采取的诊疗措施。第二,特殊诊疗活动的特别说明义务。当根据病情需要应采取特殊诊疗行为时,医疗服务提供者的说明义务标准进一步提高,要具体向患者说明特殊医疗行为的性质、作用、有效率、风险和副作用等不利因素、可能的替代方案以及费用情况等。

知情同意权是患者对自己生命健康的决定权,作为主体的自然人,其人身只能由其自己支配,因而知情同意的主体只能是患者。在特殊情况下,相关信息明显将给患者带来严重损害时,应向患者的近亲属说明。当患者因缺乏行为能力或者丧失意识无法接受告知时,应当以患者亲属和其他关系人作为说明对象和知情同意主体,但其决定不得违背患者事前明示或得以推知的自主意志。

7.065　紧急诊疗　emergency diagnosis and treatment

指当患者处于不立即实施医疗行为其生命可能遭受重大危险的紧急状态时,医生有权在没有获得患者知情同意的情况下按照应有的医疗方式进行治疗。《民法典》第 1220 条规定:"因抢救生命垂危的患者等紧急情况,不能取得患者或者其近亲属意见的,经医疗机构负责人或者授权的负责人批准,可以立即实施相应的医疗措施。"该条将紧急诊疗作为侵害患者知情同意权的阻却违法事由,是授权医疗服务提供者开展紧急诊疗的规定。

医生在紧急状态下获得治疗授权的原理在于"推定一般人在这种情况下,都会同意接受紧急救治。"即"推定承诺说"。此时医师必须衡量当时主、客观的紧急状况,依经验法则与逻辑法则而为推定,与民法无因管理相近。《民法典》第 182 条第 1 款和第 2 款规定:"因紧急避险造成损害的,由引起险情发生的人承担民事责任。危险由自然原因引起的,紧急避险人不承担民事责任,可以给予适当补偿。"当患者处于生命、身体的急迫危险之时,医生的紧急专断治疗行为自应符合紧急避险的要件而成为违法阻却事由。

对于该条中所说的"紧急情况",应具备以下要件:第一,患者生命、身体、健康有危急迫切的重大风险,即生命的重大危险性;第二,需是"稍有迟延,危险必至",即时间的紧迫性;第三,因客观原因无法取得患者或者有代理同意权之人的有效同意。

对于实施紧急诊疗的授权程序,该条仍延续《侵权责任法》第56条的规定,以"医疗机构负责人或者授权的负责人批准"作为启动紧急专断治疗的程序要求。《医疗机构管理条例》第33条、《医疗纠纷预防和处理条例》第13条作出了同样的程序性规定。

7.066 医疗管理损害责任 liability for medical management

指医疗机构和医务人员违背医政管理规范和医政管理职责的要求,具有医疗管理过错,造成患者人身损害、财产损害的医疗损害责任。《民法典》第1218条与《侵权责任法》第54条相比,将"医疗机构及其医务人员有过错"改为"医疗机构或者其医务人员有过错"。"医疗机构及其医务人员有过错"应理解为医疗机构与其医务人员均有过错,而"医疗机构或者其医务人员有过错"则意味着医疗机构自身有过错,或者其医务人员有过错均可以构成侵权责任。此一改变意味着医疗机构因其自身的"独立"的过错,而非其所属的医务人员的过错承担责任。这种医疗机构自身的过错,不同于医务人员"未达到当时医疗水平的"诊疗过错,而是医疗机构作为医疗活动的管理者对其管理过失承担的侵权责任。

随着现代医学的发展,医疗逐渐演变为以医院为载体的系统性医疗服务,而现代意义上的医疗保障制度,特别是以"诊断相关组"(diagnosis-related groups, drgs)为代表的医疗费用控制体系推广后,加快了医疗从一种"纯粹的专业活动"向"提供专业服务的企业活动"的转变。医疗活动已基本上不再是单个医生的诊疗行为,而更多地表现为医疗体系的系统性活动,是一种"组织医疗",医疗风险也主要表现为组织性风险。当医疗机构未能善尽其管理职责,并因此造成患者损害时,应当由医疗机构就其自身的组织过错承担责任。因为在组织体系化的医疗中,此种医疗活动的组织风险并非来自个别医务人员的医疗行为,而是整个医疗机构管理风险的体现。

7.067 医疗技术损害责任 liability for medical malpractice

指医疗机构及其医务人员在诊疗活动中提供的诊疗服务,未达到当时的医疗水平,造成患者损害时医疗机构所应承担的侵权责任。在医疗活动中,医疗服务提供者负有为患者提供适当诊疗的义务。诊疗义务的特点在于其为手段债务而非结果债务。医疗服务提供者应当向患者提供符合应有医疗水平的诊疗服务,诊疗行为达到当时医疗水平即为无过失,否则为有过失,可构成医疗技术损害责任。《民法典》第1221条延续《侵权责任法》第57条规定,将医疗医务人员的过错判断标准确定为"在诊疗活动中未尽到与当时的医疗水平相应的诊疗义务"。由于医学具有很强的发展性,医疗服务提供者的诊疗水平也是在不断变化的,该条特别强调了在医疗过失的判断上,应考虑时间因素,以医疗行为发生时医疗服务提供者应当具备的医疗水平作为判断标准。除了时间因素外,实务中还应考虑医疗机构所处地域、专业分工、医务人员资质等因素。医疗服务标准包括:第一,地域性标准。不同地域的医疗服务提供者在医疗水平上可能存在差别。我国地域广大,当前地域发展不均衡,医疗资源分布地区差异较大,各地医疗机构和医务人员的诊疗水平有较大差异,故在判断医疗人员在诊疗中的注意义务水平时,应考虑此种地区差异。第二,医疗机构在医疗体系中的定位。我国采用三级分级医疗体系,各级医疗机构在医疗服务提供中所发挥的作用各有不同。初级诊疗主要发挥其全科医生的功能,通过对患者病情的初步诊断,进行辨别和分类,分别给予治疗或者转诊。二级、三级医疗主要发挥其专业化医疗的优势,为重大疾病患者提供专科医疗。因此,在三级医疗的不同阶段,各医疗机构发挥着不同的作用,其人员构成、专业特长、医疗设施配备等均有不同,应当根据其具体的医疗机构层级确定其注意义务标准。第三,医疗专业分工。医疗为高度分工协作的专业活动,不同专业、不同资质的医务人员均可能参与诊疗活动,对其注意义务标准,应当根据其专业和资质情况具体判断。

对此,《最高人民法院关于审理医疗损害责任纠纷案件适用法律若干问题的解释》第16条指出,对医疗机构及其医务人员的过错,可以综合考虑患者病情的紧急程度、患者个体差异、当地的医疗水平、医疗机构与医务人员资质等因素。

7.068 医疗伦理损害责任 liability for medical ethical violation

指医疗机构及其医务人员在诊疗活动中违反知情同意原则,侵害患者知情同意权造成患者损害时医疗机构应当承担的责任。《民法典》第1219条第2款规定医务人员未尽到该条第1款义务,造成患者损害的,医疗机构应当承担赔偿责任。对于此处"损害"的性质,有"实际损害说"和"知情同意说"两种观点。实际损害说认为医务人员侵害患者的知情同意权只有在患者遭受人身损害时才能构成侵权责任,知情同意说则认为患者自主的精神利益即为知情同意权所包含的人格利益,对其侵害即可构成精神损害。

该条紧随第1218条,两条中均使用了患者损害的概念,从体系解释的角度,两个"损害"的内涵和外延应当是一致的。结合本条与第1218条、第1220条的关系,该条规定的未尽到说明和取得同意的义务是与第1220条规定的"未尽到与当时的医疗水平相应的诊疗义务"并列的"过错",其所指向的损害也应是患者实际损害。

对此,《最高人民法院关于审理医疗损害责任纠纷案件适用法律若干问题的解释》第17条规定:"医务人员违反侵权责任法第五十五条第一款规定义务,但未造成患者人身损害,患者请求医疗机构承担损害赔偿责任的,不予支持。"该条司法解释采用了实际损害的观点。

7.069 医疗产品责任 medical product liability

是患者在诊疗活动中因医疗产品缺陷受到损害的侵权责任。《民法典》第1223条规定："因药品、消毒产品、医疗器械的缺陷,或者输入不合格的血液造成患者损害的,患者可以向药品上市许可持有人、生产者、血液提供机构请求赔偿,也可以向医疗机构请求赔偿。患者向医疗机构请求赔偿的,医疗机构赔偿后,有权向负有责任的药品上市许可持有人、生产者、血液提供机构追偿。"

《民法典》第 1223 条承继了《侵权责任法》第 59 条的规定,在医疗缺陷产品责任中准用了产品责任规则。关于医疗产品,该条明确规定为"药品、消毒产品、医疗器械"。《产品质量法》第 46 条规定："本法所称缺陷,是指产品存在危及人身、他人财产安全的不合理的危险;产品有保障人体健康和人身、财产安全的国家标准、行业标准的,是指不符合该标准。"根据第 1223 条的规定和医疗产品的性质,医疗产品的缺陷主要是指医疗产品存在危及患者人身的不合理的安全性。对于缺陷医疗产品,医疗机构和医疗产品生产者、血液提供机构分别承担产品责任中产品的生产者或销售者的责任。医疗产品生产者承担最终责任,医疗机构因自身过错造成产品缺陷的应承担责任,但是对于患者而言,其既可以向医疗机构也可以向医疗产品的生产者主张责任。

《民法典》第 1223 条与《侵权责任法》第 59 条相较,增加了药品上市许可持有人作为与医疗产品生产者并列的责任主体。上市许可持有人,是指拥有药品技术的药品研发机构、科研人员、药品生产企业等主体,通过提出药品上市许可申请并获得药品上市许可批件,并对药品质量在其整个生命周期内承担主要责任的主体。药品上市许可持有人是药品缺陷的责任人,应当由其对患者承担缺陷药品责任。

7.070 医疗过失的推定 presumption of medical negligence

指依法律规定,以医务人员的行为推定其有过失。包括违反诊疗规范的过错推定和基于证据责任规则的过错推定两个情形。

《民法典》第 1222 条第 1 项是将"违反法律、行政法规、规章以及其他有关诊疗规范的规定"作为推定医疗机构过错的原因,其源于医务人员所负有的依法遵规诊疗义务。此处的法律、法规,是指与具体诊疗活动有关的法律、法规,是国家对医疗行为的管理、指引和规范。关于诊疗规范的范围,应当限于有关部门、行业协会等制定的规章和制度。诊疗规范的内容,不仅应包括诊疗活动的技术标准和操作规范,也应包括国家对医疗行为的管理规范。

一般情况下,医务人员必须按照诊疗规范开展诊疗活动,诊疗规范应当被作为判断其是否尽到了应尽注意义务的标准,违反诊疗规范的行为即可推定为存在过错。但是,医学是不断发展的科学,不能排除在非常特殊和紧急的情况下,基于患者最大利益的考虑,采取不完全符合诊疗规范的诊疗手段。因此,第 1222 条第 1 项所规定的推定应采"推定说",允许通过证明医疗行为符合患者最大利益和具有科学性依据反证其不存在过错。

该条第 2 项和第 3 项分别规定的是基于妨碍举证的过错推定。对于基于第 2 项和第

3 项推定的过错是否可以推翻,应当考虑被告拒绝提供或篡改销毁证据的行为是否妨碍了原告方的举证。妨碍举证的法律效果首先是认定对方当事人所主张的事实为真实。根据《最高人民法院关于民事诉讼证据的若干规定》第 48 条、《最高人民法院关于适用〈中华人民共和国民事诉讼法〉的解释》第 112 条、第 113 条的规定看,在医疗损害责任中,如果因医方隐匿或者拒绝提供,或者遗失、伪造、篡改或者违法销毁病历资料等,其首要后果为对于是否采取了有争议的诊疗行为的事实,应当认定患者的主张为真。在此基础上,在根据该条的推定规则,推定医疗机构存在过错。基于法律上推定的意涵,当然应当允许医疗机构证明自己并无过错。但是,由于此时病历资料的缺失,医疗机构在事实上很难通过举证推翻其上述推定。

7.071　输入不合格血液的责任　liability for transfusion of substandard blood

因输入不合格血液造成患者损害时血液提供机构、医疗机构应承担的责任问题。《民法典》第 1223 条第 2 款将不合格血液与缺陷医疗产品并列,规定输入"不合格的血液"由血液提供机构和医疗机构承担责任。

对于第 1223 条规定的"缺陷产品"与"不合格血液"之间有何种关系,有不同认识。一种观点认为,立法使用"不合格血液"与"缺陷产品"只是基于语言习惯上的差异,医疗机构或血液提供机构即应当承担无过错责任,而不应区分血液缺陷形成的原因。另一种观点认为,第 1223 条规定的血液"不合格",实际上是指血液提供者及医疗机构对血液有缺陷具有过错。

关于输血责任归责原则争议的本质,在于医疗机构和血液提供机构是否应承担现有科技的发展风险。此种发展风险包括两种可能的情形:第一,知道某种病毒或者细菌的存在,但限于现有的技术条件限制,如漏检率和窗口期的存在,虽严格按照技术规范检验仍无法检出。第二,某种病毒或者细菌的存在为当时的医学科技所不知悉。

《民法典》第 1223 条将缺陷产品与不合格血液并列,显然适用了拟制的立法手段,是将该两个不同的事物给予同样的对待,因此,输血责任仍应适用无过错责任原则。对于发展风险的分配问题,则应通过适用《产品质量法》第 41 条第 2 款的规定,以"将产品投入流通时的科学技术水平尚不能发现缺陷的存在的"即发展风险的抗辩作为免责事由。当血液存在不合理的风险时,血液提供机构或医疗机构可以通过证明在血液投入使用时的科学技术水平尚不能发现存在该风险而不承担责任。

7.072　医疗机构的免责事由　defenses of medical institutions

指医疗机构对于医疗中发生的损害不承担责任的事由。《民法典》第 1224 条规定了医疗机构的免责事由。主要包括:

第一,患者不配合治疗的免责。安全有效的诊疗行为,不仅有赖于医疗服务提供者履行其义务,也需要患者的积极合作。患者应当积极接受治疗,严格遵循医嘱,与医疗服务提供者共同完成诊疗事项。该条规定,患者或者其近亲属不配合医疗服务提供者进行符合诊疗规范的诊疗的,为其义务之违反,对所造成的后果应由其自行承担。此外,根据第1224条第2款的规定,当患者违反配合义务与医疗机构或者其医务人员的过失都是造成患者损害的原因时,医疗机构应当承担相应的赔偿责任。

第二,符合诊疗规范的诊疗行为。第1224条第1款第2、3项的实质都是达到应有的医疗水平的诊疗行为,此时不存在诊疗过失,即不构成侵权责任。第2项强调的是,在抢救等紧急情况下,在医疗过失的判断上,应考虑到紧急程度等因素,合理确定诊疗义务水平的标准,而不应求全责备,以日常的一般标准加以判断。《最高人民法院关于审理医疗损害责任纠纷案件适用法律若干问题的解释》第16条规定:"对医疗机构及其医务人员的过错,应当依据法律、行政法规、规章以及其他有关诊疗规范进行认定,可以综合考虑患者病情的紧急程度、患者个体差异、当地的医疗水平、医疗机构与医务人员资质等因素。"其中,患者病情的紧急程度即为需要考虑的因素,其出发点与该条一致。第3项则是对第1221条的"未尽到与当时的医疗水平相应的诊疗义务"的反向规定。"限于当时的医疗水平难以诊疗"的含义,当然在于诊疗行为已经达到当时的医疗水平,不构成医疗过失。

7.073　病历资料记录和保管义务　duty of recording and storing medical data

指医疗机构及其医务人员填写、保管和提供病历的义务。基于医学科学和保护患者隐私的双重考虑,医疗服务具有不公开的特点,除医患双方外,其他与医疗行为无关者不得进入医疗现场。在采取麻醉等医疗措施时,即使是患者本人,也无法对整个医疗过程进行见证和记录。因此,在发生医疗纠纷时,由医务人员填写的住院志、医嘱单、检验报告、手术及麻醉记录、病理资料、护理记录等病历资料,就成为医疗侵权诉讼中极为关键的证据,其往往直接决定着诉讼的成败。

病历资料主要由医疗机构一方负责填写和保管,医疗机构处于证据掌握和控制的强势地位。因此,《民法典》第1225条旨在平衡医患双方在举证能力上的悬殊地位,在规范医疗机构的病历资料填写和保管义务的同时,赋予患者查阅、复制病历资料的权利,医疗机构应当及时、完整地履行提供义务。

第1225条将病历填写和保管义务主体界定为医疗机构及其医务人员。医疗机构是医疗活动的组织者,是病历填写和保管义务的基本主体。医务人员的病历资料填写和保管行为在性质上属于履行医疗管理规范的职务行为,医疗机构可以对此类行为施加较高程度的控制。医疗机构对医务人员的填写和保管病历资料的行为进行规范,属于其应尽的管理职责。

《侵权责任法》就医疗机构的病历资料提供义务作出了规定,但并未对其义务履行提出时间上的要求。为了切实保障患者的查询、复制病历资料的权利,《民法典》第1225条加入了对医疗机构病历资料提供义务的及时性要求。

7.074 禁止不必要检查 prohibition of unnecessary examination

《民法典》第 1227 条规定:"医疗机构及其医务人员不得违反诊疗规范实施不必要的检查。"此条是关于禁止违反诊疗规范实施不必要检查的规定。过度诊疗行为,是相对于适当诊疗行为的概念,指一种医疗机构及其医务人员对患者疾病诊疗所实施的诊疗措施或手段明显超过疾病诊疗实际需要,致使患者的医疗费用明显超过疾病诊疗实际需求的医疗行为或医疗过程。

过度医疗包括过度检查、过度治疗、过度用药和过度保健等。《侵权责任法》二审稿及三审稿均明确规定了"过度诊疗"作为特殊民事侵权行为的类型,并对此类侵权行为规定了具体的法律后果。《侵权责任法》第 63 条和《民法典》第 1227 条均未规定"过度诊疗"的概念,仅将不必要检查作为禁止的行为加以规制。

虽然第 1227 条对于过度检查的法律后果未作出规定,但可以根据《民法典》第 1221 条和第 1222 条,对过度检查行为是否符合当时的医疗水平,或者是否违反医疗规范的规定,或者违反病历制作、保管、提供义务而认定医疗机构或者其医务人员有过失。当患者在诊疗中受到生命权、健康权损害,而该损害与医疗过失之间有因果关系时,如因不必要的放射性检查受到损害的,有权要求医疗机构赔偿损失。当过度检查没有造成患者的人身损害时,如果造成患者医疗费用的不合理增加,患者有权基于医疗服务合同提出费用返还请求。

7.075 医疗机构的保密义务 confidentiality duty of medical institutions

《民法典》第 1226 条规定:"医疗机构及其医务人员应当对患者的隐私和个人信息保密。泄露患者的隐私和个人信息,或者未经患者同意公开其病历资料的,应当承担侵权责任。"此条涉及医疗机构及其医务人员对患者隐私和个人信息保密义务,以及泄露和擅自公开病历资料的侵权责任。

隐私权是一项重要的人格权。在医疗活动中,基于诊疗目的的需要,医务人员必须要获取有关患者身份、健康状况、既往病史、家庭情况等隐私信息,检查患者身体隐私部位,在诊断和治疗过程中有时还需要暴露患者的身体或者器官。这些均可能涉及患者的隐私。在医疗活动中,基于知情同意原则,医务人员应当向患者说明病情和诊疗措施的情况,其中也包括可能采取的影响患者隐私的措施。患者在被告知基础上同意接受诊疗措施,意味着接受上述措施对于其隐私的影响。即使如此,医务人员在进行诊疗中应注意采取适当措施保护患者隐私,如涉及异性隐私部门的诊疗活动应有与患者同性别的医务工作者在场;进行相关诊疗应当提供保护隐私的环境,避免与诊疗无关的人员在场等。

《民法典·人格权编》将自然人的个人信息从隐私中独立出来,于第 1034 条规定:

"自然人的个人信息受法律保护。"医疗机构及其医务人员在医疗活动中,需要收集有关患者身体状况和健康情况、病情发展和相关病史等个人信息。对于这些信息的收集和处理,应当遵循《民法典》第1035条规定的合法、正当、必要原则,不得过度收集、处理。

同时,根据《民法典》第1036条规定,为维护公共利益或者该自然人合法权益,合理实施的其他行为亦阻却违法。因此,医疗机构为医学研究、传染病防控、公共卫生服务等目的合法使用他人信息,不构成侵权责任。但是,除为公共利益等目的的必要情形外,以科学研究等目的使用患者个人信息时,应当采用匿名化处理,使他人无法识别和追踪患者身份。

医疗机构作为患者个人信息的收集者、控制者,还应根据《民法典》第1038条规定,采取技术措施和其他必要措施,确保其收集、存储的个人信息安全,防止信息泄露、篡改、丢失,并在发生或者可能发生个人信息泄露、篡改、丢失时及时采取补救措施,依照规定告知被收集者并向有关主管部门报告,否则应当承担侵权责任。

7.076　环境污染和生态破坏责任　liability for environmental pollution and ecological damage

指污染者、破坏者违反法律规定的义务,以作为或者不作为的方式污染环境、破坏生态,造成损害,依法不问过错,应当承担损害赔偿等责任的特殊侵权责任。《民法典》第1229条对环境污染和生态破坏责任进行了规定。环境污染和生态破坏的侵害具有特殊性,一是侵害状态持续,二是侵害影响范围广,三是侵害结果累积显现,四是侵害双重权益。有鉴于此,《民法典·侵权责任编》将章名由"环境污染责任"修改为"环境污染和生态破坏责任",对相关条文进行了调整,明确将生态破坏纳入环境侵权责任的范围,并对此种侵权责任作出了特殊的规定。该条文规定的环境污染和生态破坏责任有以下几个特征:第一,环境污染和生态破坏责任是适用无过错责任原则的特殊侵权责任;第二,环境污染和生态破坏责任保护的环境属于广义概念;第三,污染环境、破坏生态的行为是作为或者不作为;第四,环境污染和生态破坏责任方式范围广泛。

7.077　环境污染和生态破坏责任中的因果关系推定　presumption of causation in environmental pollution and ecological damage liability

法律规定推定侵权人的行为与环境污染、生态破坏之间存在因果关系,是环境污染和生态破坏责任的构成要件之一。环境污染和生态破坏侵权作为一种特殊侵权,在构成要件的因果关系方面也较特殊。根据《民法典》第1230条规定,在环境污染和生态破坏责任中,只要证明侵权人实施了污染环境或者破坏生态的行为,而公众的人身或财产在污染或者破坏后受到或正在受到损害,就可以推定这种危害是由该污染或者破坏行为所致。符合上述要件的行为,构成环境污染和生态破坏责任,行为人对受到损害的被侵权人承担侵权责任。在环境污染和生态环境责任的理论研究和司法实践中,环境污染责任构成中因果关系要件的证明及举证责任，是一个非常重要的问题，学说意见及司法实践做法多有不同，其中包括盖然性因果关系学说、疫学因果关系学说、概率因果关系学说。在上述三种主要的因果关系推定学说和规则中，不论采取盖然性证明，还是疫学统计方法、概率方法进行因果关系推定，都必须具备一个必要的前提，就是原告对于因果关系的存在进行必要的证明。没有因果关系存在的必要证明，就不存在因果关系推定的前提。如果不论在何种情况下，或者原告只要提出损害赔偿主张，在证明了违法行为与损害事实之后，就直接推定二者之间存在因果关系，就责令被告承担举证责任，是武断的，也是不公平的，在诉讼利益的天平上就会失去平衡，必然损害被告一方的诉讼利益和合法权益。

7.078　多数人环境污染和生态破坏责任　joint liability for environmental pollution and ecological damage

指有两人以上实施了污染环境、破坏生态的行为，被侵权人已经受到实际损害，包括人身损害和财产损害，数个行为人对损害应当承担的责任。多数人承担责任的大小，根据污染物的种类、浓度、排放量，破坏生态的方式、范围、程度，以及行为对损害后果所起的作用等因素确定。《民法典》第1231条对多数人环境污染和生态破坏责任准用市场份额规则进行了规定。该规定沿袭了《侵权责任法》第67条，继续规定在环境污染和生态破坏责任中适用市场份额规则，同时新增加了污染物的浓度、破坏生态的方式、范围、程度等作为责任分担的考量因素。该条文规定的多数人环境污染和生态破坏责任，唯以确定各自所造成的损害，参照适用市场份额规则确定各自的责任份额。之所以能够参照适用市场份额规则，原因是在两个以上的污染者污染生态环境时，不能确定究竟是谁的污染行为造成的损害，但都存在造成损害的可能性，这种情况与产品责任中适用市场份额规则的条件完全相同，应当适用同样的规则。破坏责任在责任构成方面不考察过错要件，只需要具备三个要件即可：第一，有两人以上实施了污染环境、破坏生态的行为；第二，被侵权人已经受到实际损害，包括人身损害和财产损害；第三，数个行为人的同类行为都能造成该种损害，但都不足以造成全部损害。

7.079　污染环境和破坏生态的惩罚性赔偿　punitive damages for environmental pollution and ecological damage

对侵权人违反国家规定污染环境、破坏生态，故意实施的损害生态环境的行为造成的损害后果严重的侵害行为适用的赔偿规则。表现为受害人的死亡或者健康严重损害，且行为人主观上存在故意的，被侵权人有权向侵权人请求承担相应的惩罚性赔偿。《民法典》第1232条对环境污染、破坏生态惩罚性赔偿责任进行了规定。《民法典·总则编》第9条确立了具有时代意义的绿色原则，即"民事主体从事民事活动，应当有利于节约资源、保护生态环境"。这充分表达了立法机关对生态环境的高度重视。《民法典》第1232条规定是我国侵权责任法立法上第一次规定环境侵权适用惩罚性赔偿,实现了立法的重大突破,具有三个方面的重要意义:第一,全面救济环境侵权的受害人;第二,重点制裁环境侵权的恶意侵权人;第三,教育和警示一般人不得实施环境侵权行为。环境侵权使用惩罚性赔偿责任有三个构成要件:第一,侵权人违反国家规定污染环境、破坏生态;第二,侵权人故意实施的损害生态环境的行为造成的损害后果严重,表现为受害人的死亡或者健康严重损害;第三,行为人主观上存在故意。符合上述要件的要求,被侵权人有权向侵权人请求承担相应的惩罚性赔偿。

7.080　环境污染和生态破坏的第三人责任　third party liability for environmental pollution and ecological damage

指因第三人的过错使他人的行为造成了环境污染或者生态破坏损害的责任。被侵权人可以向侵权人请求赔偿,也可以向第三人请求赔偿。侵权人赔偿后,有权向第三人追偿。《民法典》第1233条对环境污染和生态破坏第三人责任进行了规定。在环境污染和生态破坏责任中,真正造成损害的,不是污染者或者破坏者的行为,而是第三人的过错行为作用于污染者、破坏者,使污染者、破坏者的行为造成了被侵权人的损害,污染者、破坏者的行为具有较为直接的因果关系。同时,环境污染和生态破坏责任适用无过错责任,是为了更好地保护生活、生态环境,保护被侵权人的民事权益。因此,在这种场合不适用第三人过错的一般规则,而采用不真正连带责任规则。这是环境污染和生态破坏责任中的第三人过错改变一般规则,采用不真正连带责任的基本原因。在环境污染和生态破坏责任中,处理第三人过错引起的环境污染损害责任的规则是:第一,污染者、破坏者和第三人基于不同的行为造成一个损害,两个行为都是损害发生的原因,而损害事实又是一个损害结果;第二,污染者、破坏者和第三人的行为产生不同的侵权责任,这个责任就救济受害人损害而言,具有同一的目的;第三,环境污染和生态破坏的受害人享有不同的损害赔偿请求权,可以"择一"行使;第四,损害赔偿责任最终归属于造成损害发生的最终责任人。

7.081　生态环境修复责任　liability for ecological environment restoration

指侵权人承担的将生态环境受到的损害恢复原状,恢复其功能的侵权责任。行为人违反国家规定造成生态环境损害,生态环境能够修复的,国家规定的机关或者法律规定的组织有权请求侵权人承担在合理期限内修复的责任。侵权人在期限内未修复的,国家规定的机关或者法律规定的组织可以自行或者委托他人进行修复,所需费用由侵权人负担。《民法典》第1234条对生态环境损害修复责任进行了规定。该规定是我国第一次在侵权责任法立法上确立生态环境损害修复责任。生态环境修复责任并非是《民法典》新增的特殊的民事责任形式,而是恢复原状的责任承担方式的表现形式。侵权人承担生态环境修复责任,必须具备以下两个要件:第一,行为人违反国家规定造成生态环境损害;第二,生态环境能够修复。生态环境的损害较为特殊,其不属于一般的实际被侵权人的损害,而是属于国家的集体损害,因而,该法条规定请求承担修复责任的权利主体是国家规定的机关或者法律规定的组织,国家规定的机关主要是检察机关,法律规定的组织是符合特定条件的环保公益组织。生态环境修复责任的义务主体是侵权人,由侵权人承担生态环境修复责任符合自负其责的基本原理,即谁破坏谁修复。侵权人在合理期限内未履行修复责任的,国家规定的机关或者法律规定的组织可以自行或者委托他人进行修复,所需费用由侵权人承担。

7.082 生态环境公益诉讼的赔偿范围 scope of compensation of environmental and ecological public interests litigation

违反国家规定造成生态环境损害的,国家规定的机关或者法律规定的组织有权请求侵权人赔偿损失和费用,《民法典》第 1235 条对国家机关或公益组织请求损害生态环境赔偿进行了规定。该规定是我国第一次在侵权责任法立法上确立生态环境损害赔偿的范围。该条文规定的生态环境损害赔偿责任适用无过错责任原则,在责任构成上不讨论行为人是否具有过错,只要具备以下三个要件即可:第一,行为人实施了污染环境、破坏生态的行为;第二,生态环境遭受了严重的损害;第三,行为人的行为与生态环境损害之间具有因果关系。生态环境损害赔偿责任的请求权主体是国家规定的机关或者法律规定的组织,义务主体是被侵权人。行为人破坏生态环境时,引发的损害有两种类型:一类是私人的损害;另一类是国家的损害。这两种类型的损害赔偿,行为人都需要进行承担,不过,适用不同的法律规则。具体而言,生态环境损害赔偿责任的赔偿范围包括:第一,生态环境受到损害至修复完成期间服务功能丧失导致的损失;第二,生态环境功能永久性损害造成的损失;第三,生态环境损害调查、鉴定评估等费用;第四,清除污染、修复生态环境费用;第五,防止损害的发生和扩大所支出的合理费用。

7.083 高度危险责任 liability for abnormal risks

高度危险责任是一种特殊侵权责任,是指高度危险行为人实施高度危险活动或者管理高度危险物,造成他人人身损害或者财产损害,应当承担的损害赔偿责任的特殊侵权责任。《民法典》第 1236 条规定了高度危险责任的一般条款。高度危险活动是危险性工业的法律用语,是指在现有的技术条件下,人们还不能完全控制自然力量和某些物质属性,虽然以极其谨慎的态度经营,但仍有很大的可能造成人们的生命、健康以及财产损害的危险性作业。高度危险物是对周围具有高度危险性的物品。因从事上述高度危险活动或者持有高度危险物,造成他人的损害所应承担侵权民事责任,即是高度危险责任。高度危险责任基本特征有三个:第一,某一活动或物品对周围环境具有高度危险性;第二,该活动或物品的危险性变为现实损害的几率很大;第三,该种活动或物品只有在采取技术安全的特别方法时才能使用。构成要件有三个:第一,须有危险活动或危险物对周围环境内的人或财产致损的行为;第二,须有损害后果存在和严重危险的存在;第三,须有因果关系存在。赔偿责任主体是高度危险责任危险活动或危险物的作业人。作业人可以是危险活动和危险物的所有人,也可以是危险活动和危险物的经营者。责任方式为停止侵害、消除危险和损害赔偿。高度危险责任是无过错责任,一般的免责条件并不适用。法律规定高度危险责任的免责条件包括受害人故意及法律的其他规定。除法律另有规定外,不可抗力也为免责条件。

7.084　民用核设施责任　liability for civil nuclear facility

指民用核设施或者运入运出核设施的核材料发生核事故造成他人损害的,民用核设施的营运单位应当承担的侵权责任。《民法典》第1237条规定:"民用核设施或者运入运出核设施的核材料发生核事故造成他人损害的,民用核设施的营运单位应当承担侵权责任;但是,能够证明损害是因战争、武装冲突、暴乱等情形或者受害人故意造成的,不承担责任。"民用核设施,就是非军用的核能设施,是指经国家有关部门批准,为和平目的而建立的核设施,如核电站等。广义的核设施还包括为核设施运输的核燃料、核废料及其他核物质。这些民用核设施以及为核设施运输的核燃料、核废料及其他核物质,因其放射性或放射性并合剧毒性、爆炸性或其他危害性,造成他人损害的,构成侵权行为。承担侵权责任的主体,是核设施的所有人或国家授权的经营人,应当由所有人或者国家授权的经营人承担民事责任。这种高度危险责任是无过错责任,如果核设施的所有人或者经营人能够证明损害是由受害人的故意造成的,则不承担民事责任。能够证明损害是由战争等情形造成的,也应当免除责任,但因其他自然原因不可抗力造成的损害不免除责任。

7.085　民用航空器责任　liability for civil aircraft

指民用航空器造成他人损害的,民用航空器的经营者应当承担的侵权责任。《民法典》第1238条规定:"民用航空器造成他人损害的,民用航空器的经营者应当承担侵权责任;但是,能够证明损害是因受害人故意造成的,不承担责任。"民用航空器,是指经国家有关部门批准而投入营运的民用航空器,如各类民用的飞机、热气球等。现代社会民用航空器造成损害的,后果非常严重,对这种损害的赔偿责任必须重点规定,以保障受害人损害赔偿权利的实现。民用航空器致害,主要是因民用航空器失事造成的他人损害,同时也包括从航空器上坠落或者投掷人或物品、能量造成他人的损害。前者是航空器失事所造成的后果,如飞机空难,坠落后对地面的人员和财产造成损害。后者是航空器上的人或者物品、能量,因自主或者不自主地投掷或者坠落,造成地面的人员和财产的损害。总之,这种危险活动的损害,是指对地面人员和财产的损害,而不是对航空器本身所载的人或者财产的损害。这种损害的赔偿责任主体,是航空器的所有人或国家授权的经营人,由他们承担侵权民事责任。由于这种侵权责任是无过错责任,因此,如果能够证明损害是由受害人的故意造成的,则航空器的所有人、经营人不承担侵权责任。此外,军用航空器造成损害的,不适用这些规则。

7.086 高度危险物责任 liability for ultrahazardous materials

指占有或者使用易燃、易爆、剧毒、高放射性、强腐蚀性、高致病性等高度危险物造成他人损害的,占有人或者使用人应当承担的侵权责任。《民法典》第 1239 条规定:"占有或者使用易燃、易爆、剧毒、高放射性、强腐蚀性、高致病性等高度危险物造成他人损害的,占有人或者使用人应当承担侵权责任;但是,能够证明损害是因受害人故意或者不可抗力造成的,不承担责任。被侵权人对损害的发生有重大过失的,可以减轻占有人或者使用人的责任。"在工业生产中,占有、使用易燃、易爆、剧毒、高放射性、强腐蚀性、高致病性等高度危险物,对周围环境和人员具有高度危险性,使用这样的高度危险物进行制造、加工、使用、利用的,必须高度注意,采取安全保障措施,防止造成损害。对高度危险物造成的损害应当适用无过错责任归责,即使是其所有人、占有人、管理人在主观上没有过错的,也应当承担侵权责任。因此,占有、使用易燃、易爆、剧毒、放射性等高度危险物,因物的危险性质造成他人损害的,其所有人、占有人或管理人应当承担侵权责任。如果高度危险物的所有人、占有人、管理人能够证明该损害是由于受害人故意或不可抗力造成的,则应当免除其责任;因受害人重大过失造成损害的,可以减轻责任。

7.087 高度危险活动责任 liability for abnormal dangerous activities

指从事高空、高压、地下挖掘活动或者使用高速轨道运输工具造成他人损害的,经营者应当承担的侵权责任,但能够证明损害是因受害人故意或者不可抗力造成的,不承担责任。被侵权人对损害的发生有过失的,可以适用过失相抵归责,减轻经营者的责任。《民法典》第 1240 条规定:"从事高空、高压、地下挖掘活动或者使用高速轨道运输工具造成他人损害的,经营者应当承担侵权责任;但是,能够证明损害是因受害人故意或者不可抗力造成的,不承担责任。被侵权人对损害的发生有重大过失的,可以减轻经营者的责任。"主要适用范围有:第一,高空作业致害;第二,高压致害;第三,地下挖掘活动致害;第四,高速轨道运输工具致害。高度危险活动损害责任适用无过错责任原则。因此,即使高度危险活动的经营人没有过错,也必须承担侵权损害赔偿责任。高度危险活动损害责任在责任构成上不考虑责任人的过错要件,只要具备违法行为、损害事实和因果关系三个要件,就构成侵权责任。具体而言,高度危险活动损害责任的构成要件包括三个方面:第一,经营者从事了高度危险活动;第二,他人遭受了人身损害或者财产损害;第三,高度危险活动与他人的人身损害或者财产损害事实之间有因果关系。经营者能够证明损害因受害人故意或不可抗力造成的,不承担责任,因受害人重大过失造成损害的,可以减轻责任。

7.088　高度危险责任限额赔偿　compensation cap for liability for ultrahazardous activity

承担高度危险责任,法律规定赔偿限额的,应当依照该规定确定限额赔偿。行为人有故意或者重大过失的除外。高度危险责任的限额赔偿分为两种类型:一是限定最高赔偿数额的总额;二是限定个人赔偿总额。《民法典》第 1244 条规定,承担高度危险责任,法律规定赔偿限额的,依照其规定,但是行为人有故意或者重大过失的除外。适用无过错责任的特殊侵权责任,在侵权责任构成上不要求有过错的要件,也就是不问过错,无论行为人有无过错,只要具备了违法行为、损害事实和因果关系三个要件,就构成侵权责任。基于加害人的过错产生的侵权损害赔偿请求权实行全部赔偿原则;而基于加害人无过错而产生的侵权损害赔偿请求权则应当实行限额赔偿原则,并不是全部赔偿请求权。凡是法律规定的适用无过错责任原则的侵权行为,侵权人都存在有过错和无过错的两种情况。既然如此,侵权人在有过错的情况下侵害他人的权利,或者在没有过错的情况下致害他人,其赔偿责任应当不同。如果侵权人在主观上没有过错,虽然法律规定应当承担侵权责任,但由于他在主观上没有过错,因而应当承担适当的赔偿责任。如果侵权人在主观上有过错,就应当承担过错责任的赔偿责任,对受害人的损失予以全部赔偿。采取高度危险责任限额赔偿理论,第一,体现侵权责任法调整实体利益的公平要求;第二,体现侵权法的正当社会行为导向;第三,依据不同的法律基础而产生的请求权是不同的;第四,在原告的举证责任负担上,体现的是诉讼风险与诉讼利益相一致的原则。

7.089　饲养动物损害责任　liability for damage caused by domestic animal

人工饲养的动物造成他人人身或财产损害,其饲养人或管理人应承担的民事责任。对于"动物",按照社会一般观念来理解即可;"饲养动物"表明了动物与人类活动之间的关系,要构成"饲养的动物",应当同时具备这几个因素:一是要求为特定人所有或占有,即为特定人所饲养或者管理;二是饲养人或者管理人对该动物有适当程度的控制力;三是该动物依其特性,可能对他人的人身或者财产造成损害;四是该动物为家畜、家禽、宠物或者驯养的野兽、爬行类动物。饲养动物的侵权行为既可以表现为直接的侵害行为,即狗咬伤他人、牛羊吃了他人牧草等;也可以表现为间接的侵害行为,如饲养的动物闯入马路,过往车辆行人为了躲避动物而发生事故。发生饲养动物损害责任后,具体承担责任的主体是饲养人或管理人。所谓饲养人,一般是动物的所有权人,即对动物享有占有、使用、受益、处分权的人,可能是某一个人单独所有,也可能是家庭成员或者其他共有人共同所有。所谓管理人,是实际控制和管束动物的人,管理人只是对动物根据某种法律关系占有、控制,对动物不享有所有权。如果饲养动物致人损害是由于被侵权人自己故意或者重大过失造成的,动物的饲养人或者管理人可以减轻责任,甚至不承担责任。

7.090　未对动物采取安全措施损害责任　liability for failing to take safety measures to animals

　　违反管理规定,未对动物采取安全措施致人损害的责任承担规则。出于加强对饲养动物的管理和规范,在一些法律法规中都对动物饲养人应当遵守的义务作出明确规定,如《治安管理处罚法》第75条对饲养动物干扰他人的行为作出处罚规定。另外,我国不少城市都颁布有动物饲养(主要是养犬管理)的地方性法规。"未对动物采取安全措施",指的是没有按照规范性法律文件的要求,采取保护社会公众安全的措施。当没有采取安全措施时,如没有定期为犬只注射狂犬病疫苗、人口密集区域遛狗未拴绳等,造成他人损害时,动物饲养人或者管理人应当承担侵权责任。

7.091　饲养危险动物损害责任　liability for damage caused by dangerous animals

　　饲养禁止饲养的烈性犬等危险动物致人损害的责任承担规则。禁止饲养的危险动物,是指依照规范性法律文件禁止饲养的危险动物。由于烈性犬等危险动物对于他人的人身、财产安全,显然有着高度危险性。所以有的地方性法规和规章要么规定了个人不得饲养烈性犬,要么规定在特定区域内不得饲养烈性犬。当然,危险动物不仅限于烈性犬,禁止饲养的危险动物,一般理解为有较强的攻击性和野性的动物,主要包括两类:一是家畜、家禽中的凶猛动物,如烈性犬;二是野生动物,如老虎、狮子、毒蛇、食人鱼等。由于禁止饲养的危险动物具有特殊危险性,法律要求饲养人或管理人承担更重的责任,有利于避免损害的发生。如果饲养人或管理人违反管理规定饲养了危险动物,只要该危险动物致人损害,饲养人或管理人就应当承担侵权责任。

7.092　动物园动物损害责任　liability of zoo

　　动物园的动物致人损害的责任承担规则。动物园的动物,即由动物园管理并应当属于动物园控制范围内的动物。依据《城市动物园管理规定》第2条规定,动物园包括"综合性动物园(水族馆)、专类性动物园、野生动物园、城市公园的动物展区、珍稀濒危动物饲养繁殖研究场所"。动物施加加害行为的地点指的是在动物园实际控制的区域范围内,不论参观的游客是否有偿进入动物园。动物的加害行为不仅限于动物对他人的直接伤害,还包括间接的侵害,如动物逃出围栏造成游客为躲避形成的损害等。动物园的动物造成他人损害的,首先推定动物园有过错,应当承担侵权责任,如果动物园能够举证证明其已尽到管理职责,则可以免除责任。关于动物园是否"尽到管理职责",需要根据具体动物的种类和特性来认定。动物园的管理职责,可以理解为对动物的看管义务。动物园应当考虑动物的特点和动物的利用目的等因素,采取一般社会观念所要求的措施,以防止动物危险的发生。

7.093　被遗弃、逃逸动物损害责任　liability for fleeting and abandoned animals

遗弃、逃逸的动物在遗弃、逃逸期间致人损害的责任承担规则。现实生活中出于各种原因，如饲养人抛弃、动物走失等，城市中很多原本被饲养的动物流落街头，以猫、狗居多。这些流浪动物不仅自生自灭，还对市民健康、公共安全带来威胁。遗弃，是指动物饲养人或管理人基于自己的意思而抛弃动物；逃逸，是指饲养人或管理人丧失了对动物的占有。遗弃、逃逸的动物在遗弃、逃逸期间如果造成他人损害，仍然由原来饲养或者管理该动物的主体承担侵权责任。在遗弃动物的情形下，尽管原饲养人已经放弃了对动物的所有权、管理人放弃了对动物的占有和控制，但是饲养的动物造成他人损害的事实正是由于这种遗弃行为造成的，给他人和社会带来受到伤害的风险，所以原饲养人、管理人应当承担侵权责任。在动物走失、逃逸的情形下，是由于疏于管理没有尽到管理义务而加剧了动物对他人和社会的危险性。此项规则的制定是希望通过明确饲养人、管理人的责任，从而从源头上督促饲养人、管理人看管好自己饲养的动物，减少遗弃行为，保障公共健康与安全。

7.094　第三人过错引起的动物损害责任　liability for animal tort caused by third party

因第三人的过错致使动物造成他人损害的侵权责任承担规则。此项规则适用于前述各种类型的动物致人损害责任，包括违反管理规定未对动物采取安全措施致人损害，禁止饲养的危险动物致人损害，动物园的动物致人损害，遗弃、逃逸的动物致人损害等类型。第三人指的是被侵权人、动物饲养人、管理人之外的其他人，如果动物饲养人、管理人为单位，也不包含其工作人员。第三人的过错行为，主要表现为故意挑逗、投喂、激怒等行为，诱发动物对他人的人身或者财产造成损害。当被侵权人受到的损害是出于第三人的过错时，被侵权人既可以请求动物饲养人或者管理人承担赔偿责任，也可以请求第三人承担侵权责任。通过赋予被侵权人选择权，给予其更多的保护，因为有时在第一时间内很难查明第三人是谁，也可能第三人根本没有偿付能力。如果饲养动物致人损害是由第三人的过错导致的，先行赔偿的动物饲养人、管理人实际上是代替第三人履行了赔偿义务，有过错的第三人仍然是赔偿责任的最终承担人。由于第三人是最终的责任人，所以饲养人或管理人可以向其追偿，而且是全部求偿权。从而既可以使被侵权人及时获得救济，饲养人、管理人也能够维护自身合法权益。

7.095　建筑物倒塌塌陷损害责任　liability for building's collapse

建筑物、构筑物或者其他设施发生倒塌、塌陷造成他人人身或财产损害后所产生的侵权责任。建筑物，即人们在地面上建造的，能够为人们进行生产、生活或其他社会活动提供场所的房屋，同时还包含建筑物的构造部分，如楼梯、门窗等。构筑物则是指道路、桥梁、隧道等人工建造的物。其他设施是指除了建筑物、构筑物之外，其他由人工建造或者加工的与土地相结合的,为人们所利用的各种物,如码头、堤坝、涵洞、纪念碑等。建筑物、构筑物或者其他设施坍塌、倒覆、塌陷,如楼房倒塌、桥梁垮塌、电视塔折断等,造成该建筑物、构筑物或者其他设施丧失基本功能并引发对他人损害的,一般而言承担责任的主体有两个:建设单位与施工单位。建设单位,通常是建设工程合同的总发包人,依法取得土地使用权,并在该土地上建造建筑物、构筑物或者其他设施,如房地产开发企业、工厂等。施工单位,即与建设单位或者其他发包人签订建设工程合同,对建设工程具体进行施工的单位,如建筑公司等。基于建设单位和施工单位的工作职责与质量保障要求,在发生建筑物、构筑物或者其他设施倒塌、塌陷致人损害后,依法应当由建设单位与施工单位承担连带责任。

7.096　建筑物及其搁置物悬挂物损害责任　*liability for the falling of building or its attachments*

建筑物、构筑物或者其他设施及其搁置物、悬挂物发生脱落、坠落造成他人人身或财产损害而产生的侵权责任。建筑物、构筑物或者其他设施同上述定义;搁置物、悬挂物,是指放置或悬吊在建筑物等设施之上,与建筑物等设施相连接、不与土地直接相连的物。建筑物、构筑物或者其他设施及其搁置物、悬挂物脱落,指的是建筑物、构筑物或者其他设施的某一组成部分,如瓷砖、窗户、天花板等与建筑物、构筑物或者其他设施主体相分离后掉落下来。建筑物、构筑物或者其他设施及其搁置物、悬挂物坠落,指的是搁置于或者悬挂于建筑物等设施上的物件,如天花板上的吊灯等掉落。建筑物、构筑物或者其他设施及其搁置物、悬挂物发生脱落、坠落造成他人损害的责任主体是所有人、管理人或者使用人。所有人,是对建筑物等设施拥有占有、使用、收益、处分权的主体;管理人是对建筑物等设施负有管理、维护义务的人;使用人则是因租赁、借用或者其他情形使用建筑物等设施的人,也就是所有人之外的有权占有并且使用的人。建筑物、构筑物或者其他设施及其搁置物、悬挂物发生脱落、坠落造成他人损害,所有人、管理人或者使用人不能证明自己没有过错的,应当承担侵权责任。所有人、管理人或者使用人赔偿后,有其他责任人的,有权向其他责任人追偿。

7.097　高空抛物损害责任　*liability for throwing objects from buildings*

从建筑物中抛掷物品造成他人人身或财产损害所产生的侵权责任。现实生活中常常发生从建筑物中抛掷物品致人损害的事件,如 2000 年重庆烟灰缸案、2001 年济南菜板案、2006 年深圳玻璃案等。为从源头上保护公众安全,回应社会现实需求,在《民法典·侵权责任编》的编纂中,明确了在建筑物中抛掷物品的禁止性规定。在法律上设置"禁止高空抛物"法律规范的意义在于,向公众明确高空抛物属于违法行为,有助于使各方面都充分认识到高空抛物行为的社会危害性。从建筑物中抛掷物品或者从建筑物上坠落的物品造成他人损害的,由侵权人依法承担侵权责任。同时,公安等有关机关负有调查责任人的义务,明确先行调查义务能够有效避免或者减少公安等有关机关的不作为,有助于查清真正的侵权人。当被侵权人无法证明具体的侵权人,法院也无法查明具体的侵权人时,被侵权人的损害就由可能加害的建筑物使用人给予补偿。可能加害的建筑物使用人所给予的补偿,不同于赔偿。它是基于"同情弱者""保护公共安全"的考虑,由可能加害的建筑物使用人共同承担的补偿。由于在有可能成为加害人的范围确定,但是具体加害人却无法明确的情况下,被侵权人相对于众多可能成为加害人的主体而言,处于弱势地位。如果必须在确定具体加害人的基础上,被侵权人才能获得救济,对其无疑是雪上加霜。因此,对无辜的被侵权人予以保护,由可能成为加害人范围内的民事主体对损害进行合理分配,是一种特殊情形下相对合理分摊风险的方法。另一方面,也有助于促使建筑物的实际使用人积极履行对建筑物等物品的管理和维护义务。

7.098　堆放物损害责任　liability for damage caused by piling of things

堆放物倒塌、滚落、滑落造成他人人身或财产损害的,堆放人应承担的侵权责任。堆放物,不同于建筑物等设施,是指成堆放置在土地上的各种物品,如水泥、石块、砖头等,或者其他物品上的物品,如堆放在卡车上的钢筋,这些堆放在一处的物品,在物理形态上形成了一个新的共同体。作为侵权法上的概念,堆放物是一种致害物件,具有可控制性,并占据一定的物理空间。堆放物损害包括堆放物整体的倒塌,以及部分的滑落、滚落造成损害,如堆放的集装箱倒塌、卡车上堆放的钢筋滑落、伐木场内堆放的原木滚落等。堆放物倒塌、滚落或者滑落造成他人损害,承担侵权责任的主体为堆放人。堆放人不是指具体从事堆放行为的人,而是堆放物品的所有人或者管理人。因为从事堆放行为的人,有可能只是该物品的所有人或者管理人的工作人员。

7.099　障碍道路通行损害责任　liability for obstructing passage

在公共道路上堆放、倾倒、遗撒妨碍通行的物品导致他人人身或财产损害的,行为人或管理人应承担的侵权责任。公共道路,即对社会一般人开放,可以同时供不特定的多数人公共通行使用的道路。在《公路法》中,将公路界定为"经公路主管部门验收认定的城间、城乡间、乡间能行使汽车的公共道路";在《道路交通安全法》中,道路是指"公路、城市道路和虽在单位管辖范围但允许社会机动车通行的地方"。"公共道路"包括但不限于《公路法》《道路交通安全法》中的公路、道路,还包含人行道等其他公众可能通行的场所,但是不包含私人所有区域范围内道路。公共道路妨碍通行致人损害责任的责任主体之一为堆放、倾倒、遗撒物品的行为人。行为人包括主动将物品堆放、倾倒、遗撒在公共道路的人,如故意将垃圾倒在公共道路上,故意将建筑材料堆放在公共通行道路中。有时要识别真正的行为人,因为具体进行堆放行为的个人,只是作为物品所有人、管理人的工作人员,听从指示将物品堆放在公共道路,此时就要由妨碍通行物的所有人、管理人承担责任。行为人还包括疏于对物品管理,导致该物品倾倒、遗撒在公共道路造成他人损害的人,如运送钢筋时没有束紧,导致钢筋遗撒在公共道路造成损害。责任主体之二为公共道路管理人,即对公共道路负有管理、维护义务的单位或个人。公共道路管理人与前述行为人的责任关系为按份责任。

7.100　树木管理损害责任　liability for tree management

林木折断、倾倒或者果实坠落造成他人人身或财产损害的,所有人或管理人应承担的侵权责任。林木是指道路、公园、住宅小区等公共场所的树木,对于非供人游览的山林中、私人庭院中远离公共道路的树木,则不属于此处"林木"的范畴。林木折断、倾断或者果实坠落造成他人损害的责任主体为林木的所有人或者管理人。林木的所有人,是指对林木享有占有、使用、受益、处分权利的人。当所有人直接占有、管理林木时应当承担责任,实践中一般为林权证上载明的权利人。林木的管理人,则是指除所有人之外,依据法律规定或者合同约定对林木进行管理的人,实践中一般为林业主管部门或者林木的承包人。对于林木折断、倾断或者果实坠落造成他人损害,首先推定林木的所有人或者管理人有过错,除非所有人或者管理人自己能够举证证明自己无过错,否则就应当承担赔偿责任。

7.101　地面及地下施工损害责任　liability for underground or ground construction

在公共场所或者道路上挖掘、修缮安装地下设施等造成他人人身或财产损害的,施工人、管理人应承担的侵权责任。在公共场所或者道路上挖掘、修缮安装地下设施,如铺设地下管线、修缮公路等,应当获取有关管理部门的许可,并且必须在施工路段设置明显的施工标志、安全标志,同时采取必要的安全措施,如拉设安全警戒线、架设安全围栏、修建临时道路等,保障车辆与行人的通行安全。由于是施工人直接控制着施工场地,对施工场地负有管理、维护、保障他人安全的义务。因此,在发生公共场所或者道路上挖掘、修缮安装地下设施等造成他人损害的情形时,责任主体为施工人。窨井等地下设施致人损害,不但会发生在施工时段,在日常生活中,常常会出现窨井盖丢失、滑落的情形,给车辆和行人带来很大的安全隐患。管理人既包括地下设施的所有人,包括非所有人但是对地下设施负有管理、维护义务的人。要求管理人义务保障公众安全,是因为管理人更能阻止相关危险的发生,投入成本相对于特定公众来说也更低。

附　则

8.001　以上　not less than

指数量、程度、级别等在某一点之上。依据《民法典》第 1259 条规定，民法所称的"以上"还应包括本数。在《民法典》中，"以上"主要被用于如下几个方面：第一，表年龄。如《民法典》第 17 条规定："十八周岁以上的自然人为成年人。不满十八周岁的自然人为未成年人。"此条的含义就是指十八周岁的自然人以及大于十八周岁的自然人为成年人。第二，表数量。如《民法典》第 177 条规定"二人以上依法承担按份责任，能够确定责任大小的，各自承担相应的责任；难以确定责任大小的，平均承担责任"。此处的"以上"就是对人数所做的要求。除了表示人数，"以上"还可以表示其他东西的数量，如《民法典》第 466 条第 2 款规定"合同文本采用两种以上文字订立并约定具有同等效力的，对各文本使用的词句推定具有相同含义"。此处的"以上"就是对文字种类的数量所作的规定。第三，表时间。如《民法典》第 341 条规定："流转期限为五年以上的土地经营权，自流转合同生效时设立。"第四，表法院级别。如《民法典》第 1105 条第 1 款规定："收养应当向县级以上人民政府民政部门登记。"第五，"以上"还可以表示在此之前的或前面的全部内容，这种情形在《民法典》中出现过一次，即《民法典》第 15 条规定："自然人的出生时间和死亡时间，以出生证明、死亡证明记载的时间为准；没有出生证明、死亡证明的，以户籍登记或者其他有效身份登记记载的时间为准。有其他证据足以推翻以上记载时间的，以该证据证明的时间为准。"

8.002　以下　not more than

指数量、程度、级别等在某一点之下，《民法典》采纳此种含义，但其认为"以下"还应当包括本数。依据《民法典》第 1259 条的规定，民法所称的"以下"包括本数。从词义上讲，"以下"还可以表示在此之后或后面的全部内容，这种情形在《民法典》中出现过一次，即《民法典》第 793 条第 2、3 款规定："建设工程施工合同无效，且建设工程经验收不合格的，按照以下情形处理：（一）修复后的建设工程经验收合格的，发包人可以请求承包人承担修复费用；（二）修复后的建设工程经验收不合格的，承包人无权请求参照合同关于工程价款的约定折价补偿。发包人对因建设工程不合格造成的损失有过错的,应当承担相应的责任。"

8.003　以内　within

指在一定的界限之内。《民法典》中的"以内"大都出现在第五编"婚姻家庭编"之中。需要注意的是,《民法典》中的"以内"还包括本数,依据为《民法典》第 1259 条的规定(民法所称的"以内"包括本数)。如《民法典》第 1048 条规定:"直系血亲或者三代以内的旁系血亲禁止结婚。"即即使是三代旁系血亲也禁止结婚。如《民法典》第 1099 条规定:"收养三代以内旁系同辈血亲的子女,可以不受本法第一千零九十三条第三项、第一千零九十四条第三项和第一千一百零二条规定的限制。华侨收养三代以内旁系同辈血亲的子女,还可以不受本法第一千零九十八条第一项规定的限制。"其解释规则同上。

8.004　届满　expire

指规定的期间已满。《民法典》第 1259 条规定民法所称的"届满"包括本数。"届满"在《民法典》中出现的频次非常高,如第 160 条规定:"民事法律行为可以附期限,但是根据其性质不得附期限的除外。附生效期限的民事法律行为,自期限届至时生效。附终止期限的民事法律行为,自期限届满时失效。"第 192 条第 1 款规定:"诉讼时效期间届满的,义务人可以提出不履行义务的抗辩。"第 358 条规定:"建设用地使用权期限届满前,因公共利益需要提前收回该土地的,应当依据本法第二百四十三条的规定对该土地上的房屋以及其他不动产给予补偿,并退还相应的出让金。"同时,《民法典》第 203 条规定:"期间的最后一日是法定休假日的,以法定休假日结束的次日为期间的最后一日。期间的最后一日的截止时间为二十四时;有业务时间的,停止业务活动的时间为截止时间。"

8.005　不满　under

指未达规定的年龄或期间。《民法典》第 1259 条规定民法所称的"不满"不包括本数。在《民法典》中,"不满"有表年龄与表期间两种作用。前者如《民法典》第 17 条规定:"十八周岁以上的自然人为成年人。不满十八周岁的自然人为未成年人。"即大于零小于十八周岁(不包括十八周岁)。第 20 条规定:"不满八周岁的未成年人为无民事行为能力人,由其法定代理人代理实施民事法律行为。"即大于零小于八周岁(不包括八周岁)。第 1084 条第 3 款规定:"离婚后,不满两周岁的子女,以由母亲直接抚养为原则。已满两周岁的子女,父母双方对抚养问题协议不成的,由人民法院根据双方的具体情况,按照最有利于未成年子女的原则判决。子女已满八周岁的,应当尊重其真实意愿。"即大于零小于两周岁(不包括两周岁)。后者如《民法典》第 674 条规定:"借款人应当按照约定的期限支付利息。对支付利息的期限没有约定或者约定不明确,依据本法第五百一十条的规定仍不能确定,借款期间不满一年的,应当在返还借款时一并支付;借款期间一年以上的,应当在每届满一年时支付,剩余期间不满一年的,应当在返还借款时一并支付。"第721条规定:"承租人应当按照约定的期限支付租金。对支付租金的期限没有约定或者约定不明确,依据本法第五百一十条的规定仍不能确定,租赁期限不满一年的,应当在租赁期限届满时支付;租赁期限一年以上的,应当在每届满一年时支付,剩余期限不满一年的,应当在租赁期限届满时支付。"即大于零小于一年(不包括一年整)。

8.006　超过　exceed

指超出某界限。从字义上看"超过"是不包括本数的。《民法典》第1259条对法律术语含义的解释中也规定"超过"是不包括本数的。民法经常会用"超过"来界定某个时间段或者年龄段。《民法典》第188条第2款规定:"诉讼时效期间自权利人知道或者应当知道权利受到损害以及义务人之日起计算。法律另有规定的,依照其规定。但是,自权利受到损害之日起超过二十年的,人民法院不予保护,有特殊情况的,人民法院可以根据权利人的申请决定延长。"本条指称的超过二十年是指大于二十年,不包括二十年本身。《民法典》第586条规定的定金数额不得超过主合同标的的百分之二十以及第705条规定的租赁期限不得超过二十年,都使用了"超过"一词。对"超过"这一法律术语进行解释,可以防止该术语在今后的法律适用过程中产生歧义。

8.007　以外　beyond

指在一定的时间、处所、数量、范围的界限之外。从字义上来看是不包括本数的,《民法典》第1259条对该法律术语的解释也表示"以外"是不包括本数的。民法经常会用"以外"来界定某个范围。《民法典》第269条第2款规定:"营利法人以外的法人,对其不动产和动产的权利,适用有关法律、行政法规以及章程的规定。"本条指称的"以外"是指不包括营利法人在内的其他法人,例如非营利法人和特别法人等。《民法典》第271条"对专有部分以外的共有部分享有共有和共同管理的权利"和第599条"出卖人应当按照约定或者交易习惯向买受人交付提取标的物单证以外的有关单证和资料"的规定等均使用了"以外"一词。对"以外"这一法律术语进行解释,可以有效防止该术语在今后的法律适用过程中产生歧义。

8.008　法律的废止　abolishment of law

指法律规范失效,即法律规范丧失法律约束力。我国法律的废止方式主要有三种:第一种为新的法律规定取代旧的法律规定,即新法施行,旧法随即废止。如2021年1月1日,《民法典》施行,随即原《中华人民共和国婚姻法》《中华人民共和国继承法》《中华人民共和国民法通则》《中华人民共和国收养法》《中华人民共和国担保法》《中华人民共和国合同法》《中华人民共和国物权法》《中华人民共和国侵权责任法》《中华人民共和国民法总则》同时废止。《民法典》是一部吸收了以往民事基本法和民事单行法在内的系统化的民事法律,其已经将之前的 9 种民事基本法和民事单行法吸收,所以在其生效后,原有的 9 种民事基本法和民事单行法的存在就失去了意义。但除此 9 种法律之外,其他的民事法律并不当然失效,如《中华人民共和国合伙企业法》《中华人民共和国个人独资企业法》等。第二种为颁布专门的法律文件宣布某些法律规定废止。如 2020 年 3 月 27 日,国务院颁布《国务院关于修改和废止部分行政法规的决定》,宣布 7 部行政法规的部分条款予以修改,10 部行政法规予以废止。第三种为新法施行,与新法相冲突或重复的旧法的相关规定废止,即旧法部分废止,部分有效。如 2017 年 10 月 1 日,《中华人民共和国民法总则》施行,该法将一般诉讼时效规定为三年,而原《中华人民共和国民法通则》则规定一般诉讼时效为两年,二者相冲突,所以原《中华人民共和国民法通则》中有关一般诉讼时效的规定废止,但是原《中华人民共和国民法通则》中与《中华人民共和国民法总则》不相冲突或重复的法律规定依然有效。法律规定被废止后即丧失法律约束力,所以人民法院在处理法律纠纷时不得再将其作为裁判依据加以援引,民众从事法律行为时也无须再接受其指引。

英 汉 索 引

A

abandon 5.014

abolishment of law 8.008

acceptance 3.026

acceptance without notice 3.031

accept the succession 6.020

accession 2.080

account sreceivable 3.195

a contract for construction of a construction projectbe-
ing void 3.214

acquisition in good faith 2.078

acts of resolution 1.110

adjacent relation 2.059

adjacent relation of passage 2.063

adjacent relation of the use of water and drainage
2.062

adjacent relation of ventilation 2.065

adoptee 5.075

Adopting Law of the People's Republic of China
5.073

adoption 5.074

adoption agreement 5.079

adoption assessment 5.080

adoption concerning foreigners 5.081

adoptive parent 5.077

adoptive parents and adopted children 5.053

adult and minor 1.032

advance notice registration 2.023

affiliated relation 1.065

agency 1.133

agency by mandate 1.134

agency of both parties 1.139

agent right of daily domestic home work 5.041

agent right of housekeeping 5.041

agreed marital property system 5.046

aliments 5.066

allocation of the profits and sharing of losses of a
partnership 3.289

alteration of contract 3.072

alteration of possession 2.030

an act that violates the right to privacy 4.050

an estate which is left with neither a successor nor a
legatee 6.059

a notarial will 6.037

anticipatory breach of contract 3.106

a nuncupative will 6.036

any conduct of necessity 1.155

apparent agency 1.143

application range of real rights for security 2.117

a prime contract for survey, design, construction
3.208

a printed will 6.034

arranged marriages 5.007

assignment of credit 3.074

assignment of debt 3.077

assignment of debt on exemption from liability
3.078

assignment of debt on exist side by side 3.079

assignment of the whole contract for the construction
project 3.211

assistance 7.015

D

G

H

I

J

K

L

liability of stolen or robbed vehicle   7.059

liability of the violations of safety guarantee duty   7.046

liability of unauthorized driving of vehicles   7.057

liability of vehicle affiliating operation   7.056

liability of zoo   7.092

liability to free riders   7.061

lien   2.149

lien on the deposited property for the depositary   3.247

lien on therelevant carried cargoes for the carrier   3.222

lighting and sunshine   2.065

limitation of man's right of action in divorce   5.064

limited capacity for civil conduct   1.035

limited liability company   1.061

limited succession   6.060

lineal consanguinity   5.023

lineal descent   5.023

liquidation   3.083

liquidation of legal person   1.055

litigious divorce   5.061

lump-sum compensation   7.036

M

maintenance fund   2.057

mala fide the enriched   3.305

malicious possession   2.155

maltreat   5.013

management fee   3.269

management of business   3.299

manifestation of intention   1.113

manufacturer and the seller's claim of reimbursement from the third party   7.049

marriage   5.028

marriage agreement   5.029

marriage and family   5.001

marriage and family law   5.002

marriage registration   5.032

matters to be decided jointly by the proprietors   2.056

maximum-amount suretyship   3.160

medical liability   7.062

medical negligence   7.063

medical product liability   7.069

mental damages   7.030

mercenary marriage   5.008

mixed contract   3.119

monogamous marriage   5.005

monogamy   5.005

monogyny   5.005

mortgage contract   2.129

movables   1.082

multilateral civil juristic acts   1.109

multimodal carriage document   3.226

multimodal carriage operator   3.225

multimodal transport contract   3.224

N

natural children   5.051

natural person   1.027

near relative   5.026

necessary expenses of the management of the business   3.300

negotiorum gestio   3.297

network virtual property　1.098

new offer　3.024

new plant variety　1.094

next-of-kin　5.026

no break of lease with bargain　3.177

no capacity for civil conduct　1.036

no-fault liability　7.012

nominate contract　3.117

non-monetary debt　3.051

non-performance unjust enrichment　3.303

non-profit legal person　1.066

non-recourse factoring　3.194

notice of assignment of creditor's rights　3.075

notification of the opening of succession　6.053

not less than　8.001

not more than　8.002

novation of obligation　3.087

nullity of marriage　5.033

O

object of real rights　1.083

obligation　3.003

obligation of maintenance　5.048,5.049

obligation of support　5.048,5.049

obligation of the client　3.277

obligation of the commission agent　3.276

obligation performed to a third party　3.060

obligations are attached to testamentary succession　6.041

obligations of the power consumer　3.136

obligations of the power supplier　3.135

obligation to be performed by a third party　3.058

obligation to bring up children　5.047

obligation to mitigation　3.112

obligation to obey the law of the information processor　4.054

obviously unfair　1.125

occupatio　2.081

offer　3.019

offset　3.096

offsetting of liquidation　3.084

onerous contract　3.007

one-sided rescission　3.092

optional debt　3.052

ordering party's liability for instruction negligence　7.042

ordinary suretyship　3.157

organs of for-profit legal person　1.064

other enterprise with status of legal person　1.063

ownership　2.037

ownership of parking spaces and garages　2.053

P

parental power　5.037

parent by adoption　5.077

parties to civil legal relations　1.007

partition of the estate　6.055

partner　3.286

partnership　1.078

partnership affairs　3.288

partnership debt　3.290

partnership property　3.287

partnership with anindeterminate term　3.292

passenger ticket　3.218

passenger transportation contract　3.217

Q

R

S

T

the risk burden of the loss or damage of the leased property 3.190

the safety maintenance of adjacent real estate 2.067

the sale of human body parts and remains is prohibited 4.025

the scope of estate 6.013

the security contract 2.119

the security obligation of the information processor 4.055

the security range of the real rights for security 2.120

the seller's obligations 3.121

the statutory duty of salvage of the biological personality right 4.022

the subordination and indivisibility of easement 2.115

the surety's right of defense 3.166

the surety's right of subrogation 3.168

the surety's right to reimbursement 3.167

the term of a contract for land 2.089

the third party's right of choice 3.261

the treatment basis of adjacent relation 2.061

the validity of adoption 5.085

the violation of the right of reputation by literary or artistic works 4.044

the will shall be void 6.039

＊the work results 3.202

third-party-beneficiary contract 3.059

third party liability for environmental pollution and ecological damage 7.080

time limit for acceptance 3.027

time limit for exercise of creditor's cancellation right 3.071

time limit for partnership 3.291

time limit for performance 3.049

time limit for surety 3.162

time limit for the loan 3.149

time limit for warehousing 3.253

time limit of arbitration 1.167

time limit of exercise of rescission right 3.093

time periods 1.170

to bypass the intermediary 3.282

to join a partnership 3.293

to quit a partnership 3.294

torenew the property management service contract 3.273

tortious conduct 7.008

tort liability 7.001

tort liability for virtual tort 7.043

tort liability law 7.002

Tort Liability Law of the People's Republic of China 7.003

to tender and deposit the entrusted item 3.279

trademark 1.090

trade secret 1.092

transferring the right to the contracted management of land 2.092

transportation contract 3.216

turn-key contract 3.208

U

unauthorized agency 1.142

under 8.005

unentitled possession 2.154

uniform registration of real estate 2.014

unilateral civil juristic acts 1.107

unilateral contract 3.009

un-incorporative organization 1.077

united guarantee 3.165

unjust enrichment 3.301

unreal joint and several liability 1.148

汉英索引

A

B

C

D

E

F

J

K

L

S

X

Y

Z

后　记

　　本书由全国科学技术名词审定委员会组织编写。杨立新、郭明瑞担任主编,并负责审定全稿。十余位民法专业的专家学者参与了书稿的撰写,具体分工为:张平华、张龙(1.001—1.026、1.081—1.105、1.144—1.175、8.001—8.008),刘宏渭(1.027—1.080),徐千寻、石文静(1.106—1.143),丁文(2.181—2.262),文杰(2.263—2.337),郝丽燕(3.001—3.116),戚兆岳(3.117—3.302),侯圣贺(4.001—4.056),王丽萍(5.001—5.034、5.073—5.087),李燕(5.035—5.072),孙毅(6.001—6.063),满洪杰(7.001—7.029、7.062—7.075),陶盈(7.037—7.047、7.076—7.088),熊静文(7.029—7.036、7.048—7.061、7.089—7.101)。此外,李志江、高素婷、史金鹏、刘金婷也参与了审校工作。

责任编辑：洪　琼

责任校对：马　婕

图书在版编目（CIP）数据

民法典术语/《民法典术语》编写组 编著. —北京：人民出版社，2021.1
ISBN 978－7－01－022957－7

Ⅰ.①民… 　Ⅱ.①民… 　Ⅲ.①民法-法典-名词术语-中国 　Ⅳ.①D923-61

中国版本图书馆 CIP 数据核字（2020）第 263954 号

民法典术语

MINFADIAN SHUYU

《民法典术语》编写组　　编著

人民出版社 出版发行

（100706　北京市东城区隆福寺街 99 号）

中煤（北京）印务有限公司印刷　新华书店经销

2021 年 1 月第 1 版　2021 年 1 月北京第 1 次印刷

开本：787 毫米×1092 毫米 1/16　印张：26.5

字数：600 千字

ISBN 978－7－01－022957－7　定价：79.80 元

邮购地址 100706　北京市东城区隆福寺街 99 号

人民东方图书销售中心　电话（010）65250042　65289539

版权所有·侵权必究

凡购买本社图书，如有印制质量问题，我社负责调换。

服务电话：（010）65250042